KB027911

사회복지발달사

김승훈 지음

사회복지 전문출판 나눔의집

사회복지발달사

초판 1쇄 발행 2010년 10월 15일
초판 2쇄 발행 2015년 9월 18일

지은이 | 김승훈
펴낸이 | 박정희

기획편집 | 권혁기, 이주연, 최미현, 양송희
마 케 팅 | 김범수, 이광택
관 리 | 유승호, 양소연, 김성은
디 자 인 | 하주연, 강미영
웹서비스 | 이지은, 양지현

펴 낸 곳 | 사회복지전문출판 나눔의집
등록번호 | 제25100-1998-000031호
등록일자 | 1998년 7월 30일

서울시 금천구 디지털로9길 68, 1105호(가산동, 대륭포스트타워 5차)
대표전화 | 1688-4604 팩스 | 02-2624-4240
홈페이지 | www.ncbook.co.kr

ISBN: 978-89-5810-209-0(93330)

책값은 뒤표지에 있습니다.
잘못된 도서는 구입하신 서점에서 교환해 드립니다.

머리말

사회복지의 역사를 논의하기에 앞서 우리가 흔히 말하고 있는 역사는 현재와 과거를 비교할 수 있게 하는 풍부한 자료를 제공하여 주고 있다. 또한 역사는 현재와 미래를 인식하고 전망하는 기능을 가지고 있기 때문에 사회복지학에 대한 이해를 바르게 하려면 역사적 사료를 바탕으로 한 학문적 탐구는 사회복지학도라면 기본적으로 갖추어야 할 과제라고 할 수 있다.

사회복지는 초역사적 존재도 아니며 단순한 이념도 아니다. 사회복지는 사회사상이며, 특히 인류사회에서 발견되는 공통적 사회현상의 하나로 인류의 역사 속에서 생성, 확립, 전개되어 온 것이다. 따라서 사회복지학 연구에 있어서 역사연구는 일정한 사회현상에 대하여 과학적 체계화를 시도해 온 사회과학에서의 역사연구와 공통된 의의를 가지고 있다고 볼 수 있다.

이러한 논리에 따른다면 사회복지는 역사의 산물로서 그리고 사회변동의 결과로서 나타나기 때문에 정적인 상황에서 보다는 동적인 과정에서 그 의의와 실체를 찾아볼 수 있는 것이다.

이에 본서에서는 사회복지의 학문적 성격과 체계 확립을 위해 사회복지의 변천사를 고찰한 다양한 연구서들을 바탕으로 고대의 종교적 배경을 지닌 구제사업부터 중세 기독교 자선사업, 근대 인본주의 및 국가주의적 성격의 사회복지, 공리주의와 인도주의, 복지국가 발달로 사회복지가 더욱 확대되고 본격화된 현대의 사회복지까지를 두루 고찰하였다. 더불어 이러한 역사적 근거를 토대로 하여 미래의 사회복지에 대한 희망을 담고자 하였다.

사회복지발달에 대한 이해를 더욱 용이하게 하고자 사회복지의 역사를 고대, 중세, 근세, 구빈법시대, 민간 사회복지, 사회보험 시대, 복지국가 시대의 순서로 나누어 집필하였다. 특히 구빈법에서는 엘리자베스 구빈법, 정주법, 길버트법, 스핀햄랜드 제도 그리고 자본주의의 발전으로 구빈법의 대수술이 불가피해지면서 제정된 신구빈법을 상세히 다루었다. 또한 민간 사회복지운동과 함께 19세기 말 독일에서 시작된 사회보험으로서 비스마르크 사회입법, 영국의 국민보험 그리고 20세기 대공황 시대의 미국 사회보장 등을 다루었다. 아울러 사회보험 시대를 이어 등장한 복지국가 시대의 출발과 발전 과정 및 복지국가 위기에 대한 상세한 서술과 함께, 베버리지 보고서에 대한 이해를 첨부하였다.

다른 교재와 마찬가지로 본서에서도 영국의 역사를 가장 비중 있게 다루었으며 그 외에 우리나라의 사회복지발달사를 비교적 상세하게 기록하였고 미국, 일본과 스웨덴, 프랑스 등의 역사를 간략하게 서술하여 독자들의 이해 증진을 도모하였다.

퇴고推敲를 거듭했지만 필자의 실력 부족을 느끼면서 독자제현讀者諸賢의 질정叱正을 바란다.

마지막으로 몹시도 추웠던 지난 겨울에 원고 정리를 도와준 김다니엘 조교와 이 책을 출간할 수 있도록 허락하여 주신 도서출판 나눔의집 유보열 사장님, 편집하는데 수고하여 주신 이주연 선생님을 비롯한 도서출판 나눔의집 직원 여러분과 관계자 분들께 진심으로 감사의 마음을 전한다.

2010년 8월

병천면 연구실에서

김승훈

차례

제4부 전문 사회사업과 사회개혁 입법의 출현 • 185

제5부 복지국가의 성립과 재편 • 247

제6부 세계의 사회복지역사 • 325

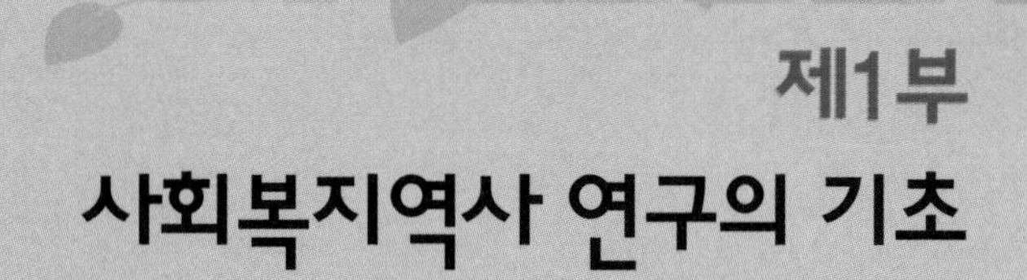

제1부
사회복지역사 연구의 기초

제1장 사회복지와 역사

제2장 사회복지발달이론

제1234567891011121314장

사회복지와 역사

우리가 흔히 말하는 철학, 법학, 경제학, 행정학 등 어느 학문분야에서나 역사는 가장 기본적인 것이며 꼭 필요한 자료이다. 왜냐하면 과거의 역사는 현재 인류의 다양한 삶의 방식 및 현실적 문제에 대해서 영향력 있는 대안을 제시하여 주기 때문이다. 모든 인류의 역사가 그러하듯이 사회복지의 역사 또한 지금의 사회복지에 대한 과거를 보여주는 거울이다.
따라서 이번 장에서는 사회복지역사를 공부하는 의미를 살펴보고 오늘의 사회복지를 되돌아보는 기회를 만들어보자.

1. 역사란 무엇인가?

역사에 대한 연구는 인간의 자기인식을 목적으로 하고 있다. 인간에게 있어 가장 중요한 것은 자기 자신을 아는 일일 것이다. 이 말은 자기의 개인적인 특수성을 아는 일이 아니라, 인간으로서의 자기의 본질을 안다는 의미이며, 자기 자신을 안다는 것은 무엇을 할 수 있겠는가를 아는 것이다. 그러나 무엇을 할 수 있겠는가하는 것은 이를 시도試圖해보지 않고서는 알 수 없는 것이지만, 그 가능성을 아는 유일한 길잡이는 과거에 있어서 인간이 무엇을 해왔는가라는 점에 있다. 따라서 역사의 가치는 인간이 무엇을 해왔는가, 그리하여 인간이란 무엇인가를 우리에게 가르쳐주는 데 있다고 할 수 있다.

역사의 어원적 의미를 따져 보면 동서양을 막론하고 어느 정도 유사성이 있음을 알게 된다. 동양에서 사용하는 '역사歷史'라는 단어는 중국에서 그 어원을 찾을 수 있다. 역사라는 말을 구성하는 역歷과 사史 중 중요한 말은 '사'자다. '사'자는 사람이 책을 받쳐 들고 있는 형상을 나타낸 것으로 사물이나 사건을 글로 써서 남기는 인간, 기록하는 인간을 나타낸 것이다. 중국의 경우 역사라는 말 자체는 명나라 말기부터 사용된 것으로 알려져 있다. 그러나 역사에 관련된 용어가 사용되기 시작한 것은 적어도 후한後漢까지 거슬러 올라간다. 이때 '史'라는 말도 사건 그 자체와 사건에 대한 기록이라는 이중의 뜻을 가지고 있었다. 그러나 '史'라는 말은 그보다는 역사 기록자, 즉 사관史官이라는 뜻이 더 강하였다.

서양에서는 역사를 의미하는 말로 대체로 두 가지 문자가 사용되고 있다. 하나는 서양 문화의 근본이라고 할 수 있는 그리스·로마 계열의 문자이고, 다른 하나는 중세 이후에 서양 문명을 담당하게 되는 게르만계 민족의 언어이다. 그리스·로마 계열의 언어란 곧 현대 영어의 'history'라는 단어의 어원인 'historia'를 가리킨다. 'historia'가 관찰과 탐구 및 결과에 관한 보고라는 의미로부터 각 나라와 시대를 거치면서 '과거사건의 재구성'과 '과거역사 그 자체'라는 두 가지 의미로 사용되기 시작했다. 게르만계열에서는 역사를 'Geschichte'라고 한다. 이 말은 일어난 일, 곧 과거의 사실을 의미하는 것이다.

18~19세기에도 역사라는 말이 과거의 사건 그 자체와 과거 사건의 재구성이라는 두 가지 의미로 사용되었던 사실은 헤겔Hegel에 의해서 잘 설명되고 있다. 헤겔은 역사가 사건으로서의 역사라는 의미와 더불어 또한 사건의 설명으로서의 역사를 의미한다고 보아 역사가 객관적인 측면과 주관적인 측면을 동시에 지니고 있는 것으로 설명하였다. 즉 역사의 객관적인 측면은 사건 그 자체를 의미하고 역사의 주관적인 측면은 사건에 대한 기술을 의미한다는 것이다.

이렇듯 동서양 언어에 나타나는 역사의 어원적 의미를 살펴볼 때 역사란 과거의 사실을 기록하고 탐구하는 것이라고 정의할 수 있을 것이다.

1) 역사와 역사가

카Carr는 역사적 사실은 단순히 과거에 있었던 사실이기 때문에 역사적 사실이 되는 것이 아니라 역사가가 그 사실의 중요성을 인정하고 자신의 해석에 따라 재구성함으로써 역사적 사실이 되는 것이라고 하였다. 그런데 역사가는 그가 사는 시대와 사회의 제약으로부터 자유롭지 못하므로 역사적 사건을 해석하고 평가하는 기준은 결국 현재에 있다. 따라서 역사란 현재의 역사가와 과거 사실의 끊임없는 대화인 것이다. 즉 역사를 배우는 이유는 과거 사실에 대한 단순한 암기를 목적으로 하는 것이 아니라 현재에 비추어 과거에 대한 이해를 촉진하고, 과거에 비추어 현재에 대한 이해를 깊게 하며 과거와 현재의 대화를 통해 미래를 위한 교훈을 획득하기 위한 것이다.

근대 역사학의 확립자인 랑케Leopold von Lanke는 "역사가란 자기 자신을 죽이고 과거가 본래 어떠한 상태에 있었는가를 밝히는 것을 그 지상과제로 삼아야 하며, 오직 사실로 하여금 이야기하게 해야 한다"고 언급함으로써 역사적 사실들 그 자체에 큰 비중을 두었다. 그러나 20세기에 들어서면서 이와는 정반대되는 역사인식론이 크로체Benedetto Croce나 콜링우드Robin G. Collingwood 등에 의해 피력되기 시작하였다. 즉 "모든 역사는 현대의 역사contemporary history이다. 모든 역사적 판단의 기초를 이루는 것은 실천적 요구이기 때문에 모든 역사에는 현대의 역사라는 성격이 부여된다. 서술되는 사건이 아무리 먼 시대의 것이라고 할지라도 역사가 실제로 반영하는 것은 현재의 요구 및 현재의 상황이며, 사건은 다만 그 속에서 메아리 칠 따름이다"라는 글에서 보듯이 역사란 본질적으로 현재의 눈을 통하여 현재 문제의 관점에서 과거를 본다는 데에서 성립되는 것이며, 그렇기 때문에 역사가의 비중이 크다는 것이다.

카는 그러나 중심을 과거에 두는 역사관과 중심을 현재에 두는 역사관의 중간 입장을 취하고 있다. 즉 역사가와 그의 사실들과는 평등의 관계에 있는 것이며, 말하자면 주고받는give and take 관계에 있다. 역사가는 사실의 천한 노예도 아니고, 억압적인 주인도 아니다. 역사가란 자기의 해석에 맞추어서 사실을 형성하고, 자기의 사실에 맞추어서 해석을 형성하는 끊임없는 과정에 종사하고 있다. 요컨대 역사가와 역사상의 사실은 서로가 필요하다. 사실을 못 가진 역사가는 뿌리를 박지 못한 무능한 존재이며, 역사가가 없는 사실이란 생명 없는 무의미한 것이다. 역사란 결국 역사가와 사실 사이의 부단한 상호작용의 과정이며 현재와 과거 사이의 끊임없는 대화이다.

2) 역사연구

토인비는 그의 저서인, 『역사의 연구*Study of History*』에서 인류사상에 나타난 21개 문명권을 대상으로 '발생-성장-쇠퇴-해체'의 과정을 비교, 연구함으로써 문명형성의 일반법칙을 체계화하였고, 동시에 서구의 몰락이라 할 수 있는 위기의 체험을 통해 현대 세계를 바라보는 새로운 시도를 하였다(Toynbee, 1992). 에반스는 역사연구의 현실적 유용성이 시간의 흐름과 역사학의 발전과정에 따라서 조금씩 다르게 나타나고 있다고 표현하고 있다(Evans, 1999). 그에 따르면 계몽주의Enlightenment 시대의 합리주의 역사가들은 그들의 역사연구를 일종의 도덕적 예증의 방편으로 삼았다. 즉 계몽주의적 시각에서 합리주의에 기초를 둔 역사연구를 통하여 과거의 도덕성을 예시함으로써 보편적이고 불변하는 인간성을 보여주려고 하였으며, 이러한 점에서 역사는 "선례를 가지고 가르치는 학문"이었다(Evans, 1999: 36). 따라서 미신, 환상, 종교적 신앙 등은 위험한 것으로 간주되었다. 이렇게 본다면 계몽주의 시대의 역사연구는 추상적이고 철학적인 성격이 강했다고 할 수 있다.

계몽주의啓蒙主義

계몽주의란 17~18세기 유럽의 정치, 사회, 철학, 과학 이론 등에서 광범하게 일어난 지적 사상운동으로 계몽사상이라고도 부른다. 또한 18세기를 중심으로 서양철학과 문화적 삶에 있어서 한 시기를 규정하는 용어로 쓰인다. 그 시기에 이성(理性)이 권위의 주요한 요소이자 척도로 지지되었다. 계몽주의는 프랑스, 독일, 영국에서 발전되었고 러시아와 스칸디나비아를 포함한 유럽의 여러 국가들로 퍼져 나갔다. 계몽주의 이념은 미국 독립선언, 프랑스의 인간과 시민의 권리 선언(인권선언)의 탄생에도 결정적인 영향을 끼쳤다.

낭만주의Romanticism 시대는 계몽주의의 추상성과 보편적 원리를 예시하는 역사 혹은 역사학의 유용성을 부정하게 된다. 즉 역사의 목적은 어떤 추상적 철학이론이나 원리의 보기들을 제시하는 데 있지 않고 과거를 소중히 하고 보존하는 어떤 것으로서, 현재의 국가 및 사회제도들을 진실하게 이해하고 인식하기 위한 유일하면서도 적절한 기초로서 생각해내는 데에 있었다(Evans, 1999: 36~38).

한편, 랑케는 역사학을 철학이나 문학과 구분하면서 계몽주의적 추상성을 기초로 과거를 재단하기보다는 과거를 가능하면 과거의 조건과 맥락에서 좀 더 객관적으로 연구하려고 하였다. 과거에 대한 사실의 수집이 아니라 과거의 본질을 과거 자체의 맥락에서 파악하는 방법론적 객관성을 강조하였다(차하순, 1999).

20세기 초, 1차 세계대전을 전후하여 과거 사실보다는 현재 역사가의 입장과 위

낭만주의

닝만주의는 산업혁명에 힘입어 18세기 숭반 서유럽에서 발생한 예술사조이다. 18~19세기 계몽주의에 반대하여 나타난 낭만주의는 'Romanticism'이라는 단어의 기원에서 알 수 있듯이 '비현실적인', '지나치게 환상적인'이라는 어원을 가지고 있으며 이성과 합리, 절대적인 것에 대해 거부한 사조였다. 낭만주의의 첫 주자는 계몽주의 시대에 독일의 루소라고 불리던 헤르더(Herder)이다. 헤르더는 감정과 감성, 민족역사를 강조하였으며, 그의 저서인 『인류 역사의 철학적 고찰』은 후에 러셀과 헤겔로 이어지는 중요한 역할을 하였다. 느낌과 감정을 강조하였으며, 계몽주의자들이 설파했던 이성에 대해 강한 회의를 품었지만, 낭만주의자들은 결코 이성이라는 것을 무시하거나 거부하지는 않았다. 그들은 과거 절대적이고 보편적인 의미로 파악되었던 이성을 역사적 흐름에 따라 변화하는 것으로 수정하여 고려하였다. 또한 이 낭만주의는 개성을 강조하고, 사회를 과거와 달리 하나의 유기체로 보았다. 탄생과 성장, 쇠퇴와 소멸을 겪는 것은 사회의 한 특징이라 말하였으며, 이것은 후에 문명 형태학(아놀드 토인비)을 형성하는 데 큰 영향을 주었다.

치를 강조하는 경향들이 등장했다. 크로체는 "역사가들이 과거의 문서나 사건의 중요도를 판단하는 경우 현재의 관심사에 의해 좌우된다"고 하면서 "모든 역사는 현대사이다"라고 하였다(Croce, 2000). 이는 현재의 법이나 제도 등 사회를 구성하는 양식에 대한 역사가의 관심과 문제의식에 따라 역사연구의 방향, 사료의 해석, 연구 결과의 의미 등이 재구성될 수 있음을 보여주는 것이다.

20세기 후반에 들어와서는 포스트모더니즘Postmodernism의 영향으로 극단적 상대주의 경향이 역사학의 한 흐름으로 등장했다. 이들 역시 사료의 해석에 대한 상대성을 기초로 역사연구에서의 객관성을 부정하며 과거의 객관적 사실이 존재할 수 있음을 인정하지 않는다. 이들의 작업이 비록 극단적이며 때로는 왜곡된 경우도 있지만 우리가 역사를 공부해야 할 필요성과 의의라는 측면에서 보면 나름대로 의미가 있다.

이상에서 보면 역사를 연구하거나 공부한다는 것은 접근상의 차이에도 불구하고

포스트모더니즘

포스트모더니즘은 이성중심주의에 대해 근본적인 회의를 내포하고 있는 사상적 경향을 총칭하며, 1960년대 프랑스와 미국을 중심으로 일어났다. 2차 세계대전 및 여성운동, 학생운동, 흑인인권운동과 구조주의 이후에 일어난 해체현상의 영향을 받았다. 탈중심의 다원적 사고, 탈이성적 사고가 포스트모더니즘의 가장 큰 특징이다.

포스트모더니즘은 용어 자체가 역사학적 구분에서의 근현대에 스쳐간 수많은 것들을 포함하기 때문에 학자, 지식인, 역사가 사이에서 그 정의를 두고 극한 논쟁이 벌어진 개념이기도 하다. 그럼에도 포스트모더니즘적 생각이 철학, 예술, 비판 이론, 문학, 건축, 디자인, 마케팅, 비지니스, 역사해석, 문화 등 다방면에 걸쳐 영향을 끼쳤다는 사실에는 대부분 동의한다.

단지 과거에 대한 지적 호기심의 충족에 그치는 것이 아님을 알 수 있다. 오히려 현재 인간의 삶을 규정하는 다양한 요소들이 역사가의 연구 작업에 영향을 미칠 수 있다. 또한 과거에 대한 역사가들의 연구가 현재의 인간 삶의 다양한 존재양식 및 문제에 대하여 영향력 있는 대안을 제시할 가능성도 있다. 바로 이러한 점이 우리가 역사를 연구하고 공부하는 중요한 의의라고 할 수 있다(감정기 외, 2004).

그러나 역사는 확실한 문제의 해결책이 아닌 참고자료라는 점에 주의해야 한다. 왜냐하면, 첫째로 과거자료는 자료의 양적인 한계를 비롯하여 객관성 및 신뢰성과 관련하여서도 상당 부분 제약을 받기 때문에 과거의 사건이나 현상의 원인, 조건, 과정 및 결과 등에 대한 충분한 자료를 구하는 데에는 한계가 있다는 점이다. 두 번째로는 하나의 사건이나 현상에서 객관적이고 신뢰성 있는 결과를 발견하여 제시하려면 상당한 시일을 필요로 하는 경우가 많다는 점이다. 하지만 현실의 사회문제 특히 사회복지의 문제나 쟁점들은 시급성을 요하는 경우가 많다. 세 번째로는 포스트모던 역사학에서 나타난 것처럼 현재 역사가의 관점과 이해관계가 지나치게 반영될 경우 극단적으로는 왜곡된 결과를 도출할 수가 있다. 또한 상대주의적 관점 때문에 동일한 과거사에 대하여 상반된 결과를 제시함으로써 역사연구의 결과를 현실적으로 참조하는 데 혼란을 초래할 수 있다. 그렇기 때문에 우리는 신중한 태도로 가능한 충실한 사료와 과학적 연구방법을 근거로 역사연구의 결과들을 이용할 수 있어야 한다.

2. 사회복지역사 연구

흔히 사회복지역사의 연구는 사회복지발달사 연구로 표현되고 있다. 그러나 정작 발달이라는 것이 무엇을 의미하는가에 대한 정의를 내리는 것은 쉽지 않다. 사회복지의 발전 혹은 발달이 무엇인가를 생각할 때에는 두 가지 문제를 해명하지 않으면 안 된다. 첫째는 발달 내지는 발전이 무엇을 의미하는가에 대한 정의를 내리는 것이며, 둘째는 과연 역사가 발전하는가라는 보다 근본적인 문제에 대한 역사관이 명시되어야 한다.

사회복지가 발전한다는 인식을 명확하게 제시하고 기술한 예는 사회복지의 역사를 진화과정으로 파악한 로마니쉰J. M. Romanyshyn에서 찾을 수 있다. 그가 제시한 사회복지는 자선의 성격으로부터 보다 넓은 적극적인 의미로 변천하는데, 그 내용을 살펴보면, ① 잔여적 개념에서 제도적 개념으로, ② 자선의 사상으로부터 시민의 권리라는 사상으로, ③ 빈민에 대한 특별한 프로그램에서 전체인구의 보편적 욕구에 대한 관심으로, ④ 가능한 최저한의 급여와 서비스로부터 최대한의 적절한 급여 및 서비스로, ⑤ 개인의 치료로부터 사회의 개혁으로, ⑥ 민간의 후원으로부터 정부의 후원으로, ⑦ 빈민을 위한 복지라는 개념으로부터 복지사회라는 개념으로의 점진적 진화과정으로 파악할 수 있다는 것이다(전남진, 1987: 50 재인용).

따라서 사회복지역사에 대해 공부해야 하는 이유, 즉 사회복지역사에 대해 공부하는 것이 우리에게 어떤 유용성을 주는 것인가에 대하여 다음의 세 가지로 요약하여 볼 수 있다.

우선, 현대사회에 이르러 정착된 사회복지의 생성 및 발달과정과 역사적 특성을 이해할 수 있다는 점이다. 오늘날의 많은 복지제도들은 자본주의 발전과정에서 발생한 사회문제와 욕구들에 대한 대응으로 등장한 것으로 현대적 관점에 사회복지제도는 자본주의 변화와 사회복지 변화를 함께 고려함으로써 이해되어야 할 것이다.

둘째, 과거의 사회문제 및 사회적 욕구 그리고 이에 대응했던 사회복지제도 및 프로그램의 등장과 변천 과정에서 나타난 성공/실패 원인, 조건, 배경 등에 관한 지식을 확보함으로써 현재의 사회복지정책, 제도, 프로그램 개발에 활용할 수 있다.

셋째, 사회복지의 역사를 연구하는 과정에서 발견할 수 있는 사회복지제도의 변천 혹은 발전에 내재하는 모종의 법칙성을 발견함으로써 한국적 사회복지제도 발달의 이론화에 적용할 수 있다. 아직 우리의 사회복지역사가 짧기 때문에 서구의 사회복지역사로부터 하나의 제도가 생성, 발전, 소멸되는 일반적 원리와 조건을 배울 수 있을 것이다(감정기 외, 2004: 21~22).

1) 사회복지역사 연구의 의의

우리는 발달사를 통해서 역사를 알 수 있고 우리가 역사학의 이론과 방법론적 측면에서 어떻게 역사를 바라볼 것인가를 생각할 수 있다. 각자의 생각이 어떻게 내려지는가에 따라서 왜 사회복지의 역사를 공부해야 하는가에 대한 대답이 달라질 수 있을 것이다.

과거에 대한 연구의 결과는 현재 우리 삶의 다양한 존재양식 및 문제에 대하여 영향력 있는 대안을 제시할 가능성이 있다. 이러한 연구 결과들이 역사를 연구하고 공부하는 중요한 필요성이라고 할 수 있을 것이다. 물론 현재에 당면한 문제의 해결방안을 찾거나 미래를 대비하기 위한 참고자료의 역할을 할 뿐이지 확실한 예측 수단을 원하는 대로 언제나 제공해준다는 것은 아니다.

인간생존의 역사로서 사회복지발달사를 연구하는 것은 과거의 사회복지 역사성과 사회성을 공부함으로써 미래의 사회복지발전에 기여하기 위한 것이다. 이를 위해 현재 당면한 사회적 문제와 욕구를 올바로 이해하고 그것을 해결하기 위하여 역사를 배우면서 폭넓고 다양한 식견과 균형 잡힌 직관과 판단력을 갖추어 미래를 예측하는 연구자로서의 구실과 구체적인 문제해결에 기여하는 실천가로서의 구실을 적절히 해낼 수 있을 것이다.

사회과학이 연구대상으로 삼는 사회현상은 자연현상과는 달리 역사적인 맥락이 있다. 사회복지가 해결하고자 하는 사회문제가 시대에 따라 확대되어 왔기 때문에 사회복지의 개념과 영역도 확대되어 온 것이다. 그렇기 때문에 사회복지라는 개념은 결코 고정적인 것은 아니며 앞으로도 사회변화와 사회문제에 따라 계속 변화하고 발전해 나갈 것이다. 이미 사회복지가 인간과 사회 그리고 양자의 변화를 통하여 인간의 부적응 문제를 해결하고자 하는 조직적인 활동이라고 개념 정의를 한다면, 그것 역시 현대적인 의미에서 그렇다는 뜻일 뿐, 과거에도 사회복지가 그런 개념이었다는 것도 아니고 미래에도 그러할 것이라는 의미도 아니다.

따라서 사회복지의 본질, 사회복지의 개념, 사회에서 사회복지가 차지하는 역할과 비중 등을 정확하게 파악하기 위해서는 사회복지가 발전해온 과정을 깊이 연구하고 이해하지 않으면 안 된다. 현대에 행해지고 있는 다양한 사회복지사업을 단순히 분류하거나 다른 국가의 그것과 비교하는 것만으로는 사회복지의 본질이 결코 명백해질 수 없다. 예를 들어, 초등학교, 중학교, 고등학교, 대학교 등으로 분류하고 각각의 기관들이 어떤 교육서비스를 제공하는가에 초점을 두고 연구를 한다고 해서 각 교육기관의 본질을 파악할 수는 없는 것과 마찬가지이다. 사회복지역사를 연구하는 목적이 사회복지에 관련된 역사적 사실들에 관한 지식을 얻는 것에 머무르지 않고 사회복지 그 자체의 개념이나 기능을 정확하게 파악하는 것에 있다는 것은 이러한 연유에 있다(박광준, 2002: 41~42).

2) 역사학과 사회복지학

사회복지와 역사, 즉 사회복지에 있어 역사연구의 의의를 찾기 위해서는 먼저 사회과학 이론의 측면에서 접근해야 할 것이다. 그 이유는 역사와 사회복지가 모두 사회과학의 한 분야이며 연구방법론 역시 사회과학의 연구방법론에 기초를 두고 있기 때문이다. 또 사회과학은 경험과학이며 역사학과 사회복지학도 경험과학으로서의 특성을 강하게 갖고 있다. 더욱이 사회과학은 사회현상을 연구하는 학문이며 역사와 사회복지의 연구도 사회현상을 중요한 대상으로 삼고 있다. 그리고 사회현상의 작용주체가 인간이라는 점에서 사회과학, 역사, 사회복지는 과학적 인식을 같이하고 있다. 그래서 여기에서는 사회과학 이론에 기초한 사회복지와 역사의 관계를 알아보고 그를 통해 얻어진 과학적 지식을 사회복지발전에 활용하고자 한다.

사회과학의 의미를 이해하려면 먼저 과학의 의미를 규명해야 한다. 과학은 체계화된 지식이며 과학의 특성은 ① 과학은 논리적이다 ② 과학은 결정론적이다 ③ 과학은 일반적이다 ④ 과학은 간결하다 ⑤ 과학은 특정적이다 ⑥ 과학은 경험적으로

사회현상과 사회과학

사회현상은 인간이 생존을 위해 활동하는 모든 사회생활과 관련되어 있다. 다시 말해 사람들 사이에 이루어지는 사회활동과 사회과정으로서의 인간의 모든 사회적 행위를 사회현상이라고 할 수 있다.

사회현상의 존재론적 구조를 보면, ① 사회현상은 자연현상과 마찬가지로 관찰되어 측량될 수 있는 것을 가리킨다 ② 사회현상은 관찰될 수 있는 자연현상 그 자체가 아니라 그것을 통해서 전달된다고 전제되는 행위자의 의도를 가리킨다 ③ 사회현상은 그것을 구성한다고 전제되는, 보이지는 않지만 추출될 수 있는 규범, 혹은 약호(code)를 가리킨다.

이와 같이 인간의 생존을 위한 사회적 행위와 집단 활동에 관한 현상을 지배하는 법칙을 탐구하는 학문이 사회과학이라고 할 수 있다. 이렇게 본다면 사회과학은 사회적 인간에 관한 법칙과학이라고 정의할 수도 있다. 사회과학은 경험과학이며 역사과학인 동시에 실천과학이며 사회현상에 대한 전체적인 인식과학이라는 특성을 갖는다.

검증이 가능하여야 한다 ⑦ 과학은 간주관적이다 ⑧ 과학은 수정가능한 것이다. 이와 같이 과학은 인간의 총체적인 지식체계를 포괄하는 의미를 갖고 있다. 지식체계의 학문영역을 자연과학/사회과학/인문과학으로 대별하는 것은 그 학문의 인식방법이 과학적 인식이라는 데 근본적인 의미가 있다. 보통 자연과학을 가리켜 자연에 관한 과학(학문) 또는 자연현상을 대상으로 하는 과학적 인식이라고 한다. 이와 마찬가지로 사회과학은 사회에 관한 과학(학문) 또는 사회현상을 대상으로 하는 과학적 인식이라고 말한다. 여기서 우리는 자연과학의 연구대상이 자연 또는 자연현상인 것처럼 사회과학의 연구대상은 사회 또는 사회현상이 된다.

따라서 역사학을 사회과학적으로 접근할 필요가 있다는 점은 둘 사이의 다음과 같은 공통점을 들어 좀 더 구체적으로 설명할 수가 있다(하상락, 1997: 1~5).

첫째, 연구 대상의 동일성이다. 오늘날 사회과학과 역사학은 모두 사회 구성원들의 상호작용 과정에서 발생하는 사회현상을 연구 대상으로 한다는 점이다.

둘째, 두 분야 모두 자연과학과는 달리 변하지 않는 보편적 법칙보다는 한정된 일반화에 관심을 갖는다. 그 이유는 사회과학과 역사학 모두 가변적 인간의 가치에 뿌리를 두고 있기 때문이다. 따라서 사회과학적 법칙 및 개념과 다른 별도의 역사 법칙이나 개념은 있을 수 없는데, 그 이유는 양자가 인간사회와 사회관계를 그 일반적 역사과정에 비추어 해석하고 이해하고 설명하기 때문이다(이종수, 1981: 264).

셋째, 방법론적으로 양자 간에는 근본적으로 차이가 없다. 다만 전형적인 역사학자는 특정 사례에 관심을 갖고 사료와 정보를 다루는 데 비해, 전형적인 사회과학자는 특정 사례를 넘어 사회와 역사에 대한 보편적이고 일반적인 이론정립에 일차적인 목표를 둔다는 점에서 차이가 있을 뿐이다(이종수, 1981: 263).

사회복지학도 사회과학 일반과 많은 특성을 공유하고 있다. 사회과학이 사회현상과 인간관계 현상을 연구 대상으로 하고 있고, 사회복지학이 인간의 욕구충족과 사회문제의 해결이라는 목적을 두고 연구되는 한, 사회복지학이 어떤 연구 주제와 연구 방법을 선택하든 기본적으로 사회과학의 형태를 띨 수밖에 없다는 점에서 그러하다(김성이·김상균, 1994: 41). 하지만 사회과학의 다른 분과학문들이 주로 인간관계의 현상을 설명하기 위한 과학인데 반하여, 사회복지학은 어떤 사회현상에 내재하는 사회문제에 대처하는 사회적 시책을 강구하는 학문으로서의 성격이 강하다. 다른 사회과학이 순수성이 강하다고 한다면 사회복지학은 응용성과 실용성이 상대적으로 강하다고 할 수 있다.

3) 사회복지역사 연구의 방법론

사회복지역사를 연구하고 설명하는 방법은 다양할 수 있지만 시대를 구분하여 접근하는 방법, 비교사회복지학적 방법, 사례연구 방법 등이 유용하게 적용될 수 있다. 즉 시대에 따라 사회복지제도와 의미가 변화하기 때문에 통시적으로 접근하기가 힘들며 시대를 구분하여 접근해야 한다. 또한 시대적으로 동일한 시대라 하더라도 사회와 국가마다 사회복지제도의 내용과 의미가 상이할 수 있기 때문에 비교의 방법이 필요하다. 또한 필요에 따라서는 특정 시대, 특정 사회나 국가를 집중적으로 분석함으로써 사회복지의 미세한 역사적 사실들을 보여줄 필요가 있다(감정기 외, 2003: 43~44).

(1) 시대구분에 따른 연구

사회복지의 역사를 기술함에 있어서 무엇보다도 중요한 것은 수세기에 걸친 연구범위, 즉 그 시작의 시기와 끝의 시기 사이에는 너무나도 큰 차이가 나는 이 시간적 범위 속에 포함되어 있는 수많은 사상, 사건이나 역사적 사실들을 어떻게 어느 정도로 시대를 구분하여 그 변화과정을 명백히 할 것인가이다. 더구나 그 시대 구분이 자의적이어서는 안 되기 때문에 그 근거를 명시하지 않으면 안 된다(박광준, 2002: 45). 따라서 지금까지 소개된 시대구분 연구들을 몇 가지로 분류해보면 다음과 같다(감정기 외, 2004: 45~48).

첫째, 자본주의 발달 단계에 따른 구분으로, 즉 자본주의의 생산양식의 변화에 따라 시대를 구분하고 이에 조응하는 사회복지제도나 정책의 변화를 분석하는 것이다.

둘째, 수혜자의 주체적 반응의 변화에 따라 구분하는 방법이다. 高島進은 자본주의의 발전, 사회복지 대상 및 문제의 변화, 수혜자의 반응으로 시대를 구분한다(이상록, 1991: 50). 이 접근은 앞의 접근보다는 포괄적이고 수혜자의 반응을 제시했다는 점에서 세련되었으나 국가 혹은 정치체제의 변화가 주변적으로 다루어진다는 약점이 있다.

셋째, 통합적 접근으로 자본주의 발전단계를 외재적 측면으로 하고 사회정책의 형태(법, 제도, 프로그램)와 내용(대상자 및 보장 위험범위, 위험분산, 국가개입태도), 사회정책에 대한 수혜자의 의식 및 수혜자에 대한 사회인식을 내재적 측면으로 설정하여 사회복지의 발달 단계를 설명하고 있다.

넷째, 정치·사회적 변수를 중심으로 시대를 구분하는 접근이다. 이 접근은 복지국가의 산출구조가 국가, 세계체제, 사회계급 간의 관계에 의해 영향을 받는다는 점을 고려해야 한다거나(김석준, 1991), 정치체제와 그 내부의 행위자들 간의 상호작용 속에서 사회복지의 변화를 파악해야 한다는 입장이다.

이상의 접근들은 대체로 비사회복지적 기준들로 시대를 구분한 후 해당 시기의 사회복지 내용, 특성, 변화, 의미 등을 파악해나간다. 하지만 그 반대의 접근방법도 가능하다. 사회복지제도나 복지국가 등 거시적인 사회복지 변화과정에서 나타나는 외양 및 내용의 질적 변화나 경계적인 특성을 중심으로 시대를 구분한 후 해당 시기에서의 생산양식과 같은 외재적 요인 그리고 사회복지의 변화를 둘러싸고 발생하는 다양한 차원의 내재적 요인의 관계를 살펴봄으로써 각 시기의 사회복지에 대한 이해의 폭을 넓혀 나가는 방식이다. 이 책은 마르크스Marx의 역사발전 5단계설과 일반적 시대구분을 혼용하여 서술하였음을 밝힌다.

(2) 비교연구

비교연구는 유사한 사회경제적 배경 하에서 각 국가들이 그러한 환경에 어떻게 변화하는가를 잘 보여준다. 즉 사회복지의 발전에 있어서 문화적 전통이라는 요소가 각 국가의 독자적인 사회복지 발전에 얼마나 큰 영향을 미치는가를 드러내는 것이다. 예를 들면, 사회보험의 도입에 있어서 독일 비스마르크 사회보험의 내용은 결국 당시까지 존재하였던 질병금고제도를 약간 변형한 정도였고, 혁명적인 변화를 거친 것으로 이야기되는 소비에트 사회보장제도도 그 내용과 시행과정을 보면 당시까지 러시아의 문화적 전통을 초월하지 못함을 확인할 수 있는 것이다(박광준, 2002: 49).

이 책에서는 사회복지역사에 대한 서술 중 대부분을 영국의 사회복지역사를 중심으로 전개하였다. 자본주의의 최선진국이었던 영국의 사회문제에 대한 국가의 개입이 빨랐는데, 이는 최초로 의회 민주주의의 실현과 산업혁명 등 다른 나라들이 경험하지 못했던 부분에서 선두에 있었기 때문이다. 이에 구빈법이 성립된 이래 약 300여 년간 유지되면서 사회경제상의 변화에 따른 구빈법의 대응과정은 그것이 가진 강점뿐만 아니라 그 제도의 한계에 관해서도 역시 많은 교훈을 보여주고 있다. 이와 함께 동시대에 발생한 사회복지역사들을 여러 국가들로 확대하여 논의한다.

이러한 비교적 관점에서의 연구방법은 유사한 사회경제적 배경 하에서 각 국가들이 그러한 환경에 어떻게 변화하는가를 잘 보여준다. 즉 그것은 사회복지발전에 있어서 문화적 전통이라는 요소가 각 국가의 독자적인 사회복지발전에 얼마나 큰 영향을 주는가를 단적으로 보여줌으로써 사회복지발달을 전반적으로 이해하는 데 많은 도움을 주고 있다.

(3) 사례연구

보통 사회과학에서 사례연구라 함은 양적 연구의 전통에 대한 반동으로 나타난 질적 연구방법의 하나이다. 사례연구는 좁게는 특정한 대상이나 현상을 기술하고 탐색하기 위해, 넓게는 기존이론에 대해 도전하고 새로운 이론구축의 토대를 마련하기 위한 목적으로 다양한 분야에서 활발히 진행되고 있다. 사례연구는 대부분 일상경험과 직접적 관련을 맺고 있으므로 현재 실생활에 적용할 수 있다는 장점이 있다.

옌Yen은 사례연구란 현상과 맥락 간의 경계가 불분명한 경우 다면적 증거 원천들을 사용함으로써 현재의 현상을 실생활 맥락 내에서 연구하는 경험적 탐구라고 정

표 1-1 사회복지역사 연구방법

연구방법	변화요인	
시대구분에 따른 연구	외적 요인	사회경제적 환경변화(자본주의 생산양식, 산업화, 세계화)
	내적 요인	원조방법(이념과 원리, 급여방식, 대상, 전달체계, 재정)
비교연구	횡단적 연구	동일시대와 공간(특정 시대의 국가 간 비교)
	시계열 연구	동일공간과 시간(특정 국가들의 시간에 따른 변화 비교)
사례연구	특정 사례	특정 개인, 집단, 국가대상의 변화를 심층적, 집중적으로 조명

※출처: 이강희 외, 2006: 19.

의하였다. 이와 같이 사례연구는 맥락을 독립적으로 구분하는 것이 아니라 맥락 속에서 현상을 이해하고자 하며, 연구의 초점을 실생활에 두어서 표준화된 측정도구가 아닌 다면적 자료를 축적함으로써 연구한다. 결과적으로 사례연구는 사상이나 조건 및 그들 간의 관계성에 대한 세밀한 맥락적인 분석을 하고자하는 것이다.

이러한 사례연구는 사회복지역사를 연구함에 있어서 특정 시대 혹은 특정 범주 내에서 구체적 사례를 들어 전체적인 이해를 돕고자 할 때 유용하게 사용될 수 있다. 또한 하나의 이론이 적용되는 구체적이고 경험적 근거가 요구되는 경우 그에 적합하고 전형적이라고 판단되는 사례를 분석하여 제시할 수도 있다. 이 책에서는 앞서 기술한 사회복지 중심의 시대구분과 함께 비교연구 및 사례연구를 적절히 포함하여 사회복지발달에 대한 이해를 보다 쉽게 하고자 노력하였다.

제1장 생각해볼 문제

1 역사의 정의를 스스로 내려 보고 역사 연구의 중요성에 대해 생각해보자.

2 사회복지발달사를 공부하는 의의는 어디에 있는가?

3 사회복지발달을 연구하는 방법에는 어떤 것들이 있는가? 각 방법별로 장단점을 생각해보자.

제2장

사회복지발달이론

사회가 점점 복잡해지고 다양해지면서 소외받는 약자들이 발생하게 되었다. 이에 사회복지는 노동자, 실업자, 노약자, 장애인 등 시장에서 소외된 사람들이 최저생활을 영위할 수 있도록 최소한의 소득보전장치를 제공하여 사회구성원의 일원으로 편입될 수 있도록 하는 제도적 장치의 역할을 하게 된다.
따라서 이번 장에서는 여러 가지 사회복지제도가 발달되어 온 원인과 과정에 대한 이론들을 살펴본다.

1. 사회복지발달의 원인

서양의 학자들이 한국, 일본 등이 속한 동아시아 국가들의 사회복지를 분석함에 있어서 지역적 특성에 따라 적절한 분석방법을 만들어 내기보다는 이미 기성화된 서구사회의 분석틀을 그대로 이용하는 경우가 있다(Esping-Andersen, 1996)고 지적하는 것을 의미 있게 살펴볼 필요가 있다. 사실 우리나라의 연구경향도 마찬가지로, 외국의 어떤 학자가 행한 하나의 이론이 소개되면 그 이론이 우리에게 적합하게 적용되는지를 검증하는 정도에서 크게 벗어나지 못하는 것이 현실이다.

그러나 사회복지의 발전과정을 이론적으로 설명하기 위해서는 무엇보다도 사회복지의 사실에 관한 연구의 축적이 필요하다. 연구의 축적을 기본으로 하여 사회복지발전을 가능하게 하는 사회구조적인 요인과 특정 시점에 사회복지제도를 만들어 내게 하는 요인들, 그리고 나아가 그 제도의 내용이 다른 국가와는 다른 어떤 특징을 가지게 한 요인들을 구분하여 설명하는 노력이 필요하다. 이러한 노력의 축적을 통해서 이론이라고 불릴 만한 어떤 체계적인 설명이 비로소 가능한 것이다(박광준, 2002: 42). 따라서 사회복지발달이론이라 함은 사회복지에 관한 정책과 법률 및 제도를 만들고 사회복지가 발전하게 되는 원인이 무엇인가를 분석하려는 노력이다.

김상균(1987)은 사회복지발달을 설명하는 이론을 사회양심이론, 합리이론, 테크놀로지론, 시민권론, 사회정의론 등으로 분류하고 있으며, 일부 다른 학자들은 수렴이론, 음모이론, 종속이론, 확산이론, 정치경제학적 결정이론 등을 포함하기도 한다. 이들 각각은 하나의 이론이라기보다는 하나의 설명이라고 표현하는 것이 정확할 듯한데, 이러한 설명들은 그 각각이 사회복지발달의 요인들을 설명하는 것으로 간주하고 있는 것이다.

이러한 각각의 설명들은 단지 부분적으로 사회복지발달을 설명할 수 있다. 사회복지의 역사를 기술하는 범위는 상당히 광범위한 시간을 다루고 있기 때문에 그러한 모든 시대를 망라하여 사회복지발달을 설명할 수 있는 이론은 있을 수 없을 것이다. 데인(Thane, 1982)은 이타주의의 증대, 시민권의 성장, 국가주의라는 세 가지 요인을 사회복지발전의 요인으로 보고 있는데, 그것은 주로 19세기 후반에서 20세기 중반까지의 사회복지발달을 그 범위로 하였기 때문이라는 것을 고려해야 한다. 즉 이러한 세 가지 요소는 이 기간 중의 사회복지발달을 설명하는 요인이 될 수 있을 뿐 모든 시대의 사회복지발달을 설명할 수 있는 것은 아니다. 마찬가지로 차티스트 운동으로 인한 참정권의 확대와 사회주의 사상의 보급이라는 요인과 인도주의, 사회복지의 사회안정화 기능에 대한 인식, 대규모 빈곤조사의 결과발표라는 세 가지 부차적인 요인을 들고 있는 연구자의 경우(George, 1973: 13)도 19세기 말에서 20세기 초의 세기전환기라는 좁은 시대의 사회복지발전을 설명할 수도 있는 것이다.

2. 사회복지발달의 제이론

1) 경제적 관점의 이론

(1) 산업화 이론Industrialization Theory

산업화 이론은 사회복지제도의 변천요인을 산업화라고 하는 맥락에서 찾는다. 즉 산업화의 과정에서 각종 사회문제가 발생하게 되고 그러한 문제에 대한 합리적 해결책이 복지제도라고 하는 것이다. 이는 근본적으로 경제발전론에 그 기반을 두고 있다. 산업화와 기술의 발전은 경제성장을 가져오는 동시에 새로운 사회적 욕구를 유발시키며, 경제성장은 복지 확충에 필요한 자원을 제공하고, 새로운 욕구는 새로운 복지제도를 등장하게 한다는 것이다.

자본주의 국가의 경우 기술발전이 주도하는 산업화는 새로운 사회적 욕구를 유발한다. 산업화로 인한 도시화, 이혼의 증가, 지리적 이동, 핵가족화는 가족기능을 약화시킨다. 따라서 가족에 대한 지원이 요구된다. 동시에 산업화는 양질의 훈련된 노동력을 원하기 때문에 병자, 실업자, 노인 등은 고용문제에 직면하게 된다. 그러므로 산업사회는 양질의 노동력 확보와 생산성 향상을 위해서도 사회복지를 필요로 하게 된다. 이처럼 산업화 이론은 두 가지 주요한 이유에서, 즉 산업화로 인한 가족기능의 약화와 훈련된 노동력의 필요 때문에 국가의 지원은 불가피하며 결국 산업화에서 야기된 문제의 대응으로서 사회복지가 확대된다는 것이다. 이는 사회문제에 대한 합리적 해결책이라는 점에서 합리이론rationality theory이라고도 불린다.

(2) 수렴이론Convergency Theory

수렴이론은 산업기술이 발달할수록 사회복지도 발달하며, 한 나라의 산업화 수준에 따라 복지 수준도 결정된다고 보는 관점이다. 산업화가 사회복지제도의 발전을 가져왔다는 견해는 아무도 부정할 수 없는 설명이다. 앞서 설명한 산업화 이론에 대해서 여러 각도에서의 비판이 있기는 하지만 그 대부분은 사회복지발달을 설명하는 수준의 차이를 염두에 두지 않고 있기 때문이지, 산업화라는 것은 가장 넓은 범위에서 사회복지발달을 가능하게 한 요인임에 틀림없다(박광준, 2002: 43).

이와 같은 산업화 이론은 기술결정론적인 시각으로도 볼 수 있는데, 기술발전이 주도하는 산업화는 그 과정에서 많은 사회적인 욕구social needs를 파생시킨다. 즉 농경사회에서 산업사회로의 이동은 산업화, 도시화를 수반하게 되고 일자리가 많은 도시로 인구의 유입이 일어나며, 주택문제, 교육문제, 고용문제, 실업문제, 이혼, 질병 등에 따르는 많은 사회문제가 나타나게 된다. 이런 취약계층은 산업화로 인하여 전통적인 가족의 지원을 받을 수 없는 상황이 되면서 공식적 사회복지제도의 도입이 절실하게 요청된다. 또한 산업사회에서 요구하는 기술력을 소유하지 못한 사회취약계층들은 생계유지에 어려움이 있게 되고, 이들을 위한 사회지원시스템이 필요하게 되며 더 나아가 산업재해 등 예기치 않은 각종의 사회적 위험에 대비하여 사회보장제도의 필요성이 불가피해진다. 따라서 자연히 복지정책과 산업정책은 상호보완적인 관계를 형성할 수밖에 없었던 것이다.

수렴이론은 그 기반을 경제발전론에 두고 있다. 즉 기본적으로 기술발전과 경제발전을 중시하는 수렴이론에서 사회복지는 경제의 종속변수로 파악되고 있어 복지에 지출할 재정적인 자원을 확보하여야 할 경제영역을 우위에 두고 있다. 수렴이론은 산업화(기술)는 경제성장을 가져오는 동시에 새로운 사회적 욕구를 유발시키며, 경제성장은 복지 확충에 필요한 자원을 제공하고, 새로운 욕구는 새로운 복지프로

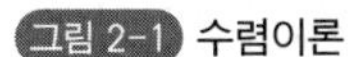
그림 2-1 수렴이론

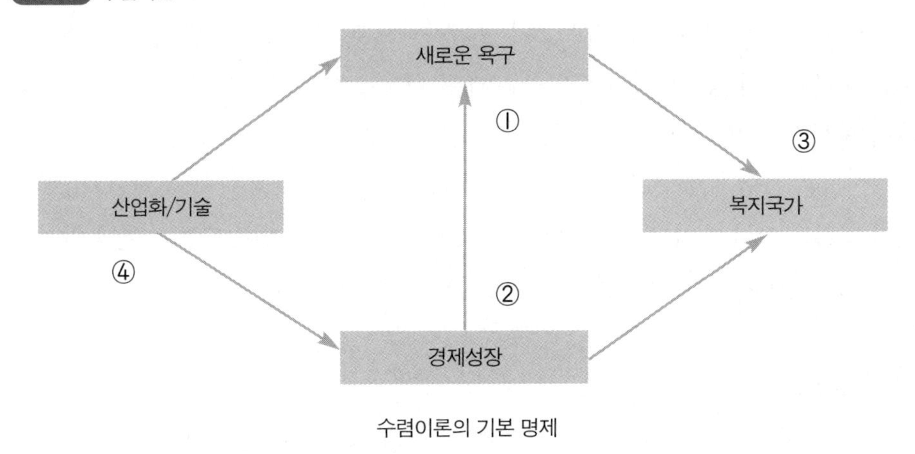

수렴이론의 기본 명제

그램을 등장하게 만들어 복지국가가 등장하게 되는 원인이 되기도 한다. 즉 이를 〈그림 2-1〉과 같이 도식화하면, 산업화(④)는 경제성장을 가져오는 동시(②)에 새로운 사회적 욕구를 유발(①)시키며, 경제성장은 복지확충에 필요한 자원을 제공하고 새로운 욕구는 새로운 복지 프로그램을 등장(복지국가, ③)시키게 된다(원석조, 2006).

이러한 수렴이론은 사회복지정책의 발전요인을 기술 및 산업화의 정도에서 찾음으로써 사회복지정책 영역을 사회적 약자, 빈민 중심에서 일반 노동자 영역으로까지 확대하였다는 점을 특징으로 하며, 사회변동과 사회구조적인 시각을 사회복지 분야에 연결시킴으로써 거시적이고 보편적인 사회복지제도를 마련하는 계기가 되었다.

그러나 수렴이론은 산업화가 사회복지를 자동적으로 확대시킨 것으로 간주함으로써 그 외 다른 요인들을 간과하는 오류를 범하고 있다. 즉 비계급적 시각으로 인하여 집단과 계급 간의 갈등, 가치와 이데올로기, 기득권, 민주화와 같은 정치적 요인 등 중요한 변수들을 배제하게 되는 한계를 지닌다. 또한 지나치게 서구의 산업 발달론에 초점을 맞추어 산업화 요인이 상대적으로 덜 중요하거나 산업화 정도가 다른 국가에서의 복지발달을 설명하는 데는 한계를 드러내고 있으며 각 국가의 문화적·사회적 특징에 따른 복지의 고유한 성격을 찾아내는 데 어려움이 따른다. 즉 수렴이론은 산업사회의 전체적이고 거시적인 틀은 제공하지만 각 사회가 가진 이념과 문화적 차이 그리고 이해집단 간의 갈등요소, 사회문제에 대한 주관적 인식차이와 정책선택 기준 등의 요소들이 무시되는 경향을 보이고 있다.

(3) 독점자본이론

전통적 마르크스주의marxism를 수정하여 변화된 자본주의(고도의 독점자본주의)

마르크스주의

마르크스(K. H. Marx)와 엥겔스(F. Engels)에 의해 만들어진 국제 공산주의 이론과 실천을 총칭한다. 인간해방 사상, 독일 고전철학, 영국 고전경제학, 프랑스 사회주의 사상을 체계적으로 결합·발전시킨 마르크스주의는 철학적으로는 변증법적 유물론, 경제학적으로는 자본론으로 대표되는 잉여가치설, 정치학적으로는 계급투쟁과 프롤레타리아 독재, 계급과 국가의 폐지에 의한 공산주의 실현 등을 전망한 것으로 구성되어 있다.

를 설명하는 네오마르크스주의neo-marxism는 복지국가의 발전을 독점자본주의의 속성과 연결하여 설명하였다. 이러한 독점자본이론은 독점자본주의 단계에서 자본축적을 돕고 자본주의 사회의 모순을 완화시키는 국가의 적극적 역할을 강조한다. 복지국가의 발전을 설명하는 네오마르크스주의는 계급갈등과 국가의 역할을 기준으로 두 가지, 즉 도구주의instrumentalism와 구조주의structuralism로 구분된다.

먼저 도구주의에서 국가는 자본가계급의 이익을 결정하는 도구에 지나지 않기 때문에 주요 복지정책은 자본가계급에 의해서 제안되고 결정되는 것으로 보고 있으며 국가의 역할은 자본가들의 이익을 수행하는 도구에 지나지 않는다고 본다. 즉 미국의 뉴딜정책, 사회보장법은 경제위기에 대처하기 위하여 독점자본가에 의해 경제체제의 효율과 정치적 안정을 목적으로 제안된 결정이라고 본다. 다시 말하면 국가의 지속적 생존은 자본가의 물적 토대 위에 근거하기 때문에 국가는 자본가의 자본축적 과정을 도와줄 수밖에 없으며 국가는 자본가의 장기적 이익에 봉사하는 도구라는 것이다.

이러한 관점에서 보면 복지는 자본가들의 자본축적 필요성에 따라서 자본가의 도구역할을 자인하는 국가에 의해 행해진다는 것이다. 지속적, 안정적, 효율적인 자본축적을 위해서는 국가의 개입이 필요하며, 또한 자본주의의 질서유지 및 갈등과 긴장의 해소를 위해서도 국가의 개입은 필요하다. 따라서 복지정책은 장기적으로 자본가들의 이익을 위하여 추진되며, 본질적으로 자본가들이 가지고 있는 자원(소득, 지위, 정치적 힘)을 변화시키지 않으며, 또한 복지의 구체적 내용도 자본의 이익을 반영한다는 것이다.

반면 구조주의 관점에서는 도구주의와는 달리 국가와 자본가의 객관적 관계objective relation를 강조한다. 즉 자본가들이 국가기구에 영향력을 행사하여 도구화하는 것이 중요한 것이 아니라 자본주의 경제구조 자체 때문에 국가의 기능은 자본가의 이익과 합치될 수밖에 없다는 것이다. 자본가들이 국가기구에 영향력을 행사하는 것과 상관없이 자본주의 국가에서의 국가는 필연적으로 자본주의 사회의 경제체제를 유지하고 강화해야 한다는 것이다.

이러한 관점에 따르면 자본가들은 그들의 단기적, 경제적 이익만을 목표로 하기 때문에 이들에게만 의존하면 자본주의 사회가 자본가들의 장기적인 이익을 위하여 기능하는 것을 보장할 수 없다. 따라서 국가는 자본가로부터 직접적으로 통제되지 않은 상태, 즉 상대적 자율성을 갖고 있는 상태에서만 자본주의 사회의 안정을 이룰 수 있고 장기적으로 자본가의 이익을 보장할 수 있다.

구조주의 관점에서는 노동자계급의 도전이 자본주의에 매우 위협적이기 때문에 노동자계급을 통제하고 분열시키는 기능이 매우 중요하게 된다. 그런데 자본가계급은 계급의식도 없고 개인들의 단기적 이해관계에 따라 여러 분파로 분열되기 쉬우므로 국가만이 노동자계급의 통제와 분열작업을 효과적으로 할 수 있다. 따라서 국가는 상대적 자율성을 가지고 있으므로 지배계급을 위해 때로는 피지배계급과 타협을 하거나 지배계급의 경제적 이익에 반하는 행위를 할 수도 있다. 결국 자본가들의 반대에도 불구하고 전략상 복지정책을 확대한다는 것이다.

어떠한 관점이든 간에 독점자본이론은 독점자본주의 단계에서 국가는 먼저 이윤이 발생하여 자본축적이 될 수 있는 상황을 유지하고 만들어야만 하고, 또한 이것을 위해서는 다른 한편으로 사회조화 내지 사회안정의 상황도 유지하고 만들어야 한다는 것이다. 이것이 국가가 수행해야 하는 두 가지 기능, 즉 자본축적과 합법화의 기능이다.

이러한 기능을 수행하기 위해 국가는 노동력 재생산과 비노동인구의 유지과정에 개입하여 복지를 추진할 수밖에 없다는 것인데, 이는 결국 자본주의의 모순을 은폐하고 자본주의적 축적체제를 공고히 하기 위한 수단인 것이다. 따라서 복지국가의 발전이 자본주의 모순을 해결하는 근본적인 대안이 될 수는 없다는 것이다(이강희 외, 2006: 23~26).

2) 정치적 관점의 이론

(1) 사회민주주의 이론

사회민주주의 이론(계급정치이론)은 사회복지의 발전을 노동자계급의 정치적 세력 확대에 따른 결과라고 설명한다. 즉 사회복지는 노동자계급을 대변하는 정치적 집단의 세력이 커질수록 발전한다는 것이다. 이처럼 사회민주주의 이론 역시 독점자본 이론처럼 자본주의에서의 계급갈등에 초점을 맞추었지만, 독점자본 이론이 이러한 계급갈등에서 자본의 일방적 이익추구라는 관점으로 설명했다는 점에서 사회민주주의 이론의 관점과는 다르다.

사회민주주의 이론에 따르면, 노동자계급의 이해를 대변하는 사회민주주의 및 좌파정당의 성장과 집권이 사회복지의 팽창에 중요한 역할을 했다고 본다. 따라서 사회복지를 자본과 노동의 계급투쟁에서 노동자계급이 승리하면서 얻게 된 전리품으로 본다. 예를 들어 독일과 영국에서의 사회보험의 시작은 유권자인 노동자계급에 대한 독일의 보수적 비스마르크 정부와 영국의 자유당 정부가 실시한 노동자를 끌어들이기 위한 노력의 일환이었으며 이것은 당시 사회주의에 대한 대응이라고 볼 수 있는 것이다(Hicks, 1999).

독점자본 이론은 자본소유로부터 나오는 경제적 힘이 지배적이라는 주장을 한 반면, 사회민주주의 이론은 의회민주주의 제도에서의 정치적 힘을 강조한다. 즉 고도의 산업사회에서 힘의 근원은 시장에서 나오는 경제적인 힘과 정치에서 나오는 정치적인 힘으로 나눌 수 있는데, 경제적 힘은 생산수단 소유로 인한 노동통제로부터 나오고, 정치적 힘은 민주제도를 통한 다수의 무산자들의 조직화에서 나온다고 본다. 경제영역에서는 노동이 자본에 비해 열등한 위치에 있지만, 정치영역에서는 많은 수의 노동자가 조직화를 통하여 자본의 경제적 힘과 대등하게 경쟁하고 또한 승리할 수 있다는 것이다.

다시 말하면 고도산업사회에서 제도화된 권력투쟁은 시장논리와 정치논리 사이의 투쟁이고, 이러한 투쟁에서 사회권의 확대로 인한 사회복지의 발전이 이루어진다고 본다. 이렇게 되기 위해서는 우선 노동자계급의 선거권이 확대되어야 하고, 이를 바탕으로 계급의 이익을 대변하는 노동조합이나 정당이 민주제도를 통하여 권력을 행사할 수 있어야 한다.

결국 영국의 차티스트 운동 이후 노동자계급의 선거권이 확대되었고 이들의 이익을 대변하는 집단이나 정당이 민주제도를 통하여 권력을 행사할 수 있게 되면 사회복지의 발전이 이루어진다고 보았다. 이러한 사실은 19세기 말과 20세기 초에 유럽의 산업국가들에서 보통선거가 보편화되기 시작한 시점과 사회민주세력이 확대되는 시점이 일치하고 있으며, 또한 이때가 복지국가가 탄생한 시기로 보고 있다(Esping-Anderson, 1985).

탈상품화

탈상품화는 개인이 노동시장에서 이탈되었을 때 공적 사회보장제도를 통해 가능한 높은 수준의 임금 대체율을 보장해줌으로써 시장에 대한 의존성을 약화시키는 것을 의미한다. 즉 사회보장제도를 통해 소비능력을 사회적으로 보장하고, 개인의 노동력에 대한 의존성을 약화시킴으로써 시장에 대한 임금 노동자의 의존성을 약화시키는 것이다. 탈상품화는 경제적 불황기에 노동시장에서 노동자 간의 경쟁을 순화시키고, 노동력 판매의 협상과정에서 자본가의 힘에 대항할 수 있는 수단을 제공함으로써 노동 계급의 집단성 형성에 기여하는 기능을 수행하게 된다.

에스핑-안데르센(Esping-Anderson, 1990)은 당시 18개 OECD 국가들을 대상으로 연구한 결과, 사회복지시스템의 접근성, 대상자 범위 및 재분배 효과는 집권당 형태와 밀접한 관련이 있다고 했다. 특히 그는 탈상품화decommodification와 관련지어 연구하였는데, 탈상품화 점수는 경제성장과는 관련이 거의 없었으며, 각 대상 국가들의 집권당이 갖고 있는 이데올로기적 성격과 관련이 있다고 밝히고 있다.

사회민주주의 이론에 의하면, 사회복지 혹은 복지국가가 발전하기 위해서는 ① 선거권의 확대, ② 노동계급을 대변하는 정당의 발전, ③ 강력한 노동운동, ④ 우익(보수)정당의 약화, ⑤ 노동계급을 대변하는 사회민주당의 집권, ⑥ 꾸준한 경제성장, ⑦ 노동자의 강한 계급의식과 종교, 언어, 인종적 분열의 약화 등 7가지 요인이 충족되어야 한다고 보았다(Pierson, 1991).

사회민주주의 이론은 복지국가 발전을 설명하는 데 몇 가지 장점을 가지고 있다. 첫째, 사회민주주의 이론은 전술한 산업화 이론과 독점자본 이론이 무시한 정치적 요소들에 대한 분석이 중요하다는 것을 보여준다. 둘째, 사회민주주의 이론은 독점자본 이론과는 달리 사회복지발전을 설명하는 데 있어 실증적인 연구에 의하여 뒷받침된다. 따라서 사회민주주의 이론에 의해 복지국가의 발전을 설명하게 되면 경제적 변수(산업화 이론에 의한 경제발전, 독점자본 이론에 의한 자본주의 경제의 구조적 문제 등)에만 지나치게 의존하는 것에서 탈피하여 설명의 폭을 넓혔다고 할 수 있다.

그러나 이러한 장점에도 불구하고 사회민주주의 이론은 다음과 같은 한계를 갖고 있다.

첫째, 많은 나라에서의 복지국가 프로그램들, 특히 복지국가 발전의 초기단계는 사회민주주의 세력에 의한 것이라기보다는 그 반대세력(자유주의자나 보수주의)에 의해서 시작되었다는 점이다. 오히려 사회민주주의 세력(노동조합)은 복지국가의 확대를 반대하였는데, 그 이유는 사회복지의 확대는 노동조합의 자율권과 통합성을 약화시키거나 임금을 억제하기 위한 수단으로 보았기 때문이다(Rimlinger, 1971).

둘째, 사회민주주의 이론의 가정은 노동자계급의 계급의식이 높아짐에 따라 그들의 조직력이 견고해지고, 따라서 그들의 이익을 대변하는 뚜렷한 정당이 생겨나게 되어 그 정당이 집권하면 노동자계급의 이익을 대변하는 사회복지의 확대가 이루어진다는 것이다. 결론적으로 사회민주주의 정당 이외의 정당도 집권을 위하여 복지국가의 확대정책을 표방할 수 있기 때문에 정당들 간의 복지제도는 크게 차이나지 않는다고 보았다.

(2) 이익집단 정치이론Interest group politics

이익집단 정치이론에 따르면 사회복지는 각자 고유의 이익을 추구하는 다양한 이익집단들 사이의 영향력 사이에서 발생하는 경쟁의 결과로 보고 있다. 따라서 사회복지는 불특정 다수의 국민전체보다는 조직화하고 세력화된 특정의 이익집단들

이익집단Interest Group

이익집단이란 특수이익의 실현을 목적으로 정부의 정책에 대해 영향력을 행사하는 집단이다. 경제발전 및 민주주의의 진전과 함께 이익집단들의 요구가 커지고 다양해지는 것은 세계 어느 나라에서나 공통적으로 나타나는 현상이다. 보통 이익집단이라고 하면 노동조합이나 경영자단체 그리고 의사나 변호사와 같은 직능단체가 먼저 연상된다(예: 변호사협회, 의사협회, 약사협회, 경실련, 전경련, 한국노총, 민주노총, 녹색연합, 참여연대 등). 하지만 이제 이익집단의 양상도 다양해져 계급이나 연령, 인종, 언어, 종교 등을 중심으로 결성되기도 한다. 퇴직한 노령층의 이익집단화가 좋은 예인데, 이들은 숫자도 많고 투표율도 높으며 정치적으로 활동적이다. 그리고 이익집단은 경제적 다양화와 정치적 민주화의 결과로만 결성되는 것이 아니라 역동적인 집단행동으로 조직되고 또 그 조직력이 더욱 강화된다. 공통의 이익을 중심으로 집단이 형성되고, 이들 집단의 행동을 통해 이익을 관철시키게 되면, 집단 역동성은 더욱 강해진다.

을 위해 수립되는 경향이 강하게 나타난다고 본다. 사회민주주의 이론이 마르크스주의 이론의 계급갈등에서 정치적인 면을 강조했다면, 이익집단 정치이론은 산업화 이론의 정치적인 면에 초점을 두고 있다.

이익집단 정치이론은 제도를 놓고 서로 다른 이해를 가진 집단들이 행사하는 영향력을 분석하고, 각 집단들의 이해관계를 적절히 폭로함으로써 정책과 이익집단들의 관계를 근본적으로 파악할 수 있으며, 나아가 이익집단들의 영향력 행사 양상을 생동감 있게 포착할 수 있도록 해주는 장점이 있다.

그러나 이익집단 정치이론의 관점에서 복지국가 내의 다양한 사회복지정책들은 자본과 노동 간의 계급대립(사회복지는 본질적으로 자본과 노동 간, 즉 계급 간 타협의 산물이다)이 아니라, 관련된 다양한 이익단체 간의 대립과 타협의 산물로 환원되는 결과를 낳게 되는 한계도 있다. 즉 계급을 이익집단으로, 계급갈등을 이익집단 간의 갈등으로 대치하는 것은 대중의 관심을 특정 쟁점에만 집중하게 만들어 그 특정 쟁점 외의 위기에 관하여 망각하게 만들고, 더 나아가 자본주의의 계급권력 관계를 초월하여 자본주의를 강화하는 데 자신도 모르게 봉사하게 될 소지가 있다. 또한 이익집단 정치이론을 따를 경우, 사회복지영역 내에서도 상대적으로 조직력이나 세력이 약한 계층은 더욱 더 소외되어 사회복지제도 본연의 의미를 상실할 위험이 있다.

이익집단 정치이론이 다른 이론과 비교하여 사회복지의 발달을 설명하는 데 기여한 것은 복지의 발달을 전통적인 계급관계를 넘어서 여러 집단의 정치적 경쟁에 초점을 맞춘 것이라 할 수 있다. 또한 오늘날 민주주의 제도에서의 정당정치의 현주소를 파악했다고 볼 수 있으며 노인들을 위한 복지 프로그램의 확대를 설명하는 데 적합하다.

그러나 이익집단 정치이론은 한계점도 가지고 있는데, 민주주의가 발달하지 못한 국가들에서의 사회복지발달 현상을 설명하는 데 어려움이 있으며, 사회복지 지출이 선거에서의 득표를 위한 경쟁에서 결정된다고 보고 있는데, 이러한 선거정치에 의한 사회복지발달을 설명하는 데에도 한계가 있다. 일반적인 정부지출은 점증적으로 변화하는 경향이 있기 때문에 선거에서의 지지를 확보하기 위한 정부지출의 차이는 크지 않다고 본다. 아울러 사회복지 지출은 경제적이나 사회적으로 한계가 있기 때문에 오직 선거에 의해서만 사회복지 지출이 증가되는 것은 아니라고 본다.

(3) 국가중심적 이론

국가중심적 이론은 산업화, 독점자본, 이익집단, 노동자계급 등의 요인들이 사회복지 발전에 영향을 준다는 것은 인정하나, 이 이론이 강조하는 점은 이러한 영향들이 독립적인 국가조직에 의해서 매개가 된다는 점이다. 지금까지 사회복지발달에서의 국가의 역할은 단순 시행자, 자본가의 협력자 또는 다양한 이익집단들의 요구에 대한 중재자로서의 소극적인 역할이었다. 그러나 국가중심적 이론에서는 국가의 적극적인 역할을 강조하며, 사회복지발전을 설명하는 사회적인 배경과 특정 국가의 사회복지제도의 관계는 국가구조의 특수성에 의하여 결정된다고 보았다(Skocpol & Amenta, 1986: 131~157).

국가중심적 이론은 복지국가 발전을 설명하는 데 있어 다음의 몇 가지 요소를 중시한다.

첫째, 많은 사회복지정책은 국가관료기구를 맡고 있는 개혁적인 정치가나 전문관료들에 의하여 국가발전의 장기적인 안목을 가진 전문화된 관료기구의 바탕에서 이루어졌다고 보았다. 오를로프와 스카치폴(Orloff & Skocpol, 1984: 726~750)은 영국과 미국의 20세기 초 사회복지발달을 설명하는 데 있어 유사한 산업화나 노동자계급의 욕구에도 불구하고 두 나라의 사회복지발달이 다른 것은 영국은 미국보다 관료기구가 잘 정비되어 있고 확고한 정당의 정책이 있으며 이에 따라 지도자들이 확고한 의식을 가지고 사회복지를 추진하기 때문이라고 보았다.

둘째, 이 이론은 사회복지발달을 설명하는 데 사회복지정책의 형성과정을 중시한다. 유사한 사회복지 욕구가 발생해도 정책형성 과정에 따라 그러한 욕구가 정책으로 반영될 수도 있고 그렇지 않을 수도 있다. 따라서 이 이론은 어떠한 사회복지욕구가 정책 아젠다agenda에 오르고, 어떤 방법에 의하여 어떤 정책대안들이 택하여지고, 누가 찬성하며, 누구에 의해 시행되는지가 중요한 요인이라고 본다.

셋째, 국가중심적 이론은 국가조직의 형태에 초점을 맞추어서 국가의 조직이 중앙집권적이고 조합주의적인 국가조직의 형태가 사회복지발달을 설명하는 데 중요하다고 본다. 이러한 중앙집권적이고 조합주의적인 국가 형태에서는 사회복지의 추진이 용이하다는 것이다.

넷째, 이 이론은 사회복지정책을 담당하는 관리기구의 속성도 중시한다. 일반적으로 정부관료 기구들은 각기의 이익을 극대화하기 위하여 각 기구들이 차지할 수 있는 예산을 팽창시키는 경향이 있다. 따라서 사회복지를 담당하는 관리기구도 그것의 팽창을 위하여 대상이 되는 사람들의 숫자를 높이려는 경향이 있어 기존의 사회복지 프로그램을 확대하거나 새로운 프로그램을 꾸준히 개발하는데, 그 결과가 사회복지의 확대로 나타난다는 것이다. 결국 어떤 사회적이고 외부적인 요인에 의해서라기보다는 사회복지를 운영하는 관리기구의 내부적인 이익추구에 의해서도 사회복지는 확대된다고 보고 있다(Deviney, 1984: 295~310).

이와 같이 국가중심적 이론은 전술한 네 가지 요소가 사회에서의 사회복지 수요에만 초점을 맞추는 이른바 사회중심적 접근에서 벗어나 사회복지를 제공하는 공급자로서의 국가를 강조함으로써 복지국가 발전에 대한 설명의 폭을 넓혔다. 또한 지금까지의 소극적인 국가 역할에서 벗어나 적극적인 행위주체로서의 국가를 강조한 점도 사회복지발달에 대한 이해의 폭을 증대시키는 데 일조하였다.

그러나 각 국가의 구조적 특이성을 강조하기 때문에 이 이론을 통해 사회복지발달을 설명하는 데에는 일반화하기 어려운 점이 있다. 즉 많은 국가들을 대상으로 적용할 수 있는 체계화된 그리고 구체적인 가설을 정립하기는 어려운 현실이다. 또한 사회복지에의 욕구가 어떻게 하여 발생하는가를 설명하기보다는 그러한 욕구에 대한 대응을 어떻게 할 수 있는가에 초점을 맞추었기 때문에 사회복지발달의 본원적인 이유에 대한 납득할 만한 설명에 있어서는 한계가 있다.

3) 기타 이론

(1) 사회양심론Social Conscience Theory

사회양심론이란 사회 구성원들의 집단양심을 사회복지의 변수로, 즉 사회적 양심의 증대가 사회복지의 발전을 가져오는 원동력이 되었다고 보는 이론이다. 이 이론은 한 사람 또는 몇몇 학자들이 만든 것이 아니라 바커Barker라는 영국의 학자가 여러 사회복지 관련 자료를 분석하여 공통점을 뽑아 만든 것이다. 이러한 점에서 사회양심론은 사회복지발달을 이해하기 위한 하나의 이념형적 해석방법으로 볼 수 있다.

사회양심론은 인도주의에 기초하는 것으로서, 사람은 인간에 대한 기본적인 연민과 동정을 가지고 있으며, 국가 역시 이타주의를 기반으로 한 사회적 책임을 가지고 있음을 가정한다. 따라서 사회양심론은 사회 구성원들의 집단양심을 사회복지의 변수로, 즉 사회적 양심의 증대가 사회복지의 발전을 가져오는 원동력이 되었다고 보는 이론이다.

사회양심론은 정부의 사회복지정책을 국가의 자선활동으로 간주한다. 이는 국가의 복지활동을 동정주의적 관점sympathetic view에서 규정하고, 사회복지정책 발전에 대한 정치적 요인을 무시하고 사회복지정책을 이상주의와 인간사회에 관한 지식·정보의 발전에 따른 결과로 본다(Barker, 1979).

또한 사회복지정책의 발전을 아동의 성장과정에 유추하고 있는 진화론적 관점을 취하고 있으며, 진화적 관점은 당연히 사회복지정책 발전의 역전 불가능성(사회복지정책 발전의 필연성)과 발전에 대한 낙관주의를 내포하며, 대표적인 찰스 부스Charles Booth의 런던 생활 및 노동에 관한 조사(1891~1903년)나 라운트리Rowntree가 실시한 요크시에 있어서 빈곤조사(1901년)를 들 수 있다. 영국의 빈민상태를 심각히 여

찰스 부스(1840~1916년)

영국 리버풀에서 출생한 찰스 부스는 사회운동가로 1886년 런던의 빈민굴을 중심으로 빈곤조사를 하여 빈곤에 관한 과학적 근거를 밝혔다. 그 중에서도 노동자의 생활에 있어서의 수입과 지출의 관계나 생활·고용능력의 표준에 관한 통계적 방법과 사례연구의 조합(組合)은 빈곤조사나 사회조사의 선구적 연구로 인정된다. 또한 노인문제에도 관심을 가져 노인연금의 지급을 주장, 노령연금법 제정에 큰 역할을 하였다.

겨 런던의 빈민실태를 조사한 결과 런던 시민의 1/3이상이 빈민이며 요크시의 빈곤상태도 대단히 심각하다는 것을 밝혀냄으로써, 빈민대책수립에 대한 영국 국민들의 여론이 형성되었고, 이는 영국 사회복지정책수립의 기반이 되었다. 이처럼 부스나 라운트리가 가진 개인적 양심과 소명감이 런던시민들을 빈곤의 처절함에서 벗어나게 하려는 공명심으로 연결되었고, 빈민의 연구조사 실태를 통하여 빈곤상황을 사회에 알림으로써 사회적 책임감을 일깨우는 역할을 하였다.

그러나 이러한 사회양심론은 문제점 또한 지니고 있다. 첫째, 사회문제의 해결을 양심에 맡김으로써 국가가 책임져야 할 사회구조적 문제를 간과하고 있다는 것이다. 사회는 복합적 요인으로 구성되어 있어 제도적으로 접근하여 해결하지 않으면 안 되는 많은 과제들을 안고 있으며, 사회적 양심에만 호소할 수 없는 수많은 문제를 가지고 있다. 둘째, 사회양심은 시간과 상황에 관계없이 항상 기본적이고 보편적이라 할 수 없다. 또한 사회복지정책은 사회의 복합적인 여러 변수에 영향을 받으며 다양한 정치·경제·사회적 맥락에 따라서 결정된다. 셋째, 사회복지정책의 생성과 변화가 인간의 기본가치인 이타심의 발현이라면 이러한 가치의 표현은 모든 형태의 인간사회에서 유사하게 나타나야 할 것이지만 실제로는 그렇지 않다. 또한 인간의 본성 중 하나인 선善이란 동서고금에 존재해 왔음에도 불구하고 사회복지를 유독 현대사회의 산물로만 설명하는 것은 다소 억측이다. 또한 선행을 가장한 위선의 존재를 이 이론적 관점에서는 파악해내지 못할 뿐 아니라 사회복지제도의 발달사에 나타나는 진보와 퇴보의 교차현상을 적절히 설명할 수 없다는 한계를 지닌다.

(2) 시민권 이론Citizenship Theory

시민권이란 "공동체의 완전한 성원에게 부여된 여러 가지 권리와 권력을 향유할 수 있는 지위"를 의미한다. 18세기 시민혁명을 통한 시민계급의 등장(시민사회)으로 쟁취한 인간의 자유와 평등에 대한 기본권(공민권)을 최초의 시민권으로 보며, 19세기의 참정권, 20세기의 사회권(복지권) 등을 시대에 따른 최초의 시민권으로 본다. 따라서 개인적·정치적 권리가 18세기와 19세기에 강조되었다면, 사회적 권리는 20세기 이후에 확립된 권리로서 복지권을 의미한다.

마샬T. H. Marshall은 시민권을 개념화했을 뿐만 아니라 시민권 개념을 통해 사회복지정책의 출현을 설명하였다. 그에 따르면, 시민권은 모든 사람들이 사회적·공적 서비스를 받을 권리를 말하는 것으로서 공동체의 참여권을 의미한다. 그러므로 시민권이 발달한다고 함은 사회 구성원들의 복지에 대한 욕구가 증대됨을 의미한다. 국가는 국민의 복지욕구에 부응하기 위하여 다양한 복지정책을 실시하게 되고, 이에 따라 사회복지정책은 발달하게 된다는 것이다.

이와 같은 시민권 이론이 사회복지발달에 기여한 점은 몇 가지로 요약할 수 있다. 첫째, 현대사회에서 사회복지 급여를 시민의 기본적 권리의 하나로 인정할 수 있는 기반을 제공했다는 점이다. 둘째, 현대사회에서 사회적 서비스가 시민적 연대성을 창조할 수 있다는 가능성을 제시했다는 점이다. 시민권 이론은 이러한 현대사회에서 시민들로 하여금 연대성을 가질 수 있도록 하는 기반을 마련하였다. 즉 시민권은 시민이라는 법적 자격을 가진 것으로 사회복지 급여를 제공받을 수 있고, 다른 사회 구성원들이 사회적 약자인 그들을 돕는 근거가 되기 때문이다.

시민권 이론의 대표적인 사례로 서구에서는 사회복지수급을 하나의 기본권(생존권적 기본권)으로 인정하고 있는 것이다. UN에서도 1976년에 발효된 국제적 권리선언인 「국제인권규약International Covenants on Civil and Political Rights」 중 '경제적·사회적·문화적 권리에 관한 규약(일명 A규약)'을 통하여 모든 사람들이 적절한 소득, 휴식, 문화생활을 누릴 수 있어야 한다고 천명하면서, 실질적 평등과 분배정의를 위해 국가가 적극적

국제인권규약

1966년 12월 16일 제21차 국제연합(UN) 총회에서 인권의 국제적 보장을 위하여 채택된 조약이다. 이것은 '경제적·사회적·문화적 권리에 관한 규약(A규약)'과 '시민적·정치적 권리에 관한 규약(B규약)' 그리고 A규약과 B규약 각각의 부속 선택의정서(附屬選擇議定書)로 이루어져 있다.

세계인권선언이 개인과 국가가 달성해야 할 공통의 기준으로서 채택되어 도의적인 구속력은 지녔으나 법적 구속력이 없었던 것에 반해, 국제인권규약은 조약으로서, 체약국(締約國)을 법적으로 구속하는 것이 특징이다.

A규약은 1976년 1월에 발표되었으며, 생존권적 기본권을 대상으로 노동기본권·사회보장권·생활향상·교육권 등을 각 체약국이 그들의 입법조치로써 실현 달성할 것을 주된 내용으로 정하였다. A규약의 선택의정서는 세계인권선언의 60주년이었던 지난 2008년 6월에 UN인권이사회에서 채택되었으며, 국제규약에 가입한 국가에서 해당 권리의 침해가 발생하였을 때, 국내 법 체계에서 제대로 다루지 못한 문제를 UN인권위원회에 제소하여 판결을 받을 수 있도록 하는 내용을 주요 골자로 하였다.

B규약과 그 부속 선택의정서는 1976년 3월에 발효되었다. B규약은 체약국이 자유권적 기본권을 보장할 것을 의무화한 것이다.

으로 행동해야만 한다는 것을 규정하고, 각국에 생존권적 기본권을 권고하고 있다.

그러나 시민권 이론도 그 한계가 드러나고 있다. 즉 누가 시민이며, 어떤 권리를 가지는가? 시민의 자격을 갖춘 사람만이 시민권을 가진다면, 비非시민은 당연히 시민권을 가질 수 없게 되고 그로 인해 차별적인 대우를 받게 된다. 예컨대, 아직 성인이 되지 않은 아동과 청소년, 불법이민자, 외국인 노동자, 죄수, 시민권을 행사할 수 없는 노숙자, 정신질환자, 학습장애인 등은 시민의 권리를 부여받거나 행사할 수 없으므로 시민권에는 이미 차별적 요소가 포함되어 있다고 할 수 있다.

(3) 확산이론Diffusion Theory

확산이론은 전파이론이라고도 하며 이 이론은 국제관계가 긴밀하게 이루어지는 현대사회에서 국가 간의 교류에 따라 사회복지에 관한 아이디어와 경험이 다른 나라에도 영향을 미친다는 데 초점을 둔 이론이다.

콜리어Collier와 메식Messick은 2가지 종류의 전파유형을 구분하고 각각 이들의 사례를 실증적으로 연구하였다. 첫 번째는 위계적 전파인데, 이는 기술혁신이나 새로운 제도가 선진국에서 후진국으로 전파되는 경우를 말한다. 두 번째는 공간적 전파로서 특정 국가에서 만들어진 제도나 프로그램이 우선 인접 주변국을 중심으로 하여 점차적으로 전파되어 나간다는 설명이다(현외성, 2007). 확산이론의 사례는 쉽게 찾아볼 수 있는데, 독일 비스마르크Bismark 시기의 사회보험제도가 영국의 사회보험 확립에 영향을 주었으며 이후 다른 유럽의 여러 국가로 확산되었다. 우리나라의 건강보험제도나 노인장기요양보험 등의 경우도 일본의 관련 법·제도들에서 크고 작은 영향을 받아왔다.

그러나 이러한 확산이론도 문제점을 지니고 있다. 확산이론은 사회복지제도가 공간적으로 어떻게 확산·전파되어 나가는가를 보여준다는 면에서는 통시적·공간적 개관을 가능하게 하였으나, 복합적이고 다양한 국제적 환경요인들이 어떻게 특정한 한 나라의 사회복지정책으로 도입·흡수·정착되어 가는지 그 과정을 설명하지는 못한다. 즉 각국의 제도들은 세부 사항에 들어가면 많은 차이를 보이며, 제도가 도입되기 이전의 상황도 나라마다 다르다는 것을 설명하지 못하는 한계가 있다.

또한 한 국가의 복지제도가 다른 국가의 것을 모방한 것이라면, 복지의 원인인 복지를 필요로 하는 상황(사회문제)을 배제하게 되는 논리적 모순이 발생하게 되는데, 대개의 경우 한 국가가 새로운 복지제도를 도입할 때 다른 나라의 같은 제도를 참고하는 것은 분명하지만, 이를 원인이 된다고 간주할 수는 없기 때문일 것이다.

(4) 음모이론Conspiracy Theory

음모이론은 기본적으로 사회복지를 사회안정과 질서유지를 위한 통제수단으로 보는 시각으로, 사회양심론의 반대입장에서 바라본다. 즉 국가는 자본주의 사회에서의 기득권을 보장하고, 사회안정과 질서를 해치지 않기 위해서 상대적 박탈감을 가진 계층들을 위한 통합적 목적의 복지정책들을 수립하게 되고, 이것이 점차 확대되면서 부수적으로 사회복지정책이 발달하게 된다는 것이다. 결국 음모이론은 사회의 특정한 목적을 달성하기 위해 사회복지를 하나의 수단으로 삼는다는 것이다.

이런 견해는 사회복지가 인도주의나 경제적·정치적 엘리트들의 선한 의지의 결과라는 기존의 통념을 완전히 부정하고, 사회복지의 확대는 서민들이 자신들의 빈곤화와 궁핍화에 대해 저항하고 투쟁하는 것에 대한 지배계급의 대응책이며, 사회복지의 진정한 수혜층은 지배계급이라는 것이다. 결국 복지가 복지의 고유하고 순수한 목적을 그대로 유지하기 위해서는 정치나 경제 등 다른 영역으로부터의 침범과 도구로 활용됨을 경계하여야 하는데, 이런 점에서 음모이론은 사회복지가 고유의 논리와 목적으로 사용되지 않을 경우에 이것을 비판하고, 복지의 원래 기능과 목적을 재인식하도록 만드는 데 그 역할을 한다고 볼 수 있다.

이와 같은 음모이론을 사회복지역사에서 찾아보면 엘리자베스 구빈법(1601년)을 들 수 있는데, 이는 구빈적 성격보다는 빈민규제적(통제적) 기능이 강한 것으로 잘 알려져 있다. 이미 언급된 비스마르크의 사회보험법 역시 사회주의자를 진압하고 정권을 유지하려는 정책에서 출발하였음을 볼 때 음모이론을 충분히 짐작하게 하고 있다.

그러나 음모이론은 본질적으로 동기론으로서 정책결정자의 의도보다는 사회복지정책의 결과에 의존하고 있다. 따라서 복지의 사회통제 기능이 지배계급이 의도한 결과인지 의도하지 않은 결과인지가 명확하지 않을 뿐더러 의도한 결과라고 할 때 그 의도성을 증명할 수가 없다. 또한 사회안정에 대한 위협을 조성하지 않는 집단이면서도 사회적 서비스의 확충으로 인한 혜택을 입고 있는 사례를 설명할 수 없다. 예컨대 노인, 아동 그리고 장애인들과 같이 노동시장에서 제외되는 대상들은 정책 입안가들에게 위협적인 존재라고 보기 힘들기 때문이다.

(5) 사회정의론social justice theory

사회정의론에 따르면 사회복지의 변천은 사회정의의 개념의 변화에 따라 결정된다는 것이다. 즉 사회정의의 개념을 어떻게 보느냐에 따라 사회복지의 형태가 변해왔다는 것이다. 원시시대는 친밀한 대인관계로 이루어진 사회였기 때문에 사회정의의 개념보다는 관용과 자선 등이 사회복지의 기본이 되었다. 따라서 복지의 형태는 상호부조의 형태가 주류를 이루게 된다. 봉건시대에는 사회적 계급이 엄격하게 존재하고 계급 간의 친분 범위 역시 제한된 사회였기 때문에 사회정의는 일차적으로 기득권 보호였으며 빈민에 대한 구호는 2차적 사회정의로 통용되었다. 이후 시장중심의 자본주의 사회는 몰인정적 교환에 근거를 둔 대인관계가 지배하는 사회이기 때문에 사회정의는 개인의 업적에 대한 보상의 성격이 지배적이었으며, 욕구에 따른 분배원칙을 부수적인 기준으로 적용하였다. 이처럼 자본주의의 발전과 함께 근대적 의미의 사회복지가 나타나게 되지만 이 역시 사회정의를 어떻게 해석하느냐에 따라 다양한 형태로 나타난다.

현대에 이르러 사회정의에 대한 논의는 '자유'와 '평등'을 중심으로 전개되고 있는데, 현대적 사회정의의 개념을 다루는 데 있어서 노직Nozick과 롤스Rawls는 가장 대표적이면서 대립적인 위치에 있는 학자들이다. 노직의 사회정의는 정당하고 자발적인 과정을 통해 획득된 소유권은 누구로부터도 침해받을 수 없다는 것이다. 이러한 소유권은 자발적인 행위를 통해서만 이전이 가능하며, 만일 이러한 권리가 침해된다면, 그러한 행위는 수정되어야 한다고 주장한다. 따라서 사회나 국가도 개인의 이러한 권리를 침해할 수 없으며, 만일 그러한 침해행위를 하였을 경우에는 그러한 행위는 수정되어야 한다. 즉 국가가 부당한 세금을 걷거나 재산권을 침해한다면, 그러한 국가의 행위는 수정되어야 하며 개인의 소유권은 원상으로 회복되어야 한다는 것이다.

노직의 사회정의와 대립되는 사회정의의 개념은 롤스의 '계약'에 의한 사회정의이다. 롤스의 사회정의는 분배에 있어서 '공평성'을 추구하고 있으며, 공평한 분배를 위한 성찰의 방법으로 '무지의 장막veil of ignorance'으로부터 '사회계약'의 상황을 고려한다. 무지의 장막으로 서로에 대해서 전혀 알지 못하는 상황에서는 가장 공평한 게임의 룰을 만들지 않을 수 없다. 경쟁을 통해 사회적 부를 분배하는 규칙을 정하는 데 있어서도 누가 승자가 될지 누가 패자가 될지 알 수 없기 때문에, 패자를 구제하기 위한 사회보장제도를 마련하게 된다는 것이다.

사회보장과 사회정책의 필요성을 주장하는 사람들은 롤스의 사회정의를 가장 바람직한 사회정의로 받아들인다. 보수주의자들이 주장하는 사회보장제도의 비효율

무지의 장막

미국의 윤리학자 존 롤스에 의해 만들어진 가설적 상황이다. 이것은 롤스의 『정의론』에 매우 핵심적으로 등장하며, 20세기 철학에 가장 큰 영향을 준 아이디어 가운데 하나다.

이것은 사회를 구성하기 위한 최초의 상황으로, 계약을 위해 모인 사람들은 서로에 대해 성별, 나이, 출신지역 등에 대한 신상정보를 전혀 알지 못한다. 하지만 모든 사람들은 자신의 이익을 추구하기 위해 합리적으로 의사결정을 할 수 있는 능력을 가지고 있다. 그리고 모두가 가장 기본적으로 평등한 자유의 권리를 가질 수 있다.

따라서 무지의 장막이란 어느 누구도 자신이 사회계약 체결 후에 어떤 계층에 속할지 모르게 된다는 상황에서 어느 누구도 특정한 계층에게 지나치게 불리하거나 유리한 방식으로 사회계약을 체결하려 하지 않고 조화롭고 누구나 받아들일 수 있는 방식으로 계약체결에 임하라는 것이다. 이것은 어떠한 정의의 원리가 사회의 자유와 시민 사이의 공정한 협력(자유에 대한 존중과 공공의 이익을 포함하는 범주다)을 이룩할 수 있는지를 정확하게 반영하기 위한 가설로 만들어졌다.

성에 대한 방어논리로 가장 적합하기 때문이다. 현대적 사회정의를 지배하는 두 철학 간의 관계에 있어서 롤스의 사회정의는 진보적인 입장에서 인정을 받고 있다. 반면에 노직의 사회정의는 분명하게 사회보장을 반대하는 입장을 보이고 있기 때문에 보수적인 사회정책을 주장하는 논리로 인정되고 있다.

이처럼 사회정의의 개념을 어떻게 보느냐에 따라 자본주의의 모순을 해결하기 위한 사회복지의 내용과 형태가 달라질 수 있다. 예를 들어 아리스토텔레스나 자유주의적 정의관에 따르면 민간에 의한 잔여적 복지의 형태가 될 것이고, 마르크스식의 평등주의적 정의관에 따르면 민간에 의한 제도적 복지형태가 될 것이며, 롤스의 정의관에 따르면 국가에 의한 제도적 사회복지의 모형이 될 것이다.

제2장 생각해볼 문제

1 지금까지의 사회복지발달이론에 대한 특징을 정리해보고, 가장 설득력이 있다고 생각되는 이론에 대해 토론해보자.

2 우리나라의 시대적 상황에 비추어볼 때 가장 적합한 사회복지발달이론은 무엇이며, 왜 그렇게 생각하는가?

3 롤스의 사회정의론을 우리의 현실에 적용해보고, 이때 나타나는 각각의 장단점을 정리해보자.

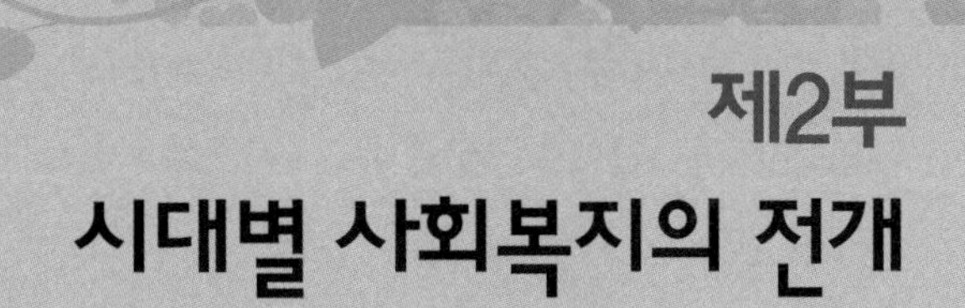

제2부

시대별 사회복지의 전개

제3장

고대의 사회복지

마르크스가 주장한 역사발전 5단계설에 의하면 원시 공산제 사회에 이어서 두 번째로 고대 노예제 사회를 들고 있다. 인류의 역사에서 고대사회라 함은 주로 그리스시대와 로마시대를 뜻한다. 이 시기를 사회복지에서는 사회복지 전사시대라 하여 주로 노예나 빈민에 대한 자선구제를 바탕으로 복지가 제공되던 시기였으며, 가족이나 친족, 이웃 등 공동체 단위로 사회복지가 행해 졌다.

이번 장에서는 사회복지의 기틀이 마련되기 이전의 역사를 살펴보도록 하겠다.

1. 그리스 사상

고대 그리스·로마 시대의 사회복지적 의미는 사유재산에 의한 자선이라는 개념이 성립하게 되었고 인간의 집단생활이 시작되었다는 점이다. 인간의 집단생활은 처음에는 지리적인 조건이나 기후에 의하여 형성되고 분화되며, 그 다음에는 각 집단의 독특한 역사와 전통, 즉 언어, 풍속, 교육, 문화 등을 통하여 발전한다. 인간집단이 이 단계에 이르면, 그 종류의 내적인 원형이라고 할 수 있는 하나의 민족성과 민족문화를 갖게 된다. 민족성과 민족문화를 형성하는 한 민족의 내적 원형이 확립되면, 이때부터 개인은 자기가 속한 민족의 성격에 의해 특색을 갖게 되며 그 성격은 영속적인 것이 되고 그들이 한 국가로부터 다른 국가로 옮겨 간 후에도 그들로부터 좀처럼 소멸되지 않고 남아 있을 정도가 된다.

고대 그리스에서 발생한 서양문화의 기본적인 사고유형은 그 표현 양상이 시기에 따라 상이해지고 내용적 수정도 있을 수 있으나 그 핵심은 고대 그리스에서부터 현대에 이르기까지 계속 이어지고 있다. 한편, 고대 그리스문화의 핵심 원리를 이루는 것은 종교이다. 종교라는 핵을 중심으로 한 문화를 이루는 제 요소들이 긴밀히 연결되면서 상호의존하고 있다. 따라서 종교는 각 문화 속에 살고 있는 인간의 생각과 행동들을 결정적으로 지배하고 있다.

서양인의 의식은 고대 그리스에서부터 현대에 이르기까지 제우스적 원리, 아폴로적 원리, 디오니소스적 원리 등 세 가지 기본적인 철학적 이데올로기에 의해 지배되고 있다. 이것은 역사적 전환기마다 그 기본 원리는 그대로 보존되면서도 그때마다의 역사적 현실과 결합하여 새로운 형태로 변형되면서 지속되어 오고 있다(노무지 외, 2009: 13~17).

1) 제우스Zeus 신화

고대 그리스의 제우스 신화적 원리는 귀족적 특징을 옹호하고 귀족의 관심을 반영한 것이다. 신과 인간 사이의 넘을 수 없는 간격이 있음을 그대로 유추하여 귀족과 하층계급 사이의 위계질서를 하나의 불가침한 것으로 굳혀 놓으려는 데에 제우스신을 중심으로 한 그리스 신화의 성립 근거가 있다. 귀족들은 인간이 신의 세계를 넘보는 것을 오만으로 간주하였다. 평민이 귀족을 넘보는 것도 그대로 오만으로 보았으며 그 오만에 대한 응보가 무엇인지를 신화를 통하여 보여주려고 하였다. 고대 그리스의 제우스 신화는 서양 중세의 가톨릭적 의식과 마찬가지로 신분제에 입각한 위계질서를 기본이념으로 하고 있다.

이 시기에 호메로스Homeros는 귀족적 지배를 옹호하는 입장이었다. 귀족 지배적

호메로스

호메로스는 유럽문학 최고 최대(最古最大)의 서사시인 『일리아스』와 『오디세이아』의 작자라고 전해진다. 두 서사시는 고대 그리스의 국민적 서사시로, 그 후의 문학·교육·사고(思考)에 큰 영향을 끼쳤고, 로마제국과 그 후 서사시의 규범이 되었다.

그의 출생지나 활동에 대해서는 그 연대가 일치하지 않으나, 작품에 구사된 언어나 작품 중의 여러 가지 사실로 미루어 보아 앞의 두 작품의 성립연대는 기원전 800~750년경으로 보는 것이 타당하다. 그의 성장지로 추측되는 도시가 7군데나 되나 그 중 소아시아의 스미르나(현재 이즈미르)와 키오스섬이 가장 유력하다. 그는 이 지방을 중심으로 서사시인으로서 활동한 것으로 보이며, 이오스섬에서 사망했다고 한다.

정치현실은 곧 신들의 의지를 반영하는 것이라고 찬양하였다. 호메로스와는 반대로 서민계급의 최초 대변자인 헤시오도스Hesiodos는 귀족지배의 정치현실을 위정자의 악행으로 말미암은 것으로 보았고 이러한 악을 시정하는 것이 곧 신이라고 봄으로써 신을 찬미하였다. 호메로스부터 헤시오도스에 이르는 인식의 변화는 바로 종교개혁적 의식을 표현하고 있는 것이다.

2) 아폴로Apollo 신화

아폴로 신화는 귀족들에 대항하여 새롭게 등장하는 상공업자들의 냉철한 과학적 합리주의를 반영하고 있다. 무적의 힘을 추구하는 태양신이고 남성적 신인 아폴로 신은 또한 화살의 신이기도 하다. 그리스 신화에서 아폴로신은 큰 홍수가 일어난 다음 공포의 대상이 된 큰 구렁이가 지닌 엄청난 힘에 대해 평소 인식하지 못했던 평민들의 자각을 상징화한 것이다.

아폴로신을 모신 델피신전의 가르침이 새로운 시대의 새로운 의식을 제시하는 교훈으로 중요성을 갖게 되는데 그리스인들에 있어서 '너 자신을 알라'는 델피신전의 가르침은 제우스 신화적인 전통적 의식과 관습에 젖은 사람에게 자기의 신분을 알리거나 또는 자기의 잠재능력을 알라는 계율이다. 다시 말하면 새로운 의식을 가진, 진취적 기상을 가진 사람에게는 그 자신이 제우스 신화에 있어서처럼 하루살이 정도로 취급되는 존재가 아니라 엄청난 잠재력을 지니고 있으니 그 능력을 올바로 자각하고 개발하라는 말로 해석되었다. 이 격언이 소크라테스에 의해서는 자신의 내면에 있는 신적 혼을 주시하라는 의미로 사용되었다. 델피신전에서의 아폴로신의 가르침은 소위 고대 그리스 종교개혁의 의미를 내포하고 있으며, 서양 근세 칼뱅주의의 원형이 아폴로 신화에 있다.

3) 디오니소스 신화

고대 그리스에 있어서 제우스 신화에 대한 종교개혁의 의미를 갖는 신화에는 아폴로 신화뿐만 아니라 디오니소스 신화가 있다. 디오니소스신은 원래 식물과 동물을 다스리는 지방의 농업신이다. 디오니소스신은 일명 바커스Bacchus라고도 불리는 포도주의 신이기도 하다. 디오니소스신은 토지귀족에 대항하는 농민들이 성장한 자기의식을 표현하고 있다. 인간으로서의 자신의 한계, 분수를 벗어나려고 하는 그 어떠한 시도도 결코 용납되지 않고 그 주제넘은 행동에 대해서는 반드시 신의 분노와 응징이 있다는 것을 보여주는데, 이것은 제우스신을 중심으로 한 전통적 그리스 신화의 교훈이었다.

디오니소스 신화에 있어서는 이와는 전혀 달리 신이 인간의 혼 속에 들어오게 되는 경지를 비교의식을 통해 체험한다. 인간이 바로 신적 존재라는 것이다. 디오니소스 신화는 신과 인간의 일치라는 신비주의를 표현하고 있다. 디오니소스 원리를 세속화하고 그것을 철학적으로 명석화한 범신론적 자연철학은 헤라클레이토스Herakleitos, 피타고라스Pythagoras의 이론에 표현된다.

고대 그리스의 자연철학적 전개는 아폴로 신화의 합리주의와 디오니소스 신화적 신비주의의 이론적 명석화 과정이라고 할 수 있다. 신비주의는 그 종교사상을 철학화한 피타고라스에 의해 소크라테스에 계승되었는데 인간의 자기 발길에 대한 디오니소스적 원리의 공헌은 소크라테스에 의해 놀라운 정도의 큰 성과를 얻게 된다. 신들의 것인 줄로만 알아왔던 것이 디오니소스 비교秘敎에 의해 인간 안에서 발견되었을 때 그리스인들은 이것을 인간 이상의 것이라는 뜻으로 신적인 것이라 일컫기 시작했다. 그리스인들은 이 신적인 것을 다름 아닌 자기 자신의 혼 속에서 찾아내었다. 그리스인들은 이 속에서 새롭고도 놀라운 가능성을 찾아내기 시작하여 이를 인간 자신의 새로운 면모로서 덧붙여 가지게 되었다.

소크라테스Socrates는 사람마다 자신의 생명의 원천으로서 지니고 있는 이 영혼 속에서 새로운 가능성을 찾아낼 것과 이에 따르는 인간의 참모습을 갖추도록 할 것을 사람들에게 당부하였다. 이러한 소크라테스 사상은 플라톤Platon과 아리스토텔레스Aristoteles에게 계승된다. 플라톤과 아리스토텔레스는 디오니소스적 원리를 세속화한 범신론적 조화의 원리에 입각하여 그 다양한 종합적 통일의 이념을 정치사회에 구체적으로 적용하려고 하였다. 고대 그리스의 디오니소스적 원리는 헬레니즘 시대에 있어서 스토아Stoa학파에서 표현된다. 스토아학파의 관점은 인간의 신체 속에 영혼이 깃들어 있듯이 물질적인 우주도 그것의 영혼을 가지고 있으며 그 영혼이 바로 신이며 인간의 이성적 영혼은 그 신적 이성의 일부라는 것이다. 스토아학파의 이론은 디오니소스적 원리를 세속화한 헤라클레이토스의 범신론을 완전히 계승하고 있다.

2. 자선과 박애 및 종교사상

고대 그리스 종족들의 투쟁은 가축, 보물, 노예 등의 획득에 있었다고 하나 그것은 어디까지나 씨족, 부족의 공동의 부에 속하였다. 그러나 그것이 사유재산의 새로운 형태로 변화하게 되어 더욱 적극화되었고 그것이 오히려 신성한 행위로서 인정받게 되었다. 이와 같이 하여 소유하고 있는 자와 소유하지 못한 자로, 즉 지배계급과 피지배계급으로 분리하게 되었고, 또한 부권적 지위가 확립되어 재산의 상속이 자기들의 자손으로 고정화함에 따라 가족 내에 있어서의 부의 축적이 가능하게 되었다.

고대 노예경제의 발전은 사회적 생산이 일정한 단계에 도달됨에 따라 씨족 구성원 이외의 노동력을 필요로 하였기 때문에 노예제를 강화하게 된다. 따라서 전쟁에서 다수의 포로를 획득하였을지라도 노동력이 필요가 없을 경우 학살할 수밖에 없었으나 잉여생산이 가능하게 됨에 따라 교역도 왕성하게 되어 노예는 부의 축적에 필요한 생산수단으로서 존재하게 되었다. 반면에 재산을 소유하지 못한 자는 자연히 부랑자, 걸인 혹은 노예로 전락하게 되었다.

이와 같이 하층계급의 사람들은 살아남기 위해 구제를 바라고 있었고 그들에게 도움을 줌으로써 우월감을 가지는 계층이 발생하게 되면서 자선이 성립하게 되었다. 이러한 자선행위는 호메로스 시대부터 자선이나 박애적 구제가 있었다고 하나 헤시오도스 시대에 이르러서는 이러한 구제사상이 점차 명확하게 되어 고아에게 죄를 범하거나 노인에게 불친절한 자는 천벌을 받는다고 하였으며, 이웃에 대한 곡물의 대차에 관하여는 가혹하지 않도록 주의하여 상호부조하여야 한다고 하였다. 이런 점으로 볼 때 자선과 박애는 사유재산제도가 생기가 시작하면서 나타났다고 볼 수 있다.

결국 자선과 박애는 모두 주는 자와 받는 자 사이의 분명한 지위차이를 기반으로 한 사회복지의 형태들이다. 역사적으로 보면 기부가 자발적으로 이루어지는 것을 이상理想으로 생각했으나 기부를 자극하기 위해서 사회적 압력이 생겨나기도 하였다. 박애와 자선이 무엇을 준다는 의미를 포함하고 있으며 양자 모두에 포함된 기본적 사회관계는 주는 자와 받는 자 간의 관계이다. 보통 박애는 자선보다는 상대적으로 대규모로 이루어지는 기부를 의미하기도 하며(Handel, 1982: 41), 자선에서는 박애에서보다 기부된 금품이 불행한 자를 위해 좀 더 사용되어져야 한다는 의미를 강조하고 있다. 자선은 주는 자와 받는 자 사이의 불평등한 관계를 내포하고 있는데, 자선을 받는 자가 이를 거부하는 자보다 덜 가치 있는 사회 구성원이라는 것을 의미한다. 자선은 소규모로 이루어지는 기부로서 지역사회생활이나 종교생활의 일부로 이루어진다. 자선은 오늘날의 사회복지 개념에 자리를 내주었지만 여전히 현대 사회복지 스펙트럼의 일부를 점유하고 있다. 자선을 행한다는 것은 고귀함, 관대함, 종교적 의무의 이행 등과 같은 고대로부터 형성된 연상들을 함축하고 있다(감정기 외, 2004: 62).

1) 그리스·로마의 박애

그리스 도시국가에서 박애는 인간에게 자애로운 신에 의한 인간사랑의 의미를 지닌 개념이었다(Handel, 1982).

기원전 4세기경, 박애는 당시의 권력을 가진 자들이 도시재정에 기부함으로써 그들의 하급자나 그를 따르는 사람들에게 친절함을 보이는 것으로 변하게 되었다. 그리스의 도시국가에서는 박애의 개념이 시민권의 개념과 상호 관련되어 있다. 모든 시민은 의무적으로 그리스 도시국가의 정치·사회생활에 참여하는데, 시민들은 기부자에게 감사를 표하였다. 대부분의 기부는 개인이 아닌 도시국가, 클럽, 협회Collegia에 기탁되었기에 이들 집단은 기부자를 영예롭게 하는 결의를 함으로써 그에 대한 감사 표시를 하였다.

물질적 기부에 대해 감사를 표하는 방식은 그리스 도시국가의 사회생활에 매우 중요하였다. 부유한 사람은 대개 무보수인 공직을 담당하였고, 부유한 사람은 자신의 재산을 도시국가의 운영경비 외에도 식량부족을 해결하기 위하여 긴급재원에 기부하도록 압력을 받기도 하였다. 기부자의 명단은 공개적으로 게시되어 부유한 자들의 기부를 자극하였고, 기부의 압력이 강했던 만큼 기부하지 않는 자는 그의 영예를 박탈하거나 그에게 힘든 업무를 부과했으며 심지어 법정에서 처벌하거나 재산을 몰수하기도 하였다.

그리스 민회에서는 박애적 기부의 규모에 따라 영예에 차등을 두었는데 일반적 기부자는 보다 많은 재산을 기부함으로써 구원자savior가 될 수 있었다. 기부자는 종종 기부의 성격과 내용을 기록한 비문과 함께 자신의 동상을 세우기도 하였다. 그리스 시대의 박애는 가장 빈궁한 인구집단을 직접적으로 원조하거나 지원하는 체계는 아니었고 부유한 자들이 전체 혹은 소속집단에 기부하는 것이 일반적이었다. 기부내용은 보편적으로 식량, 현금 또는 기름 등이었는데, 기부물품은 협회 회원 또는 도시국가 시민들에게 배분되었기 때문에 기부를 하고자 하는 욕구보다는 회원자격과 시민권 여부가 중요한 기준이 되었다.

한편, 이 시기는 자신의 생계를 위해 일하지 않았던 사람들은 동정을 받지 못하였다. 왜냐하면 그리스인들은 일자리가 충분하다고 생각하기 때문에 일하지 않는 사람은 나태한 사람으로 취급하였다. 이에 따라 그리스에서는 '가치 있는 빈민'과 '가치 없는 빈민'으로 구분이 나타나기도 했으나 이 의미는 16~17세기 구빈법 시대와는 차이가 있었다. 가치 없는 빈민은 교양 없고 항상 빈궁한 사람들로서 거의 동정을 받지 못했다. 반면, 가치 있는 빈민은 좋은 가문에서 자라나 교양 있고 유복하게 살았던 사람들 중에 곤경에 빠진 사람들로, 이들에 대해서는 부유한 자들이 관심을 가지고 도움을 주었는데 이러한 관심은 이들에 대한 동정심보다는 두려움이 앞선 것이었다. 즉 현재는 부유한 자들도 언젠가는 궁핍한 상황에 처할지도 모른다는 인식이 깔려있던 것이다. 이러한 두려움으로 인해 부유한 자들은 클럽이나 협회가 조직한 상호부조기금에 기부금을 냈다. 즉 그리스의 박애는 영예에 대한 사랑 내지는 미래에 대한 불안감에 따른 두려움에서 비롯된 것이었지 약자나 무능력자에 대한 관심에서 비롯된 것은 아니었다.

로마의 박애도 실질적으로는 그리스와 유사하였다. 이탈리아 식민도시를 건설했던 그리스는 로마문화에 많은 영향을 주었고, 로마는 강력한 공화국이 되어 서유럽 일대를 다스리는 강력한 제국이 되었다. 로마의 박애활동도 시민권의 개념에 의해 지속적으로 형성되었으며, 수세기 전에 그리스에서 형성된 영예의 개념도 지속되었다. 따라서 그리스와 로마는 상당기간 박애실현에서 비슷한 유형을 보여주고 있다.

2) 유대교의 자선

기원전 14세기경 고대 이집트인들은 유대교로 알려진 종교를 발전시켰다. 유대교의 성경과 기독교인들의 구약에 나타난 유대교의 핵심사상은 "신은 지고의 존재이며 신의 절대존엄성을 제한하는 어떤 영역도 신 위에 혹은 신 곁에 있을 수 없다"는 유일신 사상으로 요약된다. 신의 의지는 모든 창조물을 다스리는 지고의 법으로, 그의 의지와 계명은 절대선한 것으로 간주되었다.

이스라엘이 어려움에 있을 때, 하나님의 소명을 받은 예언자 아모스Amos는 세상에는 암소와 같은 자들이 있어 빈약한 자를 학대하며 궁핍한 자들을 압제하고 있다고 경고하였다. 이사야Isaish가 여호와를 경외함으로써 즐거움을 삼고, 빈핍貧乏한 자를 심판하고 정직으로 세상에 겸손한 자를 판단하여야 한다고 호소하였다는 것은 당시의 사회상을 반영한 것이라 할 수 있다. 그러나 유대인의 풍습으로 부유한 자들이 무산자들에 대하여 양보하는 것을 하나의 미풍으로 여겼고 구제를 그들의 의무로 알았으며 차금借金에 의한 노예의 석방과 이웃의 전답에서 곡식의 이삭을 채취하여 공복을 채우는 것을 허락하였다. 그리고 무산자들을 위하여 떨어뜨린 곡식 다발이나 땅에 떨어진 이삭을 그대로 두었으며, 수확시 전원의 한쪽 부분을 남겨 두기도 하였다. 그리고 7년마다 각 소유자들은 그들의 토지를 경작하지 않고 쉬는 동시에 빈곤자들이 그 토지를 경작하여 그들의 생계를 유지하도록 하는 등 무산자, 과부, 고아 및 빈곤노동자에 대한 다양한 구제의 모습을 보여주고 있다.

이와 같은 이스라엘의 자선사상은 구약성서 중에 있는 모세의 율법과 예언자의 기록에 의하여 알 수 있다. 모세의 율법은 대개 두 가지 부분으로 분류할 수 있다. 첫째, 인간의 신에 대한 의무로, 예를 들면 자비를 베풀어 인간을 구제하는 것과 같이 우리 인간은 신을 사랑하는 것을 실증하지 않으면 안 된다는 사상이다. 둘째, 인간과 인간의 관계, 즉 이웃이나 동포에 대한 의무를 규정하고 있다. 이웃에 대한 의무에는 우리들의 국토는 신의 소유로서 인간이 소유한다고 해도 임시로 빌려 쓰는 것에 지나지 않으므로 신이 주신 것 중에서 베풀어 빈민을 구제하는 것은 신을 아버지로 하고 우리 인간들은 그의 자녀인 형제자매의 입장과 같은 것이라고 하는 근본적 관념이 내재하고 있는 것이다. 그리하여 사회적 정의, 사회적 평등, 약자의 구제 등과 같은 자선사상과 시설은 동포, 즉 이웃에 대한 의무로서 실천하고 있었다.

이스라엘에 있어서의 사회복지적 시설은 과부, 고아, 노인, 무산자 등 광범위한 보호에 걸치고 있었으며 농업사회였기 때문에 주로 농업적 방법에 의해 행하여지고 있었다. 그 구제는 개인적인 성질의 것이었으나 빈민계급의 발생을 방지하는 적극적인 면도 있었다.

한편, 헤브라이Hebrew어에는 자비에 상당하는 문구가 없고 자비와 정의를 합한 문구가 있는데 이는 이웃의 마음을 아는 자는 선을 행한다고 하는 뜻의 말이라고 한다. 다시 말하면 인간이 신성을 구하여 그 신성을 존중하는 것은 선을 행한다는 뜻이며 그러한 정의를 행하는 것은 일체의 규정과 명령을 폐하고 바로 신과 직결하려고 하는 동기이며 신에 대한 감사와 이웃에 대한 의무 그리고 자연이 주신 재산의 관리는 모두가 사회복지의 원천을 이루고 있다(노무지 외, 2009: 21~26).

3) 불교

불교와 사회복지의 공통된 점은 인간과 인간이 처한 현실의 문제를 해결하려고 하는 점일 것이다. 그러나 궁극적인 목적에 있어서는 차이가 있는데, 그 둘 사이에 관점의 차이에서 비롯된다고 할 수 있다. 불교는 인간의 고苦의 속박에서 해탈解脫하게 하는 데 목적을 두며, 사회복지는 인간이 처한 상황이나 생활상의 문제를 해결함으로써 행복을 도모하는 데 목적을 둔다.

기본적으로 불교는 인생에 대한 '깨달음'을 추구하는 종교이다. 불교의 자선사상은 자비慈悲로 표현된다. 특히 우리나라 종교사회복지의 전통은 불교에서 찾을 수 있는데, 임송산(1998)은 삼국사기나 삼국유사에 불교사회복지에 대한 기술이 많지 않은데, 이는 역사서의 내용이 간단하여 사회복지사업까지 소개되지 않았기 때문이며, 실제로는 상당한 불교사회복지사업이 조직적으로 행해졌을 것으로 추정하였다. 그 증거로 불교전래 이전과 이후의 재난과 구제사업 사례를 통계로 비교해 볼 때 불교전래 이후의 횟수가 많이 늘어난 것으로 보아 국가의 복지사업이 불교의 영향을 많이 받은 것으로 해석하고 있다.

불교가 사회복지에 가지고 있는 전통적 이념은 다음과 같이 5가지로 표현될 수 있는데, 이것을 정리해보면 다음과 같다.

(1) 자비慈悲

자비는 불교의 기본사상이다. 정토의 성전인 『관무량수경觀無量壽經』을 보면 "불심이란 대자대비大慈大悲이니라"고 하였다. 『대지도론大智度論』 27권을 보면 대비大慈라 함은 일체중생에게 기쁨樂을 주는 것이고, 대비大悲라 함은 일체중생의 고통을 없애주는 것이라고 하였다. 『지도론智度論』에서는 대자大慈는 대승의 근본이라고도 하였다. 『증일

아함경增一阿含經』에 부처는 대자大慈로서 힘을 삼는다고 하였고, 『대반야경大般若經』에 여래는 무상의 복전인 동시에 항상 자비를 행하면 스스로 불佛이 됨을 알 수 있다고 하였다. 이외에도 자비에 관한 경전은 많다. 이와 같이 자비는 대승의 근본이요, 그 자체가 여래요, 불佛의 본체이며 무상의 복전이며 보살의 기본 공덕이고 반야의 어머니이며 모든 부처의 조모祖母가 되는 것이라 본다.

(2) 보시布施

보시라 함은 자비심에서 나오는 행위로서 널리 남에게 베푸는 것이며 보시는 보살행 중에서 가장 중요한 실천행이다. 육바라밀六波羅密, 즉 보시, 지계, 인욕, 정진, 선정, 지혜 중 그 첫째가 보시이다. 보시행은 보살이 성불하는 데 가장 중요한 것이며 그 극단적인 예가 사신捨身인데 불전에서는 흔히 볼 수 있다. 『우파세계경優婆塞戒經』에서 보시의 목적을 찾아볼 수 있는데, "지인智人이 보시를 행하는 것은 연민憐憫때문이며, 다른 사람에게 안락을 얻도록 하기 위함이며, 다른 사람이 보시의 마음을 일으키도록 하기 위함이며, 모든 번뇌를 끊도록 하기 위함이며, 열반에 들어 유루有漏를 단절하고자 함이니라"고 하였다.

『동경』 제4권 「육바라밀품」에서는 "보시할 때에는 내외의 과보를 구하지 말고, 재물을 보시하고 마음속으로 애석하게 생각하지 말고, 시절을 선택하지 말라"고 하였다. 이는 가난한 자에게 보시하면 공덕이 있다고 하나 이러한 생각을 가지고 보시하면 안 된다는 것이다. "자기를 잊고, 시물施物을 잊고, 받는 자를 잊는 공空의 보시가 진정한 보시의 모습이며 공덕을 기대하거나 보수를 기대하는 것은 거짓 보살이나 범부의 보시다"라고 하였다.

일반적으로 보시는 재보시와 법보시가 있으며 재보시는 재가불자가, 법보시는 출가인이 하는 것으로부터 시작되어 3보시, 7보시, 10보시 등으로 발전하였다. 이러한 보시사상은 불교사회복지의 기본이념이 된다.

(3) 복전福田

복전이라는 것은 복을 일구는 밭, 즉 행복을 일구는 터전이라는 뜻이며 부처를 복전이라고 부른다. 왜냐하면 한 알의 종자를 심으면 가을에 큰 수확하는 것과 같이 보시는 종자요, 밭은 부처이기 때문에 부처를 행복의 밭, 즉 복전이라고 한 것이다.

처음에는 부처만이 복전이었던 것이 이후에 발전하여 불법승 삼보도 복전으로 일컬어지게 되었고 나아가서는 성문, 연각, 보살로부터 부모나 스승까지도 복전이라고 말하게 되었다. 이러한 복전에 종류가 생겨 경전敬田, 비전悲田이 나오고 여기에 고전苦田, 공덕전功德田 등이 더해지면서 2복전, 3복전, 4복전, 7복전, 8복전 등으로 발전하여 간 것이다. 경전 중에 『복전경福田經』은 복전사상의 발전을 촉진시켰다. 이러한 복전사상은 경전보다는 가난한 자, 병자, 축생에 보시하는 것이 제일 큰 공덕이라고 주장하게 되었다. 그래서 『상법의결경像法決疑經』에서 보시를 설하는 바, "출가나 재가의 사람들로 하여금 자비심을 수修하고 빈궁자, 고독자 내지 굶주린 개에게도 보시하라"고 하여 또한 사람뿐만 아니라 축생에게까지도 보시하는 것이 최상의 공덕이라고 하였으며, 칠복전七福田 중에 병든 사람에게 간호를 하는 간병복전看病福田이 제일이라고도 하였다. 복전 중에서도 비전悲田사상이야말로 불교사회복지의 근간이 되는 이념이다.

(4) 보은報恩

불교의 보은사상은 상의상관의 관련성을 중시하는 불교적 연대주의에 바탕을 둔 것이다. 『심지관경心地觀經』 권2에 "부처가 오백장자에게 고하되 은恩에는 4가지의 은이 있으니, 첫째는 부모은이요, 둘째는 중생은이며, 셋째는 국왕은이고, 넷째는 삼보은이라"고 하였다. 4은 중 현대사회에서 중요한 것은 중생은이다. 이것은 일체중생의 은이고 사회전체의 은이다. 이러한 보은사상은 사섭사四攝事와 나란히 불교에서 많이 강조되는 윤리적 원리이다. 『잡아함경雜阿含經』에서는 은혜를 알고 이에 보답하려는 마음이란 자그마한 은혜라 하더라도 잊지 않고 보답해야 한다는 뜻이며 큰 은혜는 말할 것도 없다고 하였다. 인간이 생존하기 위해서는 수많은 이웃이나 사회로부터 은혜를 입기 마련이며 이러한 중생의 은혜에 보답하고자 하는 것이 보은이고 이것이 불교사회복지라 할 수 있다.

(5) 생명존중

불교에서 모든 생명을 가엾게 여기는 자비의 마음은 생명을 살생하지 말라는 계율로 나타나고 있다. 당연히 계율의 첫째는 불살생不殺生이다. 불살생은 사람뿐만이 아니라 새나 짐승, 벌레에 이르기까지 살아있는 모든 생명을 존중한다는 것이다.

『범망경梵網經』에서는 "불자가 만약 스스로 죽이고, 사람에게 가르쳐 죽이게 하고, 방편으로 죽이고 그것을 찬탄하며, 죽임을 보고 기뻐하고, 또는 주呪하여 죽인다면 살인殺因, 살연殺緣, 살법殺法, 살업殺業이 있으리라고 하였다. 그러므로 일체의 생명을 함부로 죽여서는 안 된다"고 하였다.

『입능가경入楞伽經』 권8에도 "나 중생을 보건데 육도六道에 윤회하여 같이 생사에 있고 같이 생육하여 서로 부모, 형제, 자매 또는 남녀, 내외 육친권속이 된다"고 하였다. 이것이 곧 평등사상이다.

『범망계梵網戒』에는 "일체의 도장刀杖, 궁전弓箭 등 전투의 도구를 가져도 안 된다"고 하였다. 또 살생의 도구를 저장해서도 안 된다고 하였다. 이와 같이 불살생계는 죽이는 것을 금할 뿐만 아니라 죽이는 도구도 금지하였다.

여기서 한발 더 나아가 불살생에서 적극적인 방생사상으로 발전하였다. 일체의 생물을 구호하고 고통으로부터 해방하라는 것이다. 범망경에는 "불자여 자심으로 방생의 업을 행할지니라. 방생을 할 때에는 다음과 같은 생각을 하여라. 일체의 남성은 나의 아버지, 일체의 여성은 나의 어머니, 이에 따라 생을 받지 않음이 없도다"라고 하였다. 이처럼 자비심은 한편으로는 불살생이 되고 또 한편으로는 방생이 되는 것이다(임송산, 1998).

이와 같이 남의 생명을 존중하는 것 또한 불교사회복지의 기본적인 지도이념이 된다.

4) 유교

(1) 유교와 사회복지의 배경

유교는 오랜 기간 동안 지속적으로 발전되어 온 매우 폭넓은 학문이기 때문에, 유교 전체에서 사회복지의 사회적인 배경과 사상을 찾아낸다는 것은 어려운 일이므로 유교의 기본 경전인 4서에 나타난 사회복지 사상을 중심으로 살펴본다. 유교경전에서는 위정자들의 올바른 정치와 이를 위한 위정자의 수기修己의 방법을 주로 다루고 있는데, 사회복지 사상은 대부분 올바른 정치와 관련되며 올바른 정치에 대해서는 다른 경전에 비해 『맹자』에서 가장 많이 다루고 있다.

지금 우리가 말하는 사회복지는 주로 서구의 근대적 자본주의 사회의 사회복지이고, 유교는 동양의 전통사회를 배경으로 형성·발전되어 온 것이기 때문에, 유교의 논리 속에서 오늘날 사회복지의 형식과 내용과 겉모습이 비슷한 것들만을 찾아내서 나열하는 것은 무의미한 일이다. 배경이 다름에 따라 겉모습이 같더라도 달리 해석될 수도 있고, 겉모습은 다르더라도 같은 것으로 이해할 수 있기 때문이다. 따라서 사회복지의 형식과 그 내용을 사회복지의 사회적인 배경과 연관시켜 점검해

본 다음, 그것들의 사회적인 배경이 다른 유교에서는 어떤 모습으로 자리 잡고 있는가를 살펴보아야 한다.

전통적인 유교적 농업사회에서의 사회복지 개념은 모든 국민들의 최소 생계보장과 삶의 질 향상을 위해 생계에 필요한 물질과 서비스를 마련해주려는 국가의 노력들이라고 할 수 있다. 사회복지에서 사회는 실제로는 국가state이므로, 한 사회의 국가 성격을 이해하는 것은 그 사회의 사회복지를 이해하는 데 중요한 요소가 된다.

유교의 사회적인 배경인 군주제적인 유교사회에서는 민주주의를 표방하는 사회에 비해 민심은 권력의 향배를 결정하는 데 상대적으로 덜 중요하다. 민주주의 사회에서는 집권자가 민심을 잃으면 선거에 패배하게 되어 당장 권력을 내주어야 하는 것과는 달리 군주제에서는 군주가 민심을 잃었다고 하더라도 곧바로 권력을 내주어야 하는 일은 매우 드물었으나 군주는 지배의 정당성을 확보하기 위하여 항상 민심을 고려해야 한다.

전통적인 유교사회인 자급자족적 농업사회에서는 상부상조하는 생활상의 공동체를 이루고 살았으며, 자본주의적인 상품사회와는 달리 생산과 소비가 한 곳에서 이루어진다. 이런 사회에서는 생산의 조직이 하나의 혈연적 공동체로서 이해관계를 초월한 조직이다. 이 조직에서는 조직원의 부양까지도 책임을 진다.

자본주의 사회에서는 소비와 부양에 문제가 있는 사람들을 생산조직과는 별개로 국가가 직접 보호해야 하는 것과는 달리, 공동체적인 사회에서는 생산조직의 작동에 큰 문제가 없다면 소비와 부양은 국가의 개입이 없어도 저절로 해결되는 경향이 있다. 이로 인해 자본주의 사회에서 사회복지가 시행될 경우 국가가 직접 개입할 가능성이 큰 반면, 유교적인 공동체 사회에서 사회복지가 이루어진다고 해도 국가가 간접적으로 개입할 가능성이 크다. 그리고 자본주의 사회의 복지가 사후적인 경향이 있는 반면, 유교적인 전통사회의 사회복지는 예방적인 경향이 강할 것이다. 이

표 3-1 현대사회와 유교적인 전통사회의 사회복지 비교

	현대사회	유교적인 전통사회
사회의 특성	자본주의 상품사회	자급자족적 공동체사회
생산조직과 개인의 관계	개별적 물질적 교환관계	총체적 인간적 연대
생산과 소비(부양)	철저한 분리	통합
생산과 복지	분리	통합
복지와 국가의 관계	직접적 관계	간접적 관계
복지의 예방적 경향	약함(사후적 경향)	강함

것을 표로 정리해보면 〈표 3-1〉과 같다.

(2) 유교 사회복지의 발달

유교의 사회복지가 제도적인 시혜라고 해도, 국가가 백성에게 욕구충족에 필요한 물질을 나누어주는 것이 주가 된다는 것을 의미하지는 않는다. 유교적인 전통사회에서는 생산의 장려가 곧 사회복지와 연결되므로 유교에서는 백성의 삶의 질을 향상시키는 방법으로서 백성들에게 생산활동을 조장할 것을 강조하였다.

유교에서는 백성의 식량문제를 일시적으로 해결해주는 것에 대해서는 높게 평가하지 않고 근본적인 문제의 해결방법으로서 생산의 장려를 강조하고 있다. 또한 유교에서는 생산을 장려할 뿐만 아니라 생산을 보호할 것을 강조하고 있다. 이런 생산의 장려와 보호가 곧바로 백성의 삶을 보호하는 것이 되므로 유교에서는 생산의 장려와 보호를 통해서 사회복지를 실천하고자 하는 것이다. 이러한 유교적인 정책은 전통적인 유교사회가 공동체를 형성하기 쉬운 농업사회였다는 것과 깊은 관련이 있을 것이다. 여기서 우리는 유교적 사회복지의 원칙 중 하나가 백성의 삶에 직

접 개입하는 것이 아니라 공동체의 생산의 장려와 보호라는 매개를 통해서 간접적으로 개입하는 것임을 알 수 있다.

유교적인 전통사회에서는 자급자족적인 공동체 사회이다. 그 사회의 단위는 시대에 따라서 다르지만, 공동체 안에서 부양의 문제를 해결하는 것이 원칙이었다. 따라서 이런 사회에서는 다른 공동체인 사회와 마찬가지로, 사회 그 자체가 파괴되거나 공동체 내에 물질적인 자원의 총량이 절대적으로 부족하지 않는 한, 현대 자본주의 사회에서 사회복지를 통해 해결하고자 하는 대부분의 문제들이 나타나지는 않았다. 이런 상황에서 공동체의 강화는 곧 사회보장을 강화하는 조건을 형성한다고 볼 수 있기 때문에, 유교에서는 백성의 삶을 사회적으로 보장하는 방법으로서 공동체적인 연대를 강화시키고자 한다. 이것은 유교의 대동사회론을 보면 잘 알 수 있다. 대동사회는 유교적인 이상사회라고 볼 수 있는 것이다.

유교가 오늘날의 물질화된 인관관계와는 다른, 공동체적인 연대를 전제로 한 사회에서 형성 발전되어 왔기 때문에 유교에서 추구하고자 하는 부양과 유교적 사회복지는 매우 고차원적이다. 유교가 성행하던 전통사회가 대동사회와 같은 완전한 공동체적 사회도 아니었고, 유교가 경敬을 통해 부양하는 태도를 일반화시킨다는 것도 실제로 어려운 일이었다. 그러나 공동체적 연대에 기반을 둔 부양 이외에 다른 부양이 마땅하지 않은 상황에서 노력하기에 따라서는 경으로 부양하는 것이 부분적으로 가능하였을 것이므로 유교에서는 그것이 현실성 있는 대안으로 보였을 것이다. 이렇듯 유교에서는 공동체를 통한 사회복지를 추구하였다(임동철, 1986).

3. 고대의 사상과 빈민정책

1) 고대 사상

플라톤Plato은 인간생활에 관한 좋은 것은 모두 혼합에서 찾아질 수 있다고 했다. 도덕적 사유와 이기적 쾌락을 동시에 포함하는 혼합된 생활만이 쾌락만의 생활에 대해서 보다 우월할 뿐만 아니라 사유만의 생활에 대해서 보다도 우월하다. 디오니소스적 신비주의의 관점에서는 보편적·신적·도덕적 요소와 특수적·인간적·이기적 요소의 혼합에 의해서만 가치 있는 것이 형성되고 이 혼합된 것이 가장 바람직하다는 것이다. 그래서 고대 그리스인들이 생각한 도시국가는 그 성원들이 조화된 공동생활을 영위할 수 있도록 해야 한다는 것이다. 또한 될 수 있는 한 모든 시민이 계

플라톤

아테네 명문 출신으로 젊었을 때는 정치를 지망하였으나, 자신의 스승이었던 소크라테스가 사형되는 것을 보고 정계에 대한 미련을 버리고 인간 존재의 참뜻이 될 수 있는 것을 추구, 'philosophia(愛知: 철학)'를 탐구하기 시작하였다. 기원전 387년경 아테네의 근교에, 영웅 아카데모스를 모신 신역(神域)에 학원 아카데메이아(Akademeia)를 개설하고 각지에서 청년들을 모아 연구와 교육생활에 전념하는 사이 80세에 이르렀다. 그동안 두 번이나 시칠리아섬을 방문하여 시라쿠사의 참주(僭主) 디오니시오스 2세를 교육, 이상정치를 실현시키고자 했으나 좌절되었다. 그러나 그러한 시도는 그의 철학적 방향을 잘 말해준다. 그의 제자인 아리스토텔레스는 플라톤이 사망한 뒤 플라톤의 철학에 대한 많은 의문을 제기하기도 하였다.

급이나 부로 인하여 차별되지도 않고 적극적으로 참여할 수 있으며 개인의 타고난 역량이 자발적·자연적으로 실현될 수 있는 행복한 기회를 발견할 수 있는 사회로 구현되어야 한다는 것이다.

그리스인들의 이러한 관념은 하나의 정치적 사상이지 정치적 현실은 아니었다. 플라톤과 아리스토텔레스는 어느 도시국가에서도 조화의 정치적 사상은 실현되지 않고 있음을 알고 있었다. 그들이 도시국가의 윤리를 파고들어 갈수록 더욱 그 의의가 소수의 부자를 위한 것이며 전체 대중을 위하여 존재하는 것이 아니라는 결론을 내릴 수밖에 없었다.

플라톤과 아리스토텔레스의 철학적 노력을 현대적 사회계층 구분에 입각하여 본다면 중간하층을 중심으로 한 조화의 이상을 실현하는 데 있다. 플라톤에 있어서 도시국가를 수립하는 목적은 어느 한 계층이 행복하게 되도록 하자는 것이 아니라 시민전체가 최대한으로 행복해지기를 바라는 것이다. 그 어떠한 도시국가에 있어서 보다 시민전체의 행복을 도모하는 국가에서 정의를 찾을 수 있다는 것이며 행복한 국가는 소수의 사람들을 따로 구별해서 이들을 행복하게 함으로써 가능한 것이 아니라, 시민전체를 행복하게 함으로써 가능하다고 본 것이다.

플라톤의 정치적 사상인 중간하층에 입각한 사회적 조화와 질서의 실현은 아리스토텔레스의 정치철학에 있어서도 그러하다. 이는 오늘날 복지사회를 구현하고자 하는 현대 복지국가의 이념과 유사한 것이다(노무지 외, 2009: 19~20).

2) 빈민정책

그리스 도시국가에서는 부유한 사람들이 도시국가나 사회단체의 재정에 기여하는 전통이 있었고, 많은 재산이 있음에도 기부를 회피하는 사람에게는 유/무형적 압력이 가해졌으며 기부자에게는 명예가 주어졌다. 그러나 그리스 시대의 기부는 수혜계층으로 특별히 빈민을 지목하지 않았다. 오히려 '필요'보다는 '시민'이라는 신분의 확보가 수혜여부를 결정짓기도 했다. 경제적으로 곤경에 빠진 엘리트 시민이 자선의 주요대상이었으며 실업자나 거지는 '게으름'을 조장한다는 이유로 대상에서 제외되었다. 기독교가 전파되기 이전의 로마도 그리스의 경우와 크게 다르지 않았다.

그리스와 로마의 문화를 서양문명의 원류로 이야기하지만 빈곤과 복지의 문제에 관한 한 고대문화의 전통은 생각보다 중요하지 않다. 그것은 서양의 고대사회가 가진 특수성 때문이다. 아테네와 스파르타 등 대부분의 그리스 도시국가들과 기원전 2세기 이후의 로마에는 모든 생산활동을 거의 떠맡다시피 한 대규모의 노예들이 존

그라쿠스 형제

그라쿠스 형제는 기원전 2세기 공화정 시대 고대 로마에서 활동한 정치가인 티베리우스 그라쿠스(Gracchus, Tiberius Sempronius, 기원전 163~133년)와 가이우스 그라쿠스(Gracchus, Gaius Sempronius, 기원전 153~121년)를 말한다.

이들의 아버지는 집정관을 지낸 티베리우스 셈프로니우스 그라쿠스(대 그라쿠스)였고 어머니는 제2차 포에니 전쟁의 영웅인 스키피오 아프리카누스의 딸, 코르넬리아 아프리카나였다. 이들 형제는 아버지를 일찍 여의고 홀어머니 밑에서 훌륭한 교육을 받으며 자랐다. 형 티베리우스 그라쿠스는 기원전 133년 호민관이 되어 대토지 소유의 제한과 중소 농민의 육성에 힘썼으나 원로원 등 반대파의 원한으로 살해되고, 동생 가이우스 그라쿠스는 형의 뜻을 받들어 기원전 123년 호민관으로서 곡물법, 토지법, 시민권법, 재판법 등의 개혁 법안을 성립시켜 로마의 획기적인 발전을 꾀했으나 역시 반대파의 반란으로 살해되었다.

재하였다. 이들의 숫자는 시대에 따라 달랐지만 전체인구의 30~40%에 달했던 것으로 추정되고 있다. 문제는 이러한 노예와 외국인들은 자선의 대상에서 제외되어 있었다는 점이다.

아테네를 비롯한 그리스 도시국가들에서는 경제 위기 시 식량을 배급하는 공공정책이 존재하였으며 로마에서도 그러한 정책이 계승되었다. 또한 기원전 2세기 그라쿠스Gracchus 형제는 토지보유에 상한선을 설정하여 곡물 가격의 안정화를 꾀하기 위한 개혁을 추진하였다.

제정 하에서는 공공부조 제도가 활성화되고 많은 시민들에게 식량이 공급되었다. 서기 2세기경에는 북아프리카와 이집트에서 생산된 곡물을 20만 가구의 빈민들에게 무상으로 분배하기도 하였다. 정치적 동기가 개입되었다는 이유로 이들 정책의 순수성을 의심하는 시각도 있지만 우리는 이러한 일련의 정책들을 빈민정책이라고 규정할 수 있을 것이다. 그러나 이들 정책은 생산을 담당하는 노동력으로서의 경제적 효용만으로 평가되었을 뿐 인간으로 인정받지 못했던 노예들과는 무관한 정책이었다. 생존에 매달려 허덕이던 전체 인구의 3분의 1이 넘는 진짜 빈곤층은 그대로 놓아둔 채 특권층인 시민만을 상대로 한 정책은 그 의미가 축소될 수밖에 없다(허구생, 2002: 31~32).

제3장 생각해볼 문제

1 고대의 사회복지적 요소를 담고 있는 제도나 풍습에는 어떤 것들이 있는지 생각해보자.

2 고대시대의 자선의 개념을 정리해보고 오늘날의 자선과 어떤 유사점과 차이점이 있는지 생각해보자.

3 유대교, 불교, 유교에서 말하는 사회복지 이념이나 제도를 비교하며 토론해보자.

제 4 장

중세의 사회복지

서양에서 중세는 큰 의미를 가진다. 중세란 어느 사이에 끼어 있는 시대라는 뜻으로 그 의미가 결코 긍정적이지 않다. 중세를 인간중심이 아닌 신중심의 시대라 하여, 이 시대를 암흑시대(the Dark Ages)라고 부르기도 한다. 그러나 사회복지적 의미에서 본다면 구빈법의 기틀이 형성되어지는 매우 의미 있는 시기이다.

따라서 이 장에서는 고대 이후 서구 유럽의 역사적 흐름과 사회복지적 흐름을 동시에 살펴보도록 한다.

1. 중세의 배경과 중요성

1) 중세의 배경

서양에서 중세시대는 고대 그리스·로마 시대와 르네상스시대와의 중간시대, 즉 5세기 말부터 봉건사회가 해체되는 15세기까지를 말한다. 고대 그리스·로마시대에는 노예제 사회를 형성하였으나 노예제의 사회가 체제적 위기를 나타내면서 농노제 사회로 변환된다. 계속적으로 발생하는 노예들의 봉기와 게르만족의 침범은 결

봉건제도封建制度

봉건제도란 중세 유럽에서 봉토수수(封土授受)에 의해서 성립되었던 지배계급 내의 주종관계를 의미한다. 중국에서는 씨족적·혈연적 관계를 기반으로 했던 주(周)나라의 통치조직을 뜻한다. 원래 봉건제도라는 용어는 중국의 고대사에서 군현제도에 대응되는 말로 사용되었으나, 오늘날에는 주로 서양의 'feudalism'의 역어(譯語)로서 사용되고 있다.

먼저 봉건제도는 봉주(封主)와 봉신(封臣) 간의 주종서약(主從誓約)이라는 신분관계와 거기 대응하는 봉토(封土)의 수수라는 물권(物權)관계와 불가분의 결합체제를 말한다. 서유럽에서는 대략 8~9세기에서 13세기까지가 해당한다.

또한 노예제의 붕괴 후에 성립되어 자본주의에 앞서서 존재하였던 영주(領主)와 농노(農奴) 사이의 지배·예속관계가 기조를 이룬 생산체제를 의미하기도 한다. 이 생산체제에서 영주와 농노는 토지를 매개로 봉건지대를 수취·수납하였다. 봉건지대는 부역지대에서 생산물지대 또는 화폐지대로 바뀌어 농민의 지위가 향상되어 갔으나, 여전히 영주의 경제 외적인 지배와 공동체의 규제가 농민을 극심하게 속박하였는데, 서유럽에서는 6~7세기에서 18세기 시민혁명 때까지를 이 시기로 볼 수 있다.

국 노예제 사회를 완전히 해체시키고 이를 대신하는 봉건제feudalism 사회가 성립되면서 농노를 기반으로 하는 사회제도가 뿌리를 내리게 된다.

봉건제와 관련된 제도는 게르만족에게서 기원한 것도 있고 로마제국으로부터 기원한 것도 있다. 충성의 서약으로 맺어지는 봉신과 주군과의 관계가 게르만의 종사제(전사동지연맹)Comitatus에서 기원한 것인데, 게르만적 전통의 산물인 종사제는 원래 게르만의 자유민 사이에 충성의 서약을 통해 맺어지는 강력한 인적 결합체였다. 이것은 옛날 부족사회의 유풍으로 지도자와 부하들 사이에 충성과 보호로 강한 유대를 맺은 일종의 군사조직이었다. 이와 유사하게 봉건제도는 영주와 봉신 간에 계약으로 이루어졌는데, 봉신은 영주에게 충성을 서약하고 군사·경제·통치상의 여러 분야에 걸쳐 보좌의 의무를 이행해야 하며, 영주는 봉신을 보호하고 봉토에 대한 용역권을 보장해야 했다.

농노들은 이 봉토를 경작하였고 이들은 당시 사회의 모든 제도가 봉건제라는 사회질서에서 자신들에게 주어진 신분의 제한 속에서 자유로울 수가 있었다. 이것은 인간은 누구나 태어나면서부터 어떤 특정적인 신분에 따라 책임과 권리가 부여된다고 믿었기 때문이다. 특히 하층계급에는 엄격한 신분적 윤리가 요구되었고 농노는 영주의 토지에 얽매어 노동의 대가로서 최소한의 생존권이 유지되는 것이 당연하게 받아들여졌다. 농노들은 노예들보다 자유로웠지만 봉건영주들은 농노들에 대한 정치적·경제적 권리를 소유하고 있었다.

이처럼 신분계급을 중심으로 형성된 중세 봉건사회는 표면상으로는 안정을 취할 것 같으나 그 속에서는 봉건영주와 농노와의 대립, 즉 자유를 갈구하고 신분해방을 추구하는 투쟁이 끊임없이 계속되고 있었다. 봉건제 사회에서는 생산력이 높아지면서 공업에서 수공업이 분리되고 상품경제가 발전하고 이를 주관하는 상공업자들도 생겨나면서 자본주의의 기틀이 마련되었다. 상공업자들은 중세 봉건사회가 상

변증법辨證法

이 말은 그리스어의 'dialektikē'에서 유래하고 있는데 원래의 의미는 대화술 또는 문답법이라는 뜻이었다. 일반적으로 변증법의 창시자라고 하는 엘레아학파의 제논은 상대방의 입장에 어떤 자기모순이 있는가를 논증함으로써 자기 입장의 올바름을 입증하려고 하였다. 이와 같은 문답법은 소크라테스에 의해 훌륭하게 전개되고, 그것을 이어받은 플라톤에 의해 변증법은 진리를 인식하기 위한 방법으로서 중시되었다.

변증법은 정명제와 반명제를 사용하여 이들 사이의, 즉 모순되는 주장의 합명제를 찾거나 최소한 대화가 지향하는 방향의 질적 변화를 일구어내는 것이다.

고대시대와 중세시대 동안 수사법과 변증법은 모두 (대화를 매개로 한) 설득을 목적으로 하였다. 변증법적 접근의 목표는 이견을 합리적인 토론으로 해결하는 것이다. 이들 중 하나인 소크라테스 방법은 하나의 전제가 모순에 도달한다는 것을 보여 전제를 제거하는 것이 진리로 가는 길이라는 것을 주장한다. 이견(異見)을 해결하는 다른 방법은 서로 경쟁 관계에 있는 정명제와 반명제의 전제를 부정하여 제3의 길인 (합)명제에 도달하는 것이다.

공업 발전에 별 도움이 되지 않음을 발견하고 봉건영주와 대립되는 경향이 나타났는데, 이는 상공업자들의 세금이 직접 국왕에게 갈 경우 적정한 세금만 납부하면 되지만 각 영주를 거치면서 내야 할 세금이 오히려 증가하기 때문이었다.

중세 봉건사회를 움직여 나간 세력들은 봉건영주, 농노, 상공업자들이며 이들 사이의 대립과 투쟁은 변증법dialectic적 모순에 따라 중세사회의 사상과 의식에도 많이 나타나고 있다.

철저하게 신중심의 사회를 형성했던 중세사회에서는 신학주의와 신비주의, 과학주의로 이것은 당시의 봉건영주와 농노, 상공업자의 정치적·경제적·사회적 입장을 반영하는 철학적 이데올로기이다. 이는 중세의 자연관이나 사회질서를 지배한 사상인데, 이에 따르면 인간과 자연법칙, 도덕, 운명 등은 신의 섭리, 즉 하나님이 주신 두 가지 법칙의 구성부분에 불과한 것으로서 그 하나는 중세초기의 모든 질서는 하나님의 뜻에 따라 주어진 것이라 해석되었고, 다른 하나는 인간의 현세적 모든 생활의 미래와 관련시킬 때 비로소 의미를 지닐 수 있다는 것이다. 따라서 인간은 하나님이 창조하신 사회질서에 순응하고 융화되어야만 한다는 관념 속에서 빈부의 격차가 존재하는 것도 인간의 원죄에 기인하는 당연한 세속질서로 설명되었고 주어진 운명을 감수해야 한다고 가르쳤다(노무지 외, 2009: 30~31).

2) 중세의 중요성

서양의 복지제도 발달에 있어서 좀 더 직접적이고 지속적인 영향은 로마제국 말기와 중세에 형성된 이러한 기독교적 전통으로부터 나왔으며, 특히 성 아우구스티누스Aurelius Augustinus와 성 암브로시우스Ambrosius를 비롯한 교부教父들의 가르침은 지속적이고 심대한 영향을 미쳤다. 이렇듯 서양의 사회복지발달에 있어서 가장 중요한 시기가 바로 중세라고 할 수 있다. 중세는 기독교적 신앙과 게르만적인 생활요소, 그리스와 로마 문명의 합리적 우주관이 상호 영향을 주고받는 가운데 '유럽'이라는 새로운 문명으로 융합되는 시기로서 그 중요성이 매우 크다고 할 수 있다.

중세란 로마제국 멸망에서 서기 1500년에 이르는 천년 가량의 시간을 우리가 편의상 지칭하는 서양 역사의 한 부분이다. 그 긴 세월 동안 크고 작은 경제적, 사회적인 변화가 있었다. 도시경제는 농업경제로 전환되었는가 하면, 자급자족적 농업경제를 기반으로 했던 봉건주의경제는 도시 중심의 상업활동과 화폐경제가 확산됨에 따라 그 기반을 잃게 되었다. 이러한 변화 과정 속에서 기존의 지배적 사회구조나 이데올로기를 정당화하려는 세력과 부정하려는 세력 사이에 끊임없는 갈등이

> **아우구스티누스**
>
> 초대 그리스도교 교회가 낳은 위대한 철학자이자 사상가이며 중세의 새로운 문화를 탄생하게 한 선구자였다. 누미디아(북아프리카) 타가스테(지금의 수크아라스로 당시 로마의 속지)에서 출생했다. 아버지 파트리키우스는 이교도의 하급관리였고 어머니인 모니카는 열성적인 그리스도교도였다. 그는 카르타고 등지로 유학하고 수사학(修辭學) 등을 공부하여, 당시로서는 최고의 교육을 받았다.
>
> 로마제국 말기 청년시절을 보내며 한때 타락생활에 빠지기도 하였으나, 19세 때 키케로의 『철학의 권유(Hortensius)』를 읽고 지적 탐구에 강렬한 관심이 쏠려 마침내 선악이원론(善惡二元論)과, 체계화하기 시작한 우주론(宇宙論)을 주장하는 마니교로 기울어졌다. 그 후 그는 회의기를 보내며 신(新)플라톤주의에서 그리스도교에 이르기까지 정신적 편력을 하였다. 그의 그리스도교로의 개종에 큰 영향을 끼친 사람은 384년에 만난 밀라노의 주교(主敎) 암브로시우스였다.
>
> 그는 개종에 앞서 친한 사람들과 밀라노 교외에서 수개월을 보내면서 토론을 벌였는데, 그 내용들이 초기의 저작으로 편찬되었다. 388년 고향으로 돌아가서 수도생활을 시작하려 하였으나 사제(司祭)의 직책을 맡게 되었고, 395년에는 히포의 주교가 되어 그곳에서 바쁜 직무를 수행하는 한편, 많은 저작을 발표하였다. 『고백록』도 그 중의 하나이지만, 대작으로서는 『삼위일체론(三位一體論)』, 『신국론(神國論)』 등이 널리 알려졌다.

불거져 나왔으며 가치체계와 행위규범의 변화가 요구되고 있었다. 빈곤에 대한 인식과 논의에서도 새로운 관점이 제기되었다.

이러한 변화 속에도 불구하고 중세 유럽 사회가 가지고 있는 보편적 성격을 규정하는 데 도움이 되는 지속성의 측면을 발견할 수 있다. 어떤 사회가 가진 가치체계의 변화나 특정 사물에 대한 집단적 태도의 변화란 대개 오랜 시간에 걸쳐 서서히 진행되는 속성을 가지고 있다. 또한 중세 유럽은 기독교 신앙을 중심으로 통일된 하나의 문화공동체였으며, 성경과 초기 기독교 공동체가 만든 삶의 모델은 중세의 오랜 기간 동안 모든 이념적 구원의 약속에 대한 믿음을 통해 기독교는 중세 역사에 대한 성서적 해석과 구원의 약속에 대한 믿음을 통해 기독교는 중세 역사에 보편성과 연속성을 부여하는 역할을 충실하게 수행하였던 것이다(허구생, 2002: 32~33).

2. 중세의 사회제도

중세의 사회구조는 작은 그리고 실제적으로 독립된 다수의 집합체라고 할 수 있다. 특히 9세기에 이르러서 찰스Charles 대제의 서로마제국의 분열 후 서구의 정치적 세력은 철저히 지방으로 분할되었다. 지방적 집단의 내부에서는 장원, 교구, 길드 혹은 종교집단들로 형성되어 있었고 이들 집단의 사람들은 혈연관계가 많으며 상호 친밀하게 알고 있었다. 이들은 자기들의 식료를 조달하고, 의복을 만들며 기타 여러 가지 수요를 충족시키는 등 자기들의 생존에 필요한 일체의 활동을 하였던 것이다. 이들이 생산한 일체의 물품은 그 사회에서 소비되며 다른 사회와의 거래는 없었다고 해도 과언이 아닐 것이다(신재명·노무지, 2005: 34).

1) 장원제도

중세의 장원제도는 장원을 군사적, 경제적 기본단위로 하는 사회체제를 말한다. 즉 영주의 장원을 중심으로 농노가 영주의 직영지와 자신의 땅을 번갈아 경작하고, 영주는 대신에 영주민들을 군사적으로 보호하는 체제이다. 영주는 국왕과는 별개로 자신의 장원 내에서는 절대적인 권력을 갖는 지방분권적 지배체계로 봉건사회의 가장 큰 특징이라 할 수 있다.

메로빙거 왕조(481~751년)

메로빙거 왕조는 프랑크 왕국 전반기의 왕조로서 갈리아의 영토를 이어받아 프랑스와 벨기에의 대부분과 독일과 스위스의 일부분을 로마인들이 점령한 직후 5세기부터 8세기까지 통치한 프랑크족을 다스리던 왕조이다.

이들의 왕국은 잦은 내부 권력 다툼과 분열·통합의 반복으로 인해 8세기에 이르러 왕조의 군주들은 유명무실해지고 궁재로 대표되는 궁정신하의 권력이 강화되었다. 751년 메로빙거 왕조의 궁재인 피핀이 마지막 왕 힐데리히 3세를 폐위하고 스스로 프랑크의 군주가 되었는데 이로서 메로빙거 왕조는 종말을 고하고 카롤링거 왕조(Carolingian dynasty)로 대체되었다.

장원제도, 즉 봉건제도의 성립은 6~7세기 무렵 메로빙거 왕조Merovingian dynasty가 약화되자, 각지의 농민들이 무력을 지닌 자유민 휘하에 보호를 요청하고 무력을 지닌 자유민은 다시 강력한 영주의 휘하에서 보호를 받으려 한 것이 그 시초인데, 영주는 이렇게 무력을 지닌 다수의 자유민을 받아들이는 방식으로 점차 세력을 길러 나갔고 더 이상 자신의 재산만으로는 다수의 군대를 유지할 수 없어 일부 자유민에게 일정한 땅이나 재산을 주고 그 보답으로 영주가 필요할 때 군사적 의무를 지게 하였다. 이 군사적 의무를 진 자유민들이 후에 기사계층으로 발전하게 된다.

봉건사회의 기본개념은 국왕을 정점으로 국왕으로부터 직접 봉토를 받고 대신 군대를 국왕에게 보내주는 대영주가 그 꼭대기에 위치하고, 대영주는 다시 소영주들에게 봉토를 나눠주어 충성을 서약 받고 그 대신 군사적 의무 및 경제적 지원을 해야 했다. 소영주들은 다시 다수의 기사들에게 작은 장원을 하사해 기사들이 자비로 무장을 하고, 무술을 연마할 수 있도록 하였다.

봉건사회의 귀족은 평민의 위에 서는 자로 대게 봉건영주계층이나 기사계층을 의미하였다. 이들 중에는 광대한 영토를 지니고 그 휘하에 다수의 영주를 거느리는 대영주들도 있었고 하나의 장원밖에 소유하지 못한 하급가신도 있었지만, 공통점은 남의 노동을 바탕으로 생존한다는 것이었다. 이들은 크고 작은 장원을 소유하고 있었는데 장원의 크기는 천차만별이어서 가난한 기사의 장원은 100에이커 정도인 장원도 있었고 수천 에이커가 넘는 장원도 있었다.

중세시대 성직자는 형식상으로 봉건사회의 제1계층이나, 고위성직자는 여타 대영주나 영주와 비슷한 역할을 하였고 고위성직자는 대토지 소유주로 그 휘하에 있는 농민들을 지배하였다. 평민계층 중 가장 큰 비중을 차지한 것이 농민계층인데 이들은 영주 직영지에서 1주일에 2~3일 정도를 일해주고, 나머지 기간은 자신의 경작지를 경작하고 세금으로 각종 현물을 영주에게 바쳤다. 농민계층은 크게 자유민과 농노로 구분되었다. 자유민은 거주의 자유가 있고 병역의 의무를 지는 대신에 영주에게 현금으로 세금을 내지만, 영주의 땅을 경작해줄 의무는 없는 농민계층이다. 농노는 반대로 거주의 자유가 없고 영주에게 노역의 의무를 지지만, 병역의 의무는 없는 계층을 의미했다.

농민보다는 소수이나 평민의 상층부를 구성한 것이 도시민들인데 보통 중세사회에서 평민의 서열은 '도시민-자유민-농노'의 순으로 구성되었다. 도시민은 도시의 성 내에 거주한 이들을 지칭하는 말로, 보통 수공업자, 상인, 변호사들이 주축을 이루었고, 대부분의 도시들이 영주로부터 자치권을 습득하기도 했으며 이 과정에서 각종 길드가 형성되어 근대 자본주의 형성에 영향을 미치기도 하였다. 일부 도시의 대상인은 막대한 부를 축적해 국왕에게 돈을 빌려주는 등 거상으로 성장하기도 하였다.

2) 교구제도

교구는 원래 교회가 신자의 관리를 위해 나눈 구획을 의미하는데, 일반 행정구역이나 장원과의 관계가 명확하지는 않지만 대체로 하나의 교회가 관할할 수 있는 정도의 지역을 말한다. 아마도 규모가 큰 교회는 몇 개의 작은 장원을 함께 아우르기도 했으며, 반대로 규모가 큰 장원의 경우에는 몇 개의 교구가 그 안에 포함되어 있었던 것으로 보인다(Schweinitz, 2001: 47).

교구제도의 기원은 이교도의 사회에 살고 있는 기독교 신도들로부터 자기들의 방어를 위하여 생긴 제도이다. 즉 최초의 교구는 상호 경계를 받고 있던 사람들로부터 형성된 상호부조의 집단이며 기독교 박해시대에는 특히 그러하였다. 기원 초에는 곳곳으로 여행하는 사람들의 수가 대단히 많아져서 여행자에 대하여 일정한 숙박시설을 설치하는 것이 필요하게 되었다. 그리하여 수도원 숙박소가 설치되었으며 그 후 병자, 노인, 고아 등에 대한 여러 시설도 설치되기에 이르렀던 것이다.

찰스 대제 이후 각 교구에서는 10분의 1의 세가 수납되고, 34등분되어 그 하나는 빈민보호를 위하여 분배되어야 한다고 하는 규칙을 발견할 수 있고, 당시 잉글랜드의 에그버트Egbert 왕이 발표한 훈령에는 "성직자는 백성으로부터 10분의 1의 세를 수납하며 피구제자명을 기록한 수령증을 작성하여야 하고, 성자의 권위를 따라 신을 두려워하는 사람들 앞에서 10분의 1의 세를 분할하여야 하며, 그 제1의 부분을 교회의 존엄을 위하여, 제2의 부분을 빈민구제를 위하여 그들 자신의 손으로 인수하기 위하여 분배하여야 하며, 제3의 부분은 성직자 자신을 위하여 보유하여야 한다"고 기록하였다(노무지 외, 2009: 37~38).

3) 수도원

수도원은 교회가 발전하여 신앙적 순수성을 잃어가던 경향 속에서 세속을 피하여 청빈, 순종, 정결 등의 계율을 지켜서 신앙에 힘쓰는 조직으로서, 6세기 성 베네딕투스Benedictus에 의해 이탈리아의 몬테 카지노에 설립된 것을 시작으로 서구의 전 지역에 걸쳐 설립되었다. 그리고 수도원은 전체수입 중 10분의 1을 항상 빈민에게 사용하였다. 시여자인 수도사가 정기적으로 금전, 의류, 식량을 분배하고 축제일 전야에는 대량 분배하였다. 그리고 수도원은 병자들을 치료하였고 그들에게 약품을 무료로 배포하였다. 특히 자선계 승려는 병자의 가정을 방문하여 원조를 행하기도 하였다. 이러한 구빈활동 외에 수도원은 여행자나 순례자에게 숙박을 제공하였다.

주민 속에서 생활하면서 그들을 충분히 파악하고 있었던 교구의 사제들이 행한 자선에 비하여 수도원의 시여는 보다 주관적이고 비조직적인 특성을 띠고 있었다. 그러나 수도원이 신앙생활과 그 신망에 의하여 많은 재산을 기증받아 부유하게 되자 타락을 면치 못하게 되었다. 특히 중세 말에 접어들자 수도승은 나태와 사치에 빠져 빈민을 사랑하는 마음이 식어가고 문전에서 무차별적인 시여를 베푸는 데 불과하였다. 그렇지만 수도자의 자선 중 특기할 만한 것으로서는 탁발수도회의 활동을 지적할 수 있는데, 그 중 프란시스코 경이 창시한 수도회가 탁월한 업적을 남겼다. 탁발수도회는 수도회가 타락한 원인이 오히려 세속에서 떨어져 있기 때문에 야기되었다고 보고 재산을 버리고 일반사회 속에 들어가 탁발에 의한 생활을 하면서 이웃에 대한 사랑과 봉사를 통하여 신앙생활과 전도에 종사하였다(김동국 편, 1989: 32~33).

4) 구빈원

오늘날의 사회복지시설의 근원을 거슬러 올라간다면 구빈원이라 할 수 있다. 이것은 집단적 수용보호 시설형태로서 최초에는 수도원에 부설하였던 숙박소를 그 기원으로 하고 있다. 이 수도원 숙박소는 최초에는 순례자를 접대하는 장소였으나 후에는 여러 가지 목적으로 이용되었다. 즉 노인, 과부, 고아, 병자 등 도움을 필요로 하는 자들의 주거로 이용되었던 것이다. 이 수도원의 숙박소는 통상 교회교구의 관계를 가지고 있었으며 시대가 진전하여 그 사업이 증대됨에 따라 이 시설의 설치는 때로는 수도원에서 혹은 군대에 의하여 교회의 고위관직, 귀족 그리고 국왕 등에 의하여 각 방면에 설치하게 되었으며 후년에 이르러서는 상인길드 또는 공업길드에 의하여 설립되기도 하였다. 그리고 나중에는 신흥도시가 그 관리를 인수하거나 시민을 보호하기 위하여 새로운 시설을 설립하기도 하였다.

수도원 시설사업은 사실상 시설별 차이는 없었으며 많은 빈곤자들을 수용하고 있었다. 이 시설은 다양한 명칭으로 불렸는데, 어떤 것은 호스피털hospital 혹은 스피털spital이라고 부르기도 했고, 대다수는 메종디에maison-dieu 혹은 도메스데domes-deus라는 명칭을 사용하기도 했다. 영국에서는 주로 암스하우스almshouse라고 하였으며, 프랑스에서는 오모느리aumonerie라고 하였다. 호스피털이라고 명명했지만, 종교상의 시설로서 치료보다는 오히려 보호를 위한 것이었다. 가능할 때에는 의료시설도 겸하였으나 그것보다 중요한 것은 영혼의 구원을 위한 것이었다. 이와 같은 시설은 당시 유럽 도처에 산재하여 상당수에 달했던 것으로 알려져 있다(노무지 외, 2009: 38~39).

5) 길드

(1) 상인길드

서유럽에는 중세 초부터 각지의 시장을 찾아서 편력遍歷하던 편력상인들이 있었다. 그들은 한 곳에 정주하지 않고 대상隊商을 짜서 원거리에 걸쳐 이동하였다. 10세기경 그들은 성채城砦와 수도원·교회 부근에 정착하여 부근에 있는 농촌에서 내왕하는 수공업자까지 합세하여 시장을 중심으로 하는 새로운 취락도시를 형성하기 시작하였다. 이 집단은 비크 또는 포르투스라고 하여 나중에 중세도시로 발전하는 모태가 되었다.

한편, 상인과 수공업자들 사이에는 상인길드 또는 춘프트Zunft라는 동업자조직이 형성되어 갔다. 상인길드의 발생은 북서유럽지역에 있어서는 10세기 말에서 11세기 초까지 거슬러 올라갈 수 있다. 브레멘의 장사꾼들은 965년 황제 오토 1세로부터, 그리고 마그데부르크의 상인들은 975년 황제 오토 2세로부터 전제국全帝國 내 교역의 자유를 비롯하여 약간의 도시를 제외한 전제국 내의 관세면세의 특권을 받았다. 이런 사실로 미루어 보아 그들은 상인길드의 이름을 지니고 있지 않았지만, 사실상 상인길드를 결성하였던 것으로 추정된다. 프랑스의 도시 발랑시엔에는 1050~1070년에 길드특허장이 있었고, 생토메르에는 1072~1083년에 상인길드규약을 정해두고 있었다. 영국의 바포드와 캔터베리, 독일의 쾰른, 덴고스랄, 벨기에의 브뤼주 등에는 11세기 말에서 12세기 초 즈음에 상인길드가 발생한 이후로 그 수가 현저히 늘어났다. 최고最古의 특허장인 발랑시엔 및 생토메르의 길드특허장에 의하면, 상인길드 결성의 동기가 된 것은 길드성원의 상호원조였다.

길드회원은 위급한 경우, 실패했을 경우, 사망했을 경우, 상품을 구입하였을 경우 등 생활의 온갖 면에 걸쳐서 상호 간에 도울 것을 목적으로 공동조직에 결집하여 서로 맹세하였다. 이렇듯 상인길드에 있어서 복지적 성격의 사업은 주로 길드 성원 중에 남편을 잃은 과부나 고아 등을 보호하거나 교육하는 것이었다. 만일 소녀일 경우에는 결혼의 지참금을 준비하는 책임도 부담하고 있었고, 성원 중 병자를 위하여 구빈원에 특별히 침대를 설치하였으며 성원 중 감옥에 갇히게 될 경우는 석방을 위하여 길드의 비용으로 교섭하기도 하였다.

(2) 수공업길드

중세시대 수공업길드란 유럽에 있었던 동업조합을 의미한다. 대개 특정 제조업이나 상업 분야와 관계가 있는 모든 기능인들 그리고 원료 공급자와 도·소매상인들로 이루어져 있었다. 독일 마인츠에는 1099년에, 런던을 비롯한 영국의 여러 도시에는 헨리 1세 시대에 직조공길드가 생겼다.

중세 수공업길드는 유럽 전역에서 대단히 비슷한 양상을 보였다. 조합원 전체 회의는 어느 정도 입법권을 누렸지만 조합정책에 대한 지배권은 소수의 임원과 조언자나 협력자로 이루어진 자문위원회가 쥐고 있었다. 전형적인 수공업길드는 초기 단계부터 장인master, 직인journeyman, 도제apprentice의 3부류로 엄격하게 구분된 극단적 계급조직으로 발전하는 경향을 보였다. 규모가 크고 번창하는 업계에서는 장인들이 따로 폐쇄적인 핵심 집단을 이루었다. 도제나 직인이 이 집단에 들어가려면 기능만이 아니라 재산과 사회적 적격성까지 입증할 수 있어야 했다. 대부분의 수공업길드가 추구하는 주요한 경제적 목표는 같은 직업에 종사한다는 이유로 조합을 결성한 모든 조합의 완전한 독점권을 확립하는 것이었지만, 수공업길드의 실제적인 권한행사 능력은 현실적으로 상당히 제한받았다.

중세 수공업길드는 부침을 거듭하면서 쇠퇴하였다. 종교개혁의 파괴적인 영향과 정부 권력의 강화도 하나의 원인이었지만 무엇보다 새로운 시장과 더 큰 자본의 출현은 수공업길드를 크게 약화시켰다. 영국과 플랑드르의 직물제조업에서 볼 수 있듯이 산업활동이 도시에서 시골로 옮겨지자 동업조합은 경제력의 주류에서 점점 벗어날 수밖에 없었다. 부유한 상인인 자본가들의 공동조직이나 조직적으로 통제되는 회사의 출현도 수공업자 조합이 소외당한 이유 중 하나라 할 수 있다.

결론적으로 수공업길드는 불행한 성원에 대해서는 구제하였고 초기에는 자성조직이라고 하기보다 오히려 성원 간의 상호부조적 단순한 인보단체에 지나지 않았다.

(3) 종교길드

종교길드의 기원은 종교적 우호단체에서 찾아볼 수 있는데 그들의 합의된 목적은 무엇보다도 가입자들의 영혼 구원에 있었으며 최초에는 등불을 켜놓고 미사를 드리는 것에 의하여, 다음으로는 상호부조에 의하여, 후에는 성원 이외의 사람들에게 자선(구제)을 베풂으로써 공덕을 쌓고자 하였다. 그리하여 그들은 그들의 자선적 행위를 종교적 사업의 일부로 간주하였고 자선은 단순히 빈곤자에 대한 구제의 목적만을 위하여 행하였던 것이 아니라 동시에 구제를 베푸는 자들의 정신적 위안을 얻으려고 하는 것에도 있었던 것이다. 초기에는 조직적인 활동이 아니었으나 후에 구제사업을 통하여 종교적 교의의 영향을 받아 일정한 형식을 갖추게 되었다(신재명·노무지, 2005: 38).

3. 중세의 자선과 박애

1) 구원과 빈민의 지위

빈곤은 악인가? 아니면 신이 내린 저주인가? 빈곤이 덕이라면 그 자체가 덕인가, 아니면 수단으로서의 부차적 가치인가? 초기 기독교 사회에서 예수의 제자들이 살았던 빈곤한 삶의 진정한 본질은 무엇인가? 중세 사람들은 이러한 물음을 스스로 던지고 대답하면서 예수의 초기 기독교 공동체의 사람들이 보여준 기독교적 삶의 모델을 끊임없이 변화하는 사회적 현실에 적응시키려고 노력하였다. 그렇게 하는 과정에서 물질적 부에 정당성을 부여하고, 이를 사회구조의 일부로 인정하는 방향으로 빈곤의 윤리를 정립해 나갔으며, 이러한 과정에서 부자와 빈자 사이에 구원의 수단을 사고파는 제도로 자선이 자리 잡게 되었다.

자선을 구원의 중요한 수단으로 간주하는 프로그램은 하나의 사회 안에 부자와 빈민이 공존하는 것을 전제로 한다. 어느 한 쪽이라도 존재하지 않는 경우 이러한 프로그램은 기능할 수 없는 것이다. 신은 전지전능하므로 모든 사람을 부자로 만들 수도 있고 반대로 모든 사람을 가난한 사람으로 만들 수도 있지만 그렇게 하지 않는 것은 바로 이러한 이유 때문이었다. 성경에 빈민은 부유한 자에 비해 더 쉽게 구원에 이를 수 있다고 시사하고 있다. 특히 누가복음 6장과 마태복음 19장에도 비슷한 이야기가 있으며 중세의 설교자들은 은둔성자 마카리우스에 관한 우화를 인용해 그러한 이야기를 뒷받침하였다.

이렇게 빈민에 대한 그 당시 종교적 의미는 빈민에게는 구원의 희망과 함께 그들의 처지를 겸허하게 인정하라는 메시지였고, 부자에게는 자선을 통해 그들의 죄를

은둔성자 마카리우스

마카리우스는 교부들 중 한 사람으로 이집트 수도원 운동의 이상을 발전시켰고, 그리스도교 수도원 운동의 발달에 영향을 주었다. 신비신학에 관한 기록은 이 분야의 고전으로 인정된다. 그는 30세 즈음에 스케테 사막으로 들어가서 60년 동안 은둔생활을 했다. 비상한 판단력과 통찰력으로 인해 수많은 추종자들의 신임을 받았는데, 추종자들은 그를 '노인 청년'이라고 불렀다.
마카리우스와 관련된 우화는 다음과 같다.

> 마카리우스가 여행하던 중 어느 도시의 광장 바닥에서 홀로 죽어가는 빈민을 보았다. 빈민의 차림이 초라하고 궁색해 아무도 그를 돌보지 않았다. 그러나 은둔성자는 이 죽어가는 빈민 주위에 많은 천사들이 모여 있는 것을 보았다. 얼마 후 은둔성자는 이 도시의 부잣집에서 흘러나오는 즐거운 웃음소리를 들었다. 그러나 운둔성자는 그 부잣집 주위를 맴돌고 있는 악마의 무리를 보았다.

이 우화는 물질적 부, 그 자체보다는 부자가 얼마나 많은 죄악의 위험에 노출되어 있는가를 깨우쳐주기 위한 것이었다.

씻도록 권유하는 의미였다. 이 세상에서의 죄는 '가진 자'와 '가지지 못한 자' 모두에게 일어날 수 있는 것이었다. 가진 자의 죄는 부나 권력, 특권의 남용에서 비롯되는 것이며, 그렇지 못한 자의 죄는 그가 처한 물리적 상황을 겸손하게 받아들이지 못하기 때문에 생기는 것이었다. 육체적 혹은 물리적 빈곤은 분명히 정신적 빈곤과는 구별되었음을 확인할 수 있으며, 빈곤을 범죄와 동일시하는 중세 말기 정책의 뿌리가 여기에 있음을 알 수 있다(허구생, 2002: 37~40).

2) 로마 말기의 자선과 박애

로마제국 말기에 이르면서 기독교에는 일대 변화가 일어난다. 기독교가 공인되면서 신자가 증가하기 시작한 것이다. 그에 따라 교회에 대한 기부 또한 증가하여 교회는 조직을 새로이 정비할 필요에 직면하였다. 그 결과 그간 집사deacon들에 의해 개별 교회가 자선을 나누어 주던 형태로부터 주교가 관할 교회들에 대해 재정측면에서 통제하는 형태로 발전하게 된다.

한편, 4세기경에는 초기 기독교의 자선행위는 유대교와 마찬가지로 사랑의 표현으로서의 자선, 즉 하나님의 의무를 수행하기 위해 필요한 활동으로 인식되었다. 그러나 이것은 갈수록 커져가는 사유재산과 빈부격차에 대한 문제를 해결하는 데는 부적절한 부분이 있었다. 특히, 사유재산과 관련하여 초기 기독교 지도자들은 사유재산을 부정한다고 여길 정도로 재산권의 남용을 비판하고 있었다. 실제로 초기 기독교 공동체에서는 모든 것들을 공동의 재산이라는 원칙아래 각자의 필요에 의해 사용하였다.

인간이 만든 법이나 관습으로 인해 내 것과 네 것을 구분하고, 그 결과 어떤 사람은 많이, 어떤 사람은 적게 갖는 일이 생겨났다. 이러한 근거로 초기의 일부 교황들은 모든 기독교인들이 사유재산을 포기하는 것이 바람직하다고 권고하기도 하였다. 신에게 봉사하고 사도들의 삶을 따르기 위해 공동의 삶이 필요하다는 것이다. 더구나 공산적 공동사회는 빈곤문제를 해결하는 하나의 대안이기도 하였다. 그러나 대부분의 중세 학자들은 중세의 사회체제 하에서 사유재산의 폐지는 불가능하다고 생각했다. 이는 중세의 경제적 기반 하에서 사유재산이 폐지된다면 교회의 물적 기반이 붕괴되고 말 것이라고 생각했기 때문이다.

이처럼 기독교가 사유재산과 빈부격차를 현실적으로 받아들이게 되자 논리적으로 다음과 같은 사유가 발전하였다. 즉 부자들이 선행을 할 수 있게 됨에 따라 부는 그것의 소유자를 기품 있게 해주는 것으로 인식되었다. 선행은 하나님의 왕국에서 영원한 구원을 얻게 해준다. 부유함이 선행을 가능하게 함으로써 구원에 이를 수 있다는 사상은 초기 교회기록에도 나타나있다. 크리소스톰Chrysostom은 자선을 통해 사소한 과오들로부터 자신의 양심을 정화할 수 있는 기회를 부자들에게 제공한다는 점에서 교회문전에서 구걸하는 거지들의 존재를 칭송하였다. 어거스틴Ausustine 또한 자선을 통해 죽은 사람들뿐만 아니라 살아있는 사람들도 속죄할 수 있다는 믿음을 역설하였다.

초기 기독교는 사회의 중·하류층에게 특히 매력적이었으나 점차 부유한 사람들에게도 호소력을 갖게 되었다. 부자나 빈자 모두 자선에 대한 새로운 종교적 해석이 자신들의 상황에 유익하다는 것을 알게 되었다. 나아가 교회 자체는, 특히 교회가 콘스탄티누스Constantinus 황제로부터 기부와 유증을 받을 수 있는 권리를 획득한 후 많은 재산을 보유하게 되었다. 그 결과 소농민은 노예나 농노가 되든가, 도시로 이주하거나 구걸을 하게 되었다. 로마시대 무산자들은 공공구호품에 익숙해졌었는데, 그들은 자선에서 새로운 구호품을 얻을 가능성을 발견하여 구걸이 직업으로 발전하였던 것이다.

아울러 교회재산이 증가함에 따라 교회조직에도 변화가 일어났다. 그 변화란 교회 내의 위계가 형성되었으며 로마제국과 그 정부 영향력이 쇠퇴함에 따라 주교가 실질적으로 해당지역에 행정책임자가 되었음을 말한다. 권력과 부가 교회와 그 주교에게 귀속되고, 주교는 증여와 기부를 받을 뿐만 아니라 또한 그것을 징수하기도 하였다.

3) 자선과 박애

서기 476년 로마가 멸망한 후 강력한 중앙정부가 없는 가운데 중세와 중세 이후 사이에는 자선에서 큰 변화가 일어나기 시작했다. 중앙정부의 부재에 따라 무역량이 감소하고 도시가 침체되었으며, 11세기 십자군crusades 전쟁이 시작되면서 다시 회복되기 시작하였다. 중세는 봉건제도를 기반으로 한 농촌사회였으나 강력한 중앙정부가 없었기 때문에 경제적으로 불안정하고 외부의 공격에 취약하였다. 따라서 농민들은 영주에게 의존하였고 자유민의 지위가 아닌 토지에 결박된 농노의 지위를 인정하게 되었다. 농노는 수확의 일부를 영주에게 바치고 그 대가로 영주의 보호를 받으며 토지에서 농업에 종사할 수 있었다. 이러한 장원경제의 형태 속에서 농노들은 집단거주를 하고 여기에 교회가 세워지면서 장원자체가 하나의 교구가 되어 주교의 관할권에 속하게 되었다. 따라서 영주와 주교는 인간 영혼의 현세와 내

십자군 전쟁

십자군(十字軍)은 교황의 호소로 조직된 기독교적인 성향을 강하게 띤 군대를 가리킨다. 역사적으로 대부분의 경우 11세기부터 13세기까지 8회에 걸쳐 감행된 전쟁으로, 중세 서유럽의 로마 가톨릭 국가들이 중동의 이슬람 국가에 대항하여 성지 예루살렘을 탈환하는 것을 목적으로 행해진 대규모 군사 원정이다.

당시 서유럽의 로마 가톨릭 국가들의 입장에서 본다면 십자군은 의로운 군대로 이 전투는 성전이 되지만, 실제로는 이슬람 세계의 여러 나라들뿐만 아니라 같은 기독교 문화권이었던 동방정교회의 나라들까지 공격해 들어간 침략군이었다. 십자군 전쟁은 처음의 순수한 열정과는 달리 점차 정치적·경제적 이권에 따라 움직이면서 순수함이 무너지게 되었다. 즉 교황은 교황권 강화를, 영주들은 영토 확장을 목적으로 하는 등 정치적이고 경제적인 성향이 반영된 전쟁이었다.

세에 대한 권위를 가진 사람으로 간주되었다.

이후 기독교의 세력이 증대하자 이제는 중세 교회들이 장원을 소유하게 되었고 주교가 영적 권력 외에 현세적 권력까지 장악하게 되었다. 많은 성직자들이 현세적 관심을 증대시켜, 부유한 농촌귀족 생활을 즐긴 반면, 빈민보호의 의무를 포함한 자신의 의무를 망각하기도 하였다. 이렇게 교회가 점차 세속의 물질주의에 빠져들자 일부 교구민과 성직자들은 수도원으로 알려진 은둔공동체를 통해 종교적으로 집중하는 노력을 하였다. 수도원은 부유한 자나 가난한 자 모두에게 거처를 제공할 수 있는 장소가 되었다. 그러나 수도원도 교회와 마찬가지로 특정 교단이 운영하는 수도원들의 조직체가 발전하면서 수도원들의 수장은 부의 축적을 가능하게 하는 교회의 통제권을 둘러싸고 교구 사제들과 투쟁하였다.

8세기에 교회는 십일조제도를 만들어 교인들의 연 소득 가운데 1/10을 기부하도록 하였다. 이는 교회의 주교 생활비, 교구 성직자의 생활비, 교회 유지·보수 비용이었으며, 빈민·과부·장애인·고아·노인 등에 균등하게 배분되기도 하였다. 구원에 관한 믿음은 빈민구호를 위해 교회에 자선목적으로 기부하도록 하는 강력한 유인책이 되었다(이강희 외, 2006: 59).

중세시대 교회는 빈민구호를 위해 교회에 자선목적으로 기부하거나 유증하도록 하는 강력한 유인책이 있었지만 빈곤과 자선에 관한 일관된 규정이 없었다. 이는 오랜 기간에 걸쳐 각 교회들이 독자적인 규정을 발전시켜 왔기 때문이다. 이탈리아 수도승 그라티안Gratian은 1140년에 데크레툼으로 알려진 교회의 일관성 수립과 관련된 보고서를 작성하였고, 후일에 교회법률가들이 이 기본 작업을 보완하였다. 교회법학자들은 빈곤의 원인에 주목하였다. 그들은 자발적 빈곤과 비자발적 빈곤을 구분했다. 자발적 빈곤은 하나님을 즐겁게 하는 금욕주의에서 비롯된 것으로 수도승의 빈곤이 여기에 해당한다. 비자발적 빈곤은 어쩔 수 없이 궁핍한 생활을 하는 사람들의 빈곤, 즉 빈민, 피억압자, 과부, 고아들의 빈곤이었다.

한편, 경전학자들이 풀어야 할 문제는 사유재산의 문제였다. 그라티안이 인용한 초기 교회 지도자들의 견해는 부의 남용에 대해 비판적인 것이어서, 거의 모든 사유재산을 비난하는 것으로도 해석될 수 있었다. 경전학자들은 사유재산이 신의 뜻과 상반될 수 있다는 데 관심을 갖고 이러한 가능성이 사유재산권이 정당하다는 현존 사회질서와 조화를 이룰 수 없을까하는 문제를 풀기 위해 노력하였다. 그 결과 경전학자들은 자신이 소유한 것으로 자신의 욕구를 충족한 후에는 그 '여분의 부'를 나누어야 할 의무를 지고 있는 것으로 해석하였으며 따라서 빈민은 그러한 원조를 받을 권리를 갖고 있다는 교리를 선언한 것이다. 실제로 이 교리는 중세를 통하여 개별적 자선에 대한 태도에 분명히 영향을 미쳤다(감정기 외, 2004: 71~73).

4. 중세의 사회변화

중세의 도시는 오늘날의 현대도시와는 규모면이나 기능면에 있어서 비교할 수는 없겠지만 12세기부터 16세기에 걸쳐 나타난 십자군 전쟁, 지리상의 발견geographical discoveries이나 종교개혁 등으로 많은 변화가 있었던 시기이다. 특히, 도시의 발달을 가져오게 한 구체적인 사건은 영주가 영지를 개척하기 위하여 귀족에 의해서 열어놓은 시장에 사방으로부터 사람들이 모여들어 소금, 고기, 철 등을 사고팔고 때로는 농산물과 물물교환을 하는 등 거래가 발달하기 시작했다는 것이다. 이러한 거래가 점차 활발해짐에 따라 상품의 증가와 더불어 외국과의 무역이 발달하고 소규모의 공장이 생겨나게 되면서 중세사회의 변혁이 시작되었다(노무지 외, 2009: 41~44).

지리상의 발견

지리적으로 미지의 영역에 대한 탐색항해(探索航海)를 시도한 것은 고대시대 때부터 적지 않았지만, 지리상의 발견시대·대항해시대(大航海時代)처럼 활발하고 대규모적인 시기는 처음이었다. 즉 15세기 초 포르투갈 엔히크 왕자의 아프리카 항로 개척을 시작으로 하여 15세기 말 콜럼버스의 아메리카 대륙 발견을 거쳐 16세기에서 17세기 초에 이르는 탐험 및 항해시대를 가리킨다.

이 시대의 발견의 특색은 당시 유럽이 근대국가 형성과정에서 대규모의 항해 및 발견을 통하여 시야가 넓어지고 새로운 세계관을 확립하게 된 것이다. 한편, 이러한 새로운 지식과 경험을 토대로 하여 비서구지역에 대한 정치지배·교역통상 등의 체계가 이루어져 식민지화의 길을 걷게 되었다.

1) 도시의 사회문제

(1) 인구감소

14~15세기 도시는 오늘에 비해 작은 도시이며, 도시인구 측정이 거의 불확실한 상태이다. 그 이유는 20~30년 마다 전염병이 돌았으며 기근이 주기적으로 엄습하였다. 특히 흑사병黑死病의 영향으로 유럽의 인구가 1/3이 줄어들었으며 이로 인한 노동력 감소로 유럽경제가 어려움에 처하게 되었다. 또한 중세 의학의 미발달로 신생아들의 사망률 증가도 인구감소의 원인으로 작용하였다.

(2) 남녀 성비의 불균형

당시 성비의 불균형은 전쟁 등으로 인해 남성이 여성보다 수명이 짧았기 때문이라고 볼 수 있다. 세금징수권부를 통해 당시 성비 불균형의 심각함을 찾아볼 수 있는데, 서기 1385년 징수권부에는 남성납세자 1,000 대 여성납세자 1,100으로 기록되

흑사병

흑사병은 치명적인 전염병으로 흑사병이라는 이름은 걸리면 피부가 검은 빛으로 변하는 증상에서 유래되었다. 불과 1348년에서 1350년 사이에 흑사병으로 세상을 떠난 사람은 대략 2,500만 명에서 3,500만 명에 달했다. 이것은 그 당시 전체 유럽 인구의 3분의 1에 해당할 만큼 많은 수이다. 눈에 보이지도, 손에 잡히지도 않는 이 재앙은 너무나도 강력했다. 원인을 알 수 없었고 그에 대한 대비와 예방도 불가능했기 때문에 이 시대에서 삶 그 자체가 공포이고 불안이었다.

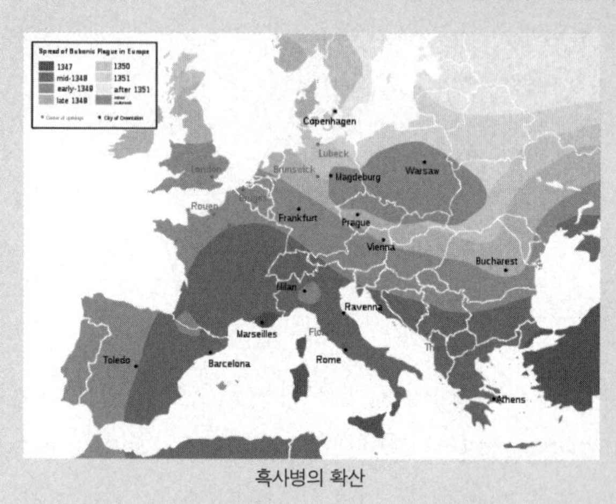

흑사병의 확산

수년간에 걸친 흑사병의 유행은 전 유럽에 엄청난 결과를 몰고 왔다. 먼저 인구가 줄어 들은 유럽에는 무시무시한 침묵과 신음 소리만이 널리 퍼졌다. 흑사병의 피해가 가장 컸던 곳은 무엇보다도 인구가 밀집했던 도시지역이었다. 농촌지역에서도 그 영향은 즉각적이고 확실하게 나타났다. 땅을 경작할 노동자들이 줄어들어 농토는 황폐해져 갔다. 독일에서는 경작을 하지 않는 땅이 60%를 넘었다. 경제 전체가 농업에 의존하고 있던 당시 사회에서 주민 수의 감소는 곧 식량의 감소를 뜻했다. 거의 위험 수준에 도달한 주민 수로 인해 땅은 황폐해졌고, 많은 사람들이 굶어 죽었다.

유럽에서 흑사병 이전 13세기 수준의 인구를 겨우 회복한 것이 300년이 지난 17세기에 이르러서였다고 하니 당시 얼마나 많은 이들이 흑사병으로 목숨을 잃었는지 짐작할 수 있다. 그래서 이 흑사병은 인구를 감소시키고 유럽의 사기를 전반적으로 저하시키는 데 결정적인 역할을 하여 중세시대의 붕괴를 촉진하였다.

어 있고, 1475년에는 1,000 대 1,140으로 기록되어 있어 남녀 성비는 점차 그 간격이 넓어졌음을 알 수 있다. 이러한 현상은 중세의 많은 영토분쟁, 종교전쟁 등 수많은 전쟁이 원인이 되었으며 이에 따라 독신여성의 증가는 사회문제로 이어지게 되었다. 따라서 이를 해결하기 위하여 빈곤여성들을 위한 자혜원을 설립하고, 그들에게 주거를 제공하며 기타 필요한 생활비를 지원하였다.

(3) 빈부격차

중세시대 도시에서는 상공업의 발달로 인해 시민계급 간의 빈부격차가 심화되었다. 평생 동안 상류계급으로 올라갈 수 없는 직인(직공)의 증가에 따라 이들의 상층계급에 대한 반항과 적대감 등이 사회불안의 한 요인으로 등장하게 된 것이다.

2) 대책

앞서 살펴보았듯이, 여러 가지 사회문제의 발생으로 새로운 도시의 구빈사업이 예고되는 등 사회문제에 대한 대책수립이 필요하게 되었다.

(1) 걸식의 금지

서기 1359년 런던의 포고령에서는 부랑자들이 걸식하는 것을 막기 위해 이들을 시로부터 즉시 퇴거할 것을 명하였다. 만일 이 명령을 듣지 않을 때에는 발을 묶는 형벌에 처하도록 하였다. 1375년에는 수세공 또는 근로에 의하여 생활할 수 있는 자는 걸식을 하거나 노동불능을 위장해서는 안 된다고 명령하였다. 그리고 교구장에게는 비정상적인 생활을 하고 있는 걸인, 특히 무뢰한, 도박자, 간첩, 건장한 부랑자들을 시당국에 보고할 의무와 권리를 부여하였다. 또한 이방인들은 시내를 통과할 때에 그곳에서 구걸하는 것을 금지하였음으로 시내에 지체할 수가 없었다.

1517년 루터의 종교개혁이 있은 직후 1523년 루터가 제정한 「자선상의 규정」에 의하면 "구걸은 엄격이 금지하여야 하며 노약자 및 허약자가 아닌 자는 누구든지 노동을 해야 하며, 교구에 속하지 않는 자는 어떠한 구걸이나 체류도 허락하여서는 안 된다"고 하였다. 이 규정의 영향을 받아 독일의 아우그스부르크, 브레스라우 등은 1523년에, 라티스본 및 마그데부르크에서는 1524년에 구걸과 불법체류를 금지하였다. 영국에서는 걸인을 추방하기 위한 방편으로 이발사를 고용하여 부랑자의 머리를 짧게 깎아 부랑인임을 시민이 알게 하였고, 걸인의 우두머리를 세워 특별한 제복을 입히고 이들로 하여금 걸인을 단속하게 하였다. 이러한 걸식의 방지와 걸인의 추방은 유럽 전 지역에서 시행되게 되었다.

이와 같이 유럽 전 지역에서 시행된 걸인추방 제도는 동서고금을 막론하고 빈곤의 문제가 인간의 삶에 지대한 영향을 미치기 때문이다. 빈곤의 문제는 잘 다스리지 않으면 또 다른 문제를 야기하여 악순환을 거듭할 수밖에 없게 된다. 늘어나는 부랑자와 나환자들로부터 시민의 건강이 위협받게 되고 노약자, 병자, 빈곤자에게 돌아갈 구제물이 낭비되는 상황이 발생하게 되어 이를 방지하기 위해 우선적으로 구걸을 금지한 것이라고 볼 수 있다.

(2) 노동법의 제정

봉건사회는 엄격한 신분사회로 당시의 빈민은 대부분이 농노였고 영주의 토지에 얽매어 살면서 노동의 대가로서 최소한의 생존권이 유지되는 것을 숙명으로 생각했다. 그러나 이러한 철저한 신분사회는 무너지기 시작하였고 지주들은 지금까지 토지를 관리인에게 위임하여 경영해오던 것을 보다 많은 수확을 얻고자 종전과는 달리 농노들에게 토지를 임대하기 시작하였다.

신분관계의 봉건사회가 토지임대의 계약사회로 대치되면서 농노에 대한 가치관이 변화하기 시작했고 농노의 신분으로부터 해방되기 위하여 돈을 주고 자유를 사기도 하였다. 이와 때를 같이하여 영국에서는 엔클로저 운동enclosure movement이 시작되었다. 양털제조업의 발달로 인하여 소수의 지주계급에게로 토지를 집중시키고 무수한 농노들을 토지로부터 몰아냄으로써 생계수단을 송두리째 빼앗긴 채 떠돌아다니는 유랑민(부랑인)과 걸인들을 양산하는 결과를 초래하였고 노동자들은 도시로 이동하기 시작하였다.

엔클로저 운동

미개간지·공유지 등 공동이용이 가능한 토지에 담이나 울타리 등의 경계선을 쳐서 다른 사람의 이용을 막고 사유지로 하는 일을 말한다. 이것은 주로 영국에서 볼 수 있었던 토지경영의 현대화 현상으로, 경계선을 둘러치는 토지의 종류나 목적, 방법 등도 다양했다. 영국 엔클로저의 역사는 매우 오래되었는데 이미 중세 때 시작되었고 19세기까지 끊임없이 계속되었다.

가장 활발하게 시행된 것은 15~16세기와 18~19세기의 두 시기였고 이것이 크게 사회문제화된 것은 15세기 말 이후였다. 일반적으로 그 첫째 시기를 제1차 엔클로저, 둘째 시기를 제2차 엔클로저라고 한다. 제1차는 당시 이미 농촌에서 널리 전개되고 있던 모직공업(毛織工業)을 위한 양모생산이 곡물생산보다 더 유리함에 따라 경지를 목장으로 전환하였고 이를 위해 공유지(共有地)와 농민보유지(農民保有地)를 울타리로 둘러싸는 일이 주류를 이루었다. 이로 말미암아 파생된 농민의 실업과 이농(離農) 현상, 농가의 황폐화, 빈곤의 증대는 엔클로저에 대한 통렬한 비난을 불러일으켰다. 정부에서도 그것을 저지하기 위해 고심한 나머지 금지령을 내렸지만 거의 효과를 거두지 못하였다.

결국 이 운동은 초기에는 양을 키워서 양모를 생산하기 위한 것이었으나 후에는 도시민의 소비촉진을 위한 특수작물의 재배를 위해 추진되었으며 그 후 과학기술의 진보와 더불어 봉건제도를 붕괴시키는 데 결정적인 요인이 되었다.

1315년에서 1321년 사이에 영국에서는 극심한 기근이 발생하여 노동자의 수가 현저하게 감소되었을 뿐만 아니라 1348년 발생한 흑사병으로 노동인구가 대폭 감소되었다. 이와 같은 사회·경제적 변화로 인하여 농노들은 자신을 위한 최상의 방법으로 생활의 거주지를 옮기는 선택을 하였다. 그리하여 많은 노동자들이 그들의 정착지를 떠나는 노동계급의 인구이동이 일어나게 되었다. 이에 영주들은 농업에 종사할 노동력을 확보할 수 없게 되자 이에 대한 대응책으로 1349년 영국정부는 노동규제법(일명 노동자법)Statute of Laborers을 제정하여 처음으로 노동력을 법으로 규제하게 되었다. 이로 인하여 노동자에 대한 임금제도가 처음으로 실시되게 되었다. 이것이 사회복지법으로서의 의미를 가지는가하는 문제가 있는데, 대부분의 학자들은 1601년의 구빈법을 최초의 사회복지 관련 법으로 보고 있다. 그 이유는 노동규제법의 내용이 빈민을 구제하려고 하는 정부의 노력보다는 당시의 영국 지주들을 위한 법이라고 후세에 평가되고 있기 때문이다.

이 법령의 목적은 노동 가능한 빈민의 구걸을 처벌하고 그들에 대한 시혜를 금지하며 노동을 강제하는 것에 한정되어 있어서 빈민들의 생활유지에 대해서는 아무런 조치가 포함되지 않았으며 더구나 노동이 불가능한 빈민에 대한 고려는 전혀 없었다. 노동가능한 빈민에 대해서는 강제적인 취업, 그것을 거부한 자에게는 투옥 그리고 그들에 대한 사적인 시혜의 금지라는 조례에 의하여 그들로 하여금 노동하지 않을 수 없게 하도록 고안된 것이었다. 그러나 이 법은 노동이 불가능한 자에 대한 시혜는 금지하지 않았는데, 결국 노동이 가능한가 혹은 아닌가에 대한 구분은 모호한 경우가 많았기 때문에 시혜를 주는 사람들의 판단기준에 맡겨진 것이나 다름없었다. 따라서 임금의 상한선을 규정한 것도 한동안 그대로 적용되지 못했다.

이 법의 효력을 더욱 강화하기 위하여 제정된 1361년 법은 한편에서는 임금기준을 세분화하여 법의 적용을 강제하면서 다른 한편에서는 노동을 더욱 강화하였다.

와트 타일러의 난

와트 타일러가 국왕 리처드 2세에게 살해되는 장면

1381년 영국 남동부의 여러 주에서 발생한 영국 사상 최대의 농민반란으로 그 지도자 와트 타일러였다. 반란의 직접적인 원인은 프랑스전쟁(백년전쟁)의 전비(戰費) 조달을 위하여 정부가 15세 이상의 전주민에게 부과한 인두세(人頭稅)에 대한 불만이지만, 보다 본질적으로는 영주제 지배(領主制支配) 그 자체에 대한 농민의 불만에 있었다. 반란은 켄트, 에식스, 이스트 앵글리아 지방을 중심으로 격렬하게 일어났으며 5월 30일에서 6월 28일까지 잉글랜드의 약 절반이 반란의 소용돌이에 휩싸였다. 에식스와 켄트의 농민군은 비록 일시적이었지만 수도 런던을 점령하고 국왕 리처드 2세로 하여금 반란군의 요구에 굴복하게 하는 힘을 보였다. 반란은 6월 15일, 와트 타일러가 책략에 걸려 살해됨으로써 각지에서 진압되어 농민군의 패배로 끝났다.

즉 자신의 일자리를 벗어난 노동자에게는 불신falsity의 표식으로서 'F'의 낙인을 얼굴에 찍었으며 그러한 노동자를 고용하고 인도를 거부한 사람에게도 벌금이 부과되었다(Day, 2000: 96). 그러나 이러한 조치에도 불구하고 많은 경우 노동을 거부하는 경우가 속출하였고 부랑인과 범죄자는 증가하였다. 그에 따라 다시 억압을 강화하는 법령들이 속속 등장하였지만 그에 대한 반발 역시 강했다. 1381년 농민봉기였던 와트 타일러Wat Tyler의 난이 그 대표적 사례이다. 이 반란이 수습되고 난 이후에는 거주지의 제한을 주요 내용으로 하는 1388년의 조례가 제정되었다. 이 조례에 의해 "어떤 노동자를 불문하고, 거주 이동의 이유를 설명하는 허가증이 없이는 자신의 거주지를 떠나서 다른 지역에서 일하거나 거주하거나 순례하는 것"이 금지되었다. 이것은 당시의 농업노동자의 노동력을 확보하기 위한 조치였고, 여전히 노동능력이 없는 빈민의 문제는 정책적인 관심에서 벗어나 있었다.

제4장 생각해볼 문제

1 사회복지발달에 있어서 중세의 의미는 무엇인지 생각해보자.

2 고대와 중세의 사회적 변화와 사회복지제도에 관한 차이점을 생각해보고, 그 이유를 설명해보자.

3 영국에서 노동자를 통제하기 위한 법을 제정한 이유는 무엇이며, 사회복지적 함의를 생각해보자.

제 1 2 3 4 5 6 7 8 9 10 11 12 13 14 장

근세의 사회복지

근대로 넘어가기 이전 문예부흥의 시대, 즉 르네상스시대에 들어서면서 인류는 인간의 이성적 모습을 재발견하고자 하였고, 결국 이것은 인간을 위한 사회복지가 진행되는 단계로 나아가게 된다.

이 장에서는 이러한 시대적 흐름과 함께 빈곤문제에 대한 국가개입이 시작됨에 따른 사회복지제도의 변화 양상을 살펴본다.

1. 르네상스와 근세

먼저 근세란 시대 구분의 하나로 근대가 시작되기 이전의 시기를 말하는데 르네상스에서부터 절대주의·중상주의가 전개되던 17~18세기까지의 시기를 말한다. 유럽에서는 보통 고대·중세·근대의 3시대로 구분하였는데 이러한 3분법에 추가하여 르네상스와 종교개혁 또는 지리상의 발견 이후를 근세로 구분하고 있다. 여기서 말하는 서양의 르네상스는 14~16세기에 서유럽 문명사에 나타난 역사 시기와 그 시대에 일어난 문화운동을 뜻한다. 이 운동은 14세기 말에서 15세기 초에 걸쳐 이탈리아에서 시작되었으며, 곧 프랑스·독일·영국 등 북유럽지역에 전파되어 각각 특색 있는 문화를 형성하여 근대 유럽문화 태동의 기반이 되었다.

르네상스는 학문 또는 예술의 재생·부활이라는 의미를 가지고 있는데, 고대 그리스·로마 문화를 이상으로 하여 이들을 부흥시킴으로써 새 문화를 창출해내려는 운동으로, 그 범위는 사상·문학·미술·건축 등 다방면에 걸친 것이었다. 5세기 로마 제국의 몰락과 함께 중세가 시작되었다고 보고 그때부터 르네상스에 이르기까지의 시기를 야만시대, 신중심주의로 인한 인간성이 말살된 시대로 파악하고 고대의 부흥을 통하여 이 야만시대를 극복하려는 것을 특징으로 한다. 따라서 르네상스는 기독교의 사상과 문화의 극치를 이룬 시기인 것이다.

근세에는 신중심관을 지상의 인간중심관으로 전환시키는 인본주의humanism가 발전되었다. 이는 중세의 가톨릭주의가 근세의 새로운 상황에 적응된 귀족주의로 발전, 변화된 것이다. 인본주의와 함께 근세철학을 지배한 사상은 고전주의와 자연주의의 이데올로기이다.

1) 인본주의

인간주의人間主義·인문주의人文主義라고도 하며 '인간다움'을 존중하는 대단히 넓은 범위의 사상적·정신적 태도이자 세계관이다. 철학사전에는 "전 인류에 공통적인 인간성을 이상으로 하면서 이 이념을 실현하기 위해서 인도적인 수단을 고수하려는 입장"(임석진, 1986: 308)이라는 해석을 얻어낼 수 있다. 다시 말하면 우리가 흔히 말하는 '휴머니즘'을 의미한다. 즉 인본주의란 일반적으로는 인간의 본성(인간성)과 가지각색의 인간성 현상에 관심과 애정을 갖고, 인간의 특수성에 고유의 가치와 존엄을 인정하며 비인간적인 것에 대하여 그것을 옹호하려는 태도 내지 의향을 지칭한다. 따라서 휴머니즘은 하나의 사상 체계이기도 하지만 그 본질은 인간 정신의 기본적인 자세이며 인간에 대한 근본적인 태도를 의미한다.

우리는 어떤 눈으로 인간을 보고 어떤 태도로 인간의 문제를 생각하고, 어떤 심정으로 인간을 다루고, 또 어떤 이념과 방향으로 인간의 생과 역사를 이끌고 나아갈 것인가? 이러한 인간의 근본 문제에 대한 하나의 기본적인 정신적 자세와 태도가 곧 휴머니즘의 내용을 구성한다.

동양에서는 유교의 '인'과 '예'를 근본으로 한 중국과 '진리'와 '비폭력'을 중심으로 활동해온 인도를 들 수 있는데, 이들을 종합하여 보면 "휴머니즘은 인간긍정의 사상이고 인간신의의 태도이며 인간해방의 노력과 인간 존중·존경의 이념이다"라고 할 수 있다.

한편, 휴머니즘의 구현이라는 실천적 관점, 휴머니즘 운동이라는 관점에서 휴머니즘을 정의한다면 '인간의 자아실현', 즉 '모든 사람들의 자기실현, 그러한 것으로서의 인간해방에 관심을 기울이는 인간에 대한 사랑의 지향'을 의미한다고 할 수 있다(김승훈, 2003: 2~3). 결국 휴머니즘은 이 역사적 과제를 스스로의 문제로 명확하게 자각하고, 그것을 선과 정의와 진보의 방향으로 해결하려는 사회복지 이데올로기로 자리 잡게 된다.

2) 고전주의

고전주의는 르네상스를 토대로 그 모습을 드러내는데, 르네상스시대의 고대 그리스·로마 고전에 대한 심취에서 비롯된 것이다. 고전주의를 통해 인본주의와 현실주의, 형태주의 등이 고대와 근대 문화 간을 오가며 발전하게 된다.

고전주의 이상은 역사적, 사회적 부조화를 극복하고 우주, 자연의 참다운 원리인 조화로 향해 가는 데 있다. 고전주의의 최초의 표현은 피타고라스Pythagoras에 의해서 이며 피타고라스는 조화와 통일을 실현하는 핵심적 원리가 중용에서 나오며 중용의 발견은 정의문제에 새로운 해결을 제시한다. 즉 중용에 입각한 조화가 우주, 인간, 사회의 본질이라는 것이다.

피타고라스(기원전 582?~497?)

그리스의 종교가이자, 철학자이자, 수학자인 피타고라스는 만물의 근원을 물이라고 보던 탈레스와는 달리 '수(數)'로 보았으며, 수학에 기여한 공적이 매우 크다. 플라톤, 유클리드를 거쳐 근대에까지 영향을 미쳤다. 오늘날 '피타고라스의 정리'라는 증명법은 유클리드에 유래한 것이며, 그의 증명법은 알려져 있지 않다. 그는 동시에 피타고라스 학파의 교주이기도 하였는데, 그의 종교적 교의는 윤회(輪廻)와 사후의 응보로서 동시에 인간과 동물과의 유사성을 강조하고 육식을 금하였다. 이론적 방면의 연구에서는 음악과 수학을 중시하였는데, 음악에서는 일현금(一絃琴)에 의하여 음정이 수비례(數比例)를 이루는 현상을 발견하고 음악을 수학의 한 분과로 보았다.

서양 근세의 고전주의 철학은 사회적 조화와 질서를 추구하는 중간하층계급의 이익과 관심을 반영하는 것으로 이는 루터주의의 발전과 밀접한 연관을 가지고 있으며 서양철학사의 전개 속에서 항상 귀족과 노예, 강자와 약자, 질과 양, 자유와 평등, 자유주의와 사회주의의 대립이 나타나게 된다.

3) 자연주의

예술과 철학에서 과학의 영향으로 나타난 사상이자 운동이다. 자연주의자는 실제의 사물과 현상을 자연 세계의 범위 안에 있다고 보고, 초자연적인 존재나 힘을 신뢰할 수 없는 가설이라고 생각한다. 이 사조는 주체들이 고도로 상징적이고 이상적이며, 심지어 초자연적이기까지 한 낭만주의 또는 초현실주의와는 정반대 방향의 운동이다. 따라서 자연의 물질세계를 유일한 현실적 실재實在로 보고 모든 인간사

합리론과 경험론

유럽대륙을 중심으로 한 합리론적 철학과 영국에서 성행한 경험론적 철학은 서로 대립적인 위치에 있었다. 합리론적 철학의 창시자는 데카르트인데, 그는 인간의 이성(理性)을 신뢰하고, 우리가 이성적으로 확실한 것에서 확실한 것으로 추리해가면 진리를 인식할 수 있다고 생각하였다. 그래서 "나는 생각한다. 고로 나는 존재한다"를 기치로 거기서 신의 존재, 물체의 존재라는 것도 추리에 의해 확실한 신뢰로서 연역된다고 생각하였다.

반면, 경험론적 철학은 인간의 인식에서 경험이라는 것이 수행하는 역할을 중시한다. 베이컨은 경험을 중히 여기며 자연연구를 해야 한다고 주장하고 자연에 대한 연구에서 귀납법의 중요성을 역설하였다. 홉스와 로크 등이 경험론적 사상을 계승, 발전시켰다.

를 자연과학적으로 이해하려는 자연주의는 칼뱅주의의 발전과 밀접한 연관을 가지고 있다. 자연과학적 자연주의는 그 인식방법에 따라 합리론rationalism과 경험론empricism으로 구분되며 철학적 탐구, 정치적 탐구의 중심문제가 자연법과 실정법의 문제와 직접적으로 결합되어 있다.

자연주의는 봉건귀족 및 새로이 귀족화하려는 금권에 의한 특권계급에 대항하여 투쟁하는 중간상층의 산업 부르주아지bourgeoisie의 이해관계를 반영하는 철학적 이데올로기였다.

2. 르네상스의 구빈사상

르네상스 이전의 노동관은 인간이 하나님에게 지은 죄를 대가로 노동을 하는 것으로 믿어왔고 노동을 하는 것은 가치가 있는 일이며 하나님에게 협동하는 일이라고 믿어왔다. 그리하여 노동은 영혼의 순화와 자선과 죄의 보상을 위한 도구로서 사

마틴 루터(1483~1546년)

루터는 독일의 종교개혁자이면서 신학 교수였다. 루터는 엄격한 가톨릭 신자였고 자식의 교육에도 관심을 가졌다. 그는 1501년 에르푸르트대학교에 입학하여 1505년 일반 교양과정을 마치고 법률공부를 시작하였는데, 자신의 삶과 구원 문제에 깊은 관심을 가지고 있었다.

그러던 중 1517년에 로마 교황청이 면죄부를 마구 파는 데에 격분하여 이에 대한 항의서 95개조를 발표하여 파문을 당하였으나, 이에 굴복하지 않고 종교개혁의 계기를 마련하였다. 1522년 비텐베르크 성에서 성경을 독일어로 완역하여 신교의 한 파를 창설하였다.

용하게 되었고, 특히 노동에서 얻어지는 물질로 빈민을 구제하는 자선행위를 매우 중요시했으며 인간이 물질에 대한 욕심을 버리고 마음을 가난하게 가지는 자는 구원을 받기 위한 첫 걸음이라고 가르쳤다.

이러한 원리에 따라서 교회 신자의 헌금은 날로 증가되어 당시의 빈민에 대한 사회보장의 대부분을 교회의 자선행위로 메우고 있었다. 그러나 교회가 점차 부패하기 시작하면서 교회의 구제사업은 비효율성, 부패, 무능이라는 이유의 비판을 자아내게 되어 많은 사람들은 교회의 구제사업이 자선행위를 빙자한 것이라고 여기기도 하였다. 이와 때를 같이하여 지금까지의 신분제 봉건사회가 계약사회로 변환되는 사회변혁과 함께 루터Martin Luther의 종교개혁 물결이 온 유럽을 휩쓸게 되었다. 그리하여 교구와 수도원들은 빈민에 대한 관심이 전보다 줄어들 수밖에 없는 것이 현

장 칼뱅(1509~1564년)

칼뱅은 프랑스 북부 피카르디 지방에서 출생했다. 1523~1528년 파리에서 신학을, 그 후 오를레앙 부르주의 대학에서는 법학을 공부했다. 1533년 에라스뮈스와 루터를 인용한 이단적 강연의 초고를 썼다는 혐의를 받고 은신해 지내면서 교회를 초기 사도시대의 순수한 모습으로 복귀시킬 것을 다짐하고 로마 가톨릭교회와 결별했다.
그는 이른바 '돌연한 회심(回心)'에 의해 복음주의적, 즉 프로테스탄트주의의 입장을 명확히 했다. 1535년 프랑스 국왕 프랑수아 1세의 이단에 대한 박해로 신변의 위험을 느낀 그는 스위스의 바젤로 피신하여, 그곳에서 1536년 복음주의의 고전이 된 『그리스도교 강요』를 저술하였다. 이 무렵, 제네바의 종교개혁을 위해 함께 일할 것을 요청받고 종교개혁 운동에 동참하였다.
칼뱅은 「교회규율(1542)」을 제정하고 교회제도를 정비하여 세르베토스 등의 인문주의자들을 누르고 제네바의 일반 시민에게도 엄격한 신앙생활을 요구하여, 신정적 체제를 수립하였다.

실이었다.

한편, 칼뱅Jean Calvin의 사상은 당시 신분계급사회에서 계약관계의 상업주의 사회를 맞으면서 개인의 가치를 존중하는 사상과 하나님께 봉사로 여기는 노동관과 더불어 현대사회로의 길을 마련해 놓았으며 이러한 칼뱅의 노동관보다 발전된 사상이 막스 베버Max Weber의 프로테스탄티즘Protestantism이다. 베버의 프로테스탄티즘은 자본주의 정신을 잘 나타내고 있는데 가난하다는 것은 하나님의 은총의 대상이나 덕이기보다는 오히려 불명예스럽고 부끄러운 일이며 힘써 일하지 않은 결과라고 생각하였다.

산업혁명 후 중상주의 발달과 급속한 경제성장을 이룩하여 갔으나 경제가 성장할수록 빈민의 수는 점점 더 증가하게 되었다. 따라서 이러한 변화에 필요한 국가의 개입이 점차 나타나기 시작했다.

프로테스탄트 윤리와 자본주의 정신

막스 베버

「프로테스탄트 윤리와 자본주의 정신 *The Protestant Ethic and the Spirit Capitalism*」은 베버가 편집을 맡고 있던 잡지 『사회과학 및 사회정책 *Archiv für Sozialwissenschaft und Sozialpolitik*』에 1904~1905년에 걸쳐 발표한 논문이다.

이 논문에서 베버는 유럽의 자본주의, 특히 독일 자본주의 기업의 성공과 프로테스탄티즘 사이에는 통계학적인 상호관련이 있음을 주장하였다. 그에 따르면 자본주의 정신은 종교개혁 이후 생겨난 프로테스탄트 정신, 그 중에서도 칼뱅주의를 비롯한 청교도신학의 예정설(豫定說)과 소명의식의 심리적인 결과라고 말한다. 따라서 자본주의는 칼뱅의 제자들이 예정설로 인해 생기는 심리적 불안감을 없애기 위하여 세속적인 소명에 대한 끊임없는 노력과 그를 통해 얻어지는 이윤을 절약하는 금욕주의적 윤리 실천 결과로서 나타난 것이라고 보았다.

3. 중상주의와 절대왕정

1) 의의

중상주의Mercantilism, 즉 교역경제주의는 중세시대 동안 서구사회에서 가장 강력한 정치·경제적 사상이었다. 중상주의는 일반적으로 근세 절대주의 국가의 성립 이후부터 산업혁명 개시까지의 기간으로 대략 15세기 중반부터 18세기 중반까지 이르는 300년 간 유럽대륙을 지배했던 경제정책이자 경제사상을 지칭하는 용어이다(김광수, 1984: 11). 즉 중세의 붕괴로부터 이 시대는 경제사적으로는 근대 자본주의 사회의 성립기이며 정치적으로는 중앙집권적 절대군주국가의 시대이다.

중상주의重商主義

중상주의는 서유럽 제국에서 채택한 경제정책과 경제이론으로 근대 자본주의가 산업혁명에 의해 지배를 확립하기까지의 초기 단계에서 원시적 축적을 수행하는 데 사용된 여러 정책과 이를 뒷받침한 이론 체계이다.

경제정책으로서의 중상주의의 핵심은 초기 산업자본을 위해 국내시장을 확보하고, 국외시장을 개척할 목적으로 수행되는 보호주의 제도로서 외국제 완제품의 수입금지 및 제한, 외국산 원료의 수입장려, 국내 상품의 수출장려, 국내 원료의 수출금지 등의 조치를 직접 입법 및 관세정책으로 실행하였다.

중상주의는 국가의 번영과 경제의 강성이라는 공동이익을 위해 정치적 국가가 경제의 운영에 일관성 있게 개입하는 입장을 취한다. 이것은 또한 전쟁이 필요하며 전쟁이 국익을 가져다준다는 것을 강조하는 호전적 시각을 지니기도 하였다. 따라서 경제를 튼튼하게 하는 이유는 해외 정복전쟁을 성공적으로 수행하려는 데 있었던 것이다.

절대왕정기의 정치적 지배체제인 절대주의 국가는 농노제가 해체되어 가는 과정에서 위기를 느낀 봉건귀족들이 권력의 경제적 원천인 토지 소유권을 절대화하고 정치권력을 중앙집권화함으로써 자신들에게 닥친 위기를 모면하고자하는 가운데 형성되었다. 절대주의 국가들은 로마법을 부활시킴으로써 경제적으로 도시와 농촌에서 자유로운 자본의 성장을 도왔고 정치적으로는 권력의 중앙집권화를 시도하였다. 서유럽에서 절대주의가 갖는 모순점은 그것이 근본적으로 귀족계급의 재산과 특권의 보호를 위한 장치이면서, 동시에 도시 상공업 자본의 기본적 이익을 보장해주고자 하였다는 것이다. 즉 절대주의는 자본주의적 생산양식이 뿌리 내릴 수 있는 물적 기초가 되었던 '본원적 축적'에 부분적 역할을 수행했던 것이라 볼 수 있다(감정기, 2002: 128).

이러한 자본주의적 생산양식에 따라 이 시기에 노동자들은 새로운 국제적인 시장의 교역상품들을 생산하는 데에 투입되었고 농지를 떠나서 도시로 이입된 노동자들은 상인계급에게 점점 더 종속되었다. 구 시대의 봉건적인 관계는 종말을 선언하였고, 노동자들은 파기가 가능한 계약제도하에 놓여 있었다. 새로운 통화경제가 시작되면서 부는 곧바로 현금을 의미하였고 그 유동자산은 다시 거대한 부의 축적 수단이 되었다(Day, 2000: 97).

2) 중상주의 국가정책

중상주의 경제정책의 내용 중에서 사회복지의 발달에 있어서 깊이 관련되는 것은 무역정책과 인구정책이다. 전자는 곡물가격이나 노동자의 임금과 깊이 관련되기 때문이며, 후자는 국가에 의한 빈곤구제와 직접적인 관련이 있기 때문이다. 그러나 그 내용에 있어서는 이것이 수세기간에 걸친 정책의 경향이었기 때문에 통일된 모습을 가진 것도 아니고, 또한 국가에 따라 약간씩 다른 모습으로 나타나고 있음을 먼저 인식할 필요가 있다(박광준, 2002: 81). 또한 중상주의는 우선 무역정책에 있어서 수입을 제한하고 수출을 정려하는 정책을 펼쳤다. 외국제품의 수입은 높은 관세를 부과함으로써 이를 제한하였으며, 국내에서 필요로 하는 원자재를 수입할 때는 면세 혹은 낮은 관세를 부과하여 일부 업체들에게 독점적 이익을 보장하기도 했다.

영국에서는 상업적 수단에 의한 무역신장을 기도한 데에 반하여 프랑스에서는 자국의 산업진흥을 위한 여러 가지 정책을 펼쳤다. 자국 상품이 타국 상품과 경쟁력을 갖기 위해서는 생산비를 절감해야 하며 그렇게 하기 위해서는 원료의 값과 노임을 줄여야 했다. 노임을 줄이기 위해서는 노동자의 생활비가 적게 들어가야 하는데 그렇게 하기 위해서 곡물의 수출을 금하고 수입을 조장했다. 고임금은 노동자들을 나태하게 할 뿐만 아니라 노동자들이 외국에서 생산된 물건을 살 수 있게 하여 무역수지에 나쁜 영향을 준다고 간주하였던 것이다.

이러한 정책들은 국가와 상인계급 간의 이해관계에 따른 것이었을 뿐, 노동자들로 하여금 저임금과 가혹한 노동으로 내몰게 하였다. 또한 중상주의 무역정책은 수출만을 최우선으로 하였기 때문에 궁극적으로는 자국 경제의 발전보다는 오히려 수출이 줄어들 수밖에 없는 결과를 가져왔다. 한편, 중상주의 시대에서 인구는 그만큼 국가의 생산을 증가시킬 수 있다고 보았기 때문에 인구 증가의 열망이 대단히 증대하였던 시기이다. 생산이 증가하면 그만큼 수출할 상품도 증가하기 때문에 자연이 수출이 늘어날 것이라 생각한 것이다. 따라서 각국은 적극적인 인구장려정책을 추진하였는데, 그 유형은 다음과 같이 요약될 수 있다(김광수, 1984: 35~36).

① 인구의 유출을 억압하고, 인구의 이입을 장려하였다.

② 부득이 결혼하지 않는 사람에게는 일정한 이익을 박탈하였다. 예를 들면, 공직에 취임하지 못하게 하거나 혹은 일정액의 세금을 부과하였다.
③ 조혼의 장려: 가능한 한 빨리 결혼하도록 상금이나 보조금을 지불하기도 하고 조세를 감면하기도 하였다. 또한 배우자의 사망 후에 빨리 재혼하도록 장려하였다.
④ 다산의 장려: 예를 들어 스페인에서는 남자아이를 6명 이상 낳은 부모에 대해서는 평생 조세를 면제해주었으며, 반대로 불임에 대해서는 강력히 억압하였다.
⑤ 사생아의 대우를 비교적 좋게 하였다. 프리드리히 대제는 성범죄의 처벌 및 성범죄에 따른 사회적 낙인은 아이들을 죽이는 중요한 요인이라고 인식하고 이에 대한 처벌을 면제하고 사생아에 대한 처우를 개선하였으며 사생아를 양육하는 시설을 설립하였다.

이 시기에는 국가정책의 명분은 항시 국익과의 이해관계 속에서 제시되었다. 낮은 임금으로 많은 수의 가족성원들을 부양하려면 빈곤은 불가피한 것이었지만 빈곤가족의 생활고보다는 국가의 이익을 위해서 다산多産이 장려되었다.

3) 중상주의의 빈민관

중상주의 관점에서 빈곤은 사회악이 아니었다. 오히려 일정수의 빈민이 유지되는 것이 사회적으로 유용한 것으로 인식되었다. 이 점은 오늘날의 복지국가가 궁극적으로 빈곤의 퇴치를 지향하고 있는 것과 대조를 이루는 것이다. 노동력을 국부의 기반으로 생각하였으며, 따라서 인구의 감소보다는 증가에 정책 비중을 두었다. 그리고 노동하는 자들을 관리하거나 보호하는 일을 정책의 중요과제로 생각하였다.

임금 수준은 되도록 낮게 유지하는 것이 국제 경쟁력 면에서도 유리할 뿐 아니라, 빈민들을 근면하게 만드는 길이라 여겼다. 가난이 반드시 나태에서 비롯한다고 보지는 않았지만, 나태는 노동습관과 기술에 악영향을 줌으로써 빈곤의 주요한 원인이 되고 따라서 본인은 물론 나라에도 해를 끼치게 된다고 보았다. 따라서 빈민의 나태심을 제거하는 것이 통치자의 의무라고 보았다(Rimlinger, 1991: 30~33).

바로 이 점이 중상주의자가 빈곤의 유용성을 주장하면서도 빈민구제를 위한 정책을 펴는 모순적 모습을 보인 주된 이유라고 본다. 그들의 빈민구제 정책은 빈곤의 제거나 빈민의 고통을 완화시키는 데 목적이 있었다기보다는, 빈민의 나쁜 노동습관을 고침으로써 국부의 근원인 노동력이 훼손되지 않도록 하려는 데에 있었다고 보는 것이 적절할 것이다.

4. 국가개입의 시작

국가의 개입이 시작되는 시기에 있어서 중요한 것은 이 시기가 자본주의의 성립기, 즉 중상주의가 득세한 시기라는 것이다. 중상주의로 말미암아 노동자들은 외국과의 통상경쟁을 위하여 저임금과 열악한 노동조건을 강요받았다.

이 시기에 대량 빈곤이 발생하여 급기야 국가개입이 이루어지지 않을 수 없게 된 원인은 대체로 두 가지 정도를 살펴볼 수 있다. 먼저, 당시의 일반적인 시대적 상황을 보면 흑사병 이후 인구증가와 흉작이 맞물리면서 식량위기로 몰리게 된 것이다. 또 영국에서의 상황은 양모의 원산지였던 영국에서 계속된 기근으로 모직물공업이 불황에 빠지게 된 사실과 헨리 8세의 「수장령首長令」으로 교황과 단절했다는 점을 들 수 있다. 다시 말하면 흉작으로 인한 식량위기가 영국의 시대적 상황과 겹치면서 빈

헨리 8세의 「수장령(1534년)」

수장령이란 당시 헨리 8세가 왕비 캐서린과의 이혼문제를 둘러싸고 로마 교황청과의 갈등 끝에 로마 가톨릭과의 관계를 단절하고 헨리 8세 자신이 영국의 정치적 수장일 뿐만 아니라 종교적인 수장임을 선포한 것이다. 이것은 교황청의 자산이었던 교회와 수도원 등이 국왕의 소유로 되었다는 것을 의미하고 사실상 수도원에서 보호하고 부양하던 많은 생활무능력자들이 더 이상 그곳에 기숙할 수 없게 되어 부랑인이 될 수밖에 없다는 것을 의미한다. 수도원의 폐쇄로 인하여 거리로 내몰린 빈민의 부양은 교회의 책임이 아니라, 국가가 책임지지 않을 수 없게 되었고, 그것이 구빈법 탄생의 배경이 되었다. 이렇게 본다면 구빈법은 중세 가톨릭 사회의 가치체계나 관리체계에서부터의 인간해방이라는 소위 르네상스 휴머니즘의 산물 중의 하나라고 볼 수 있다.

곤문제를 더욱 심각하게 하였고 구빈법의 탄생은 이러한 시대적 상황의 결과물로서 이해할 수 있는 것이다(박광준, 2002: 80~81).

영국에서 교구 단위의 빈곤구제가 시작된 것은 15세기까지 거슬러 올라간다. 수도원이 해체되고 중세적 사회구조가 붕괴되면서, 빈곤구제가 전통적인 자발적 자선으로부터 교구 단위의 강제조세에 따른 구빈행정으로 전환되어 갔던 것이다.

빈민구제를 위한 초기의 입법들은 주로 걸인들과 부랑인들을 단속하기 위한 것이었다. 1348년 흑사병 이후 노동력의 급감과 임금의 급증 현상이 초래되었고 이런 문제를 해결하기 위해 노동능력이 있는 사람들의 노동을 강제하고 임금을 종전 수준으로 되돌리기 위한 법률들이 제정되었던 것이다. 노동자들이 좀 더 임금이 높고 노동강제를 덜 엄격하게 하는 지역을 찾아서 떠돌아다니게 된 것은 이러한 제도들 때문이었다(감정기 외, 2002: 130).

노동능력이 있는 걸인들에게 개인적 자선을 하지 못하게 한 1349년의 「노동자칙령Ordinance of Labourers」이나 모든 노동자와 걸인들의 이동을 금지한 1388년의 「케임브리지법Statute of Cambridge」은 이러한 노동자들의 반응에 대한 또 다른 규제법들이었다. 이 법은 무력한 빈민들에게 보호보다는 구호품을 주어 방랑을 금지시킴으로써 노동가능한 빈민의 방랑을 사전에 방지하고자 하는 목적에서 제정되었다. 결국, 이 법의 제정 목적은 임금을 고정시키고, 임금상승을 야기하는 노동력의 이동을 금지하는 데 있었던 것이다(Fraser, 1984: 28). 따라서 이 법은 노동자가 구걸하기 위하여 방랑하는 것을 금지하고 노동능력이 없어서 구걸로 생존하여야만 하는 빈민들은 제한된 구역 내에서만 구걸을 허용하였다. 그리고 노동능력이 없는 자들은 1388년 법령이 통과될 당시에 거주했던 지역이나 본인이 원하는 경우 자신의 출생지로 가게 했으며, 이들의 보호는 지방정부가 담당하도록 규정하였다. 이 법은 빈민을 노동능력이 있는 빈민과 노동능력이 없는 빈민을 구별한 최초의 법이었다. 따라서 이러한 규정을 담은 1388년 법을 영국 최초의 구빈법으로 보기도 하지만, 강제력이 없었던 관계로 그 효과는 제한적이었다.

한편, 1485년 시작된 튜더 왕조는 장미전쟁을 통하여 정통성을 확보하였고 중앙

장미전쟁

1455~1485년에 있었던 왕권을 둘러싸고 벌어진 영국의 내란이다. 이 전쟁은 잉글랜드 왕권을 놓고 랭커스터가(家)와 요크가(家)가 싸운 것으로 랭커스터가가 붉은 장미, 요크가가 흰 장미를 각각 문장으로 삼은 것에서 장미전쟁이라 하였다.

이 내란의 본질은 귀족전쟁이라는 점에 있었는데 랭커스터가의 승리로 헨리 7세가 즉위함으로써 평정되었다. 이를 계기로 하여 영국의 봉건무사 계급이 몰락하고, 주권은 의회에 속하게 되었으며 튜더 왕조 시대가 열리게 된다.

집권화와 관료화, 영국의 종교개혁(성공회)을 통해 왕권을 강화하였다. 이후 16세기에 근대국가의 모습을 갖춘 절대주의 국가의 탄생으로 교회를 대신하여 국가가 인간의 생활을 통제하는 가장 강력한 힘이 되었는데, 유럽에 거주하는 모든 인간의 운명은 국가에 의해서 정해지게 되었다.

1) 1531년의 법

영국에서 국가가 경제적 빈곤의 구제를 위해 적극적인 책임을 맡게 된 것은 헨리 8세의 통치 기간인데 이러한 책임을 표현한 최초의 법은 1531년에 실시되었다. 1531년에 그러한 조치를 취하게 된 배경은 이 법 서문에서 제시되어 있는 바와 같이 구걸과 부랑이었다. 그러나 의회는 모든 악의 모태이자 근원인 나태함의 결과로 인해 나타난 상황들을 다루기 전에 진정한 의미에서 욕구가 있는 사람들에 대한 대책을 먼저 마련하고 있었다. 이러한 조치는 오늘날의 제도와 비교하면 제대로 된 대책이라고는 할 수 없다. 그러나 1531년의 법은 경제적 곤궁에 처한 사람들을 정부가 책임져야 한다는 생각을 표현한 최초의 법이라는 데 의의가 있다. 이 법을 통해 구걸할 수 있는 자의 자격조건을 명확히 규정하고, 구걸할 수 있는 일정한 지역을 설정하면서 영국은 빈민구제를 국가가 관리·운영하는 쪽으로 나아가게 되었다.

2) 1536년의 법

1531년 법은 일할 수 없는 빈민들에 대해서는 그들의 구걸을 합법화하는 데에 관련된 법적 장치를 마련하였지만 일할 수 있는 빈민에 대해서는 매우 가혹한 규정을 두었다. 하지만 일할 수 없는 빈민의 문제가 구걸에 대한 법적 근거를 마련하는 것으로 해결될 수 있었을까? 또한 일할 수 있는 빈민에게 진정한 인간으로서 노동하도록 하는 것이 가능하였을까? 5년간의 시행 결과, 이 법에서 최초 규정된 것 이상으로의 어떤 조치가 필요하다는 사실이 드러났으며 1536년에 이러한 사실을 반영한 새로운 성문법이 등장하게 되었다. 1536년 법에 의해 영국에서 국가가 주도하는 최초의 포괄적인 빈민구제 체계가 갖추어지게 되었다. 1536년 법에 표현된 빈민구제 제도의 주요 규정은 다음과 같다(Schweinitz, 2001: 53~55).

- (노동가능한 빈민의 부랑·방랑·나태함이 지속되는 경우 이들에게는 채찍질을 하거나 고향으로 보낼 수 있으며) 채찍질을 받았거나 고향으로 돌려보내지는 자들은, 그에게 지정된 장소까지 매일 10마일씩 걸어서 이동해야 하며, 10마일을 걷고 난 후 해당 교구의 지방관에게 가서 그가 채찍질을 받았을 때 교부받은 증서를 제시해야 한다. 왕의 신하인 지방관들은 그들에게 고기와 마실 것과 잠잘 곳을 제공해야 하는데, 그 양은 한 번의 끼니로 제한한다.
- 상기의 불한당들과 사지가 온전한 부랑인과 오만불손한 걸인들이 부랑과 방랑과 나태함에 계속 빠져 있음이 정당하게 관찰되고 증명되는 경우에는, 지체 없이 그들에게 채찍질을 다시 가할 뿐 아니라 오른쪽 귀의 위쪽 연골부분을 자른다. 만일 오른쪽 귀가 잘리는 벌을 받고도 상기의 부랑과 나태함을 계속할 때에는 그들 모두를 국부를 해하는 중대한 죄인이자, 국부의 적으로 간주하여 커다란 고통을 주고 사형에 처하도록 한다.
- 치안판사와 기타 지방관들은 구걸하거나 나태함에 빠져 있는 5세 이상 15세 미만의 아동들을 데려다가 경작자나 장인 또는 기타 일하는 자에게 할당하여 일을 배우게 하여 일정한 연령에 도달했을 때 스스로 생계를 책임지도록 할 권한을 가진다.

- 모든 도시의 시장, 지사 고위관리와 모든 교구의 교구위원과 기타 교회종사자는 주일과 휴일 그리고 기타 축제일에 모금함을 사용하여 선한 그리스도 교인들의 자선금품을 모금하여 병약하고 다리를 절며 질병에 걸려 일할 수 없는 자들에게 이를 제공함으로써 그들이 구걸에 나서는 고통을 당하지 않도록 하고, 사지가 건장하고 혈기왕성하여 일할 수 있는 자들은 항상 일할 수 있도록 해주어 그들 스스로의 힘으로 생계를 꾸릴 수 있도록 하는 신성한 조치를 취하도록 한다.
- 모든 전도사와 목사, 주교, 목사보는 설교 때나 회독會讀 때, 기도할 때뿐만 아니라 일반 신도들의 신앙고백이나 유언시의 어느 때에도 사람들로 하여금 자선금품의 모금에 관대하게 응하도록 격려하고 유도해야 한다.
- 잘사는 교구에서 모금된 자선금품 중 남은 것은 가난한 교구의 비용에 충당하도록 분배되어야 한다.
- 어느 누구도 자신의 자유의지에 반하여 자선금품의 모금에 강제당할 수 없다.
- 모금자는 모금된 금품의 총액과 사용처 그리고 사용방법에 관한 회계기록을 남기고 이를 공개해야 한다.
- 현행법의 어느 부분이라도 이를 수행하기 위해 수고하고 애쓰며, 자신의 생업과 노동을 언제라도 포기해야만 하는 상기 자선금품의 모금자들은 공동 모금된 자선금품 중에서 시장, 태공太公, 지사, 대관代官, 치안판사, 기타 교구관리들이 정당하고 합당하다고 생각하는 금액을 자신의 수고에 대한 대가로 취한다.

1536년 법의 이러한 규정에는 그 후 400년 동안 지속된 구빈법의 특징적인 요소들이 포함되어 있었다. 1531년 법에서 확립된 욕구에 대한 조사와 등록의 원칙에 더하여, 1536년 법에는 욕구에 대한 급여의 성격이 어떠해야 하는가에 대한 명확한 규정이 추가되었다. 또한 구걸에 대한 면허제도 대신, 기부금에 의해 충당되는 기금의 관리를 확립하였다. 그리고 국가는 이러한 기부금의 모금을 장려하는 책임을 맡게 되었다.

1536년 법에서 최초로 일할 능력을 가지고 있으면서도 일자리를 구하지 못한다는 사실이 인정됨에 따라 국가는 일할 능력이 없는 빈민들에게 자선금품을 제공하고, 일할 능력을 가진 사람들에게 일자리가 끊어지지 않도록 하여 그들 스스로 생계를 책임지게 하는 두 가지의 의무를 지고 있다. 또한 1536년 법에는 구빈행정의 운영단위가 도시city, 자치도시borough, 성시town, 교회구/교구parish로 명시되어 있고, 교구의 경우에는 교구위원회church warden가 특별히 명시되어 있는데, 16세기 영국은 이미 존재하고 있던 교회조직을 이용하여 구빈행정의 운용을 꾀하고 있었음을 알 수 있다.

3) 1547년의 법

1536년의 법이 입법된 지 10년이 지난 에드워드 6세 1년인 1547년에 구빈행정의 역사에 있어 중요한 후퇴가 일어났다. 1547년의 법에서는 제3장에서 1531년 법과 1536년 법을 폐지한다는 규정을 두고, 대신 유례를 찾기 힘들 정도로 가혹한 억압적 규정이 도입되었다. 즉 다른 사람이 달리 그를 강제하지 않으면 스스로는 생계를 위하여 일하지 않거나, 또는 일하기 좋은 때에 일하지 않거나 도주하는 나태한 자와 부랑자들은 가슴에 인두로 V자 낙인을 새기고 2년간 노예로 부린다는 규정을 두었다. 또한 노예로 부리는 2년 내에 그가 도주한 경우에는 그를 잡아 이마 또는 뺨에 S자 낙인을 새기고 영원히 노예로 부릴 수 있도록 하는 규정을 두었던 것이다. 그리고 이 규정을 어기면 그는 중죄인으로 사형에 처했다.

1547년 법은 너무나 가혹하여 오히려 역효과를 가져왔으며 3년 뒤에 폐지되었다.

그리고는 구걸에 대한 면허제도를 규정한 1531년 법을 약간 수정하여 1550년에 다시 부활되었다. 이때의 수정은 부랑인의 이동시 노인과 병약한 자들은 말이나 마차에 태워 정해진 정착지까지 이송한다는 규정 등이 포함되어 있었다. 1531년의 법이 부활된 지 2년이 지난 1552년에 법은 다시 개정되었는데, 이때의 개정내용은 1536년에 이미 규정되었던 것들이다. 즉 이때에는 빈민구제를 위한 기금의 모금이 강조되었고 자선금품의 모금을 담당하는 관리가 임명되었으며 모금절차가 공식적으로 규정되었다.

4) 1563년의 법

1552년의 법 개정이 있은 후 11년 후인 1563년에 다시 법이 개정되었는데, 이때에는 과거 자선금품의 기부를 유도하기 위해 단순히 사회적인 압력만을 가하던 것에서 더 나아가 자선금품의 모금을 위해 공권력을 사용할 수 있도록 하는 규정을 새로이 도입하였다. 자발적인 기부행위와 주교의 설득에 의한 기부행위가 사실상 실패로 끝나면서 기부행위를 강제하는 조치가 취해졌던 것이다.

1563년의 개정된 법에서는 교구목사와 교구위원, 주교들의 정중한 권유에도 불구하고 자선금품의 기부에 대해 계속 완고하게 거부하고 방해하는 행위를 계속할 때에는 주교가 당해 거부자에게 명령하여 치안판사가 주관하는 재판정에서 거부자가 납부할 수 있는 범위의 자선금을 의무적으로 납부하도록 하였다. 만일 당해 거부자가 치안판사와 기타 관리들에 의해 결정된 징수액을 거부할 때에는 그를 벌금형에 처할 수 있도록 하였다.

이와 같은 강제징수규정으로부터 구빈세 징수로 발전하는 데에는 오랜 시간이 걸리지 않았다. 1563년의 개정법이 입법된 후 10년이 채 지나지 않아 구빈세poor rate의

징수가 정식으로 법에 의해 채택되었다.

5) 1572년 이후의 법

엘리자베스 여왕 14년인 1572년에, 1563년의 법을 비롯한 이전의 모든 구빈관련 법들이 폐지되고 전면적으로 재정비되었다. 1572년 법은 43개 조항으로 이루어져 있었는데, 과거로부터 내려오던 원칙들도 유지하고 있었지만 새로이 도입된 몇 가지 중요한 규정들도 포함되어 있었다. 1572년 법에서는 치안판사와 기타 지방관들에게 구빈세를 징수하도록 하였다. 이 조치는 영국에서 빈민구제를 위한 조세입법의 시초를 이룬다. 또한 1572년 법에서는 구빈감독관the overseer of the poor 제도를 도입하여 구빈감독관들에게 부랑인을 노동시키게 하는 임무를 부여하였다.

1576년에는 빈민을 강제로 일을 시키는 법이 제정되었다. 즉 노동능력자는 작업장workhouse에 보내어 일을 강제로 시키고, 노동무능력자는 자선원charitable hospitals에 입소시켜 보호하며 나태한 빈민은 교정원house of correction에 보내어 처벌하는 것을 주요 골자로 한 빈민구제법이 제정되었던 것이다. 그 핵심은 노동능력이 있는 빈민이 빈민구제를 원할 때에는 반드시 노동을 해야 한다는 데 있었다. 당시 런던시는 블랙프리어스에 있는 사용하지 않는 브라이스웰 궁을 구빈원으로 활용하여 노동능력이 없는 빈민과 노동능력이 있는 빈민을 함께 수용하고 있었는데 이 법의 제정에 큰 영향을 미쳤다. 그러나 교구와 각 지방정부는 이에 대한 비용 지출을 하지 않았고 이로 인해 1601년의 엘리자베스 구빈법이 제정되기 전까지는 널리 확산되지 못했다. 이 제도는 결과적으로 노동능력자에게 강제로 일을 시키는 것이 오히려 더 많은 비용이 드는 것으로 나타나면서 실패로 돌아갔다(Fraser, 1984: 26~27).

영국의 구빈법은 실질적으로 1572년 법과 1576년 법을 통해 그 모습을 다 갖추게 되었다. 하지만 구빈법은 1597년에 다시 한 번 개정되었는데, 이때에는 구빈행정에 관한 규정이 보다 분명해졌다. 1596년부터 1597년까지는 영국에서는 많은 사람들이 굶주림으로 죽는 등 매우 어려운 시기였으며, 이 때문에 구빈법의 개정은 불가피하였는지도 모른다. 엘리자베스 여왕 39년이었던 1597년에는 다섯 가지의 법 개정이 공포되었는데, 이들은 모두 그 당시의 어려운 상황을 개선하려는 목적을 가진 것들이었다.

1597년의 법에는 과거 여러 조항에 산재되어 있던 규정들을 정리하여 종합적으로 제시하였다. 교구위원과 기타 교구의 실질적인 관리를 맡고 있는 4명의 위원들은 치안판사에 의해 구빈감독관으로 임명되도록 하였고 이 구빈감독관들에게는 부양능력이 없는 자의 자녀 또는 생계유지에 필요한 작업에 종사하지 않은 자의 자녀들에게 일을 시킬 책임이 부여되었다. 이러한 목적의 달성을 위해 구빈감독관들에게는 교구의 모든 주민들과 모든 토지보유자에게서 세금을 징수할 수 있도록 하는 권한을 부여하였다. 치안판사는 법에 명시된 규정의 범위 내에서 세금의 액수를 정할 수 있는 권한을 부여받았다. 또 이 법에는 부모와 자녀가 모두에게 서로를 부양할 상호의무를 지우게 하였다. 이로써 영국 구빈법의 특징이 완성되었고 그 후 300년 동안 그대로 지속되게 되었다(Schweinitz, 2001: 56~62).

제5장 생각해볼 문제

1 근세의 시대적 상황, 특히 루터와 칼뱅의 종교개혁이 자본주의에 미친 영향에 대해서 생각해보자.

2 인문주의라 불리는 르네상스는 사회복지에 어떠한 영향을 미쳤는가를 정리하고 그 이전 시대와 비교해보자.

3 16세기 영국 구빈법의 변천과정을 순서대로 정리하고 각 법의 특징들을 설명해보자.

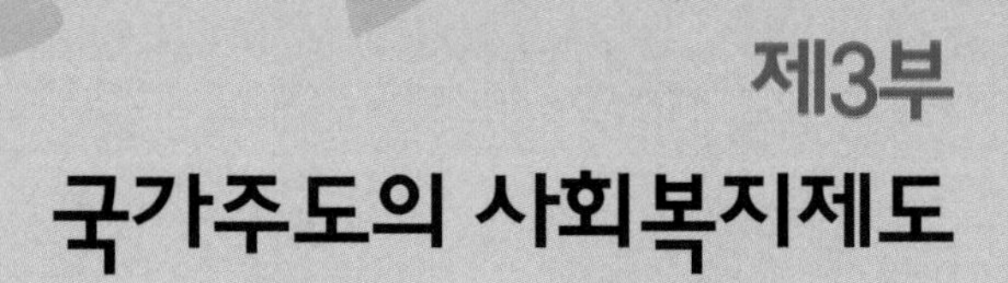

제3부

국가주도의 사회복지제도

제6장 엘리자베스 구빈법의 성립과 변천

제7장 신구빈법의 성립

제12345**6**7891011121314장

엘리자베스 구빈법의 성립과 변천

영국의 사회복지는 장기적이고 지속적인 역사를 가지고 있다. 사회복지발달은 자본주의 체제로 노동자계급이 발생하면서 노동자계급과 자본가계급 간의 갈등 및 대립을 완화하기 위한 정책수단으로 만들어졌다. 여기에서 처음으로 제시될 엘리자베스 구빈법은 영국 사회복지정책의 뿌리이며 최초의 공공부조제도라고 할 수 있다.
억압이 아닌 권리로서 오늘날 영국의 구빈법이 있기까지 많은 정책이 있었는데, 이번 장에서는 영국 사회복지발달의 역사를 구빈법의 관점에 맞추어 살펴보자.

1. 엘리자베스 구빈법의 배경

앞에서 이미 언급되기는 했지만 엘리자베스 구빈법의 배경을 다시 한 번 정리해 보면 다음과 같이 정리할 수 있다.

첫째, 중상주의를 들 수 있다. 교역경제는 중세시대 동안 서구사회의 가장 강력한 정치경제였다. 중세의 붕괴로부터 이 시대는 경제사적으로 근대 자본제사회의 성립기이며 정치적으로는 중앙집권적 절대군주국가의 시대이다.

둘째, 무역정책이다. 우선 수입을 제한하고 수출을 장려하는 정책을 폈다. 그래서 노동자들은 새로운 국제적인 시장의 교역상품들을 생산하는 데에 투입되었고, 특히 농지를 떠나서 도시로 이입된 노동자들은 상인계급에게 점점 더 종속되어 갔다.

셋째, 인구장려정책이다. 국가의 이익을 위해 인구의 유출을 억압하고 인구의 이입을 장려했으며, 독신을 억제하고 조혼 및 다산을 장려했으며, 사생아의 대우를 비교적 좋게 추진하였다. 빈민정책의 목적이란 중상주의자들과 국가를 위하여 실제적인 노동력을 보존하는 것이었다.

넷째, 빈곤관과 노동윤리이다. 빈민의 생계에 책임을 진 것은 노동윤리였다. 국가정책에 의해 노동자들은 거대한 국가 경제 속에서 단순한 하나의 생산단위로 전락하였다. 일각에서는 부랑의 원인에 국가의 잘못도 있었다는 사실을 인정하는 자들도 있었다. 국가에 의한 제조공업의 육성은 중상주의자들에게 있어서는 일자리를 제공하는 중요한 사회복지제도였다. 하지만 그 목적은 고용을 제공하는 것뿐만 아니라 나태를 방지하고 빈민들을 근면하게 유지시키는 역할을 수행하기 위해서였다는 것은 의심할 여지가 없다.

다섯째, 인구의 증가 및 식량가격의 폭등이다. 인구는 16세기 중엽에서 17세기 중엽까지 약 4배가 상승하였다. 인구의 급상승으로 곡물가격 또한 상승한 데다 흉작이 겹치면서 식량위기의 발단이 되었다. 기근으로 식량가격이 폭등했고 공업제품에 대한 수요가 감소했으며 이는 중심공업이었던 모직물공업을 불황으로 만듦으로써 대량의 실업자가 발생하였다.

여섯째, 엔클로저 운동이다. 갑자기 경작지를 빌릴 수 없게 되어 생계수단을 잃어버린 농민으로 대규모 부랑인이 생겨났다. 이것은 농지의 축소와 식량의 감소를 의미하기 때문에 곡물가격을 상승시키는 작용을 하는데, 그것으로 인하여 발생하는 생활상의 곤란이 하나의 배경이 되었다.

일곱째, 헨리 8세의 수장령이다. 사실상 수도원에서 보호하고 부양하던 많은 생활무능력자들이 더 이상 그곳에 기숙할 수 없게 되면서 부랑인이 될 수밖에 없었고, 결국 그들의 부양은 국가의 책임이 되었다.

2. 구빈법의 변천

1) 엘리자베스 구빈법 the Elisabeth Poor Law of 1601

사회복지의 근원을 흔히 1601년 엘리자베스 구빈법에서 찾고 있다. 그것은 이 구빈법이 최초로 빈민구제를 국가책임으로 인식하고 국세를 빈민구제 사업에 투입하였기 때문이다. 그러나 이것은 당시 인권사상의 발전 때문이 아니라 종교개혁의 여파로 교회재산이 국가에 몰수되면서 교회가 수행하던 구빈사업이 국가로 넘어갔기 때문이었다. 이때부터 국가는 구빈 재정을 줄이기 위해 각종 시책을 창안하게 되었고 이것은 결과적으로 사회복지의 발전을 가져오게 되었다. 즉 엘리자베스 구빈법은 사회적 불안에 대응하는 절대왕권의 사회적인 정책의 하나였다. 하지만 엘리자베스 구빈법은 16세기에 이루어진 일련의 법들을 반복한 것에 불과하며, 그에 추가하여 새로운 것을 도입한 것은 거의 없다. 단지 이 법의 새로운 점이라면, 가족 책임의 범위를 조부모에게까지 확대 적용한 규정을 도입하였다는 점뿐이다.

구빈법은 빈민을 노동능력의 소유 여부에 따라 노동능력자, 노동무능력자, 빈곤아동(요보호아동)으로 분류하였다. 노동능력자에게는 일을 시키고, 무능력자에게는 최저한의 구제를 제공하며, 빈곤아동(요보호아동)은 도제화시키는 것을 골자로 하고 있다. 그 구체적 내용으로는 ① 미혼/기혼을 막론하고 스스로 생활을 영위할 수 있는 능력을 가진 자the able-bodied poor에게는 교정원 또는 작업장에서 강제로 노동을 시켰으며 이를 거절하였을 때는 형벌에 처했다. 또한 일반 시민들은 이들에게 시혜를 베풀 수 없으며 다른 교구로부터 온 걸인들은 그들이 최종적으로 1년간 거주한 장소로 되돌려 보냈다. ② 불구자, 노동무능력자, 노령자, 맹인 및 기타 노동불능자(귀머거리, 벙어리, 절름발이, 미친 사람 그리고 어린아이들이 있는 어머니)에 대해서는 구빈원에 수용하여 최저한의 구제를 제공했다. 만약 이런 사람들 중 거처할 집이 있다면 그들을 돕는 경비를 줄일 수 있게 된다. 이러한 경우, 구빈감독관들은 원외구호의 형태로 음식과 의류 및 난방을 위한 현물들을 그들의 집으로 보내는 것을 허용하였다. ③ 그 부모가 양육할 능력을 상실한 아동(요보호아동)은 도제를 통해 보호해야 하며 이들을 보호하기를 원하는 시민이 있다면 그들에게 위탁하기도 하였다. 요보호아동에 대한 보호의 목적은 장래에 대한 치안유지와 구빈 대상으로의 복귀를 예방하기 위함이고 도제연령은 남성은 24세, 여성은 21세 또는 결혼할 때까지이다. 이와 같이 빈민을 분류화한 것은 빈민에 대한 억압책의 부분적인 포기를 의미한다.

엘리자베스 구빈법은 구빈의 책임을 교회가 아닌 정부(지방정부)가 최초로 졌다

엘리자베스 구빈법의 중심 내용

1. 전국적 의무규정으로 중앙정부에 책임기관을 설립한다.
2. 각 교구는 그 지역 내에 재산을 가지고 있는 모든 사람들에게 구빈세를 거두어 그 지역의 빈곤에 대한 책임을 진다.
3. 구빈감독관들이 임명되어 구빈세가 거두어지고, 이를 바탕으로 한 기금으로 빈곤을 구제하며, 일할 능력이 있는 빈곤층에게는 일을 시키고, 그 자녀들은 도제가 되도록 감독한다.
4. 부모들은 자식과 자식의 아이들까지 책임을 지며, 마찬가지로 자식들은 부모와 조부모의 생계를 책임진다.
5. 구빈세를 내지 않는 재산소유자나, 일을 하지 않으려고 하는 빈곤층은 감옥에 보낸다.
6. 만일 한 교구가 지역 내의 빈곤층을 모두 구제할 만큼의 여력이 없을 시에는 인근 다른 교구의 도움을 청할 수 있다.

C A P. II.

An Act for the Relief of the Poor.

BE it enacted by the Authority of this present Parliament, That the Churchwardens of every Parish, and four, three or two substantial Housholders there, as shall be thought meet, having respect to the Proportion and Greatness of the same Parish and Parishes, to be nominated yearly in *Easter* Week, or within one Month after *Easter*, under the Hand and Seal of two or more Justices of the Peace in the same County, whereof one to be of the *Quorum*, dwelling in or near the same Parish or Division where the same Parish doth lie, shall be called Overseers of the Poor of the same Parish: And they, or the greater Part of them, shall take order from Time to Time, by, and with the Consent of two or more such Justices of Peace as is aforesaid, for setting to work the Children of all such whose Parents shall not by the said Churchwardens and Overseers, or the greater Part of them, be thought able to keep and maintain their Children: And also for setting to work all such Persons, married or unmarried, having no Means to maintain them, and use no ordinary and daily Trade of Life to get their Living by: And also to raise weekly or otherwise (by Taxation of every Inhabitant, Parson, Vicar and other, and of every Occupier of Lands, Houses, Tithes impropriate, Propriations of Tithes, Coal-Mines, or saleable Underwoods in the said Parish, in such competent Sum and Sums of Money as they shall think fit) a convenient Stock of Flax, Hemp, Wool, Thread, Iron, and other necessary Ware and Stuff, to set the Poor on Work: And also competent Sums of Money for and towards the necessary Relief of the Lame, Impotent, Old, Blind, and such other among them, being Poor, and not able to work, and also for the putting out of such Children to be Apprentices, to be gathered out of the same Parish, according to the Ability of the same Parish, and to do and execute all other Things as well for the disposing of the said Stock, as otherwise concerning the Premisses, as to them shall seem convenient:

엘리자베스 구빈법 원문

는 점에서 가장 큰 의의가 있으며, 엘리자베스 구빈법에 나타난 커다란 진보는 빈민에 대한 징벌조치로서는 문제를 해결하기에 충분하지 않다는 것, 사회는 보다 불행한 사람들과 그 가족들을 위하여 어떤 책임을 지지 않으면 안 되며, 더욱이 그 책임은 실행으로 구체화되어야 한다는 것을 깨달았다는 점이다. 물론 그 이전의 법령도 모든 사람에게 자선의 의무를 지우고 있었지만 엘리자베스 여왕에 이르러서야 그것을 실행에 옮기기 위한 적절한 실행기구가 설치되었다.

지역차원에서 치안판사의 총괄지도하에서 각 교구에 구빈감독관의 임명이 의무화 되었다. 구빈감독관의 임무는 빈민에게 급여를 행하는 것 그리고 그 목적을 위하여 교구주민들에게 세금을 징수하는 것이었다. 후일에는 만약 어떤 교구가 교구내의 빈민을 구제하기에 필요한 구빈세를 조달하지 못한다면 치안판사가 어떤 마을에 대하여 혹은 전 교구민에 대하여 세금을 부과할 수 있는 권한이 부여되었다. 치안판사는 질서의 유지와 지방행정의 책임을 맡고 단순한 경찰권을 넘어선 광범한 지역적 책임을 지고 있었는데, 1572년 법 이후 구빈사업의 책임도 이 치안판사에게 맡겨진 것이었다. 그들은 빈민계층의 복지에 관한 많은 책임을 지고 있었다. 기근이 들었을 때에는 빈민을 위한 적절한 양의 곡식을 확보해야 하며 1563년 도제법에 근거하여 임금의 규제, 고용계약의 입회, 도제제도의 감독 등의 책임이 부과되었다. 그들은 지방의 지도자인 동시에 무급의 국가관리였다.

지방의 책임자였던 치안판사는 당시 중앙기구인 추밀원으로부터 행정적 통제를 받았다. 추밀원은 치안판사의 활동에 대한 결과를 보고 받음으로써 치안판사의 활동을 감시하였다. 추밀원이라는 강제기구가 없었다면 의회의 의도가 지방행정으로 연결되지 못했을 것이라는 평가에서 보듯이 추밀원은 의회와 지방의 구빈행정을 연결하는 역할을 하였다.

엘리자베스 구빈법이 제도화된 이후 1834년 신구빈법 시행시까지 지방기금에 의한, 지방관리에 의한, 지방빈민에 대한 구빈행정이 명백한 원칙으로서 지속되었다. 그러나 이 법은 실제에 있어서는 수많은 문제점이 나타났다. 해당 교구는 새로운 부양자의 발생을 꺼려해 교구 내 빈민들 간의 결혼을 가능한 한 억제하였으므로 다수의 사생아가 출생하였다. 또한 빈곤아동들은 토지노동, 가사노동 및 숙련노동의 고역을 도맡아야만 했으며 거의 노예에 가까운 비참한 대우를 받았다. 그리고 모든 유형의 빈민을 구제할 능력을 가진 교구는 극소수였으며 무보수의 구빈감독관은 자신의 일에 성실히 임하지 않았으며 심지어 부패하기까지 하였다.

엘리자베스 구빈법은 주로 농촌사회에 초점을 맞춘 것이었다. 대부분의 교구들은 자선원을 갖고 있었으며 병자와 실업자에게 구제를 제공하였다. 신구빈법 이전까지 크고 작은 약 1,500개의 교구가 구빈을 자체적으로 해결하고 있었다. 그 지방의 대지주가 관례적으로 시장이 되었는데 시장은 하급 법정을 포함한 지방행정의 총책임을 맡고 있었으며 그들의 권한은 막강하였다. 교구는 빈민구제 재정문제를 주로 시장에게 호소하여 해결하였으나 구제의 방법과 기준이 교구마다 달랐기 때문에 빈민들은 처우가 호된 교구에서 관대한 교구로 옮겨 다니게 되면서 정주법이 제정되게 된다(Jones, 1991: 2).

결론적으로 엘리자베스 구빈법이 제정됨으로 해서 이후 300여 년 동안 빈민구제에 관련된 사상과 제도운영에 기초가 될 형식을 갖추게 되며, 영국과 미국의 정부에 의한 빈민구제제도의 모태가 되었다.

2) 정주법the law of settlement

엘리자베스 여왕 43년에 입법된 구빈법이 최종적으로 모습을 갖추게 된 1601년 이후 50년이 넘도록 구빈법에는 어떠한 중요한 수정도 가해지지 않았다. 그러다가

1662년 구빈행정에 크게 영향을 미친 새로운 법이 도입되었는데, 이 법은 그 전까지 영국인들이 알고 있던 것보다 더 극단적이고 잔혹한 지방주의의 성격을 가진 것이었으며, 농촌 노동력의 이농을 막기 위한 봉건제도의 산물이었다.

1662년 찰스 2세는 교구와 귀족의 압력에 의해 정주법을 시행하였다. 이 법은 빈민의 소속교구를 명확히 하고 빈민들의 이동자체를 금지하여 빈민의 도시유입을 막기 위해 제정되었다. 정주법의 또 다른 목적은 각 교구의 치안판사나 감독관들이 내부의 빈곤층을 구호하고 감독하는 일에만 치중하고, 외부로부터의 빈곤층을 방치하는 행태를 교정하기 위한 것도 있었다.

정주법에 의하면 모든 개인들은 법적으로 정해진 지역legal settlement 내에서만 거주할 수 있으며, 타 지역에서 들어온 이주민들은 원칙적으로 법적 거주지역으로 돌아가야 했다. 특정 지역의 법적인 주민으로 인정받기 위해서는 다음과 같은 조건을 갖추어야 했다.

① 부모의 법적 거주지역에 출생하였거나,
② 그 지역 내에서 10파운드 이상의 재산을 임대하거나, 그 정도의 재산에 대한 세금을 내거나,
③ 그 지역의 법적 거주자로부터 1년 이상 지속적으로 고용되었거나,
④ 그 지역의 법적 거주자의 도제로 7년 이상 일을 했거나,
⑤ 전에 그 지역의 구빈제도로부터 혜택을 받은 적이 있거나(이 경우는 그 지역의 암묵적, 법적 구제자였음을 인정하는 것임),
⑥ 여성의 경우 그 지역의 법적 거주자와 결혼을 한 경우 등의 조건을 갖추어야 한다.

실질적으로 당시 이 정주법이 엄격하게 지켜지지는 않았다. 산업화 과정에 있어서 노동력의 이동을 엄격하게 제한하는 것은 지역으로나 국가로나 이로울 것이 없었다. 그럼에도 불구하고 정주법이 제정된 배경은 복합적인 이유로 이해해야 한다. 첫째는 일을 하지 않고 부유한 교구들을 돌아다니며 구걸을 업으로 삼는 사람들에 대한 통제이며, 둘째는 무너져가는 장원제도를 지키기 위해 농촌근로자들을 묶어두려는 목적이 있었으며, 셋째로는 방랑집단들이 이 교구, 저 교구를 돌아다니면서 그 지역의 유휴지 등에 불법적으로 거주하면서 황폐화시키는 문제를 막으려고 한 목적도 있었다. 그러면서도 국가의 부를 급속히 늘려주고 있는 산업화에 너무 큰 장애가 되지 않도록 각 교구의 엄격성에 대해서는 국가차원에서 크게 강요하지 않았다.

정주법이 엄격하게 지켜지지 않았기 때문에, 법규정의 엄격성에 비해 이동이 자유로운 점도 있었으나, 각 교구 역시 자신들만의 이익을 위해 정주법을 악용하기도 하였다. 인력이 필요할 시기에는 근로능력이 있는 외지인이 교구로 들어오는 것에 대해 관대하게 하다가, 교구 자체의 경제상황이 어려워지거나, 외지인이 근로능력을 상실할 경우에는 잔인할 정도로 추방하기도 하였다. 심지어는 임신초기의 외지인 임산부가 교구로 들어와 일을 하는 것을 묵과하다가, 더 이상 일을 할 수 없을 만큼 몸이 무거워지면 불법거주의 핑계를 대어 추방하기도 하였다. 또한 생명에 지장을 받을 만큼 아프거나 상해를 입은 사람들은 교구에서 장례비를 대지 않기 위해 강제로 수레에 실려 교구 밖으로 추방되기도 하였다. 반면에 근로능력이 없는 외지인이 들어올 경우에는 태형과 더불어 추방하기도 하였다.

이러한 정주법은 산업화와 더불어 점차 그 규정이 완화되기 시작하였다. 영국의 경제성장에 더없이 중요한 산업화는 더욱 많은 인력이 산업도시로 이주하는 것이 필요하게 되었다. 따라서 정주법 초기에 외지인이 들어오면 40일 이내에 추방하도록 했던 규정도 1686년에 삭제되었고, 1691년에는 외지인이 특정 교구에 들어가기 위해서는 40일 전에 통보하는 규정으로 바뀌었다.

18세기 중반을 지나면서 정주법은 산업자본가나 산업경제를 주장하는 학자들 그리고 인본주의자들의 집중 공격을 받게 되었다. 근대 경제학의 창시자인 아담 스미스Adam Smith도 그 중의 하나였다. 그는 이 제도를 가장 야만적인 제도라고 통렬히 비판하고 그 집행과정에 있어서의 거짓과 유해성의 문제를 거론하였다.

결국 1795년 정주법은 사실상 폐지되었다. 1795년의 개정법은 교구 당국으로부터 예방적 추방권을 박탈하였고, 생계수단이 없고 실제로 구빈세에 의존하고 있는 사람들만을 본적지인 교구로 돌려보낼 수 있으며, 그들이 병자나 불구자인 경우에는 퇴거시키기 전에 유예기간을 주도록 하였다. 이러한 개정법은 근대적 방식의 대규모 생산을 위해서는 노동의 자유로운 순환이 불가피한 시대적 상황과 당시의 자유방임적 경제논리에 근거한 공리주의에 의해 성립되었다. 결국 인도주의적인 차원에서 정주법을 개정할 것에 대한 주장들이 성사시키지 못한 일을 경제적 상황이라

아담 스미스(1723~1790년)

고전 경제학의 창시자인 아담 스미스는 스코틀랜드 커콜디에서 태어났으며 세관 관리집안에 유복자로 태어나 평생을 독신으로 살았다. 1737년 글래스고대학교에 입학, 도덕철학 교수인 해치슨으로부터 영향을 받았다. 1740년에서 1746년까지 옥스퍼드대학교 밸리올 칼리지에서 공부한 뒤 1751년에 글래스고대학교 교수가 되었다.

그는 근대 경제학, 마르크스 경제학의 출발점이 된 『국부론 *An Inquiry into the Nature and Causes of the Wealth of Nations*(1776)』을 저술하였다. 아담 스미스는 처음으로 경제학을 이론·역사·정책에 도입하여 체계적 과학으로 이룩하였으며 자유로운 시장 안에서의 공정한 경제행위는 '보이지 않는 손'에 의해 궁극적으로는 공공복지에 기여하게 된다고 생각하였다.

는 변수가 성사시킨 것이다.

3) 작업장과 나치블법

17세기 후반 영국은 산업과 무역에 효율적인 발전과 성공을 거둔 네덜란드와 심한 경쟁을 하고 있었다. 영국의 경제학자들은 네덜란드 구빈원의 수용자들이 수출할 제품들을 만드는 생산적인 구빈원 운영과 길거리에 걸인이 없는 것에 대해 깊은 감명을 받았다. 따라서 그들은 원자재, 양모, 철강의 확보 그리고 수출을 위한 제품생산의 완성을 달성하고 싶은 욕망을 갖게 되었으며 이는 자연히 산업에 빈곤한 사람들을 투입시킨다는 문제와 연계되었다.

1696년 작업장법Workhouse Act of에 이어 브리스톨Bristol 작업장 그리고 기타 다른 도시들이 작업장 수용인들에게 방적 뜨개질, 아마포 직조Linen Weaving, 레이스 세공 그리고 어망과 범선의 돛을 제조하는 작업을 시켰다. 그러나 이와 같은 실험은 빈곤한 사람들이 특별한 기술을 갖고 있지 못하기 때문에 숙련된 기능인과 노동자를 고용하고 있는 공장들과 경쟁을 할 수 없었으며 경제적인 성공도 거두지 못하였다. 1722년 구빈감독관은 걸인들을 고용하는 민간제조업자와의 고용교섭에 대하여 교섭권이 구빈감독관에게 부여되었으며, 작업장 입소를 거부하는 자에게는 구호의 혜택을 제외시켰다.

그림 6-1 작업장의 모습

이와 같이 작업장 제도의 실험은 빈곤한 사람들에게 가정을 포기하고 가족들이 감옥과 같은 작업장에 살 것을 강요하게

되었다. 따라서 수많은 빈곤한 사람들이 작업장이나 교정원으로 들어가기보다는 빈곤하지만 자기 가족들과 함께 살기를 더 원했다. 작업장들은 장비나 보수 그리고 수용자들을 위한 경비를 최소화시킴으로써 이윤을 내려고 시도하는 민간 청부인에 의해 운영되었다. 그러나 굶주리고 피곤한 작업장 수용자들의 작업성과가 부진하여 민간 청부인들도 적자운영을 면치 못하였다. 수용자들은 부당한 취급, 신선한 공기와 적절한 위생시설의 부족 그리고 좁은 공간의 과밀수용으로 인한 부적절한 환경상태는 급기야 목사 또는 사회개량가들의 신랄한 비판을 받게 되었다.

작업장 제도는 영국의 구빈법상 중요한 의미를 지니고 있다. 구빈법은 부랑을 금지하고 노동력이 없는 사람들을 위하여 교정원과 구빈원을 설치하였다. 교정원과 구빈원은 엄격히 구분되는 시설이지만 그 구분이 애매했을 뿐만 아니라 대부분의 구빈원에서는 작업장을 운영했기 때문에 작업장은 빈민에 대한 수용시설로 일반화되었다.

작업장 건설은 각 교구의 자유였지만 규모가 적은 교구는 독자적으로 작업장을 설치하는 것이 재정적으로 무리였기 때문에 여러 교구가 연합해서 작업장을 설치했다. 교구가 단독으로 작업장을 설치하는 것을 단독 교구형 작업장이라고 하고, 여러 교구가 연합해서 건설한 작업장을 교구 연합형 작업장이라고 하였다. 연합형의 경우, 여러 교구가 하나의 구빈조합이나 빈민구호위원회와 같은 법인을 설립하고 또 위원회에 청원해서 특별 지방법을 만들어 작업장을 설치했다. 교구 연합형 작업장의 가장 대표적인 것은 브리스톨시의 작업장을 들 수 있으며, 이 작업장의 임원은 시장, 시의원, 교구위원, 그 외의 각 교구에서 선출된 주민대표 48명으로 구성되었다. 구빈조합의 조합장과 15명의 집행위원이 실무를 담당하였으나 실제 행정관리는 다수의 유급요원들이 고용되어 일을 했다. 구빈조합에는 구빈위원회와 작업장위원회가 구성되어 있어 전자는 의료, 의복, 주택 등의 구호업무를 맡았고, 후자는 작업장의 경영관리를 맡았다. 초기의 브리스톨 작업장은 성공을 거두어 많은 도시들이 브리스톨의 사례를 모방하였고, 그 후 15년간 영국에서는 14개 도시가 브리스톨 모형을 도입했다. 즉 18세기에 들어서야 본격적으로 작업장이 설치되기 시작한 것이다.

작업장은 영국 구빈법사상 중요한 의미를 가지고 있지만 그 성격은 다양하다. 구빈법은 부랑을 금지하고 또 노동능력이 없는 자는 구빈원에서 보호하였지만 노동력이 있는 자는 작업장, 일명 교정원에서 강제 수용하여 노동을 하게 했다. 그러나 이 구빈원에서도 노동을 시켰기 때문에 작업장은 일반적으로 빈민에 대한 수용시설 전체를 가리키는 대명사가 되었다.

작업장 제도는 점차 빈민의 생활유지를 위한 일정한 금액을 개인과 계약해서 행하는 관습으로 전환되는 국가제도로 변해갔다. 빈민을 청부로 맡기는 것은 모든 빈민의 생활유지나 작업장 관리 및 구빈행정 전체를 청부하는 제도이다. 청부제도에는 모든 빈민의 생활유지를 함께 청부하는 일괄청부와 작업장만의 청부가 있다. 교구당국은 나치블법에 의해 번잡한 구빈행정을 개인에게 맡김으로써 빈민구호의 비용을 줄이고, 구호에 따르는 빈민들의 불만을 청부인들에게 전가할 수 있게 하였다.

청부인들은 대부분 지주이거나 작업장의 관리인 또는 투기를 목적으로 하는 상인들이었으며, 이들은 빈민수탈의 방법을 잘 알고 있는 집단들이었다. 일괄 청부의 경우, 청부인은 남녀노소와 노동능력의 유무를 묻지 않고 강제노동에 이들을 투입시켰으며, 가능한 한 최저비용으로 작업장을 유지하려고 했기 때문에 그 잔학성은 자연히 증가되었다. 1722년의 나치블법은 작업장 선서와 청부제도가 결합되면서 작업장은 억압적인 공포의 기관이 되었고, 또는 교구의 지하감옥으로 변하게 되었다(함세남 외, 2001: 36~39).

이러한 제도가 등장한 배경 역시 중상주의적 빈민관에서 찾을 수 있다. 빈곤을

그림 6-2 영국의 산업혁명

죄악시 하고 빈민의 노동력을 근원으로 보았기 때문에, 이들이 노동력을 제공할 것을 선서하였을 때에만 구제를 행한 것이다. 아울러 이 제도에는 구빈 신청을 억제함으로써 구빈세 부담을 줄여보려는 의도가 포함되어 있었다. 작업조건이 매우 나쁜 작업장에서 일하기를 기피하는 빈민들이 적지 않을 것이기 때문에 자연히 구제대상자를 줄일 수 있고, 따라서 구빈세 부담을 줄일 수 있을 것이라고 보았던 것이다. 국가가 관리하기 힘든 빈민들에 대해서는 민간인에 보호를 청부했던 것이 바로 이런 이유인 것이다.

초기 얼마 동안은 기대대로 구빈세 부담을 줄이는 효과가 있었으나, 차츰 작업장은 부적절성 및 비경제성이 불거지면서 오히려 후에는 비용부담을 더욱 늘리는 결과를 가져와 실패한 제도로 평가된다. 청부제 채택으로 반인격적 제도라는 비판을 받은 것은 두말할 것도 없다(감정기 외, 2002: 134~135).

3. 구빈의 적극적 변화

18세기 중반 이후의 영국은 산업혁명의 영향으로 공장제 공업이 발전하는 등 생산양식의 변화가 가시화되기 시작한 시기이다. 그런가 하면 프랑스혁명과 나폴레옹 전쟁 등은 영국의 정치 지배계급에게 정치적 불안의식을 갖게 하였고, 18세기 말의 흉작에 이은 대륙봉쇄령은 또 다른 사회불안의 요인으로 작용하고 있었다. 특히, 나치블법에 의한 작업장 중심의 구빈행정이 실패하면서 구빈행정 개혁의 필요성이 대두되기 시작하였고, 교구 중심의 구빈행정이 초래하는 비효율성의 문제도

프랑스혁명(1789년 7월 14일~1794년 7월 27일)

프랑스혁명은 프랑스에서 일어난 시민 혁명이다. 프랑스혁명은 엄밀히 말해 1830년 7월 혁명과 1848년 2월 혁명을 함께 일컫는 말이지만, 대개는 1789년의 혁명만을 가리킨다. 이때 1789년의 혁명을 다른 두 혁명과 비교하여 프랑스 대혁명이라고 부르기도 한다.

프랑스혁명은 사상혁명으로서 시민혁명의 전형이다. 시민혁명은 전국민이 자유로운 개인으로서 자기를 확립하고 평등한 권리를 보유하기 위하여 일어선 혁명이라는 보다 넓은 의미를 포함하고 있다.

절대 왕정이 지배하던 프랑스의 구제도인 앙시엥 레짐(Ancien Régime)은 인구의 대다수를 차지하고 있던 평민들의 불만을 가중시켜 마침내 1789년에 봉기하게 하였다. 프랑스혁명은 앙시엥 레짐을 무너뜨렸지만 혁명 후 수립된 프랑스 공화정이 나폴레옹 보나파르트(Napoléon Bonaparte)에게 쿠데타로 무너진 후 75년 동안 공화정, 제국, 군주제로 국가 체제가 바뀌며 굴곡의 정치적 상황이 지속되었으나 역사적으로 민주주의 발전에 큰 기여를 했다.

프랑스혁명은 크게 보면 유럽과 세계 역사에서 정치권력이 소수의 왕족과 귀족에서 일반 시민에게로 이동하는 획기적인 역사의 전환점이었다.

인식되기 시작했다. 여기에 작업장의 비참한 생활과 착취현상에 대한 인도주의적 관심과 국민들의 역량 결집이 필요하다고 본 정치적 판단이 작용하여 구빈제도는 조금씩 인도주의적 성격을 갖기 시작했다(김동국, 1984: 115~117). 이러한 시대적 변화를 반영한 것이 길버트법Gilbert's Act과 스핀햄랜드제도Speenhamland system이다.

1) 길버트법

작업장법이 여러 지도급 인사들에게 비판을 받자 토마스 길버트Thomas Gilbert는 1772년 구빈법을 개혁하려는 노력을 20년 이상 펼친 끝에 드디어 의회로 하여금 개혁법안을 통과시키도록 하는 데 성공하였다. 길버트법은 맨 첫 부분에서 작업장법의 빈민구제를 위해 계약제도를 활용할 수 있도록 한 조항을 폐지하는 조항을 명시하였다. 이렇게 해서 빈민들을 가장 혹독하게 괴롭혀온 독소조항이 폐지된 것이다.

근로능력이 있는 빈민들은 길버트법에 의해 구빈원 입소 대상에서 제외되게 되었으며, 각자의 힘과 능력에 맞는 일자리가 주어지도록 되었다. 그리고 구빈감독관들에게는 근로가능한 빈민들에게 그러한 일자리가 주어질 때까지 그들의 생계를 보호하고 구제를 제공할 책임이 부과되었다. 사실상 길버트법은 구빈감독관으로 하여금 작업장의 입소를 거부하는 빈민은 누구든지 구제대상자 명부에서 제거하도록 하는 권한을 부여하는, 그야말로 이전의 작업장법을 완전히 역전시킨 것이었다. 근로가능한 빈민을 작업장에 입소하지 않도록 하고 실업자가 일자리를 찾을 때까지 그들에게 구제를 제공하도록 함으로써 길버트법은 빈민으로 하여금 집에 머물면서 구제를 받을 수 있도록 하는 원외구제가 새로이 강조되도록 하는 물꼬를 틔웠다.

또한 이 법의 시행으로 교구연합이 결성되는데, 처음에는 67개의 연합에서 1834년에는 900개 이상의 연합으로 증가하였다. 교구연합은 최초로 유급 구빈사무원(오늘날의 사회사업가)을 채용하였으며, 노동능력 빈민을 제외한 노동무능력 빈민만을 위한 작업장을 설립하였다. 노동능력 빈민과 실업자에 대해서는 일자리 또는 구제가 제공(무제한의 원외구제 제공)되었으며, 연금, 시주 또는 현물급여가 주어졌다. 이것은 노동능력 빈민에 대한 일 제공, 노동무능력 빈민에 대한 현금급여, 나태한 자에 대한 교정을 원칙으로 한 엘리자베스 구빈법의 커다란 변화를 의미한다. 이 제도는 길버트의원에 의해 주도된 새로운 인도주의적 구빈제도라고 평가받고 있다.

이러한 길버트법은 18세기 후반의 감상주의적 사회분위기를 반영하고 있는 것이다. 감상주의의 도래는 낭비와 악덕의 결과로 빈곤을 보던 관점을 '부당한 고난'이라고 보는 관점으로 전환시켰다. 따라서 구빈법 행정을 개선하고 덜 편협하면서 보다 인도적인 규제를 도입하고자 한 길버트법이 제정되게 되었다.

초창기 길버트법은 각 교구가 선택적으로 시행할 수 있도록 하였으나 당시의 사회환경적 요인에 의해 곧 대부분의 교구에서 수용하게 되었다. 18세기 후반에는 자연재해로 인해 오랜 기간 동안 영국의 농사가 흉작을 거듭하면서 기근이 심하여 빈민들의 수가 급속히 늘어났고, 이들을 모두 작업장에 수용하는 것은 불가능하였다. 결국 원외구호만이 해결방안이었다. 그러나 프랑스와의 전쟁으로 인해 유럽으로부터의 식량수입이 더 어려워지면서, 식품가격은 급속히 상승하게 되었고, 기근문제는 더욱 심각해졌다. 게다가 빈번히 벌어지는 산발적 폭동은 더욱 효과적인 구빈제도를 급히 준비하지 않을 수 없게 하였다. 이에 따라 길버트법만으로는 구빈행정의 효과가 크지 못하게 되었고, 결국 스핀햄랜드제도가 도입되게 되었다.

2) 스핀햄랜드제도

스핀햄랜드제도란 처음 이 제도가 시행된 지명의 이름을 따서 이름 붙여진 제도인데, 영국은 프랑스혁명 이후 1793년부터 1815년까지 프랑스와의 전쟁으로 생활비를 비롯한 전반적인 물가가 폭등하였다. 또한 불구자가 된 상이군인들은 그들의 가족들과 함께 구빈원에 들어가는 것을 꺼려했으며, 그들의 집에서 구호를 받고자 했다. 지방행정 책임자들과 구빈감독관들은 빈민들의 고충을 알게 되었으며 임금, 특히 최저임금보장에 대해 고려하기 시작했다.

이에 1795년 5월에 스핀햄랜드의 버크셔 카운티는 임금보충제 방안을 채택했다. 이 방안은 그 지방의 음식(즉 생명을 유지하는 데 필요한 식료품) 가격을 토대로 한 가정의 생계에 필요한 구호의 양을 결정하는 방법으로, 최저생계비보다 소득이 적은 노동자들의 임금을 보충하기 위한 것이었다. 이러한 방법은 다른 지방에도 전파되었으며 의회에서 스핀햄랜드제도로 승인되었다. 이 제도는 가족규모에 따라 그것이 그들 가정의 부양이든, 혹은 저임금 보충이든 간에 빈곤자 가정에 대한 구호수당을 인정한 것이라고 볼 수 있으며, 노인·허약자·장애인들을 위한 원외구호로 광범위하게 활용되었다.

그러나 이와 같은 빈곤대책은 한편으로는 임금과 생활기준이 낮아지는 결과와 보다 많은 사람들이 구호의 대상이 되는 결과를 초래했다. 즉 생활기준에 따라 전적으로 또는 부분적으로 구호를 받아야 할 사람들이 증가함으로써 주민들이 보다 높은 구빈세를 낼 수밖에 없게 되었다. 또한 고용주들은 어차피 구호기관들이 임금의 부족부분을 채워준다는 생각 때문에 고용인들에게 기준 이하의 임금을 주는 데 익숙해져 버리는 현상이 발생했다. 즉 이와 같은 상황에서 노동자들은 부분적인 구호를 받는 데 익숙해졌으며, 결과적으로 노동자들의 작업동기를 파괴했을 뿐만 아니라 임금의 하락을 가져 왔다.

따라서 이 방법은 경제적 또는 도덕적인 실패를 가져왔다는 비판을 받게 되었다. 이것은 원외구호라는 방법자체에 대한 비판보다는 노동자들의 생활유지를 위한 최

맬더스의 『인구론』

맬더스가 『인구론』을 쓸 당시 영국 사회는 극도로 혼란한 상태에 있었다. 대외적으로는 미국이 독립전쟁을 겪었고, 자유, 평등, 박애를 내세우고 폭발한 프랑스혁명은 영국에도 큰 충격을 주었다. 당시 프랑스는 유럽의 곡창지대로서 빈부의 격차가 큰 지역이었는데, 이것이 훗날 인구론이 등장하게 된 배경으로서 작용하게 된다.

대내적으로는 산업혁명이 일어나면서 양모생산을 위한 엔클로저 운동의 전개로 농토를 잃게 된 많은 농민들이 도시로 몰려들게 되었다. 또한 산업혁명의 가속적인 진전에 따라 상공업이 발전하고 공업지대와 많은 도시들이 발달하게 되었고 인구증가로 인해 식량에 대한 수요는 커지게 되었지만, 식량을 생산하는 농토보다 양모를 확보하기 위한 대규모 농장의 수는 더 늘어나게 되었다. 1815년에는 대지주들의 주장에 따라 곡물법이 제정되어 값싼 곡물을 수입할 수 없게 되면서 곡물 값은 폭등하고 시민들은 경제적 압박을 받게 되었다. 많은 빈민들은 도시로 몰려들었으며, 이들을 구제하기 위해 구빈법이 제정되고 구빈원이 설립되어 빈민들이 최저생활을 유지하도록 정부는 많은 구호활동을 전개하였다. 이러한 빈민구제의 노력에도 불구하고 빈민인구수는 더욱 증가하였다.

사회·경제적 변혁기에 도시로 몰려든 빈민들에 대한 문제는 당시 영국에서 커다란 사회문제로 대두되었다. 영국은 최초의 산업혁명에 최초의 인구문제를 경험하게 된다. 이러한 사회적 배경 하에서 맬더스는 근로자의 도시집중과 그들의 빈곤을 보면서 인구증가 문제에 대한 관심을 쏟게 되었으며, 인구문제에 대한 자신의 견해를 피력하게 된 것이다. 『인구론』 집필의 계기가 된 고드윈과 콩도르세의 사상도 그 하나이다. 고드윈은 인간사회의 불행은 오로지 사회제도의 결함에 원인이 있다고 논하였다. 이를테면 국민소득을 평등하게 분배할 수 있다면 빈곤은 해소된다고 생각하였다. 맬더스의 인구론은 이 견해에 대한 반론인데, 사람들의 생활을 개선시켜 보려는 노력에 방해되는 것을 사회제도 속에서 찾을 것이 아니라, 인구와 생활자료의 균형을 무너뜨리는 일종의 자연법칙 속에서 찾아야 한다고 주장한 것이다.

저임금보장에 대한 실패와 구호행정의 효율성에 대한 비판 그리고 구빈세 증가와 공평치 못한 납세자들의 부담에 대한 불만이 주된 원인이었다.

한편, 맬더스Thomas Melthus는 이러한 제도의 시행에 관해 비판했다. 그는 1798년 『인구론』이라는 자신의 저서에서 식량공급은 산술급수적으로 늘어나는데, 인구는 기하급수적으로 늘어나기 때문에, 농업은 지속적으로 늘어나는 인구를 먹여 살릴 수 없게 되며 이런 위험스러운 상황은 전쟁과 재앙 그리고 사회적 병폐를 일으킨다고 주장하였다. 그는 빈민구호는 가난한 사람들에게 자녀를 갖게 하기 때문에 더욱 가난해진다고 하였으며 이러한 인구증가는 음식물 가격을 상승시켜 노동계층이 더욱 궁핍하게 된다고 하였다. 고전경제학자들은 경제이론에 근거하여 공적 구호사업을 반대하였으며, 존 스튜어트 밀John Stuart Mill 등을 비롯한 일각에서는 구빈법의 근본 취지가 인도주의와 도덕적인 입장에 기초되어 있음을 강조했다(함세남 외, 2001: 40~42).

스핀햄랜드제도는 극도의 경제불황으로부터 노동자의 최저생활을 보장하고 사회를 안정시키는 데에 기여하였음에도 불구하고 많은 모순을 가지고 있었다. 그것은 그 제도 자체의 모순과, 그 제도를 이용하는 사람들의 제도 악용이라는 두 가지 측면을 포함한다. 그 모순은 우선 그 시대가 이미 자본주의 사회가 시작되었고, 농촌지역에는 인구과잉으로 인한 문제가 발생하고 있었으며, 공장지대에는 극도의 인구부족 현상이 있었던 시대였음에도 불구하고 노동자들의 이동을 억제하고 토지에 보다 속박하게 하였다는 것에서 찾을 수 있다. 그러나 보다 더 직접적인 모순은 임금보조금이 사실상 노동자들에 대한 것이 아니라 고용주에 대한 보조금이었다는 데 있다.

이 제도는 실업노동자의 임금개선, 나아가 생활개선에는 별다른 도움을 주지 못하였고 구빈세 지출을 증가시켜서 영세농가의 부담을 가중시킴으로써 농촌의 계층

표 6-1 빈민구제에 지출된 금액

연도	지출총액(파운드)	인구 1인당 지출액
1783~1785년	1,913,241	—
1803년	4,077,891	8실링 10.25펜스
1813년	6,656,106	12실링 8펜스
1818년	7,870,801	13실링 3펜스

※출처: Nicholls, 1854(1967 reprint): 438.

분화를 촉진시키게 되었다. 이에 대하여 신흥 자본가계급들은 자신들의 이윤을 줄일 수밖에 없는 최저임금제를 반대하고 구빈세 증가에 분노하여 농촌지역에도 도시지역과 동일하게 억압적인 작업장을 조직적으로 이용하도록 요구하였던 것이다. 그리고 그것은 더욱 더 억압적인 신구빈법 탄생의 신호탄 역할을 하게 된다(George, 1973: 11).

그 원인을 보다 자세히 보면 스핀램핸드제도의 시행 이후 구빈세의 증가는 〈표 6-1〉과 같다. 이 구빈세 증가의 원인이 무엇인가에 대해서는 보다 신중한 해석이 필요하다. 역사가들은 이 제도가 빈민에 대한 비인간적인 처우를 행함으로써 국가구제를 극도로 꺼리게 하고 그것으로 구빈세의 억제를 시도하였던 1834년 신구빈법의 직접적인 원인이 되었다고 해석하고, 그 구빈세 급증의 원인이 어디에 있었는가에 대해서는 심도 있는 분석을 하지 않고 있다.

제6장 생각해볼 문제

1 1601년의 엘리자베스 구빈법의 특징과 그 내용을 정리하여 토론해보자.

2 엘리자베스 구빈법 이후 영국의 구빈법이 변해가는 과정과 각 법들의 특징은 무엇인가?

3 1789년의 프랑스혁명이 사회복지에 미친 영향에 대해 생각해보자.

제1234567891011121314장

신구빈법의 성립

1795년의 스핀햄랜드제도가 영국 국민의 구빈세 부담을 증가시키면서도 빈민들의 독립심과 노동능률을 저하시키자 이에 영국은 1834년 신구빈법을 제정하였다. 이 법의 주목적은 결국 구빈비용의 감소에 있으며, 또한 산업혁명과 자유주의라는 시대의 흐름을 반영한 것이라고 할 수 있다.

이번 장에서는 이러한 시대적 흐름 속에서 신구빈법의 탄생과정을 살펴보도록 하겠다.

1. 신구빈법의 사회경제적 배경

영국에서 16세기 이후 빈곤이 대량 발생함에 따라 구빈제도가 형성되기 시작했다. 그 중 체계적인 모습으로 등장한 법제가 바로 엘리자베스 구빈법이었다. 그러나 중세적, 봉건적 성격을 지니고 있었던 엘리자베스 구빈법은 산업혁명 이후 성립된 자본주의 체제의 진행과정 중 많은 모순점을 발견하게 되었고, 이에 따라 산업사회의 특성에 맞는 새로운 성격의 법체계가 요청되었는데 이것이 바로 1834년에 성립된 신구빈법(개정 구빈법)이다. 1834년의 신구빈법An Act for Amendment and Better Administration of the Laws Relating to the Poor in England and Wales은 1601년 엘리자베스 구빈법에 사실상 종지부를 찍고 산업사회에 부응하기 위해 새롭지만 가혹한 구빈정책의 행정조직을 확립한 것이다. 이 법은 20세기 영국 복지국가 탄생의 시기까지 공공부조의 근본원리로 간주되었다.

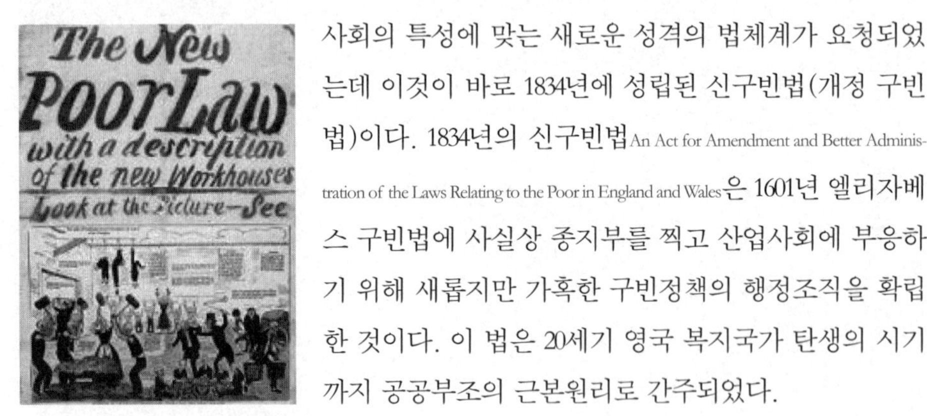

1) 산업혁명과 빈민의 증가

18세기 말에서 19세기 초에 영국에서는 산업혁명이 급속하게 전개되었다. 즉 1760년 이후 면직공업의 발전에 따라 도시로 인구가 집중하고, 면화생산을 위한 엔클로저 운동에 의해 대농장이 출현하여 가내공업이 쇠퇴하고 자영농은 몰락하였으며, 농업인구는 급감하였다. 즉 제임스 와트James Watt의 증기기관 발명 이후 기계에 의한 대량생산이 가능하게 되었고, 농촌을 떠난 인구를 저임금의 공장노동자로 흡수하면서 이에 따른 도시의 빈민은 급증하게 된다.

영국은 산업의 발전과 인구의 도시집중으로 식량공급이 부족하게 되고 곡물가격은 상승하게 되었다. 특히 나폴레옹 전쟁으로 인한 대륙봉쇄령은 외국의 곡물을 수입할 수 없었기 때문에 식량증산을 위한 2차 엔클로저 운동이 활발히 일어났다. 당시 대지주들은 엔클로저에 의한 집약적 농업의 도입으로 많은 이익을 보장받을 수 있었다. 그러나 소농민계급은 엔클로저에 의해 토지가 매수되어 경작권을 잃게 되고 고용농업 노동자가 되었다가 농업기술의 발전에 의해 노동력이 남게 되자 도시로 진출해서 임금노동자가 되었다. 나폴레옹 전쟁의 장기화로 식량가격이 폭등함에 따라 지주에게는 이익을 가져다주었지만 토지를 잃은 농민이나 노동자는 생계의 곤란을 겪게 된다. 따라서 빈민은 농촌과 도시를 불문하고 급증했다. 이것은 산업화로 빈곤의 성격이 농촌빈민에서 도시빈민으로 바뀌었으며, 전통적인 방법으로는 새로운 빈곤현상을 해결할 수가 없게 되었음을 의미한다.

2) 농민반란과 시니어보고서

1830년 연말 농촌지역에서 연달아 소요 사태가 일어났다. 여기저기서 곡식이 불타고 탈곡기를 비롯한 재산이 파괴되었다. 스윙 폭동Siwng Riots이라고 불리게 된 이 폭력사태의 성격은 생활필수품마저 이윤 추구의 대상이 된 시장경제에 대한 저항이었다. 1833년에는 농업노동자들의 노조결성 움직임을 폭력으로 저지하는 사건이 일어나기도 하였다. 또한 1832년의 차티스트 운동으로 참정권이 확대된 중간계급은 노동계급에 대해서 억압적인 정책을 실시하였으며, 영국 역사상 가장 광범위하고 조직적인 사회조사를 위해서 저명한 경제학자인 낫소우 시니어Nassau W. Senior를 위원장으로 한 구빈법 왕립위원회가 결성되었다.

구빈법 왕립위원회의 조사 결과 만들어진 최종보고서(시니어보고서)에는 스핀햄랜드제도 방식의 구빈법 운영이 구빈법의 법 정신에 위배될 뿐 아니라 노동계급의 도덕과 사회전체의 이익에 파괴적 역할을 하고 있다고 명시하였다. 보고서는 빈민들이 복지에 의존하게 된 경제적 상황이나 원인에 대해서는 언급하지 않고 빈민복지 수혜자의 도덕적 타락을 중점적으로 부각시켰다. 이러한 목적으로 독립노동자 가정의 검약과 질서를 복지수혜자 가정의 더러움, 낭비, 무질서와 대비시켰다. 또한 스핀햄랜드제도가 가지고 있는 문제점을 행정개혁 등을 통해 보완하는 방안에는 전혀 관심이 없었고 소득보조방식의 빈민구제제도가 가지고 있는 부정적 측면을 보여주었다.

아울러 이 보고서에는 다음과 같은 여섯 개의 건의문을 작성하여 제출하였다.

> 첫째, 스핀햄랜드제도 아래서 시행되었던 임금보조제도를 폐지한다.
>
> 둘째, 일할 수 있는 건장한 신청자는 모두 작업장 구호를 적용한다.
>
> 셋째, 병자, 노인, 허약자 그리고 어린아이들이 딸린 과부에 한해서 원외구호를 제공한다.
>
> 넷째, 여러 교구의 구호행정을 하나의 구빈법 조합으로 묶어 조정한다.
>
> 다섯째, 구호의 수준은 그 지역사회에서 노동으로 일하는 노동자의 최하위 임금보다 낮게 책정한다.
>
> 여섯째, 구빈행정을 통제하는 중앙기구를 선출한다.

결론적으로 구빈법의 폐지 또는 개선을 주장하는 사람들의 입장에서 보면 스핀햄랜드제도, 즉 임금보조수당제도로 우려되는 최악의 상황은 자신의 노동으로 생계를 유지하는 정상적 독립노동자들마저 복지의존자로 전락하는 것이었다. 자본가들이 이 제도를 악용하여 보통의 정상적인 임금보다 훨씬 낮은 수준의 임금을 지불하는 상황에서 이들도 교구 지급의 보조수당에 의존할 수밖에 없게 되고 복지의존자가 독립노동자보다 더 많은 수입을 올리게 될 가능성을 배제할 수 없다는 것이다. 이렇게 해서 독립적인 경제적 지위를 상실하게 되면 자긍심, 책임, 절제, 근면 등 이들의 도덕성도 사라져 버릴 수 있다는 것이다. 이러한 관점에서 볼 때 물질적 빈곤의 상태보다 더욱 심각한 것은 도덕적 타락이었다(허구생, 2002: 265~266).

3) 구빈비용의 증가와 구빈행정조직의 결합

산업혁명의 진전과 함께 시작된 사회구조의 변화는 필연적으로 빈민의 증가를 초래하였고, 빈민의 증가는 구빈세의 증가로 이어지게 되었다. 1832년의 인구는 약 1,400만 명으로 700만 명이던 1760년보다 2배나 증가하였지만, 구빈비용 지출은 125만 파운드에서 703만 파운드로 늘어나 1760년의 5배 이상이었다(김동국, 1989: 145~146). 또한 이 구빈세의 부담은 각 교구 간에 있어서나 교구 내 개인 간에 있어서 불공평하게 부담되어 납세자의 불만을 야기하였다.

그림 7-1 1830년대 당시 영국의 부랑자 감시소

엘리자베스 구빈법 이래 각 교구는 자체 부담으로 빈민구제를 해왔다. 그러나 각 교구는 교구에 따라 특성과 능력이 달랐기 때문에 구빈세 부담은 큰 차이가 있었다. 약 15,000개에 이르는 교구는 불과 몇 에이커의 소규모에서부터 수십 평방 마일의 대규모까지 면적도 다르고 인구도 달랐다. 또 번창하고 있는 산업지역에서는 적은 구빈세로 구빈사업을 실시했던 반면, 농촌의 교구에서는 높은 구빈세를 부담하게 된 것이다. 아울러 1760년에서 1834년까지 영국의 부의 증가는 주로 제조업 관련 분야의 성장에 의해 이루어졌는데 구빈세는 주택소유자와 토지소유자에게 부과되어 상대적으로 공업자본가들은 구빈세 부담이 적었던 것이다.

당시 구빈제도에 대한 비판의 또 다른 초점은 구빈행정상의 문제에 있었다. 엘리자베스 구빈법의 의의 중 구빈행정의 중앙집권화 및 전국적 통일은 지방자치제를 존중해온 영국의 독특한 전통으로 인해 실현되지 못했던 것이다. 실제로 전국의 구빈행정은 중앙정부의 지도감독으로부터 사실상 독립하여, 각 교구나 치안판사의 수중에 있었다. 15,000개 이상이 되는 각 교구는 각기 독자적으로 구빈행정을 전개하였고, 구빈행정의 유일한 전국적 감독자였던 치안판사도 중앙정부로부터 독립하여 있었다. 이것이 지역 간 비형평성 문제를 심화시킨 이유의 하나가 되었음은 물론이다(이강희 외, 2006: 99~100).

2. 사상적 배경

1) 개인주의적 빈곤관

맬더스 이전에 구빈법의 폐지를 주장하면서 개인의 도덕적 결함 때문에 빈곤이 발생한다고 주장했던 인물로서는 알콕Alcock과 타운센트Townsend를 들 수 있다. 먼저 알콕은 청교도의 입장에서 구빈법이 구제하려고 하는 것이 빈곤의 원인이 되고 있으며, 빈민은 구제를 일종의 권리로서 요구할 뿐만 아니라 감사하고 존경하는 마음을 잃어버렸다는 도덕론적 부자빈민관계론을 전개하였으며, 그의 견해는 타운센트에게 많은 영향을 미쳤다. 그러나 타운센트는 생물학적인 관점에서 인구론과 적자생존론설을 구빈법 문제에 도입하여 경제적 자유주의를 옹호하면서 구빈법 폐지를 철저하게 주장하였다(김동국, 1989: 152).

타운센트는 빈곤은 개인적 준비성의 부족한 결과이며 빈민의 존재는 일종의 자연법칙이라 입장을 취하면서 희망과 공포가 근로의 원천이라고 부언함으로써 기아에 대한 공포만이 근로의욕을 자극할 수 있다고 주장하였다. 그러나 신구빈법이 제정된 이후 약 70년 동안 영국 구빈행정의 이념적 토대로 구축된 이러한 개인주의적 빈곤관은 순환적 불경기가 최초로 나타난 1940년대 이후부터는 그 타당성을 상실했다고 평가해야 한다(양정하, 2004: 80~81).

2) 자유방임사상의 영향

1834년 구빈법에 대한 개혁이 요구되었던 근거는 구빈비용의 증대나 행정조직의 결함이라는 사실뿐만 아니라 동시에 초기자본주의 성숙에 따른 경제적 자유주의의 시각에 있다. 이 시각은 경제의 운영은 원칙적으로 시장에 맡겨져야 하며, 국가에 대한 인위적 간섭과 규제는 개별 경제주체의 자유로운 의사결정을 왜곡시킴으로써 자원의 비효율적인 배분을 가져온다는 것이다. 국가는 시장이 명백히 실패하는 경우에만 경제활동에 개입하며, 인위적으로 특정한 경제활동을 장려하거나 억제하지 말아야 한다는 것이다. 그러므로 개인적 책임인 빈곤에 대해 인위적으로 개입하는 것은 바람직하지 않을 뿐만 아니라 오히려 어느 정도의 빈곤은 사회에 대해 기능적으로 작용한다고 본다. 이러한 대표적인 입장을 정리하면 다음과 같다(이강희 외,

2006: 101~104).

(1) 아담 스미스

그는 기존의 구빈법 조치들이 자유시장의 작동을 방해하고 간섭을 초래하기 때문에 실패한 것이므로 시장의 수요-공급 법칙에 따라 노동력 수요와 임금이 결정되어야 한다고 주장하였다. 그는 개인의 자유로운 활동을 보장하고 국가가 그들의 행위에 대해 전혀 간섭하지 않는다고 해도 자유경쟁 시장 속의 '보이지 않는 손invisible hand'이 사회의 질서를 유지해준다고 보았다. 그는 당시의 고임금이 산업혁명으로 향한 일시적인 호경기를 반영하는 것이었음에도 불구하고 지속적인 고임금을 예상하였고 실업은 없을 것으로 가정하였던 것이다. 또한 자유로운 노동시장의 형성을 방해하는 고용주와 노동자 각 쌍방의 단결에 대해서 비난하였다. 고용주에 비하여 노동자의 경제적 지위가 취약하다는 점은 인정하면서도 노사문제는 방치되어야 한다고 주장하였다. 그 이면에는 노동자의 직업선택의 자유가 전제되어 있었고, 고용주들 간의 자유경쟁이 독점이익의 여지를 없앤다는 인식이 자리 잡고 있었다. 그가 구빈법, 특히 정주법에 대해서 비판했던 것은 거주지가 한정됨으로써 빈민의 자유행동이 금지되어 그들이 직업을 찾아서 이동할 수 없도록 했다는 점이다.

(2) 타운센트

타운센트는 빈곤은 자연법칙의 산물이라고 생각하였다. 따라서 그는 빈민에게 일정소득을 보장한다는 것에는 강하게 반대하였다. 그의 전제는 부자와 빈자로 나누어진 계급사회였다. 사회 속에는 가장 비굴하고 노예근성이 있으며, 비천한 일을 할 사람들이 존재하기 마련이고 이것이 자연의 법칙이다. 인간의 행복이 축적되는 것은 바로 빈민이 있기 때문이며, 빈민 덕분에 건전한 사람들은 자신의 소질에도 맞고 국가에도 유익한 천직을 가질 수 있다는 것이다. 반면 빈민들은 가장 비천한 일자리, 가장 힘든 노동, 가장 위험스러운 일자리를 가지는 것이다. 이러한 사회에서 빈민을 부자에게 복종하게 할 수 있는 것은 기아였다. 기아라고 하는 압력을 빈민에게 행사하지 않으면 결코 빈민을 일하게 할 수 없다. 그러므로 조세에 의한 공적 구제는 수혜자의 품성을 타락시켜 비도덕적 행위를 조장한다. 따라서 구빈법에 의한 구제를 대폭 축소하고 구빈세를 절감해야 한다고 보았다.

(3) 리카도David Ricardo

1772년 영국에서 태어난 리카도는 나폴레옹 전쟁 이후 유럽에서 엄청난 양의 곡물이 수입되자 이를 금지하고자 한 영국 의회의 곡물법(1815년)에 대해 반대하였다. 그 이유는 수입곡물에 관세를 부과하면 식료품 가격이 올라서 빈민들이 굶주리게 되고 덩달아 노동자들의 임금까지 올라가게 되어 산업자본가들의 이익이 줄어든다고 본 것이다.

리카도는 임금기금설에서 임금이나 조세 혹은 자선의 원천이 되는 자본의 일부는 이미 지급된 것이며, 그것에 구빈세를 부과하거나 자선을 행하게 하는 것은 임금으로 지급되어야 하는 몫에서 빠지는 금액이다. 빈민에게 구제를 행하는 것은 장기적으로는 그들에게도 불이익을 준다고 보았는데, 왜냐하면 임금으로 지급되는 것은 보통 그 임금의 가치 이상으로 생산물을 만들어내는 것을 의미하지만, 빈민구제는 아무런 생산물도 만들어내지 못하기 때문이라는 것이다. 즉 그가 주장한 '임금의 철칙the Iron of Wage'은 다른 상품들과 같이 노동력도 수요와 공급의 단순한 법칙에 의하여 결정된다는 것이다. 노동의 공급에 따라 임금은 상승 또는 하락한다. 빈곤하면 어린이가 사망하여 노동력에 편입되지 못하기 때문에 노동력 공급이 적어져 임금이 상승하고, 임금이 상승하면 더 많은 어린이가 생존하여 노동력이 증가한다.

따라서 임금은 하락하고 다시 빈곤하게 된다는 것이다. 따라서 구빈법에 의한 국가의 개입은 결코 바람직하지 않으며, 자연의 섭리대로 맡겨두는 것이 바람직하다고 보았다. 결론적으로 이들은 임금의 자유로운 결정을 방해하는 구빈제도는 잘못된 것이고 구빈법의 점진적 폐지가 타당하다고 보았다.

3) 공리주의utilitarianism의 영향

공리주의功利主義는 18세기 말부터 19세기 전반에 걸친 영국의 윤리적 사상이다. 인간 행위의 윤리적 기초를 개인의 이익과 쾌락의 추구에 두고, 무엇이 이익인가를 결정하는 것은 개인의 행복이라고 하며, "도덕은 최대 다수의 최대 행복을 목적으로 한다"고 주장한다. 이 사상은 흄David Hume의 『도덕감정론』에서 영향을 받은 것으로 근대 시민사회의 윤리적 기준이 되었을 뿐만 아니라 영국 고전경제학의 사상적 기초와 자본주의 질서 구축의 토대가 되었다.

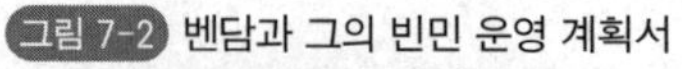
그림 7-2 벤담과 그의 빈민 운영 계획서

MANAGEMENT OF THE POOR:
OR,
A PLAN,
CONTAINING THE
PRINCIPLE AND CONSTRUCTION OF AN ESTABLISHMENT,
IN WHICH PERSONS OF ANY DESCRIPTION ARE
TO BE KEPT UNDER INSPECTION.
AND IN PARTICULAR
PENITENTIARY-HOUSES, PRISONS, HOUSES OF INDUSTRY, WORK-HOUSES, POOR-HOUSES, MANUFACTORIES, MAD-HOUSES, HOSPITALS,
AND SCHOOLS.
WITH A PLAN OF MANAGEMENT.
IN A SERIES OF LETTERS.
BY JEREMY BENTHAM,
OF LINCOLN'S-INN, ESQ.
ILLUSTRATED WITH COPPER-PLATES.
DUBLIN:
JAMES MOORE.
1796.

공리주의는 공리성utility을 가치 판단의 기준으로 하는 사상이다. 곧 어떤 행위의 옳고 그름은 그 행위가 인간의 이익과 행복을 늘리는 데 얼마나 기여하는가하는 유용성과 결과에 따라 결정된다고 본다. 넓은 의미에서 공리주의는 효용·행복 등의 쾌락에 최대의 가치를 두는 철학·사상적 경향을 통칭한다. 하지만 고유한 의미에서의 공리주의는 19세기 영국에서 제러미 벤담Jeremy Bentham, 존 스튜어트 밀John Stuart Mill 등을 중심으로 전개된 사회사상을 가리킨다.

벤담은 구빈법을 통한 국가 복지, 공장 조건의 총제에 대한 입법, 실업 대책으로서의 공공작업제도 등에는 찬성하였다. 그러나 벤담에게 이러한 것들은 어디까지나 정상적 시장을 유지시키기 위한 방법이었고, 시장의 자율적인 움직임을 해치거나 기업가의 모험정신을 저해할 만한 정책에는 반대하였다. 그는 최고이자율 제한에 대해 강하게 반발하였고 항해법이나 공립 우편제도, 무임교통 서비스제도 등에도 반대하였다. 현금소득의 한계효용에 대한 기초적인 인식이 있었음에도 불구하고 그의 논의가 부의 재분배나 사회복지에 대한 국가의 증대된 역할로 연결되지 못한 이유가 여기에 있었던 것이다. 벤담은 진정한 사회복지는 시장의 기능에 따라 자연발생적으로 이루어지는 것이고 국가의 역할은 시장의 단순 보조적 수준에 그쳐야 한다고 보았다.

이러한 관점에서 공리주의가 공리, 쾌락 외에 도덕의 제2원리로 주장하는 '최대다수의 최대행복'도 구호에 불과하다. 도덕의 최고원리가 개인의 쾌락인데, 이는 필연적으로 사회적 공익과 충돌할 수밖에 없다. 개인의 이익과 공리의 우선적 추구가 사회적, 공공적 복지를 담보하기는커녕 파괴한다는 것은 역사적으로 증명되었기 때문이다. 약육강식의 초기 방임적 자본주의는 개인의 사익추구가 공익을 저절로 보장한다고 했지만, 결과적으로 극심한 빈부격차와 모순을 낳아 대대적으로 구조적 수술을 하고 수정자본주의로 거듭나게 되었다. 그럼에도 이에 대한 수정이나 보완 없이 계속해서 개인적인 쾌락이나 사익우선의 원칙을 고수하는 것은 문제가 있는 것이다.

결국 공리주의는 쾌락, 사익추구라는 시각과 전체의 복리증진이라는 상반된 관점 사이에서 딜레마에 빠진 채 문제해결에 실패했다고 볼 수 있다. 경험주의를 자처하고도 윤리의 당위만 설파할 뿐 과학적 논증을 하지 않음으로써 모순의 늪을 헤

맨 것이다. 이렇듯, 공리주의는 윤리, 선악판단의 근거와 기준을 제시하는 데 성공하지 못했다(Mill, 2007: 144~145).

3. 신구빈법의 원칙

이와 같은 흐름 속에서 신구빈법의 주요 내용을 집약해보면 다음 세 가지를 들 수 있다. 첫째, 스핀햄랜드제도에 의해 마련되었던 임금보조와 아동수당, 가족수당을 폐지하고, 노동불능자를 제외하고는 원외구제를 폐지함으로써 구빈세를 감축시켰고, 둘째, 모든 빈민구제는 열등처우의 원칙을 적용하였으며, 셋째, 빈민구제 업무의 관리(중앙위원회)를 위해 전국적 통일을 기한다는 것이다. 이에 따라 오늘날 가장 많이 인용되고 있는 신구빈법의 원칙을 정리하면 열등처우의 원칙, 작업장제도의 원칙, 구빈행정의 전국적 통일(중앙집권화)의 원칙 등이 있다(양정하, 2004: 87~92).

1) 열등처우의 원칙

자조 및 벤담의 쾌락과 고통이라는 아이디어에서 영향을 받아 채드윅Chadwick이 작성한 열등처우의 원칙은 보고서의 공식적인 권고에 포함된 것은 아니지만 토의의 과정에서 확인된 일반적인 견해였으며 모든 조건 중에서 가장 기본적인 것은 피구제빈민의 상태는 독립하고 있는 노동자보다 실질적으로 또 명백하게 높아서는 안 된다는 것이다.

그 근거로 한편에서는 피구제빈민의 생활수준이 상대적으로 더 높을 경우 임금

노동자의 생활이 궁핍화되는 것, 독립노동자가 피구제민으로 전락하게 되는 것, 태만과 악덕을 초래하게 되는 것, 공공구제의 수준이 임금수준과 노동내용을 규정하게 되는 것 등을 들었다. 다른 한편에서는 농업노동자의 생활여건은 사망률의 저하와 저축은행의 가입 등의 지표로 볼 때, 과거 어느 때보다 개선되고 있다고 판단되며 독립노동자의 생활여건을 현재의 수준에 머무르게 하면서 피구제빈민에 대한 급여의 수준을 그 이하로 인하하더라도 생활필수품은 충분히 공급될 수 있다는 점을 꼽았다.

신구빈법에 의해 작업장은 바스티유 감옥으로 비유될 정도로 많은 비판을 받게 된다. 그러나 작업장의 처우를 열악하게 개악한 것은 신구빈법의 핵심인 열등처우의 원칙을 실천하기 위해서 반드시 필요하였다. 이러한 구제억제적 성격을 갖는 열등처우의 원칙은 시간이 경과함에 따라 그 대상을 더욱 확대해 나갔다.

채드윅은 구제억제적 교구구제로 인해 빈민들의 성격과 습관에서의 변화는 괄목할 만한 정도였다고 평가했기 때문에 이 원칙을 사회발전을 위한 위대한 동력이라고 묘사하고 있다. 결과적으로 이 원리는 자유노동시장이 발달하고 있고, 또 노동자들 간에 독립, 근면 및 예견의 정신이 보급되고 있던 시기에 노동능력이 있는 자에 대한 구제를 거절할 수 있는 이론적 무기가 되었다. 그러나 이러한 판단은 이 원칙이 실시된 이후에도 빈곤의 양이 조금도 감소되지 않았다는 점에서 잘못된 것이다. 그럼에도 불구하고 구빈법의 해체가 시작된 20세기 초까지 70년이라는 기간 동안 구빈법이 지속될 수밖에 없었던 이유는 생존권적인 인권이 확립되기까지는 역사의 일정 단계까지의 발전을 필요로 했기 때문이다(김동국, 1989: 177~178).

2) 작업장제도의 원칙

노동능력 있는 빈민에 대한 원외구호를 폐지하고 구제를 작업장 내 구제로 제한하려는 작업장제도는 임금보조제도의 결점을 시정하려는 채드윅에 의해 입안되었다. 다시 말해서 원외구제를 중단하고 작업장 내 구제만 주어지도록 한 것은 수당제도의 잘못을 바로잡으려는 채드윅의 의지가 관철된 것이다. 그 내용을 살펴보면 다음과 같다.

첫째, 빈민을 구빈법에서 분리해내어 극빈층만이 구빈법의 대상이 되게 만든다.

둘째, 구빈법의 원래 정신을 살려 구빈대상자가 구제에 대한 대가로 노동을 하도록 한다.

셋째, 작업장의 열등처우를 통해 구빈법의 매력을 없앤다.

이러한 생각은 새로운 것은 아니었다. 1820년대 노팅엄셔 지역의 개혁가들이 구빈을 작업장 내 구제로 제한하고자 제시했던 방안을 수용한 것인데, 이러한 방식을 통해 구빈세 부담을 줄일 수 있었다(원석조, 2001: 48~49). 따라서 이 제도는 열등처우의 원칙을 관철시키는 수단이었기 때문에, 열등처우의 원칙과는 서로 표리관계에 있다고 할 수 있다. 다시 말해서 빈민구제에 의존하려는 자에 대해 공포를 동원하여 근면을 되찾도록 하기 위해서 작업장을 등장시킨다는 것이다.

그림 7-3 1834년 이후 작업장의 모습

작업장제도는 먼저 그 수용대상을 노동능력 있는 자와 그 가족으로 한정하였다. 그러나 노동능력 있는 자라는 개념 자

작업장 입소자들의 일과

1835년 구빈법위원회에 의해 규정된 작업장 입소자들의 하루 일과는 다음과 같다.

	기상	아침식사	일 시작	점심시간	일 종료	저녁시간	취침시간
3/25~9/29	오전 6:00	6:30~7:00	7:00	오후 12:00~1:00	6:00	6:00~7:00	8:00
9/29~3/25	오전 7:00	7:30~8:00	8:00	오후 12:00~1:00	6:00	6:00~7:00	8:00

※출처: www.workhouses.org.uk

체가 명확하지 않고, 임금노동자로서 고용될 수 있는 성인남성으로 막연하게 규정하였다. 이러한 규정은 신구빈법이 농업노동자를 주된 대상으로 삼았던 임금보조제도의 폐지라는 의도 하에서 제정되었기 때문이다. 따라서 북부 공업노동자에게 신구빈법을 적용하는 것은 비현실적이었다. 한편, 수용대상자를 노인, 허약자, 아동, 노동능력 있는 성인남성 등으로 분류하여 수용하되 각 유형들에게 상이한 처우를 시행하기 위해 단일 건물 내에서 분리하여 수용하는 것보다 완전히 별개의 건물에 수용하지 않으면 안 된다고 하였다. 이렇게 함으로써 노인은 보다 안락함을 즐길 수 있고 아동은 교사의 자격증을 갖춘 자에 의해 교육받을 수 있다고 하였다. 또 이러한 분리 수용을 구체적으로 시행하기 위해서는 일정한 수의 교구와 연합하여 공동의 작업장을 설립하도록 하였다(김동국, 1989: 178~179).

3) 행정의 중앙집권화 원칙

앞에서 언급된 두 가지의 원칙은 약 70년 동안 실행된 반면, 행정의 중앙집권화의 원칙은 신구빈법의 제정 이후 겨우 20년 동안만 시행되었다. 다른 원칙들은 신구빈법 이전부터 구빈행정에 다소 적용되고 있었지만 이 원칙은 전혀 새로운 것이었다는 점에서 가장 독창적인 부분이었다(Martin, 1972: 40).

채드윅의 생각에 15,000여 개의 교구들이 구빈법을 운영한다는 것은 말도 안 되는 일이었다. 보고서는 행정개혁에 대한 교구의 무능력을 많이 지적했다. 지방 구빈행정은 부패했고 일관성이 없었다. 채드윅은 구빈행정을 중앙집권화하고 통일시키려고 했다. 보고서는 지방의 구빈행정을 감독하고 구빈법을 운영하기 위한 중앙기구를 둘 것을 제안하였다. 즉 런던에 중앙감독청the Central Board of Control을 두고 부위원을 구빈원 총감독관으로 정하였다. 그리고 지방행정은 유급의 구빈감독관이 담당하도록 하였다. 또 빈민을 잘 분류하여 처우하고, 교구들이 연합하여 적정 규모의 작업장을 공동 운영하는 것이 좋다고 권고하였다. 이로써 교구의 지배권과 스핀햄랜드제도는 사라지게 되었으며, 구빈법이 비로소 중앙정부의 감독하에 들어가게 되었다.

구빈행정의 중앙집권화가 없었다고 한다면 피구제빈민의 처우가 지역에 따라 달라질 수밖에 없었기 때문에 이 원칙은 매우 중요했다. 그렇지만 이러한 중요성에도 불구하고 다른 원칙에 비해 단명하였는데, 그 이유로는 첫째, 지방자치를 강조하는 영국의 분위기를 들 수 있고, 둘째, 구빈법의 원칙 중 열등처우의 원칙에 대한 직접적인 규정의 회피와 예외규정의 설정을 꼽을 수 있으며, 마지막으로 노동능력 있는 빈민에 대한 교구들의 각기 다른 해석 등 세 가지로 파악해볼 수 있다. 이로 인해 구빈행정의 중앙집권화는 막을 내리게 되었다(양정하, 2004: 92).

결론적으로 신구빈법은 원래 목적, 즉 구빈세의 경감이라는 목적을 달성하였다. 1834년 이후 10년 동안 구빈세는 연간 450만~500만 파운드가 되었으며, 약 20년 뒤에는 500만~600만 파운드 사이에 머물렀다. 또 1834~1836년, 신구빈법은 남부지방에 무난히 정착되었다. 채드윅은 이 지역에서의 구빈세 감소가 열등처우와 작업장 입소자격 조사 원칙의 효과라고 믿었다. 그러나 당시 풍작과 철도건설로 인한 노동력 흡수가 빈민의 발상을 억제한 측면도 없지 않다. 그러나 북부는 사정이 달랐다. 당시 불어 닥친 공황과 대량실업은 신구빈법의 적용을 어렵게 만들었다(Fraser, 1984: 49).

신구빈법 이후 빈민변동 그래프

'casuals'는 임시부랑자, 임시노동자를 의미하며 'overall pauper'는 신구빈법의 구제를 받는 빈민을 뜻한다. 그래프를 분석하면 1834년 신구빈법 제정 이후 임시부랑자는 해가 갈수록 증가하는 반면, 신구빈법의 구제를 받는 빈민은 줄고 있음을 알 수 있다. 1차 세계대전 이후 대량실업은 실업보험의 재정파탄을 초래하였다. 실업보험을 통하여 실제로 소득보장을 받는 실업자의 수는 1920년부터 1921년 사이에 16.2%로 늘어났다. 기존의 급여제한 기간으로는 대처할 수 없는 사태에 직면하여 급여기간을 연장하는 연장급여가 시행되기도 하였으나 불황의 계속으로 재정은 파탄에 직면하였다. 1910년부터 임시부랑자와 빈민들의 수가 줄어드는 것을 볼 수 있으며 1920년에 임시부랑자와 빈민들의 수가 가장 최저로 나타나는데 이는 실업보험과 관련이 있다.

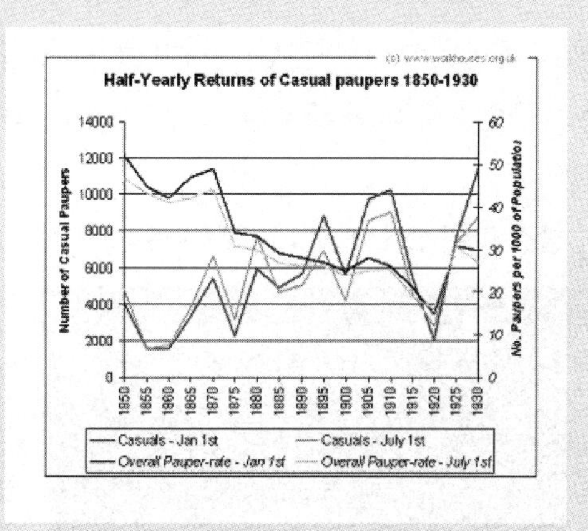

※출처: www.workhouses.org.uk

4. 신구빈법의 반대

신구빈법은 억압정책의 회귀로 돌아선 것이다. 이는 엘리자베스 구빈법 이후 성장하던 억압 속의 구제라는 특징이 완화 내지는 인도주의화되던 경향을 일소하고 다시 1601년의 엘리자베스 구빈법으로 돌아가도록 확립하였던 것이다. 따라서 이러한 신구빈법의 비인간성과 잔인성에 대하여 사회의 여러 계층에서 강한 반대가 일어났다. 이제까지 외부구호를 받던 장애인, 노인, 노동자들은 당연히 개혁에 반대하였다. 찰스 디킨스Charles J. H. Dickens는 자신의 소설 『올리버 트위스트(1837)』를 통해 구빈원에서 고아로 자라난 올리버를 주인공으로 비참한 작업장의 상태를 묘사하는 등 신구빈법에 의한 구호의 열악함을 비판하였다. 당시 부르주아들은 공장 소유자

찰스 디킨스의 『올리버 트위스트』

영화 〈올리버 트위스트〉 중 도제들의 모습

영국 소설가인 찰스 디킨스는 빈곤한 가정형편으로 학교에도 거의 다니지 못하고 12세 때부터 공장에서 일을 하게 되었고, 빈곤과 부당한 노동환경 등 자신의 경험을 토대로 빈곤층을 동정하고 대변하며, 사회의 악습을 풍자하는 작품들을 남겼다.

『올리버 트위스트』는 1834년 시행된 신구빈법에 대한 항의가 담겨 있는 작품으로, 미혼모인 주인공의 어머니가 출산 후 사망하고 아무 연고도 없이 구빈원에서 도제 생활을 하며 살아가는 올리버를 통하여 비참한 작업장의 생활상을 묘사하고 있다. 최근까지도 연극, 영화화되고 있다.

로서 노동자계급을 착취하고 이를 정당화했으며, 바스티유 같은 작업장으로 노동자의 정신까지 짓밟았다. 자신의 고용이 불안정하다는 것을 잘 아는 노동자들 사이에서 신구빈법에 대한 반감은 급속히 확산되었다.

이러한 공포와 분노 속에서 북부지역 노동자들은 신구빈법에 저항하기 위한 운동을 전개하였다. 이 운동에는 오코너Feargus O'Connor가 대중적인 영웅으로 부상했으며, 급진적 지도자들인 오슬러와 코베트가 반구빈법 운동을 주동하였다. 코베트는 신구빈법이 지옥과도 같고 악마적이며, 비인간적이며, 반기독교적이고, 반사회적이며, 지옥의 교리문답서 같고, 악마의 책과 같다고 비난하였다(Jones, 1991: 21~22).

1846년 안도버에서는 작업장에서 배고픈 수용자가 버려진 썩은 말뼈의 연골과 골수를 빨아먹고 있다가 발견된 안도버 사건Andover scandal이 발생하면서 공공의 분노를 자아냈다. 이 사건의 여파로 1848년 구빈위원회는 구빈법청으로 개편되어 위원들의 자의적 권한이 제한되고 의회에 대하여 책임을 지게 되었으며 행정은 이전보다 분권화하여 탄력적이 되었다. 감독관은 맹목적으로 구호신청을 억제하기보다는 작업장 운영에 조언하는 방식으로 전환하였다. 그러나 반구빈법 운동은 생명이 짧았다. 반구빈법 운동의 지도자인 오코너가 이 운동을 투표권 획득 운동, 즉 차티스트 운동Chartism으로 전환하였기 때문이다. 문제해결을 위해서는 정치권력이 필요함을 절실히 느낀 노동자계급은 투표권 획득을 통해 사회적으로 잘못된 점을 시정할 수 있도록 운동의 방향을 바꾼 것이다(Fraser, 1984: 50~51).

사실 신구빈법의 적용에 따라 구빈원 수용자에게 대한 처우는 비인도적일 정도로 열악해졌다. 열등처우는 일자리가 어느 정도 확보되어 있고 임금이 최저생계비 수준은 되는 경우에 의미가 있었다. 임금이 기아수준으로 하락할 때 열등처우의 원칙을 강요하는 것은 문제가 있었다. 욕구에 따라 빈민을 분류하는 것은 불가능했으며, 그저 연령과 성별로만 분류되었고 노인도 젊은 친척과 분리되었다. 1847년까지

차티스트 운동

1838~1848년 노동자층을 주체로 하여 전개된 영국의 민중운동이다. 노동자들은 1832년의 선거법 개정에서도 선거권을 얻지 못하자, 1830년대 중반부터 경제적·사회적으로 쌓여온 불만과 함께 선거권 획득을 위한 요구의 목소리를 높여갔으나 제1차 선거법 개정은 자본가계급의 요구가 실현되는 것에 그쳤다. 개정의 실현에 힘이 된 것은 노동대중이었지만, 그들의 요구는 자본가계급의 배신으로 전혀 실현되지 않았다. 1839년 그들은 보통 선거·비밀 선거·선거구의 공평화, 매년의 의회 개선, 의원의 재산 자격 폐지, 의원 세비 지급 등 6개항의 인민헌장(People's Charter)을 내걸고 광범위한 정치운동을 전개했으며, 경제적 향상을 위한 수단으로서 의회의 개혁이 한층 더 필요하다고 보고 자본가가 권력을 장악하고 있는 한 이 계급을 경제적으로 정복할 수 없다고 주장했다.

또한 1843년의 패배로 계속된 불화·분열 가운데 노동자계급의 새로운 지도자들은 노동 전선을 통일하기 위하여 직접적이고 간단한 것으로서, 보통 선거에 입각한 의회 민주주의의 요구를 필요로 하게 되었다. 1838년에서 1848년에 걸쳐 런던, 버밍엄을 중심으로 전국적인 운동이 전개되었고, 북부의 공업지대에서 선전활동을 행하여 수백만의 서명을 얻어 의회에 청원하였다. 그러나 지도자 간의 분열, 사상의 불일치, 탄압 때문에 1848년 프랑스의 2월 혁명을 고비로 하여 급격히 쇠퇴하고 말았다.

노인부부도 분리되었으며, 면회도 허용되지 않았다. 위원회는 많은 비용이 소요되는 건물을 신축할 의지가 없었기 때문에 빈민들은 주거지가 아닌 공동침실에 수용되었다(Jones, 1991: 19~20).

이러한 신구빈법의 비인도적인 처우에 대해 급진파뿐만 아니라 극우적인 엘든Eldon 경도 반대했다. 그는 신구빈법을 기독교 사회의 가장 저주스런 법이라고 비난하였다. 의회에서도 비난은 계속되었는데, 1837년 하원에 특별위원회가 설치되어 이 문제를 상세히 검토하도록 하였으나 21명의 위원 중 17명이 신구빈법을 찬성하는 입장에 있었기 때문에 다른 대안이 나오기는 힘든 상황이었다. 하지만 신구빈법

영국의 정당(토리당과 휘그당)

산업혁명이 영국에서 발생했던 것처럼 근대적인 정당의 시작도 영국의 토리당과 휘그당에서 찾을 수 있다.

앤 여왕(Anne, 1665~1714년) 이후 왕위에 오른 하노버가(家)의 조지 1세와 2세가 영어를 몰랐기 때문에 내각에 정치를 일임하게 되었고, "왕은 군림하나 통치하지 않는다(The kings reign but not govern)"는 원칙이 수립되었다. 이에 따라 내각은 의회를 지배하는 정당과 결합하지 않고는 실제적인 정치가 불가능하게 됨에 따라 의원내각제(parliamentary government)가 성립되었다.

1832년의 선거법 개정으로 토리당은 보수당(자본가, 지주 대표), 휘그당은 자유당(산업가, 소시민 대표)으로 발전되었으며, 산업혁명의 결과 노동계급의 성장으로 1906년 노동당이 결성되었고 1차 세계대전 이후 영국은 보수당과 노동당의 양대 정당에 의한 양당 체계가 자리 잡게 되었다.

의 잔혹한 상황을 여러 측면에서 살펴볼 수 있는 기회는 제공되기도 하였다.

1832년 구빈법 왕립위원회가 구성되었을 당시 영국은 큰 혼란기였다. 파업, 소요, 기계파괴 등의 사태가 빈발하였다. 상당수 도시 시위대의 기치는 '빵 아니면 죽음을Bread or Blood'이었으며 혁명이 곧 도래한다는 소문이 돌았다. 농촌에서는 토지 관리인과 귀족제의 전통적 수호자인 성직자가 위협을 받았다. 런던의 상류층은 공황에 빠졌으며 소요는 구빈법의 결함을 고치려는 사람들의 노력에 대한 위협적인 배경이 되었다.

당시 상황은 18세기적 성격을 지닌 정치인들이 19세기적 문제를 다루고, 경제적 도그마를 가지고 인간의 재난을 해결하려 했다고 볼 수도 있다. 여하튼 신구빈법은 영국 사회복지발달에 있어서 하나의 분수령으로 존재하고 있다. 결과적으로 불완전한 인도적 자선에서 완전한 억압으로 빈곤은 재발되는 문제가 아니라 완전히 뿌리 뽑아야 할 문제로 인식이 바뀌었던 것이다(Jones, 1991: 13).

5. 신구빈법 시대의 특징

신구빈법 정책의 전개시기는 1834년 신구빈법이 제정된 이후, 구빈법 체제의 모순과 한계가 드러나서 사실상 구빈법에 의하지 않는 다른 다양한 시도들이 이루어지는 대전환기의 시작인 1880년대에까지 이르는 기간이다. 이 시기는 시대적으로는 산업혁명의 한가운데에 있는 격변의 시대로서 경제적 분화가 이루어지는 시기였다. 역사가들의 지적과 같이 이 시기의 경제사에 대한 고려 없이 독립적으로 구빈법을 연구하는 것은 거의 불가능하거나 정확하지 않은 결과를 가져올 수 있다. 산업혁명의 영향이 사회전반에 미친 것은 틀림없는 일이지만 도시와 농촌 간에는 영향의 정도나 양상에 있어 상당한 격차가 있었다는 것을 고려해야 한다.

신구빈법의 시대적 배경을 보면, 프랑스혁명이 이루어지고 난 뒤였고, 농민반란이 일어났으며, 흉작이 계속되는 시기였다. 이러한 시대적 배경 속에서 하나의 반응으로 신구빈법이 나타났다는 것을 인식하는 것은 매우 중요하다. 신구빈법은 직접적으로 스핀햄랜드제도에 의한 구빈세 증가에 대한 반응으로 구빈세를 획기적으로 절감하기 위하여 만들어졌다. 그러나 그 의도가 단순히 구빈세의 절감에 머물지 않고 국가에 대한 의존은 죄악이라고 하는 지배 이데올로기의 수단이기도 하였다.

신구빈법에 의한 원조를 받으면 선거권마저 박탈되고, 작업장에 입소해서는 식사 중에 누구와도 이야기해서도 안 되며, 면회도 금지하는 극도의 비인간적 조치의 상징인 열등처우의 원칙은 억압정책의 상징물이 되었다. 그러나 이러한 조치는 산업혁명기에 고용이 어느 정도 확보되어 있었기 때문에 가능한 것이었다. 자본주의의 구조적 문제인 실업이 대량으로 발생하는 1880년대에 이르면 이러한 억압정책 일변도의 정책기조는 한계를 드러내고 민간 사회복지가 출현하는 발판을 마련하게 된다.

제7장 생각해볼 문제

1 1834년의 신구빈법이 지닌 특징과 원칙을 정리하여 설명하고, 이전의 구빈법들과 비교해보자.

2 스핀햄랜드제도를 무력화하고 신구빈법이 입법될 수밖에 없었던 당시의 시대적 상황을 정리해보자.

3 다시 억압적인 구빈정책으로 돌아선 신구빈법에 대하여 찬성하는 논리와 반대하는 논리를 각각 정리하여 토론해보자.

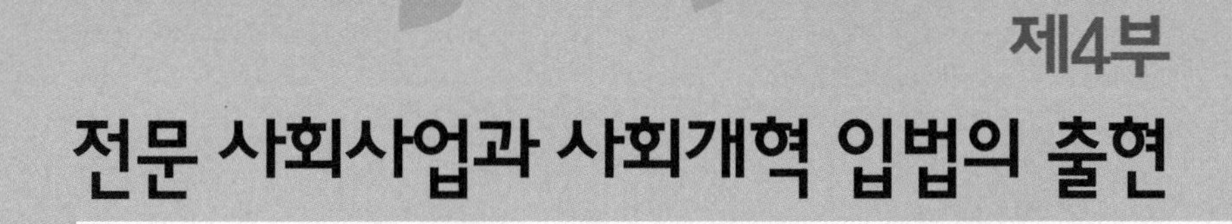

제4부
전문 사회사업과 사회개혁 입법의 출현

제8장 사회개혁과 민간 사회복지의 출현

제9장 사회조사와 사회개혁 입법

제 8 장

사회개혁과 민간 사회복지의 출현

영국은 1880년대 말엽부터 사회개혁과 더불어 사회복지제도가 더욱 발달하기 시작하여 20세기 초반에 복지국가의 틀을 마련하기 시작했다. 이 과정에서 기존 사회를 변혁하기 위한 사회개혁 운동이 일어나게 되었다.

이번 장에서는 신구빈법 이후에 복지국가로 가는 길목에서의 사회개혁과 민간 사회복지운동의 출현에 대해서 살펴본다.

1. 민간 사회복지의 배경

1) 이상사회 건설의 노력과 현실

19세기는 시민사회, 즉 자본주의 사회 형성의 시기였고, 시민사회의 국가관은 야경국가night watchman state였다. 즉 국가의 역할은 밤에 도둑으로부터 국민의 재산을 보호하는 것과 외적의 침입으로부터 국가를 방위하는 것에 한정되어야 하며 그 이외의 국민생활에 개입해서는 안된다는 것이었다. 19세기 중엽의 빅토리아 중기는 자조의 시대로서 '하늘은 스스로 돕는자를 돕는다'는 말로 시작되는 스마일즈S. Smiles의 『자조론』은 이 시대의 지배적인 이데올로기이자 신흥 자본가계급의 이익을 대변하는 사회규범이었다. 신흥 자본가계급은 봉건사회의 붕괴와 시민사회의 형성과정에서 봉건사회의 신분이라는 제약이 없다면 누구나 자유로운 활동을 통하여 부를 축적할 수 있고 이상사회를 건설할 수 있다고 생각하였다. 그들에게 이상사회란 시민사회에 있어서의 자유롭고 평등한 사회였으며, 19세기 초는 이러한 이상사회를 건설하기 위한 노력의 시대였다. 그리고 그 구체적인 표현은 자유방임이었던 것이다.

국가가 개인들 간의 경제생활에 아무런 간섭을 하지 않는다면 이상사회가 건설될 것이라고 믿고 있었으나, 자유방임의 원리에 의하여 만들어진 사회의 모습은 그들이 상정하였던 이상적인 모습과는 사뭇 다른 것이었다. 우선 국가가 국민생활에 대한 속박이나 제약을 가하지 않는다면 모든 사람들이 자신의 능력에 따라 자립하여 살 수 있을 것이라는 이상과는 달리, 엄청난 규모의 빈곤자가 발생하여 런던의 이스트엔드East End 지역은 거대한 슬럼을 형성하게 되었고 그들의 생활은 극도로 열악하였다. 그리고 그 지역빈민의 생활이 사회조사나 언론기관을 통하여 알려지면서 자유방임 사회의 최대의 모순이 나타나게 되었다(박광준, 2002: 155~156).

2) 빈곤의 재발견

영국에서 자유방임적 이데올로기와 자조에 기초한 사회사상이 쇠퇴하고 보다 적극적인 국가개입과 사회개혁이 요구되는 변화의 주요 계기는 1873년 시작하여 장기간 지속된 불황으로 인한 사회적 위기감 조성과 빈곤실태 조사 결과의 발표로 인한 빈곤에 대한 새로운 인식이었다고 할 수 있다.

1870년대 후반이 되자 호황이 지속될 것으로 보였던 영국 경제에 불황이 닥쳐오기 시작하였다. 1872년 약 2억 5천만 파운드에 달했던 영국의 수출은 점차 감퇴해서 1879년에는 약 1억 9천만 파운드로 떨어졌다. 노동조합의 보고에 의하면 당시 실업률은 같은 기간 동안 1%에서 거의 12%까지 상승하였다. 불황은 점점 더 심화되어 1878~1879년 극에 달하여 급기야 영국 산업을 급습한 불황 중에서도 가장 큰 것으로 평가된다. 전국 곳곳의 대규모 회사가 파산하고, 탄광이나 제철소의 조업이 중단되었으며 경기에 대한 불안감이 산업 곳곳에 침투했다. 거의 모든 산업에는 실업자가 늘어났으며 노동조합의 통계에 따르면 실업자의 수는 전조합원의 25%까지 치솟았다.

이전의 불황과는 성격이 판이하게 달랐던 1880년대의 불황은 사회적 위기로 여겨졌다. 이 위기는 보다 뿌리가 깊은 것이었으며 광범위한 것이었는데, 이는 네 가지 요인이 복합된 것으로, 첫째는 6~7년 간격으로 주기적으로 찾아오는 심각한 불황이며, 둘째는 오래된 산업체의 구조적 쇠퇴이며, 셋째는 도시산업지역의 노동자계층의 만성적 주택 부족현상이고, 넷째는 전통적인 자본주의 이데올로기에 도전하는 사회주의와 집단주의의 등장이었다.

빅토리아 여왕(1819~1901년)

영국의 왕(재위 1837~1901년)으로 영국의 전성기를 이루었던 왕이다. 18세의 나이로 왕위에 올라 즉위 당시의 총리인 멜번이 지도해 주었고, 또 아버지가 생전에 휘그당과 가까웠던 관계도 있어서, 초기에는 자유당에 호의적이고 보수당 내각에 대해 불만을 가졌다. 그러나 디즈레일리의 설득으로 차차 마음을 바로잡고 동시에 그가 거느리는 보수당에 동조하게 되었다. 9명의 자녀를 두었고 독일·러시아 등과 친척 관계를 맺었으며, 행복한 말년을 보낸 뒤 보어전쟁이 한창 진행되던 도중, 64년간의 치세(治世)를 마쳤다. 여왕의 치세는 빅토리아시대로서 영국의 전성기를 이루었으며, 자본주의의 선두 선진국이 되는 동시에, 정치적으로는 디즈레일리와 글래드스턴으로 대표되는 2대 정당제(二大政黨制) 의회정치가 전형적으로 전개되었다. 외교면에서도 영광스런 고립을 지키면서 그 동향(動向)은 세계적으로 큰 영향을 끼쳤다. 후반기에는 글래드스턴의 자유주의에 대해 비판적이었지만, 어디까지나 본분을 지킬 뿐 자신의 의사를 강요하지 않음으로써 오늘날과 같은 영국 군주의 패턴을 확립하였다.

아울러 1880년대는 영국에 있어 빈곤의 재발견 시대로 묘사될 수 있는데 이 시기에 무한히 증가해가는 것처럼 보였던 부와 생산력의 향상에 가려져왔던 빈곤의 실상이 벗겨지고 빈민의 참상이 폭로되기 시작했기 때문이다. 이미 빅토리아시대 중기인 1849년에 메이휴Mayhew는 사회조사를 통해서 불규칙적인 고용이 비숙련노동자에게 미치는 영향을 지적한 바 있다. 메이휴는 단지 일시적으로만 고용이 되는 노동자들이 근면하고 절제된 생활을 하게 된다는 것은 도적적으로 불가능한 일이다. 근면과 절제는 지속적인 고용과 일정한 소득에 의해 생겨나는 습관인 것이다. 그러므로 노동시장이 불안정한 곳에 나태와 태만, 무절제가 존재하는 것은 당연하다고 하면서 이러한 것이 실업의 원인이 아니라 오히려 그 결과임을 주장하였다. 영국의 황금시대였던 빅토리아시대 메이휴의 사회조사는 당시의 경제와 사회의 일반적인 조류에 도전하는 매우 충격적인 것이었다.

1850년대와 1860년대의 빈곤에 대한 책들은 빈곤을 묘사하는 수준에 그쳤으나 1880년대의 책들은 빈곤상태를 비판적으로 보면서 변화를 요구하기 시작하였다. 헨리 조지Henry George는 1881년 『진보와 빈곤』이라는 책을 출판하여 빈곤문제에 대한 사람들의 관심을 집중시켰다. 종교인들도 영국 사회의 숨겨진 빈곤실상에 대해 관심을 나타냈는데 대표적인 사람은 앤드류 먼스Andrew Mearns 목사였다. 먼스 목사는 『버림받은 사람들의 비참한 절규』라는 저서에서 런던 빈민가의 비참한 생활실태를 폭로하였는데, 빈민의 도덕적 타락은 그들의 열악한 주거환경의 결과라고 주장하였다.

구세군의 창시자인 윌리엄 부스William Booth는 부와 문명 속에 존재하는 어두운 부분을 폭로하였다. 그는 1890년에 출판된 그의 저서, 『암흑의 영국과 그 출구』에서 탈출구가 보이지 않는 어두운 정글 속에 살고 있는 영국 빈민들의 실상을 폭로하였다(박병현, 2005: 53~55).

3) 구빈법의 한계

당시의 국가부조인 구빈법은 국가구제를 수급하고 있는 빈민에 대하여 비인간적이고 치욕적인 처우를 행하고 있었는데, 그것은 의도된 정책목표였다. 그렇게 함으로써 국가구제를 받는 빈민의 수를 최소한으로 유지할 수 있다고 보았던 것이다. 그러나 빈민들 중에는 열등처우의 원칙이라는 이름 아래 행해지는 포퍼pauper라는 낙인을 거부하고 차라리 굶주림과 죽음을 선택하는 이가 적지 않았다.

구빈법이 빈민의 구제라는 본래의 기능을 수행하지 못하고 있음을 자각한 사람들은 구빈법과는 별개로 민간 차원에서 나름대로의 빈곤구제 방법을 개척하기 시작했다. 민간 사회사업의 주도자들이라고 해도 국가적 구빈사업인 구빈법에 대한 입장들은 다양하였다. 우선, 국가의 구빈체제는 확대되거나 개선될 필요가 없이 유지되어야 하지만, 그러한 치욕적인 구제를 거부하고 차라리 죽음을 택할 각오로 살고 있는 빈민들의 정신을 높이 샀기 때문에 그들에 대한 구제는 민간자선이 맡아야 한다는 입장이 있었다. 그런가 하면 국가적 책임으로 빈민에게 진정한 구제를 행하는 것이 근본적인 문제의 해결이지만, 그러한 개혁이 이루어질 때까지 걸리는 시간을 감안하면 빈민들의 상태를 조금이라도 개선시키는 데에 현실적으로 민간이 나서지 않을 수 없다는 입장도 있었다. 그러나 어느 경우이든지 간에 민간의 사회복지사업이 항상 국가의 구빈사업과의 관계 속에서 움직인다고 하는 점을 의식하고 있었고, 구빈법이 가진 한계가 무엇인가에 대한 생각은 달랐지만, 그러한 한계를 극복하기 위해서는 민간이 개입할 필요성이 있음을 자각하고 있었던 것이다(박광준, 2002: 156).

2. 자선조직협회

1) 시대상황

1834년 신구빈법의 성립에도 불구하고 노동계층의 빈곤은 해소되지 않았다. 이에 덧붙여 경제적인 위기와 실업은 자선조직들이 불규칙하게 난립하는 현상을 초래하였다. 1860년대는 런던에만 100개가 넘는 자선사업기관들이 구호를 남발하였다. 따라서 여론은 이러한 자선사업기관들의 구호활동이 대중들을 거지로 유인한다고 비판을 하였다(함세남 외, 2001: 59). 1880년대 들어서면서 민간활동이 가장 활발하게 진행되었는데, 당시 런던 내 민간 협회들만 약 550만~700만 파운드의 활동비를 사용하였다. 그러나 이러한 거액이 모두 효율적으로 사용된 것은 아니었기 때문에 무차별적이고 무원칙적인 시여와 자선에 대해 일부 지도층이 느꼈던 분노가 자선조직협회를 탄생하게 한 원인이 된 것이다(Woodroofe, 1974: 27).

자선조직협회의 성립과 관련된 시대적 배경을 정리해보면, ① 구빈법당국과 민간 자선사업 간의 협력관계의 결여, ② 다양한 자선기관 간의 종파적 성격의 차이로 인한 효력의 결여, ③ 개인의 자선활동에 대한 정보 부족, ④ 결과적으로 구제의 중복과 낭비라는 문제가 발생했을 뿐만 아니라 효과적인 자선에 관한 동기의 약화로 인한 불충분하고 무책임한 자선활동의 성행, ⑤ 곤궁한 자들을 자립시킬 수 있는 효과적인 재원의 탕진 등을 들 수 있다(양정하, 2004: 99~100 재인용). 이러한 문제들은 1867년 이스트엔드의 그린 신부Rev. John R. Green가 기고한 다음의 글에 잘 나타나 있다.

> 이스트엔드 지역 내 대다수의 성직자들은 이제 빈곤담당 공무원이나 다름없는 역할을 하고 있다. 매년 엄청난 돈이 모금되어 가난한 사람들에게 성직자들이 직접적으로 전달하거나 지역방문자들을 통해 간접적으로 배분한다. 하지만 지역방문자들의 90% 정도는 여성들인데, 이 여성들의 대다수는 모금된 돈의 합리적인 배분에는 전혀 무관심한 사람들이다. 이스트엔드 지역에는 100여 개에 이르는 서로 다른 기관들이 동일한 대상자들을 위해 구제활동을 벌이고 있지만 서로 간의 조화나 협력은 찾아볼 수 없으며 다른 기관이 어떤 활동을 하는가에 대한 최소한의 정보도 없는 실정이다. 이로 인해 구걸과 관련된 기만행위가 극에 달하고 있으며, 거지도 크게 늘어 결과적으로는 수치심이라고는 찾아볼 수 없는 뻔뻔한 구걸문화가 판을 치게 되었다(Schweinitz, 2001: 248 재인용).

이러한 시대적 상황에서 1869년 4월 '자선구제의 조직화와 구걸방지를 위한 협회The Society for Organizing Charitable Relief and Repressing Mendicity'가 결성되었고, 이듬해인 1869년 '자선조직협회Charity Organization Society, COS'로 개칭하였다. 여러 자선단체들 중에서 자선조직협회의 기원으로서 중요한 단체는 '생활곤궁자 구제협회The Society for the Relief of the Distuess'와 '구걸방지협회The Society for the Suppression of Mendicity'를 들 수 있다.

자선조직협회의 지침에 나타난 주요 목적은 먼저, 자선기관과 구빈법 그리고 자선기관들 사이의 협력을 통하여, 그 다음으로 적절한 조사와 모든 사례들에 알맞은 조치를 보장함으로써, 그리고 구걸을 방지함으로써 빈민의 생활조건을 향상시키는 것이었다(Loch, 1892: 50). 즉 우선 다수의 난립된 자선기관들의 통합과 조정을 통하여 자선의 중복을 방지하는 것이며, 다음으로는 빈곤한 사람들의 상황을 가능한 한 깊이 있게 조사하여 원조가 필요하다고 판명된 사람에게는 충분한 원조를 제공하여 자립시키는 것이었다. 그러나 현실세계에서는 자선가들이 자선기관들의 통합에 협력적이지 않았고 빈민들은 빈민들대로 생활실태조사에 협력적이지 않았던 관계로 큰 성과를 거두지 못하고 하나의 자선기관으로서의 역할을 수행하는 데에 그쳤다. 다만, 이 활동은 조직적으로 이루어져서 그것이 현대의 사회사업, 특히 케이스워크의 기초가 되었다(박광준, 2002: 160).

2) 조직과 빈곤관

자선조직협회는 빈민의 상황에 관한 적절한 조사라고 하는 용어를 항시 표방하고 있었지만, 자선조직협회가 정작 그 조사의 대상에서 철저하게 제외시켰던 것은 빈곤을 발생시키는 사회적인 요인들에 관한 조사였다. 후일 빈곤과 실업문제를 조사하고 그 해결을 모색하기 위한 1905~1909년 왕립구빈위원회가 결성되자, 자선조직협회는 이 위원회가 행해야 할 조사의 범위는 가능한 한 한정되어야 한다고 논평하고, 그 조사의 목적에 빈곤 원인의 발견이 포함되어서는 안 된다고 주장하게 되는 배경이 여기에 있다.

자선조직협회의 방법과 이념은 협회 고유의 것이라기보다는 빅토리아시대 중산계급의 대다수가 가지고 있던 것이었다. 당시의 관념은 빈곤한 사람들도 근면, 자조, 검약이라고 하는 미덕을 행하면 빈곤을 피할 수 있다는 것이었다. 빈곤의 원인은 빈민의 성격이나 생활방식에 있다고 간주되었다. 즉 게으름이나 음주 등 무책임한 행동의 결과가 빈곤이라는 것이다. 따라서 빈곤구제의 핵심은 사회개혁이 아니라 빈민의 변화에 있다는 것이 자선조직협회의 일관된 주장이었다. 남편과 함께 자선조직협회의 중요한 지도자였던 보잔케 부인Helen Bosanquet은 "성격이라는 것은 경제상황을 결정해주는 원인의 하나이다. 만약 당신들이 한 사람의 남성 혹은 여성을 이전보다 정직하고 진실하며 유능하게 만든다고 한다면 그 사람이 사회적인 서비스를 제공받을 기회도 그만큼 증가 한다"고 말하고 있다. 자선조직협회의 상징적 인물이었던 로크Loch가 "자조로써 해결할 수 없는 빈곤은 없다"고 말한 것은 너무나 유명하다. 이는 "빈곤의 원인이 부도덕에 있는 것이 아니라, 빈곤이야말로 부도덕의 원인이다"라고 말했던 웹 부처의 빈곤관과 비교하면 너무나 상이한 관점이다.

한편, 자선조직협회의 조직은 중앙협의회the Council와 그 산하의 다수의 지구위원회District Committee로 조직되었다. 협회가 결성되면서 중앙협의회는 ① 지구위원회의 각 지구는 구빈법의 행정상의 지구와 가능한 한 일치시킬 것, ② 지구위원회는 중앙협의회에 대표자를 가질 것, ③ 중앙협의회가 공표한 계획에 의해 지시된 운영의 일반원칙은 지구위원회가 받아들일 것 등을 지구위원회 구성의 지침으로 명시하였다.

이 지구위원회는 결국 40개의 지구에서 결성되었는데, 그것은 런던의 교구연합이나 교구에 맞추어서 결성된 것이었다. 런던에는 1881년 기준으로 30개의 교구연합

혹은 교구가 있었는데, 교구 간의 인구격차가 심했다. 당시 런던의 인구는 3,815,704명이었는데, 그 중 가장 인구가 적은 곳은 33,582명(스트랜드 교구Strand Union), 가장 많은 곳은 282,865명(이즐링턴 교회구Parish of Islington)이었다(Loch, 1892: 37). 그러므로 인구가 많은 교구에는 두 개 이상의 자선조직협회 지구위원회가 설치되기도 하였다. 대도시 지역은 지역에 따라 빈부의 격차가 크기 때문에, 지구위원회 역시 어디에 위치하느냐에 따라 재정상황에 격차가 많았다. 이 경우 부유한 지구위원회는 취약한 위원회에 재정적인 원조를 하기도 하고 유능한 위원들을 파견하여 활동을 원조함으로써 각 지구위원회 간의 협력도 이루어졌다.

각 지구위원회에는 빈민의 가정을 가가호호 방문하여 자선조직협회가 제공하는 급여나 서비스를 받을 자격이 있는지 아닌지를 판정하고 대인적인 원조를 행하기 위한 방문원이 소속되어 있었으나 실제에 있어서 그 방문원의 수가 많지 않았기 때문에, 이미 방문지도를 전문으로 하여 활동하고 있던 자선단체들과 협력하게 되었다(박광준, 2002: 162~163).

3) 자선조직협회와 현대 자원봉사의 의미

자원봉사라는 용어는 인간의 자발적인 의지will와 욕망desire을 나타내는 라틴어의 'voluntas'에서 나온 것으로 자발적인 봉사정신, 자발적인 활동, 자발적인 조직의 삼요소를 갖고 있으며 이러한 활동을 하는 사람을 'Volunteer'라고 부른다. 사람들은 '자원봉사'라는 용어가 생기기 이전부터 이웃을 돕고 타인을 위하여 봉사하기 시작하였다. 마을에 환자가 발생하였을 때 이웃이 돕기도 하고 먹을 것이 없어서 굶주리는 노인이나 아이들을 이웃들이 보살펴주기도 하였다. 그렇게 하면서도 사람들은 자원봉사자라는 생각은 하지 않았고 그런 말을 사용하지도 않았다. 매우 자연스

럽게 봉사활동이 이루어진 것이다. 그러나 사회가 고도로 분화되고 사회문제 역시 보다 복잡하고 다양화되면서 봉사활동의 수요가 점차 늘어나고 개인적 요청에 따른 비체계적인 봉사활동에서, 사회적 요청에 따른 체계적인 봉사활동이 점차 조직화되었고 이것이 근대 사회복지사업의 기틀이 되었다.

글라스고우Glasgow시의 찰머즈T. Chalmers 목사(1780~1847년)는 빈민을 대상으로 자유주의적 자선운동, 사람의 실천운동을 시작하였다. "시혜자이기보다 친구가 되자"를 제창하고 우애방문활동을 실천하였다. 이러한 우애방문활동이 자선조직협회로 발전된 것이다. 자선조직협회는 구빈활동의 중복이나 낭비를 방지하기 위하여 조직되었으며 구빈법에 의한 정부 차원의 빈민구제를 보완하기 위한 민간운동으로 자리 잡게 되었다. 특히 우애방문원Friendly Visitor 제도를 체계화함으로써 시민의 참여를 활성화하였고 근대적 자원봉사 활동의 모형이 되었다. 이때부터 자원봉사활동에 대한 관심이 한층 높아져 시혜나 자선, 박애라는 틀을 지향하고 친구로부터 받아들이는 운동이 강화되었으며 조직화, 전문화가 추진되고 활동에 있어서 과학적 방법이 도입되기 시작하였다.

한편, 빈곤은 개인의 문제가 아니라 사회구조의 문제라는 주장이 생기게 되었고 사회 개량주의가 나타나게 되었다. 이 사상의 실천 중 하나가 인보관 운동Settlement Movement이었다. 인보관 운동은 사회문제가 집중적으로 나타나고 있는 빈민지역에 인보관Settlement House을 설치하고 함께 살면서 우애관계를 갖고 지역주민의 문제를 해결하고자 하는 운동이었다. 다시 말해서 인보관은 사회악으로부터 사람들을 구출하고자 하는 최일선 전진기지였던 것이다. 바로 이 인보관에 살면서 사회악과 싸우기 위하여 지원하는 지원병을 '볼런티어Volunteer'라고 부름으로써 자원봉사자를 지칭하는 말로 통용되기 시작하였다.

4) 자선조직협회의 의의와 한계

이 운동은 과거 통제되지 않았던 자선활동에 비해 대단한 진전으로서 사회사업적 경험의 기초가 되었다. 협회의 주요 지도자들은 1880년대 이후 주요한 사회조사에 참여하였으며 사회개혁 운동을 전개하였다. 또 의료사회사업이란 용어를 처음으로 도입하기도 하였다. 이 운동은 단지 시민만으로는 빈곤구제가 불충분하다고 생각하고 부유한 계층은 빈민들 사이에 들어가서 그 상태를 알지 않으면 안 된다고 하는 독특한 내용을 제안하였다.

그러나 무엇보다 중요한 점은 이 협회가 개인주의적 빈곤관을 이념적 토대로 삼았으며 자혜적 상태를 강하게 띠었다는 점이다. 무차별한 자선은 개인의 도덕적 타락을 초래하여 피구제빈민화의 근본적 원인이 된다고 생각했던 것이다. 따라서 자조의 개인주의적 윤리를 지나치게 강조함으로써 이데올로기적 반동의 경향을 보이고 있다. 자선활동은 사회체제를 유지시키는 테두리 내에서만 적용되었고, 자조라는 시혜자의 가치관을 수혜자에게 전파함으로써 일종의 사회통제의 구실을 하였다.

이러한 가치관은 "빈민에게 물고기를 줄 것이 아니라 물고기를 잡는 방법을 가르쳐 주라"라고 하는 그들의 슬로건에도 잘 나타나 있다(Fraser, 1973). 그들은 공공구제의 확대에는 반대의 입장을 취하고 빈민에 대한 공공지출의 삭감을 지지하였다. 따라서 이러한 입장에 대한 비판이 일어나게 된다. 자선조직협회의 활동에 대한 비판은 한때 자선조직협회의 멤버였으나 후일 그와 결별하고 인보관 운동에 헌신한 바네트Samuel Barnett 목사가 1895년 자선조직협회 중앙협의회에서 행한 연설이자 비판이었던 「COS에의 우정 어린 비판A Friendly Criticism of the Charity Organization Society」이라는 문건으로 잘 알려져 있다. 그런데 이것은 역시 한때 몸담았던 단체에 대한 비판이어서 비판이라고는 하지만 본질적인 측면에서의 비판은 아니다.

전술한 바와 같이 자선조직협회는 개인주의적인 빈곤관에 입각하여 활동을 하고 있었으나, 이 시기는 이미 선거권이 확대되고 실업으로 인하여 노동자들은 노동조합을 통한 노동운동보다는 사회주의적인 운동에 점차 관심이 옮겨가던 시기였으며, 이러한 동향을 이론적으로 뒷받침해주는 이론가와 운동가의 세력도 증가하던 시기였기 때문에, 그들의 눈으로 본다면, 여러 자선기관 중에서도 가장 보수적인 단체였던 자선조직협회가 많은 비판을 받았던 것은 당연하다. 미국의 한 자선사업가는 자선조직협회가 행한 활동들에 관한 기록들은 "진지하게 열심히 읽어 낼 인내심이 없을 만큼"이라고 한탄하였고(Bruce, 1968: 181), 이스트엔드에서 구빈법 폐지를 위하여 일생을 싸우며 보냈던 란즈베리Lansbery는 자선조직협회를 '야만적brutal'이라고 표현하였다.

3. 인보관 운동

1) 형성과 특징

인보관 운동은 당시 동일한 사회문제에 대처하기 위해 자선조직협회보다 약 15년 뒤에 시작되었으나, 문제를 접근하는 관점은 매우 달랐다. 인보관 운동은 당시 자유주의와 급진주의 사상을 기반으로 하여, 환경적인 요소가 바로 사회문제의 근원이며, 따라서 문제를 접근하는 방식은 빈민을 개조하는 것이 아닌 기존의 사회질서를 바꿔야 한다는 사회개혁적인 면을 강조한다. 구체적인 방법으로도 실용주의적 입장에서 실현가능한 효과적인 해답을 찾으려고 노력했으며 집단사회사업의 효시라고 할 수 있다.

표 8-1 자선조직협회와 인보관 운동의 비교

	COS(자선조직협회)	인보관 운동
사회문제의 원인	개인적인 속성	환경적인 요소
이데올로기	사회진화론	자유주의, 급진주의
참여자	상류층	중산층
사회문제 접근방법	빈민개조, 역기능적인 면 수정	빈민과 함께 거주, 동정, 사회비판
해결책	실용주의적	정해진 방안은 없고, 실현가능하고 효과적인 해답 마련
역점분야	기관들의 서비스 조정	서비스 제공(유치원, 학교 등)
성격	사회질서유지를 강조	사회의 개혁적인 면을 강조, 참여민주주의와 교육 강조

인보관은 사전적 의미로 사회복지관, 즉 '영세민 구제 사회사업 시설'을 뜻하며 이러한 사회복지관의 역사는 영국의 인보관 운동에서 그 시초를 찾아 볼 수 있다. 영국의 토인비 홀Toynbee Hall로 대표되는 인보관 운동은 바네트 목사에 의해 시작된 것으로서 그 목적은 빈민들과 교육받은 계층 간의 상호교류를 통하여 계급 간의 차이를 좁히고 물질만능주의에 빠진 사회에서 인간의 가치를 회복하기 위한 것이었다. 초기 인보관 운동가들은 사회개혁을 통해 하나님 나라를 건설한다는 신앙을 가지고 빈민지역에 뛰어들어 주민들과 함께 하면서 그들의 삶의 질을 개선하기 위해 환경과 제도를 개혁하려고 노력하였다.

인보관 운동의 특징은 ① 참여와 민주주의이고, ② 기존의 사회질서를 비판과 더불어 사회개혁적 입장에서 바라보며, ③ 빈민들과 거주하면서 그들의 생활에 어느 정도 동정하고, ④ 지역주민과 인보관 운동가들 간에 토의를 통해 주민들의 욕구와 필요한 서비스를 찾아내고 주민상호 간의 관계를 저해하는 요인을 제거하며, ⑤ 지역사람들에게 폭넓은 교육기회를 제공하고 집단토의에 참여함으로써 가르치는 사람과 배우는 사람 간의 협조와 배움을 나누는 환경을 증진시키고자 한 것이다.

2) 인보관 운동의 배경

(1) 기독교 사회주의

기독교 사회주의는 종전의 구빈사업을 비판하고 기독교정신을 기초로 한 사회개량을 주장하였고, 교육을 통한 노동자계급의 사회적 조건들의 개선을 주장하는 것들을 통해 인보관 운동의 이념적 배경을 형성하는 데 기여했다.

19세기 중엽에는 노동자계급에 실제적인 원조 및 법적·문화적·재정적인 도움을 주었던 지식인, 기독교인 그리고 사회주의자들의 집단이 있었다. 그들은 또한 사회적 연계성 때문에 그 지역사회의 다른 부분들에 대한 노동자계급의 훌륭한 대변인의 역할을 수행했다. 이들은 자본주의 사회가 경제적으로나 사회적으로 불공평하다는 것을 깨닫게 되었고, 1848년 기독교적 가치기준에 입각한 사회주의 모형을 주장하게 되었는데, 그것은 무제한적인 경쟁과 개인주의라는 원칙을 형제애와 상호협력이라는 기독교적인 이상으로 대치하는 것이었고, 이를 통해 기존의 사회병폐에 대한 해결책을 모색하고자 하였다. 또한 교육을 통한 노동계층의 사회적 조건들을 개선할 것을 설득하기 시작했으며, 노동자들의 문화적·사회적 요구를 교회가 도와줄 것을 호소했다. 실제 그들은 교회 성직자와 유명한 교수들과 함께 성인들을 위한 야간학교를 설립하여 운영하기도 하였다.

기독교 사회주의는 다음의 세 가지 특성을 가지고 있었는데, 첫째는 강렬한 기독교 신앙을 바탕으로 하고 있었고 그들 구성원이 친밀하고 잦은 접촉을 허용할 수 있을 만큼 소규모였기 때문에 모든 것을 보다 분명하게 할 수 있었다는 점이며, 둘째는 그들이 조직화된 노동의 모든 부분들에 주었던 실제적 법률부조 때문에 그들의 역할이 중요했고, 셋째는 노동자계급의 운동이 불법적 활동으로 유도될 때, 그것을 순조롭게 합법적이라는 것을 증명하였다는 점이다.

이러한 기독교 사회주의의 영향으로 19세기 후반은 그 전과는 사뭇 다른 양상으로 전개되었는데, 이전은 소극적이고 고립적으로 개인의 자유방임에 특징을 둔 개인주의였던 것에 반해 19세기 후반은 적극적이고 건설적인 집합주의적 사회복지의 특징을 가지게 되었다(안재형, 1996).

(2) 온정주의적 인도주의

온정주의적 인도주의는 중산층 지식인들을 중심으로 '계급 죄의식Class quilt'을 심어주게 되었고, 이를 통해 대학생들이 빈민굴로 들어가 소외된 사람들과 함께 거주함으로써 빈민계층의 계급적 단절을 완화하는 데 기여하게 되었다(안재형, 1996).

19세기 중엽 이전, 부르주아 계급의 자선행위는 노동자계급의 반감을 완화하여 정치적 세력을 확보하고 유지하려는 노력 또는 개인의 명성을 올리려는 노력에서 비롯되는 것이 대부분이었다. 이들에게 자선은 기득권 유지를 위한 수단이었을 뿐 그 자체가 목적은 아니었다(정관섭, 2004).

19세기 중엽이 지나면서 가장 주목할 만한 양상은 중산층계급의 사람들이 사회개혁을 위해 일하는 수가 점점 늘어났다는 것이다. 이것은 중산층계급의 계급 죄의식과 연관지어 생각해볼 수 있다. 이는 부를 가지고 가난한 사람들에게 베풀어준다는 낡은 박애주의 개념을 부당한 분배체계에서 부를 얻는다는 것부터가 죄악이라는 더욱 새로운 견해로 바꾸어 놓았다. 따라서 지난날의 부당함을 보상하기 위해 이제껏 혜택을 받지 못한 사람들도 자기 능력의 가능성을 실현시킬 수 있는 기회를 얻을 수 있도록 개인적인 이익을 희생할 것을 중산층계급에 촉구하였다. 이를 통해서만이 혜택을 받았던 사람들은 고통 받는 양심으로부터 해방되어 더욱 도덕적인 향상을 기할 수 있다고 보았다(안재형, 1996 재인용).

(3) 사회개혁 운동

사회개혁 운동은 인보관 운동의 이념적 배경의 형성에 가장 광범위하게 영향을 미친 이념이라고 할 수 있다. 사회개혁은 자본주의제도의 모순, 특히 노동자의 빈곤화에 대처하기 위한 체제의 부분적인 수정을 의미하며, 그 내용은 혁명에 의하지 않고 의회제도를 통한 사회개량으로 분배정책의 수정, 사회보험과 사회복지 등의 사회정책을 확대함으로써 평등한 사회를 실현한다는 것이다(정관섭, 2004).

사회개혁 운동에 있어서 가장 중요한 핵심은 노동조합 운동이었다. 노동자들의 임금과 작업개선을 위한 노동조합의 결성을 엄격하게 규제하기 위해 제정된 결사금지법이 폐지되었으나 노동자계급에 대한 정치적 차별은 계속되었으며 참정권이 중산층과 전문기술직에 확대된 1832년까지도 공민권을 얻지 못하였다. 참정권의 획득을 위한 노동자들의 노력이 실패하자 그들의 관심은 정치적 목적에서 경제적 상황을 개선하는 실제적인 목적으로 전환되게 되었다.

사회적 조건들을 개선하는 또 다른 유형적 접근은 노동조합들이 그들의 조합원들을 서로 돕는 상호부조의 계획을 만들기 시작한 데부터 연유되었다. 협동조합과 상호부조사업의 성공은 전국적인 노동조합을 결성하는 계기를 만들었고, 세력이 확대되고 조직화된 노동조합은 노동자계급의 참정권을 요구하게 되었으며, 그 결과 도시노동자들은 참정권을 부여받게 되었다(안재형, 1996).

(4) 이상사회 건설의 노력과 현실

19세기는 시민사회, 즉 자본주의 사회 형성의 시기였고, 시민사회의 국가관은 야경국가였다. 즉 국가의 역할은 국민의 재산과 생명을 보호하며 국가를 방위하는 것에 한정되어야 하며 그 외의 국민생활에 개입해서는 안 된다는 것이었다. 19세기 중엽의 빅토리아 중기는 '자조의 시대'였으며, 이것은 이 시대의 지배적인 이데올로기이자 신흥 자본가계급의 이익을 대변하는 사회규범이었다. 신흥 자본가계급은 봉건사회의 붕괴와 시민사회의 형성과정에서 봉건사회의 '신분'이라는 제약이 없어짐으로써 가장 큰 이익을 보았던 계층이었다. 그리고 신분상의 제약만 없다면 누구든지 자유로운 활동을 통하여 부를 축적할 수 있고 이상사회를 건설할 수 있다고 생각하였다. 그들에게 있어서 이상사회란 '시민사회에 있어서의 자유롭고 평등한 사회'였으며, 그 구체적인 표현은 '자유방임'이었던 것이다.

국가가 개인들 간의 경제생활에 아무런 간섭을 하지 않는다면 이상사회가 건설될 것이라고 믿고 있었으나, 자유방임의 원리에 의해 만들어진 사회의 모습은 그들이 상정하였던 이상적인 모습과는 사뭇 다른 것이었다. 예상과는 달리 엄청난 규모의 빈곤자가 발생하여 런던의 이스트엔드 지역은 거대한 슬럼을 형성하게 되었고 그들의 생활은 극도로 열악하였다. 그리고 그 지역빈민의 생활이 사회조사나 언론기관을 통해 알려지면서 자유방임 사회의 최대 모순이 백일하에 드러나게 되었고 이상사회 건설에 대한 현실적인 문제를 인식하게 된 것이다.

(5) 구빈법의 한계에 대한 인식

당시의 구빈법은 국가구제를 수급하고 있는 빈민에 대하여 치욕적인 처우를 행하고 있었는데, 그렇게 함으로써 국가구제를 받는 빈민의 수를 최소한으로 유지할 수 있다고 보았던 것이다. 그러나 빈민들 중에서는 열등처우의 원칙이라는 이름하에 행해지는 낙인을 거부하고 차라리 굶주림과 죽음을 선택하는 이가 적지 않았는데, 이는 그만큼 구빈법의 처우가 비인간적이었고 다른 한편으로는 불황으로 인한 빈곤이 심각하였던 것이다.

구빈법이 빈민의 구제라는 본래 기능을 수행하지 못하고 있음을 자각한 사람들은 민간차원에서의 빈곤구제 방법을 개척하게 되었다. 민간 구빈사업의 주도자들도 국가의 구빈법에 대한 인식의 차이가 존재하였는데 우선 현행 구빈법은 유지되어야 하지만 그러한 치욕적인 구제를 거부하고 죽음을 택하는 빈민의 정신을 높이 사서 그들의 구제를 민간이 맡아야 한다는 입장이 있었으며, 그런가하면 현행 구빈법은 개혁되어야 하지만 그때까지 걸리는 시간을 감안하여 현실적으로 민간이 나서지 않을 수 없다는 입장도 있었다. 그러나 어느 경우이든지 민간의 사회복지사업이 항상 국가의 구빈사업과의 관계 속에서 움직인다고 하는 점을 의식하고 있었고, 구빈법이 가진 한계가 무엇인가에 관한 생각은 달랐지만 그러한 한계를 극복하기 위해 민간이 개입할 필요성이 있음을 자각하고 있었던 것이다.

(6) 사회사업의 필요성

당시 민간 사회복지사업에 종사하는 사람들이 빈곤문제에 관하여 가지는 기본적인 입장은 크게 두 가지로 나눌 수 있다.

하나는 빈곤의 원인이 개인의 도덕적 문제 혹은 개인적 습관의 문제이기 때문에 이것은 국가의 구제에 의하기 보다는 부유층의 자선에 의해 대처되는 것이 바람직하다는 입장으로 빈곤의 책임을 개인에게 돌리는 것이었다. 자선조직협회의 적극적인 참여자들은 이러한 입장에 서있었다.

다른 하나는 그러한 문제인식이 잘못된 것임을 인정하면서도 자선에 의지하지 않으면 안 되는 빈민이 존재하는 현실을 받아들여서 그들의 생활개선을 위하여 민간이 나서야 한다는 입장이었다. 그들은 빈곤이 사회문제이고 그것은 국가가 주체가 된 사회개혁적 조치들에 의해서만 대처될 수 있다는 점을 인정하면서도 근본적인 개혁이 이루어지기까지 오랜 기간을 기다릴 수 없기 때문에 당장에 개입할 수 있는 현실적인 방법은 사회사업이 될 수밖에 없다고 생각하였다(박광준, 2002).

3) 토인비 홀과 인보관 운동

본격적인 인보관 운동의 시작은 최초의 인보관으로서 오늘날 지역사회복지관의 효시가 되었던 토인비 홀의 설립이다. 이를 통해 바네트가 주장해왔던 사회개혁적 성향의 인보관 운동이 보다 체계적으로 시행되게 되었고 영국뿐만 아니라 미국에까지 영향력을 행사하게 되었다.

대학이 주관하는 사회복지관은 19세기 후반의 도시사회가 안고 있는 독특한 현상에 대한 반응으로 인식되었다. 당시 영국은 여전히 동과 서로, 즉 빈곤한 지역과 부유한 지역으로 구분되어 있었고 이러한 사회분열의 해결책으로 제시된 대학의 사회복지관은 대학생들이 빈곤한 지역의 주민들 속에서 사회적으로 통합됨으로써 계급의 통합을 달성할 수 있을 것으로 기대되었다. 게다가 대학사회복지관의 이념은 가난한 이웃에게 접근할 수 있는 비제도적인 방법을 모색하고 있는 대학생들에게 호소력을 가질 수 있었으며, 이에 따라 바네트는 케임브리지와 옥스퍼드 대학생들을 상대로 많은 학생들을 확보할 수 있었다.

1875년 토인비는 인보관 운동에 대한 일반인들의 관심을 유도하는 데에 있어서 결정적으로 큰 영향을 끼쳤다. 사회개혁을 실천으로 행하려고 했던 그의 노력은 병약한 체질을 혹사시켜, 결국 토인비는 1883년에 요절하였다(박광준, 2002). 토인비가 사망하게 되자 그를 따랐던 옥스퍼드대학교 및 캠브리지대학교의 교수와 학생들은 그의 희생을 기억하기 위해 런던 동부지역에 대학사회복지관을 세우려는 계획을 착수하였고 최초의 인보관을 설립하였다. 이들은 토인비를 기념하기 위해 인보관의 이름을 토인비 홀이라고 정하여 토인비의 영전에 헌정하였으며, 최초의 관장으로 바네트를 임명하였다(Lagana, 1986).

이러한 인보관 운동의 성격과 내용을 구체적으로 살펴보면, 다음과 같이 요약할 수 있다.

첫째, 사회문제의 근원에 있어서 인보관 운동에서는 개인의 부적응 혹은 결함으로 돌리기보다는 환경적 요소를 사회문제의 근원으로 본다는 것이다. 이는 인보관 이전의 자선조직협회와의 관점과 명백한 차이를 보이는 것이라 할 수 있다.

둘째, 이데올로기 측면에서 볼 때, 인보관 운동은 급진적 사회개혁 사상에 동조하는 경향이 있다. 이전까지 사회전반에 팽배했던 자유방임적 사상에서 사회개혁 사상으로 전환이 가능했던 것은 빈곤이라는 현실에 대한 과학적이고 실제적인 조사를 토대로 한 분명한 현실인식이 있었기에 가능했던 것으로 보인다.

셋째, 인보관 운동에 참여했던 사람들의 유형을 놓고 볼 때 대부분의 구성원들이 교육을 받은 중산층계급의 사람들이었다는 점이다. 이는 이전의 자선조직협회의 구성원들이 상류계급의 사람들이 시혜적 입장에서 행했던 활동과의 명백한 차이점이라 할 수 있다.

넷째, 사회문제에 접근방법에서 인보관 운동가들은 빈민들과 함께 거주하면서 그들의 생활에 어느 정도 동정을 하고, 기존의 사회질서에 대해서 신랄하게 비판하였다. 이는 이전까지 빈곤층과 부유층이 나뉘어져 교류가 거의 없던 상황에서 발생했던 오류를 극복하기 위해 인보관 운동가들이 택했던 방법이었다.

다섯째, 사회문제를 해결하는 데 있어서 실용주의적인 성격을 띠고 있었다. 인보관 운동은 실현가능하고 효과적인 해답을 구하려는 노력들로 이루어졌다.

여섯째, 인보관은 서비스에 역점을 두었다. 그래서 유치원 아동을 위한 클럽, 오락프로그램, 야간성인학교, 공중목욕탕, 그림전시회 등과 같은 여러 활동을 추진하였다.

일곱째, 기독교 사회개혁적인 측면을 강조했다는 것이다. 초기 인보관 활동가들은 슬럼 지역에 뛰어들어 주민들과 함께 생활하면서 그들의 복지에 저해가 되는 환경과 제도를 개선하려고 노력하였다(안재형, 1996).

4) 역사적 의의와 그 한계

(1) 역사적 의의

인보관 운동은 현대 지역복지의 기원으로 평가되고 있는데 인보관 운동이 현대 지역복지의 기원으로 평가되는 중요한 의미를 다음의 세 가지로 요약할 수 있다(박광준, 2002: 180~182).

첫째는 사회복지의 역사에 있어서 지역사회 전체를 문제의 대상으로 보고 지역사회를 기본으로 한 사회복지사업을 행한 효시가 바로 인보관 운동이라는 점이다. 물론 찰머즈의 활동이나 자선조직협회의 활동이 특정한 지역을 대상으로 한 활동이긴 하였지만 커뮤니티 그 자체를 활동의 기반으로 삼고 커뮤니티 그 자체의 생활개선을 목적으로 한 활동을 시도했던 것은 인보관 운동이 처음이었다는 것이다.

둘째는 현대의 지역복지의 관점에서 볼 때 흥미로운 것은, 이 운동이 활동의 거점으로서의 센터, 즉 인보관을 확보하고 그것을 중심으로 지역사회의 문제해결 능력을 높이려 하였다는 점이다. 더구나 이러한 센터의 운영방식은 항시 공공조직, 지역주민과의 관계 속에서 결정되었고 그것은 시대변화에 부응하여 항시 개선해갔던 것이다. 초기에는 이스트엔드 지역이 워낙 열악한 곳이었고 주민들이 자신들의 문제를 자치적으로 해결할 능력이 상실되어 있었기 때문에 주민의 참가나 나아가 주민의 자치가 기대되기 힘들었지만, 시대의 변화에 따라 지역주민의 문제해결 능력이 향상되면서 점차 이 센터를 중심으로 하여 운영에 대해서도 지역주민을 참여시키는 방향으로 발전시켜 나갔다.

셋째는 인보관 운동이 지역사회와 지역주민을 바라보는 시각이다. 인보관 운동은 주는 자의 입장이 아니라 받는 자인 지역주민의 입장과 이익을 중시한 활동이었다. 또한 위에서 언급했듯이 인보관 운영에 점차 지역주민을 참여시킴으로써 인보관이 가지고 있는 목적들, 예로 커뮤니티의 공동체적 성격을 고양하기 위해 모이는 장소, 지역주민으로 하여금 자신이 살고 있는 지역사회 문제에 대한 해결능력을 높이고 그 문제에 대한 책임감을 느끼도록 하는 장소로 만드는 것과 같은 것들을 이루려 하였다는 점이 높이 평가되고 있다.

이러한 인보관 운동은 사회개량 운동의 중심적인 역할을 다하였고, 이는 미국에도 영향을 끼쳤다. 토인비 홀에 고무된 제인 아담스Jane Addams가 1889년 미국 시카고에 헐 하우스Hull House를 세워 주로 이민자들의 생활향상에 노력하였다. 이 또한 하나의 큰 역사적 의의라고 평가할 수 있는 부분이다.

(2) 한계

이러한 역사적 의의를 지닌 인보관 운동도 1차 세계대전 후 쇠퇴기를 맞이하게 되었다. 빈곤은 여전히 존재하였으나 수적으로 감소하였고, 인보관 운동을 하려고 지원하는 대학생들도 거의 없게 되었다. 이처럼 사회개혁적이고 거시적인 인보관 운동이 현대 사회사업방법론적 의미를 상실하게 된 이유는 빈곤이 많이 줄고 지원하는 학생들이 적어진 것도 있지만 그보다 더 주요한 사실은 비록 인보관 운동이 젊은 사람들과 사회개혁가들에 매력적이었다 하더라도 전문적 사회사업의 합법적인 이념이라는 자리매김을 하는 데 있어서 어려움이 있었다는 것이다.

인보관 운동의 발전 한계성은 인보관 운동가들의 동기와 행동이 아무리 이상주의적으로 아름다웠을지라도 그것은 초기적 단계에 있는 사회개량주의가 가진 중산계급적 이상주의와 감상주의의 산물밖에 안 된다는 객관적 사실과 비판을 피할 수 없기 때문이다. 노동자계급 사람들의 사회적, 계급적 자각이 진행된 단계에서는 원형적인 이념, 형태, 방법상에서 인보관 운동은 시대에 뒤떨어진 것으로 사람들에게 부각된다는 점이다(안재형, 1996).

제8장 생각해볼 문제

1 자선조직협회와 인보관 운동이 등 민간 사회복지의 발생 원인이 어디에 있는가를 정리해보자.

2 자선조직협회와 인보관 운동의 장단점을 비교하여 보자.

3 자선조직협회와 인보관 운동 등 민간 사회복지의 한계를 살펴보고 그 해결방안에 대해 생각해보자.

제 9 장

사회조사와 사회개혁 입법

자선조직협회나 인보관 운동에서 보았듯이 진정한 의미에서의 사회개혁을 위해서는 민간 또는 국가적 차원에서 구체적인 해결방안이 제시되어야 했다. 이에 따라 영국에서는 각종 사회문제에 대한 실증적인 조사가 실시되었고, 비슷한 시기 독일에서는 세계 최초의 사회보험제도가 등장하게 되었다.

이번 장에서는 사회보장의 중핵인 사회보험의 성립과정을 포함한 여러 종류의 개혁입법에 대해서 살펴본다.

1. 사회조사

그동안 살펴본 여러 가지 제도로부터 사회보장제도로 이행해가는 과도기에 교량 역할을 한 것이 개혁적 사회입법이었다. 구빈제도가 억압적이고, 전근대적이며, 중상주의 혹은 자유방임주의를 기반으로 한 선별주의적 성격을 지녔었다면, 근대적 사회보장제도는 수급자의 권리로 수용하고, 근대적이며, 집합주의 혹은 사회민주주의를 기반으로 한 보편주의적인 성격을 띤다는 점에서 양자가 구별되며 개혁입법은 그 중간자적 성격을 지니는 것이다. 이와 같은 사회복지 성격의 변화는 빈곤문제의 원인과 책임 소재에 대한 사회의 지배적 시각이 변화하였음을 반영하는 것이며 이러한 변화에 실마리를 제공한 것이 빈곤실태에 관한 사회조사 활동들이었다.

19세기에서 20세기 초에 걸쳐 영국에서는 다양한 사회조사 활동이 이루어졌다. 1842년 채드윅의 『영국 노동인구의 위생상태 보고서』, 1851년에 3권으로 발간된 메이휴의 『런던의 노동자와 런던의 빈민』, 1886년 찰스 부스Charles Booth의 『런던빈민 및 노동자 가족조사』, 1890년 윌리엄 부스William Booth의 『극빈지역 연구』, 1901년 라운트리B. S. Rowntree의 『요크시 빈민조사』 등이 있었다. 이러한 조사들을 통해서 빈곤이 개인의 결함과 같은 도덕적 차원의 문제가 아닌, 사회경제적 구조와 결부된 사회적 문제로 널리 인식되게 된 것인데, 이들 가운데 상대적으로 영향력이 컸던 찰스 부스와 라운트리의 조사에 대해 상세히 알아본다(감정기 외, 2002: 149~150).

1) 찰스 부스의 런던시 조사

이 조사는 사회주의자 힌드만Hyndman을 중심으로 발표한 1885년의 사회조사 보고가 과장된 것임을 밝히기 위해 리버풀의 사업가였던 찰스 부스가 착수한 연구이다. 전액 자비로 실시하였으며, 연구보조원 중에는 그의 사촌이자 후에 시드니 웹의 부인이 된 포터Beatrice Potter와 주택개량 운동가로서 자선조직협회의 열렬한 후원자였던 힐Octavia Hill 등이 포함되어 있었다. 토인비 홀이 바로 이 조사활동의 본거지였다(감정기 외, 2002: 150).

찰스 부스의 조사 이전에 당시 시민들은 빈곤의 원인을 개인의 게으름이나 도덕적 결함 혹은 나태함에 있다고 보았다. 그래서 빈곤의 원인을 사회적인 시각에서가 아니라 개인의 문제에만 초점을 두었던 것이다. 그러나 부스는 이 조사 결과를 토대로 빈곤의 원인은 개인적인 문제가 아니라 사회적인 문제로 보아야 한다고 했으며, 이는 당시 시민들의 시각에 큰 변화를 가져다주었다. 부스는 빈곤의 원인이 부정기적인 취업상태에 있는 근로자가 많다는 사실과 만성적 질병 등에 있다고 보고 빈곤은 저임금과 불안정한 일자리, 계절적인 실업이나 노령, 질병, 장애, 낮은 교육

표 9-1 찰스 부스의 런던 인구 등급구분

범주	분류명	백분율(%)
A	부랑자, 주정뱅이, 준범죄자	0.9
B	임시적 일자리를 가진 사람	7.5
C	계절적 또는 일시적인 정규노동자	22.3
D	정규노동자이지만 가난한 자	
E	상당한 임금을 받는 정규노동자	51.5
F	노동자 상층계급	
G	중하계급	17.8
H	중상계급	

※참조: Junes, 1991: 61.

수준에 주목하여 빈곤의 원인이 개인적 과실이 아니라 사회정책 실패의 결과라는 증거를 제시하였다.

부스는 새롭고 조직적인 통계학 기법을 응용하여 면접 요원들을 고용하고 노동자들의 직업생활, 노동조건, 작업시간과 임금, 실업에 관하여 조사를 하였다. 또한 이 조사는 빈민들에게만 한정된 것만이 아니라 노동자 가족들도 포함시킨 조사였다. 그는 『런던 노동자계층의 생활』이라는 17권의 보고서를 발표하였는데, 이 조사에서 부스는 런던 시민을 8개 계급으로 분류하였다. 조사 결과 빈민층이라고 생각되는 A~D 범주까지의 합이 무려 30.7%나 되는데 이는 런던 시민의 약 3분의 1이 빈민이라는 것을 의미한다(〈표 9-1〉 참조).

찰스 부스의 런던시 조사는 특정 신조나 이념에 구애되지 않고 객관적이고 과학적 방법으로 사실 파악을 통한 기초자료 제공에 주력하였다는 점에서 그 가치를 인정받는다. 그리고 이 조사를 통하여 빈곤문제에 대한 많은 사람들의 사고방식 변화에 큰 영향을 줌으로써 신구빈법을 공략한 대표적인 조사로 평가받게 된다(감정기 외, 2002: 150). 하지만 그의 조사에는 한계점들이 있다. 조사의 범위가 불분명하였고, 런던시 전체를 조사한 것이 아니라 런던 동부만 조사하여 범위가 한정적이었으며, 대상을 확대하였지만 런던 전체를 대상으로 하지는 못했다. 빈곤선에 관한 조사에서도 가족의 크기 및 그 가족의 연령은 포함되지 않았고, 빈곤에 관한 정의도 정확하지 않았다는 점에서 지금의 관점에서 볼 때에는 한계가 있다.

몇 가지 한계점이 있음에도 불구하고 부스의 빈곤조사가 당시 시민들의 생각에 고정관념이나 다름없었던 빈곤에 대한 생각에 변환점을 가져다 준 것은 부인할 수 없는 일이다. 당시 시민들이 생각하고 있던 빈곤의 원인과 부스의 조사 결과에 따른 빈곤의 원인은 전혀 다른 관점이었기 때문이다. 당시 시민들은 나태함이나 성격결함 등 개인적인 문제에서 빈곤의 원인을 찾았지만 부스는 실업과 질병, 불안정한 일자리에 빈곤의 원인이 있다고 보았다. 즉 빈곤이 개인의 문제라고만 여겨졌던 사회통념에 반해, 부스의 조사는 사회개혁의 필요성과 대책을 암시하였다는 점에 그 의의가 있다.

2) 라운트리의 요크시 조사

부스의 작업에 가장 영향을 많이 받은 사람은 라운트리였는데, 그는 초콜릿 회사를 운영하는 사업가였으며 퀘이커 교도였다. 라운트리는 런던의 빈곤문제와 요크시의 빈곤문제가 같은가에 의문을 갖고, 부스처럼 자신이 사는 요크시를 대상으로 조사하기로 마음먹었다. 라운트리는 요크시를 전형적인 지방도시로 생각하고 있었는데 그 이유는 요크시는 특수한 산업이나 고임금의 기업도 없는 평범한 지방 소도시인 동시에 역사적인 도시이고 다른 도시에 비해 여러 가지 사회문제를 안고 있었기에 조사를 실시하기에 적당한 규모의 도시였다.

라운트리도 부스처럼 양적 접근방법을 이용하였다. 그러나 부스는 상층계급(적어도 1천 명 이상의 하인을 둔 사람)을 조사 대상에 포함시켰지만 라운트리는 상류층 세대, 즉 가사를 도와주는 하인이 있는 세대를 조사대상에서 제외시켰다는 점에서 부스의 조사와 차이가 있다. 라운트리는 노동자 전체를 조사하였고, 부스의 조사결과를 세밀히 검토하여 보다 더 정확한 방법으로 조사하였다.

라운트리는 부스와 다르게 빈곤선의 개념을 확장하여 빈곤을 1차 빈곤과 2차 빈곤으로 구분하였다. 1차 빈곤은 가족의 소득이 생물학적 효율성을 유지하기에도 부족한 수준, 즉 기초 생필품을 구입할 능력도 안되는 수준을 뜻하며, 2차 빈곤은 기초생필품을 구입할 능력은 있지만 소득의 일부를 다른 용도로 사용하는 경우(다른 용도는 도박이나 음주처럼 나쁜 용도에 쓰이는 것이 아니라 주거이전, 노조 조합비, 통근비)를 말한다. 또 부스는 빈곤선이 가정환경에 따라 다를 것이라고 생각하였지만 라운트리는 이를 더 상세히 하여 당시 지방정부에서 제시한 식품 목록에 입각하여 식품의 가격을 조사하였다. 임대료, 의복비, 연료비도 조사하고 가족의 크기와 연령도 조사하였다. 교통비, 통신비, 음악회비, 교회헌금, 이웃과의 교제비, 질병치료, 저축 등은 인정하지 않았고, 자녀에게 주는 구슬, 과자 혹은 아버지의 담뱃값이나 맥주비용도 포함시키지 않았다. 이렇게 해서 라운트리의 조사 결과는 1차 빈곤선 이하에 처한 시민은 9.9%, 2차 빈곤선까지 포함하면 전 주민의 27.8%가 빈민이었다.

라운트리는 이러한 사실 외에 주택, 빈약한 위생시설, 과밀한 주거환경 등에 관한 자료도 제시하였다. 그런가 하면, 첫 조사 후 같은 조사를 두 번 더 실시하여 1936년 『빈곤과 진보*Poverty and Progress*』, 1960년 『빈곤과 복지국가*Poverty and Welfare*』 등을 발표함으로써 종단적 변화를 보여주는 시계열적 연구로 가치를 인정받고 있다(감정기 외, 2002: 152).

결과적으로 보면 라운트리는 역시 부스와 마찬가지로 사회경제의 구조적인 결함을 제시하였다. 당시 노동자의 평균 임금으로는 자녀 3인 가족의 생계를 유지할 수 없을 정도였고 숙련공이 아닌 노동자의 임금은 처음부터 빈곤선 이하에 처할 수밖에 없다고 제시하였다. 또한 노동자의 '빈곤의 순환'을 지적하였는데 노동계층의 수입은 장기에 걸쳐 풍성할 만큼 저축을 할 수 없고 개인이 근검절약해서 상호부조를 한다고 해도 그것은 일시적인 해결일 뿐 빈곤순환의 근본적인 문제해결과는 거리가 멀다고 보았다. 또 라운트리의 보고서를 통해 당시의 주택, 빈약한 위생시설, 과밀한 주거환경 등을 살펴볼 수 있다. 라운트리의 빈곤조사는 노령, 실업, 건강, 최저임금 등에 관한 입법과 정책의 필요성을 일깨워주었다.

3) 국민최저수준

사회조사에 의한 빈곤의 발견으로 구빈정책상의 근본적인 개혁이 일어나지 않을 수 없게 된다. 그러한 개혁의 이론적 근거가 되었던 것이 포터의 '국민최저수준National Minimum Standard'과 '국민적 효율National Efficiency'의 개념이다. 부스의 사회조사는 포터(후의 비아트리스 웹Beatrice Webb)에게 큰 영향을 주었다. 그녀는 런던의 부두노동자와 이스트엔드의 여성노동자를 조사하였다. 그 결과 그녀는 모든 산업은 소비자에 의해, 그리고 소비자의 공동이익을 위해 통제되어야 한다고 했다. 또 그녀는 남편인 시드니 웹과 함께 1894년 『노동조합사*The History of Trade Union*』와 1897년 『산업민주주의*Industrial Democracy*』 등을 발표하였는데, 여기에는 국민최저수준이란 용어가 사용되었다.

그녀는 소비자에 의한 산업의 통제를 중요시했으며, 동시에 런던 동부지역의 실태를 조사하여 저임금과 열악한 노동조건이 야기한 폐해를 폭로하면서 국민최저수준을 제안하였다. 즉 그녀는 이와 같은 병폐를 제거하기 위해 모든 노동자들에게 일정한도의 최저고용조건을 확보할 수 있도록 자본주의 기업을 통제하지 않으면 안 된다고 하였다. 이와 같은 통제는 노동조합의 단체교섭에 의해서, 또는 노동조합이나 그 지지집단의 압력에 의해서 제정된 입법으로 실시되어야 한다고 했다. 국민최저수준의 사상은 국민적 효율의 향상과 직결되기 때문에 정당화될 수 있으며, 표준조건 이하의 산업, 특히 고한산업sweating industry은 국민경제의 기반에 기생해서 성장하려는 것이기 때문에 저임금의 노동계층을 약화시켜 산업의 효율화를 방해하므로 이러한 고한산업은 폐지되어야 한다고 보았다.

웹 부부는 국민최저수준과 효율화는 산업계의 공동과제이며, 따라서 기업과 노동자는 어떤 공동규칙을 만들 필요가 있다는 것이다. 이 공동규칙은 각 산업이 지키지 않으면 안 될 최저기준을 의미한다. 즉 임금률, 노동시간, 안전, 위생 등 노동자의 생활전반이 일정수준 이하로 내려가서는 안 되는 최저수준의 규칙을 형성해야 한다는 것이다. 이 최저기준을 확보한다는 것은 고한산업 분야에서 일하고 있는 노동자를 보호하거나 아동노동을 금지하고 여성노동을 제한하는 것 등과 함께 기업의 입장에서도 양질의 노동력을 확보하는 것이며 건전한 자본주의 발전에 도움이 된다는 것이다. 또 노동조합이 고용조건에 대하여 산업 간의 공동규칙을 강제하는 것이 중요하다. 이러한 공동규칙의 강제에 의해 국민최저수준은 국민적 효율을 향상시킬 뿐만 아니라 시민생활의 안정과 향상으로 연결된다는 것이다. 이후 국민최저수준이라는 용어는 모든 국민이 그 이하로 내려가서는 안 된다는 최저생활보장과 관련된 의미로 사용되었다(이강희 외, 2006: 136~138).

4) 그 밖의 사회복지 조사

도시화와 산업화로 인한 빈곤은, 주택 범죄 등의 사회문제가 발생하게 되었고, 이와 같은 제 문제를 해결하기 위해 과학적인 연구조사가 실시되었다. 사회복지조사의 역사를 세워 온 선구자들의 활동을 요약하여 제시하면 다음과 같다.

(1) 영의 조사

영A. Young은 1767년 『영국 국민에게 보내는 편지』라는 자신의 저서를 통해 농부들의 생활비와 가계조사를 기초로 하여 당시 이들의 생활상을 구체적으로 묘사하였다. 영은 농업혁명가로서 자신의 경험을 바탕으로 조사를 실시하였고, 특히 농업개혁을 위해 자료를 수집한 최초의 인물로 평가되고 있다.

(2) 하워드의 조사

하워드J. Howard는 사회개혁가로서 최초의 사회사업조사를 실시하였다. 그는 영국의 한 지방 최고집행관으로 근무하면서 미결수들이 재판에서 무죄판결을 받았음에도 불구하고 다시 교도소로 수감되는 사실에 대해 그 원인을 조사하였다. 그는 여생을 교도소의 조건과 환경개선에 관심을 두면서 교도소의 개량을 위한 조사를 실시하였다.

(3) 르플레이의 조사

르플레이F. Leplay는 자신의 저서인 『유럽의 노동자(1855)』에서 유럽에 거주하는 노동자계층의 가계조사를 실시하였다. 그는 사회개량이 반드시 사회조사에 근거하는 자료를 통해 이루어져야 한다고 강조하였으며, 또한 노동자들의 가계조사를 근거로 국민 삶의 내용을 결정해야 한다고 주장하였다. 특히 그는 사회조사의 타당도를 확인하기 위해 조사대상가족의 주변사람들에게 다시 질문하는 방법을 시도하였다.

(4) 딕스의 조사

딕스D. Dix는 미국 사회개량의 선구자로서 정신장애자들 보호에 공헌한 바가 크다. 그는 캠브리지 동부지역에 있는 형무소를 방문하여 정신이상이 있는 여성들이 불결하고 난방이 되지 않는 감옥 속에 수감되어 있는 모습을 보고 충격을 받았다. 이것이 동기가 되어 형무소의 실태조사에 착수하여 시설조건과 환경 사이의 문제점을 발견하게 되었고, 또한 형무소 운영자와 수감자를 대상으로 직접 면접조사를 실시하여 당시의 비참한 상황을 알리기 위해 주 의회에 탄원서로 제출하였다. 이후 주 의회에서는 이들 정신장애자를 위한 긴급구호령을 통과시켰으며, 이후에도 그는 다른 주에 관심을 기울여 정신장애자와 박약자에 대한 실태조사를 확대해나갔다.

(5) 헐 하우스

아담스는 인보관인 헐 하우스를 개관하여 외국에서 이주해 온 사람들의 생활상에 관심을 갖고 조사하였다. 특히 산업체의 여건, 연소 근로자, 비행청소년, 주택, 위생 등에 대한 실태조사를 중심으로 중요한 자료를 만들었다. 이와 같은 실태조사 자료는 연방 아동국이 전 미국의 아동복지 상황에 대한 연구를 실시하는 데 귀중한 기초자료가 되었다.

(6) 피츠버그

켈로그P. Kellog는 미국의 급격한 도시공업화로 인해 초래되는 사회문제를 규명하고 그 대책을 간구하려는 목적에서 1907년 피츠버그의 조사를 실시하였다. 그는 당시 사회문제의 상황을 파악하는 것은 물론 사회적, 경제적 실태의 원인적 요인을 조사하였으며, 그 조사 범위는 노동자 임금, 노동시간, 직업사고 등 산업체의 모든 여건과 주택, 위생시설, 공공교육, 범죄, 여가생활, 가정형편 등의 매우 포괄적인 내용을 조사하였다(박용순, 2000: 184~187).

2. 자유주의적 사회개혁

1) 구빈법 왕립위원회

19세기 말에서 20세기 초에 등장한 사회입법들은 빈곤관 변화와 빈곤에 관한 과학적 조사 등을 통하여 적극적 국가개입에 대한 근거가 마련되기는 했지만, 300년간 지속되어 온 구빈법에 대해서는 여전히 논란이 많았다.

1905년 보수당 정부는 발포어Auther Balfour 수상이 물러나기 직전에 '구빈법과 빈곤의 구제에 관한 왕립위원회Royal Commission on the Poor Laws and Relief of Distress'를 구성하였다. 왕립위원회는 보수당 정부에 의해 설치되었지만 선거에서 승리한 자유당 정부 하에서 그 활동을 하게 되었다. 처음 보수당 정부가 위원회를 설치하게 된 배경은 실업자 구제를 둘러싸고 구빈법 행정이 심각한 위기에 직면하고 있었기 때문이었다. 그리고 1894년의 선거법 개정, 빈곤에 대한 새로운 해석, 육체적 건강유지에 충분하지 않으면 구제효과가 없다는 인식 등과 같은 사회변화는 구제억제라는 전통적인 구빈행정의 실효성에 의문을 갖게 하였다. 따라서 사회개혁에 대한 일반국민의 기대는 더

페이비언협회

페이비언협회는 영국의 사회주의운동으로 혁명적 방법보다는 계몽과 개혁을 통한 이념실천을 활동방법으로 하였다. 협회의 활동과 사상은 영국 노동당의 기초가 되었으며 영국식민지의 독립, 특히 인도의 독립 등에 영향을 미쳤다.

페이비언협회는 1884년 1월 4일 런던에서 설립되었는데 1883년 설립된 '신생활회(The Fellowship of New Life)'의 멤버들 중 몇 명이 따로 떨어져 나와 설립한 단체이다. '신생활회'는 청빈한 삶, 즉 자발적인 가난의 실천을 통해 사회를 바꾸어 보자는 목표를 가지고 설립되었는데, 몇몇 회원은 사회개혁에는 정치적 개입이 필요하다고 보고 따로 모여 페이비언협회를 조직하였다.

혁명적인 변화보다는 점진적인 개혁을 통한 사회변혁을 주장했던 이 협회의 이름은 고대 로마의 장군인 파비우스 막시무스의 전술에서 비롯되었는데 파비우스는 카르타고의 장군 한니발의 침입에 맞서 전면전보다는 지구전 전술을 구사했다는 것에서 유래하였다.

페이비언협회는 자유무역에 반대했고 국제경쟁에서 이익을 보호하는 보호무역주의를 선호했으며, 토지의 국유화를 주장했다. 1900년 영국 노동당의 창립에 수많은 협회회원이 참여했고 협회의 강령은 노동당 강령의 모태가 되었다. 사회민주주의 정책과 영국 노동당 정책에 가장 큰 영향을 미쳤다.

욱 증가되었고 구제억제 정책으로는 해결할 수 없는 사회문제가 존재한다는 것을 인식하게 되었다.

이와 같은 시대적 상황에서 왕립위원회는 빈민구제와 관련된 모든 법률들의 실시 상황과 불황기 고용문제에 대처하기 위해 활동하였으며, 이 위원회의 설치는 사회문제에 대한 국가의 개입을 의미하는 것이다. 따라서 구빈법 체제는 이제는 시대에 뒤처진 제도로서 빈곤의 구제에 별다른 영향을 미치지 못하고 있음을 인정하게 된 것이다(Bruce, 1968).

위원회는 해밀턴Lord George Hamilton을 위원장으로 하여 구빈위원, 경제학자, 종교인, 지방자치청의 관료, 자선조직협회 회원, 페이비언협회Fabian Society의 회원, 노동계 대표 등으로 구성되었다. 해밀턴을 비롯한 15명의 의원이 다수파, 챈들러 등 4명의 의원이 소수파로 분류되었으며, 이들의 입장은 처음부터 서로 달랐다. 이들은 신구빈법이라는 제도를 개혁해야 한다는 필요성에는 공감했지만 그 정도와 방향은 서로 달랐다. 결국 다수파와 소수파가 각각의 보고서를 제출하는데, 특히 소수파의 보고서는 복지국가의 제도적·사상적 기반 제공에 큰 영향을 주기도 하였다.

다수파의 보고서는 빈곤의 원인과 책임을 개인적인 특성으로 생각했기 때문에 자립가능한 빈민에 대해서는 동정적으로 관대한 원조를 하는 데 찬성했지만 만성적 빈곤자에 대해서는 강력한 조치를 취할 것을 주장했다. 다수파는 구제억제를 폐지하지 말고 다만 그 정도를 완화할 것을 주장하였다. 반면 소수파의 주장은 구빈법 폐지와 노동시장의 공적 조직화로 요약된다. 구빈법 폐지안은 빈곤이 개인적인 것이 아니라 사회가 해결해야 할 문제이기 때문에 빈민에 대한 개별적인 접근과 대책을 모색해야 하며, 지방당국에서 빈곤의 구제뿐만 아니라 예방도 가능하다는 논리에서 접근하였다.

지금까지 살펴본 것처럼 다수파와 소수파는 기존의 구빈법 체계가 많은 문제점을 가지고 있으므로 개혁이 필요하고 개혁의 방향은 빈곤에 대하여 예방적이고 치료적이어야 한다는 점에서는 일치된 의견을 갖고 있었다. 그러나 결정적인 차이는 다수파가 구빈법의 확충과 강화 그리고 인도주의적 개선에 의해 예방적·치료적 효과를 높이는 것을 주장하는 것과 달리, 소수파는 구빈법을 폐지하여 그 기능을 각각의 공공위원회 당국에 이관함으로써 문제를 해결하려고 했다는 점에서 큰 차이가 있다.

집권당인 자유당 정부는 양 보고서의 권고 중 어느 것도 법제화하지 않았다. 보고서가 제출된 1909년의 상황은 1905년 왕립위원회 설립 당시와 비교할 때 상당한 변화가 이루어지고 있었기 때문이다. 1906년 출범한 자유당 정부는 이미 독자적인 노선에 따라 사회개혁을 추진하고 있었다.

2) 개혁입법의 등장

구빈법 왕립위원회가 사회복지의 발전에 대한 개혁적인 방법을 추구하고 있을 때 영국에서는 여러 가지의 입법들이 나타나게 된다. 이 시기에 나타난 개혁입법의 등장에 대한 배경을 요약하면 다음과 같다(감정기 외, 2002: 152~154).

첫째, 자본주의의 발전에 따라 사회의 지배적 계급관계의 축이 지주와 농업노동자의 관계로부터 산업자본가와 산업노동자의 관계로 전환되었다. 이로 인해 중심적 사회문제들은 자본제적 모순을 반영한 새로운 사회문제들로 대체되어 갔다. 또한 의학기술의 진보에 따른 사망률의 감소와 이에 의한 노령인구의 증가도 새로운 사회문제로 부각되기 시작했다.

둘째, 앞에서 언급한 각종 사회조사 활동을 통해 빈곤의 실태와 원인에 대한 사회적 인식이 변화하였고, 이에 따라 빈곤문제에 대응하는 원칙에 대한 시각도 변화

표 9-2 영국의 개혁입법

법 률	제정연도	주요 내용
노동쟁의법	1906년	노동조합파업, 경영상 손실손해배상 면책
교육(아동급식)법	1906년	학교급식 무료제공, 일반 아동에게도 학교급식
교육(아동보건)법	1907년	초등학생 신체검사의무화, 질병치료 제공
노동자보상법	1907년	산업재해에 대해 고용주 책임
노령연금법	1908년	70세 이상 노령자에 대한 무갹출 연금
아동법	1908년	아동보건확보, 아동의 흡연금지, 비행소년형무소
탄광규제법	1908년	탄광노동자 노동시간 8시간 규정
보호관찰법	1908년	범죄자에게 일정한 보호관찰 실시
직업소개법	1909년	지역실업자 취업알선
최저임금법	1909년	임금위원회 임금교섭, 최저임금 확립

되었다. 말하자면, 산업화 초기단계의 축적을 뒷받침하였던 자조와 윤리의 자유방임적 대응은 사회적 지지를 잃게 되었을 뿐만 아니라 실효성도 떨어지게 되었다는 것이다.

셋째, 시민권의 확장을 들 수 있다. 남성노동자들에 대한 보통선거권의 부여로 노동자들의 정치적 권리가 확대된 것을 가리킨다. 이러한 변화는 노동자들의 움직임이 정치적 부담요인으로 대두되기 시작하였음을 의미한다. 이와 함께 노동운동이 발달하고 거기에 사회주의 사상의 영향이 확산됨으로써, 노동운동이 정치적이면서 사회주의적 성격을 띠게 된 것도 중요한 변화였다.

넷째, 국민최저수준의 개념이 대두되었다는 점을 들 수 있다. 국민최저수준의 개념은 찰스 부스와 함께 빈곤연구에 참여했던 포터가 개인적으로 주장하기 시작하여, 1890년대 이후에는 페이비언협회의 공식 슬로건으로 발전하였다. 이것은 임금을 포함한 생산, 여가, 위생, 교육 등 노동자 생활의 포괄적 영역에서 최소한의 수준은 보장되도록 정책적으로 뒷받침되어야 한다는 시각이다.

다섯째, 현실적으로 자유당이 집권당으로 등장한 점이다. 1906년 총선에서 356개 의석을 차지하게 되었던 것이다.

이러한 상황 변화를 배경으로 여러 사회입법들이 마련된 일을 통상적으로 자유주의적 개혁이라 부른다. 이때 만들어진 주요 법률들은 사회보험제도를 포함해서 노동자의 파업을 합법화한 '노동쟁의법(1906)', 지방행정 당국으로 하여금 초등학교 아동에게 급식을 할 수 있게 한 '교육법(1906)', 아동들의 신체검사와 치료를 받을 수 있게 하여 구빈법의 원리를 벗어난 최초의 건강 관련 제도로서 후에 국민보건서비스National Health Service, NHS의 출발이 되었다고 볼 수 있는 '교육법(1907)', 위험한 직종에 종사하는 노동자의 산업재해에 대해 고용주가 책임지도록 한 '노동자보상법(1907)', 아동의 생명보호와 학대예방 및 청소년 비행에 관한 조치 등을 규정하여 아동의 독자적 인간으로서 권리를 인정한 '아동법(1908)', 범죄자가 일정한 보호관찰 조치에 따라 지역사회에 거주하면서 도움을 받을 수 있도록 한 '보호관찰법(1908)', 구직자들에게 직업관련 정보를 제공할 전국적 네트워크 구성을 규정한 '직업소개법(1908)', 저소득 노인에 대한 무갹출 원칙의 '노령연금법(1908)', 탄광노동자의 8시간 노동을 규정한 '탄광규제법(1908)', 노동조건이 열악한 산업을 지정하여 임금위원회를 설치하게 하고 임금위원회가 정한 최저임금이 법적 구속력을 갖게 한 '최저임금법(1909)' 등이 그 대표적 예이다.

3. 사회보험제도의 성립

자본주의는 노동력을 공장으로 흡수함으로써 부랑자 문제를 근본적으로 해소하는 대신 프롤레타리아트proletariat(무산계급)라는 새로운 계급을 출현시켰고, 실업자라는 새로운 사회문제를 야기했다. 이에 대한 대응책으로 등장한 것이 사회보험이었다. 구빈법이 봉건적인 국가정책이라면 사회보험은 자본주의적인 사회복지정책이다. 사회보험은 사회적 위험, 즉 산업재해, 노령으로 인한 정년퇴직, 각종 질병, 실업 등의 위험에 대응하기 위해 만들어졌으며, 그 주된 대상자가 프롤레타리아트(후에 화이트칼라와 도시 및 농촌의 자영업자 계층에게로 확대되었지만 사회보험의 도입 초기에는 산업노동자만을 대상으로 함)였고, 재정을 자본가, 노동자, 국가 등 삼자가 부담한다는 점에서 가장 대표적이고도 전형적인 자본주의적 복지정책이다. 따라서 자본주의의 출현과 발전에 따라 사회보험이 등장한 것은 필연적이었다.

사회보험 시대는 19세기 말에서 20세기 중반까지 비교적 짧았지만, 이 시기는 분명 진정한 의미에서 사회복지정책이 시작된 시기였다. 자본주의는 시장과 이윤 동기가 모든 것을 주도하였으며 구매력을 갖지 못한 사람은 인간의 기본적인 욕구조차 충족하기 힘들게 되었다. 이렇게 시장이 큰 비중을 갖게 되자 기본적인 욕구충족 또는 사회적 재생산을 위한 새로운 제도의 출현이 불가피해졌다(원석조, 2006).

1) 독일

(1) 사회보험의 성립배경

① 비스마르크의 정책

비스마르크는 산업화가 진행될수록 노동조합은 견고해지고 노동운동은 점차 과격해지는 등 사회주의 세력의 정치적 진행에 상당한 위협을 느끼게 된다. 그리하여 1878년 사회주의자진압법을 통해 사회주의운동을 탄압하면서 비스마르크는 제국의 보수성을 강화했다. 다른 한편으로는 사회주의 통합운동에 가담하지 않는 노동자에 대한 복지향상을 도모함으로써 경제적 약자에 대해 국가가 보호자로 자처하고 나섰다. 이것이 바로 비스마르크의 채찍과 당근으로 표현되는 강경책과 온건책 중 온건책에 속하는 사회입법이다. 실업보장, 노후보장, 질병보호, 폐질자의 생계보장 등 사회보험의 형태로 나타난 비스마르크의 정책은 겉으로는 사회문제를 해결하려는 노력의 일환으로 보이지만 비스마르크의 정치적, 전략적인 동기가 더 크게 작용한 소위 정치보험이라고 할 수 있다. 즉 강경책과 온건책 모두 빠르게 성장하는 노동자계급에 대해 사회민주주의 세력이 행사하는 영향력을 무력화시키기 위한 견제적 조치이자 사회주의 강압책에 대한 보충적 조치였던 것이다.

② 산업화

독일은 뒤늦게 산업화를 시작하게 되면서 다른 나라에 비해 급속한 산업화가 진행되었고 이에 따라 사회적 및 정치적 근대화에 있어서 선발 산업국가의 경험에 힘입어 초기 단계를 생략하고 출발할 수 있었다는 것이 독일에 유리하게 작용했다. 즉 경제적 낙후성이 사회적 진보에 밑거름이 되었던 것이다.

보다 거시적으로 보았을 때 영국이나 프랑스에서는 자유방임주의 사상이 팽배하여 국가의 간섭이 곧 개인의 자유를 침해하는 것으로 이해된 반면, 독일은 국민의 복지와 사회통제를 제고하기 위한 국가의 역할과 기능이 오랜 세월 동안 중요시되어 왔다. 물론 19세기 전반 독일에서도 자유방임주의적 사상이 득세했지만 사회 및 경제에의 국가적 개입정책만은 고수해왔다. 이는 독일의 사회과학에서 시민의 자유 보장이 사회문제를 해결하는 기반이 될 수 없고 그 해결을 위해서는 간섭적, 이해조정적 사회정책이 필수적이라고 주장했다는 것에서도 그 근거를 찾을 수 있다.

③ 노동운동의 변화

독일 사회보장의 역사적 근원은 19세기 후반으로 소급된다. 영국과 프랑스에 비해 산업화의 출발이 늦었던 독일은 1871년 비스마르크Otto von Bismarck가 국가통일을 이룩한 뒤 프랑스와 영국을 제치고 압도적으로 눈부신 경제발전을 이루게 된다. 그러나 이에 따라 노동자의 수도 대폭적으로 증가하게 되면서 노동문제가 새롭게 등장하였다. 고전적인 절대적 빈곤은 점차 해소되었으나 불공정한 분배와 도시화에 따른 주택난 및 심한 물가고에 기인한 노동자계급의 열악한 생활조건은 심각한 사회

비스마르크(1815~1898년)

무인의 집안에서 기병장교의 6남매 중 넷째 아들로 태어났으며, 어릴 때부터 활동적이고 괴팍했다. 베를린대학에서 법률을 공부하였으며, 1862년 프로이센 왕국의 재상이 된 후 군비확장을 강행하여 '철혈재상'으로 불린다. 왕권을 수호하기 위해 부르주아지들과 맞섰으며, 1871년 독일제국의 재상이 되어 자본주의 발전을 주도한다. 1878년에 '사회주의자진압법'을 제정하기도 했으나, 곧 강단사회주의자의 주장을 받아들여 사회보험제도를 도입하게 되었다.

문제를 초래하였다. 이를 배경으로 정치·경제·사회 등 모든 영역에서 소외되고 차별을 당하던 노동자들이 계급의식에 눈뜨면서 노동운동은 사회주의 운동으로 나타났다. 마침내 노동운동이 정치세력과 결탁되면서 노동문제는 기존의 체제를 위협하는 심각한 정치적 문제로 등장하게 된 것이다.

노동계의 일련의 세력화는 단기적으로는 국가의 회유적 사회정책을 낳게 한 원인이 되었고, 장기적으로는 독일 사회복지 발전기에 중추적 역할을 한 사회민주당의 탄생을 가져왔다. 이에 노동계급 최초의 전국적 정치조직으로 볼 수 있는 독일 노동자총연맹이 1863년 라살레Ferdinand Lassale의 주도하에 결성되었으며, 1875년 라살레주의와 마르크스주의는 통합하여 사회민주당을 설립하였다. 선거에서 독일 사회민주당은 성공적인 지지를 받았으며, 이러한 노동운동의 성장과 정치세력화는 당시의 귀족이나 자본가에게 위협의 대상이 될 수밖에 없었다(박호성, 1989).

세계 최초로 독일에서 사회보험이 출범하게 된 것은 그 당시 사회주의 운동의 고양에 대한 반응이었으며, 그 내용은 국가와 노동자 간의 직접적인 유대를 창출할 수 있는 방향성을 담으려는 것이었다. 이와 같은 독일 사회보험의 입법화 과정은 정치실권자의 판단과 의지가 직접적으로 작용하여 강제적으로 적용시킨 권위주의적 개혁의 성격을 지니고 있다.

(2) 사회보험제도의 내용 및 특징

① 산업재해보험법

비스마르크는 1880년 산업재해보험법의 초안을 작성하도록 하고 제국보험공단을 설립하도록 하였다. 그는 산업재해의 보상 책임을 자본가가 아닌 국가가 지고, 국가의 직접적인 보조가 필요하며 사보험회사가 국가의 책임 영역에 들어오는 것을 허용할 수 없다하여 국가보조금을 매우 중시하였다. 또한 이로 인해 노동자가 국가

표 9-3 독일의 산업재해보험

적용대상	특정 직종에 종사하는 임금노동자로 연소득 2,000마르크 이하	
급여체계	현물급여	요양급여: 재해로 인한 치료, 입원 투약 등
	현금급여	일시장애급여: 재해 전년도 일일평균 소득의 300배
		영구장애급여: 재해 전 소득능력과 장애정도에 따라 지급
		장제비: 연 소득의 1/15수준
재정	고용주 단독 기여	
관리운영	직업별 협동조합에 의한 자율적 운영	

에 통합될 수 있다고 확신하였다. 그러나 이는 노동계의 좌파지도자, 사회주의자, 보수적인 자유주의자 등 좌파와 우파 양쪽에서 큰 비판을 받아 의회를 통과하지 못했다. 비스마르크는 사회보험의 재정을 주로 자본가들에게 부담시키면서 노동자들의 충성심을 국가로 유도하는 동시에 사회보험 기구 속으로 모든 계급을 편제화하여 의회를 무력화시키려고 하였다. 의회는 이를 간파하여 1884년이 되서야 통과시켰다. 이 산업재해보험법은 노동자들을 완전히 배제한 채 자본가들이 산재보험의 조직을 장악하도록 만들어졌다. 대신 자본가들은 제국보험공단의 운영비를 제외한 모든 비용을 부담해야만 했다.

② 의료보험

의료보험이 독일에서 처음으로 등장한 시기는 1883년으로 질병의 조기 발견과 예방·치료, 질병 후의 건강 보장 및 소득 보장을 위한 부조, 임신·분만에 대한 부조, 아동 교육을 포함한 가사부조, 농업 경영을 계속할 수 있도록 하기 위한 경영부조, 사망에 대한 현금 지급 등이 포함되었다. 비스마르크는 원래 질병보험에는 관심이 없었는데, 이는 의료보험이 노동자들에게 주는 원조는 단기적인 성격이므로 노동

표 9-4 독일의 의료보험 – 질병보험법

구분		
적용대상	일당 6과 2/3마르크(연수입 2,000마르크) 이하의 임금노동자로 광산, 간척공사장, 채석장, 철도, 공장 및 각종 수공업 종사자	
급여체계	현물급여	요양급여: 질병, 재해로 인한 치료, 입원 등
	현금급여	질병수당: 질병발생 후 4일~26주까지 평균 일당의 1/2수준으로 지급
재정	소득 수준에 따라 임금의 3% 이내에서 분담	
	고용주 1/3, 노동자 2/3 기여	
관리운영	지역·직종에 따라 구성된 질병금고의 자율적 운영	

자와 국가와의 유대를 진작시키는 데 효과가 없을 것이라고 생각하였기 때문이다. 따라서 의료보험은 쉽게 의회를 통과하여 세계 최초의 사회보험이 되었다. 이 법에 의해 중앙집중식 관리기구를 두는 대신에, 질병금고sickness funds, 지역질병금고local sickness funds, 교구금고parochial funds를 만들어 관리하였다. 질병금고(직장 및 직종 의료보험)는 이미 질병급여를 제공하고 있었던 기존의 길드, 공장, 기업 및 상호부조 조직이 중심이었고 지역질병금고(자영인 의료보험조합)는 자영인인 소매업자를 대상으로 하였다. 마지막으로 교구금고(지역 의료보험조합)는 여기에 가입할 수 없는 사람들이 대상이었다. 보험료는 통상 노동자가 2/3, 사용자가 1/3을 분담하도록 했다.

③ 연금

비스마르크는 국가의 연금을 수령하는 국민들이 많다면 그들이 국가에 충성하고 사회를 통합할 수 있을 것이라 생각하여 장기보험인 연금보험에 관심을 두었다. 그리하여 1889년 노령·폐질보험이 시작되어 직접적인 국가 보조가 행해졌다. 하지만 조합주의적 조직을 강화하는 데에는 실패하였다. 보험부담금은 노사 양측이 각각 절반씩 부담하도록 하였다. 이는 노동자들의 불만을 감소시키고 노동자들을 국가

표 9-5 독일의 노령 · 폐질보험

적용대상	특정 직종에 종사하는 16세 이상의 임금노동자로 연소득 2,000마르크 이하인 자
급여체계	노령연금: 최소 30년 기여 후 보험연수·금액에 따라 지급
	폐질연금: 5년 이상 기여 후 기본보험금+국가보조금
	유족연금: 미망인과 15세 미만 자녀에게 지급
재정	소득 수준에 따라 결정된 보험료를 고용주·노동자가 1/2씩 부담
	일률적으로 50마르크의 국가보조금 지급
관리운영	제국보험청과 31개의 지방보험국
	고용주와 노동자 동수로 구성되는 조합위원회
	각 조합단위로 자율적인 운영, 상급단체는 감독을 함

에 결합시킴으로써 기존의 사회질서의 안정에 이해관계를 같이 하도록 하는 데 목적을 두었다. 그러나 이 법에 따르면 소득 수준이 낮은 노동자 및 사무원들도 보험에 가입해야 했기 때문에 실제적으로는 도움이 되는 것이 아니라 부담이 되었다.

(3) 사회보험에 대한 반응

① 자본가의 입장

비스마르크의 사회보험에 대해 자유주의적 자본가들은 반대하였다. 사회보험의 사용자 부담분이 이들에게 경영상의 큰 짐이 되지 않을 수 없었다. 그리고 산재율이 낮은 기업들과 수출지향적인 기업들도 반대하였는데, 수출산업의 경우 사회보험을 시행하고 있지 않은 외국 기업과의 가격경쟁에서 불리해지기 때문이었다. 또한 극단적 자유주의자와 극단적 보수주의자들도 반대하였는데, 이들은 사회보험의 강제성을 수용할 수 없었다. 이에 대한 해결책을 자유주의자들은 자조에서 찾으려 하였고, 보수주의자들은 사적 자선에서 찾고자 하였다.

반면에 독일 독점 대기업은 사회보험의 도입에 찬성했는데 이는 정치적으로 약진하면서 더욱 과격화되고 있는 노동자계급에게 어떤 형태로든 국가와 공동 대처하지 않으면 안 되었기 때문에 비스마르크 사회보험에 적극 참여하거나 용인하였던 것이다. 또한 산업재해 발생률이 높은 대기업으로서는 보험을 통해 산재위험을 다른 여러 기업들로 분산시킬 수 있었고 당대 최고 실력자인 비스마르크의 환심을 살 수도 있었기 때문이었다.

② 노동자의 입장

1880년대 독일이 사회보험을 도입할 무렵 독일의 노동운동 세력은 상당히 강력했다. 1869년에 노동운동의 좌파는 사회민주노동당을 창당하였고 1875년에는 노동운동의 우파인 라살레파와 좌파는 사회주의노동당을 결성하였다.

이들은 비스마르크 사회입법에 우호적일 수 없었는데, 특히 당내 좌파의 입장이 그러했다. 사회보험은 원칙적으로 찬성하지만 비스마르크 사회보험은 그 내용이 노동자에 대한 동냥에 불과할 정도로 워낙 열악하기 때문에 반대하지 않을 수 없다고 주장하였다. 그들은 자본주의 체제 내에서는 그 어떠한 개혁조차도 노동자의 생활을 근본적으로 개선할 수 없다고 보았기 때문에 원칙적으로는 찬성하면서도 실질적으로 반대하는 다소 모순된 태도를 취했다.

그러나 이들이 사회보험을 무조건적으로 거부한 것은 아니었다. 위로부터의 개량주의적 사회복지정책에는 반대했지만, 노동자계급이 자주적으로 쟁취해낸 진보적인 사회복지정책은 분명히 요구하였다. 그리고 사회주의자들은 사회보험에 대한 노동자들의 재정부담을 가장 강하게 반대하고 국가와 자본가계급만이 부담하는 방식을 요구하였다.

(4) 비스마르크 사회입법의 영향

비스마르크 사회입법은 선진 자본국가들이 사회보장역사에 획기적인 전환점을 맞이하는 영향을 미쳤다. 프랑스, 오스트리아, 미국 등의 나라가 그 예인데, 특히 오스트리아에 큰 영향을 미쳤다.

① 프랑스의 사회보험

프랑스에서도 1차 세계대전 후의 경제 불황과 사회혼란을 배경으로 해서 여러 가지 사회적 입법이 나타났다. 프랑스의 노동재해보상법으로는 처음으로 1910년에 제정된 노동자·농민연금보험법이었다. 그러나 법원은 이 법 규정에 대해서 노사 쌍방에 보험료를 강제징수해서는 안 된다는 판결을 내려, 결국 이 제도는 충분한 보험급여를 행할 수 없게 되어 효과를 거두지 못했다. 그 후 공무원, 해운, 광산 등 특수한 산업부문의 노동자를 대상으로 하는 입법이 있었지만 본격적인 사회보장 입법이 이루어진 것은 1928년부터 1930년 사이였다.

1928년에는 프랑스 전국에 걸친 제1차 사회보험법이 의회를 통과했다. 그러나 여기에 대해 노사단체, 농업단체, 의사단체, 공제조합 등이 강력히 반대하여 시행되지는 못했다. 그 후 반대의견을 반영하여 법을 개정하였는데, 일정액의 임금수입을 갖지 못하는 상공업부문의 노동자를 대상으로 해서, 이들의 질병·출산·폐질·노령·사망 등의 사회적 위험으로부터 보호하고자 하는 것이었다.

이 시기의 프랑스 사회보험입법에서 특이한 것은 1932년의 가족수당법의 제정이었다. 프랑스에서는 19세기말부터 20세기 초까지 가족수당제도가 기업가 측으로부터 먼저 제안되었는데 그것은 노동력 확보를 위해서였다. 이러한 노동관습을 기초로 해서 다자가정多子家庭의 생활조건을 개선하기 위해 가족수당을 기업가의 의무적 갹출금으로 급여하는 것을 원칙으로 했다. 프랑스가 가족급여제를 정착시킨 것은 다른 나라보다 빨랐는데, 그 제도는 후에 프랑스에서 출산율이 극도로 저하되어 인구문제가 심각해지면서 더욱 발전하여 프랑스 사회보장제도의 중요한 지주가 되었다(함세남 외, 1996). ※좀 더 자세한 프랑스 사회복지의 역사는 제14장 프랑스 편을 참고하기 바란다.

② 오스트리아의 사회보험

오스트리아의 사회보험제도는 독일의 비스마르크에 의해 큰 영향을 받아 도입되었다. 그러나 오스트리아 사회보험제도의 도입에 있어서 가장 중요한 특징은 사회보험의 도입이 정치적 이해관계에 의한 것이 아니라 순수하게 사회보험으로서의 역할을 수행하도록 하기 위해 도입되었다는 점이다. 독일의 사회보험이 당시 사회주의자를 중심으로 한 노동자계급의 정치적 도전에 대한 정책적 대응으로 도입된 것과는 달리, 오스트리아는 당시 오스트리아·헝가리 제국으로서 다민족 제국의 성격을 갖고 있었으며, 사회적으로 노동계급의 반발이 심하지 않았고, 피지배 민족의 불만도 그리 심각하지 않은 평온한 상태에서 도입되었다.

오스트리아에서 최초로 도입된 사회보험은 1887년 근로자를 대상으로 한 재해보험이었다. 이후 유럽사회의 관심은 산업재해에서 일반적 사회위험인 질병과 노령으로 옮겨가게 되었는데, 오스트리아에서는 노동자 중심의 의료보험을 1888년에 도입하여 시행하였으며, 1906년에는 공적 연금제도가 도입되었다. 이로써 오스트리아는 1차 세계대전 이전에 실업 보험을 제외한 모든 사회보험의 형태를 갖추게 되었다. 1차 세계대전 이후 공적 연금제도는 당시 전쟁 후유증과 경제적 어려움으로 인하여 적용대상을 확대함에 있어서 도입이 가능한 직종에 대하여서만 개별적으로 적용하게 되었다. 즉 직종에 따라 새로이 독립된 제도를 도입한 것인데, 이러한 각 제도별 발전은 당시 상황으로는 어쩔 수 없는 발전 형태였다.

그러나 이로 인하여 제도 간의 마찰과 연계미비 등의 문제가 발생하게 되었다. 이에 따라 1935년 생산직 근로자와 농민 및 목축업자, 사무직 근로자를 근로계층으로 묶어 하나의 법으로 통합하게 되었는데, 이것이 1935년에 제정된 경제활동자에 대한 사회보험법이다. 1939년부터 2차 세계대전이 끝나는 1945년까지 오스트리아는 독일에 합병되어 독일 제도의 적용을 받기는 했었지만, 이후 자본가와 노동자의 반대에도 불구하고 사회보험은 노사정이 함께 산업사회의 문제를 해결하기 위한 방안으로 널리 활용되었다.

③ 미국

독일에서 처음 도입되고 영국에서 실험을 거친 사회보험은 1930년대 미국에서 대공항의 사회문제를 해결하기 위해서도 적용되었다. 1935년에 제정된 사회보장법은 연방정부가 관장하는 노령보험, 주정부가 관장하고 연방정부가 재정을 보조하는 실업보험, 주정부가 관장하고 연방정부가 재정을 보조하는 공공부조와 사회복지서비스로 구성되었다. 자유주의와 개인주의의 전통이 워낙 강하여 공적인 사회복지가 뿌리내릴 수 있는 토양이 아주 척박한 미국에서 연금과 실업보험이 수용된 것은 대공황이라는 위기상황 속에서 루즈벨트와 같은 강력한 행정부가 있었기 때문이다. 이후 미국의 사회보장제도는 별로 달라진 것이 없었다.

19세기 말에 접어들면서 유럽의 많은 국가들이 앞 다투어 사회보험제도를 도입하기 시작하였다. 선진 자본국가들에게 이러한 사회보험제도의 도입은 사회보장의 역사에서 획기적인 전환을 의미하는 것이었다. ※미국 사회복지의 세부적인 발달사는 제14장을 참고하기 바란다.

(5) 사회보험제도의 확대

1880년대에 입법화된 3대 사회보험제도들은 1911년에 '제국보험법'으로 단일화되었다. 이를 통하여 전반적으로 가입자 범위는 확대되고 새로운 급여가 추가되는 등의 발전은 있었으나, 가입자의 범위, 행정체계, 재정 등에서 일원화되지는 못했다. 또 같은 해에 중산층을 겨냥한 '직원보험법'이 따로 제정되었는데, 사무직 및 기술직 노동자를 주된 대상으로 하였다. 그리하여 이 두 제도가 이후 오랫동안 독일 사회보험제도의 중심이 되었다.

1차 세계대전 기간 중에 이들 제도가 한 때 존폐의 위기를 맞은 적도 있었고, 종전 후 1919년에 출범한 바이마르 공화국의 집권당이 된 사회민주당에 의해 몇 가지 사회보장제도가 추가로 제정되었다. 전쟁 희생자 유족 보훈제도인 '제국부양법(1920)', 광업 종업원들에 대한 노령, 질병, 폐질보험인 '제국광업종업원법(1923)', 빈민구제제도를 전반적으로 조정한 '공공부조법(1924)', 직업보도를 일원화하고 종전의 실업급여를 실업보험으로 정착시키려 한 '직업보도 및 실업보험에 관한 법률(1927)' 등이 그것이다. 마지막의 것은 뒤이은 세계 대공황으로 실업이 대량화되면서 사실상 효력을 상실하였다(감정기 외 2002: 172~173).

2) 영국

(1) 사회보험의 성립

영국의 사회보험제도는 산업화에 따른 폐해와 이에 병행한 노동운동의 성장이 배경으로 작용하였다는 점에서 독일의 경우와 유사점이 있다. 그러나 독일이 노동계급을 통제할 목적으로 국가관리적 차원의 강제적 보험을 도입한 것과는 달리, 노동자 정당인 노동당과 일시적으로나마 우호적 관계에 있던 자유당 정권에 의해서 포괄적 개혁정책의 일환으로 사회보험제도가 채택되었는 데 차이가 있다.

일찍부터 산업화의 길을 걸은 영국은 장시간 노동과 여성 및 아동노동의 착취, 도시문제, 빈곤문제 등이 심각하게 나타났다. 특히 찰스 부스의 런던시 빈곤조사와 라운트리의 요크시 빈곤조사와 같은 실증적 조사들은 이러한 여론을 더욱 두드러지게 만들었다.

이러한 관심에도 불구하고 영국의 구빈행정은 1834년 신구빈법 체계에 의존하고 있었고, 그것으로서 산업화가 양산한 대규모 빈곤문제를 대처하는 것은 불가능했다. 신구빈법에 대한 문제가 지속적으로 제기되자 왕립구빈법위원회는 다수파 보고서Majority Report와 소수파 보고서Minority Report 등 두 개의 보고서를 제출하였다. 다수파 보고서는 기본적으로 신구빈법의 연장선상에서 구빈법 체제의 부분적 개선을 주장하였고 소수파 보고서는 웹 부부(시드니 웹과 비아트리스 웹)를 중심으로 집필되었는데, 빈곤을 경제조직에 의해 발생된 사회조건의 문제로 인식했다는 점에서 다수파와 근본적인 차이를 보인다. 이 보고서는 구빈법 체제를 완전히 혁파하고, 노동가능한 빈자들을 위한 전국적인 서비스를 조직할 것을 제안한 것이다(이인재 외, 2006).

이러한 시대적 흐름 속에서 자유당 정부는 사회보험제도의 도입으로 사회보장개혁을 단행하였다. 1908년 도입된 노령연금법은 무갹출 국가연금으로 70세 이상의 노인들에게 매주 5실링의 연금을 제공하도록 했는데, 우애협회(공제조합)는 자신들의 영역과 상충된다는 이유와 자선조직협회 역시 자조의 원칙에 위배된다는 이유를 들어 반대했다가 후에 이를 수용하였다.

한편, 1911년 국민보험법National Insurance Act을 통해 질병과 실업문제에 대한 보험원칙을 도입하였다. 당시 로이드 조지가 보험원칙을 선호했던 이유는 실용적이며 사회적으로 수용 가능했고, 여러 가지의 정치적 이점을 갖고 있었기 때문이다. 또한 사회보험제도는 웹 부부가 이야기했던 '국민최저수준'을 제공함으로써 노동당을 비롯한 페이비언 사회주의로의 진전을 막는 장치로 설정되었다. 독일을 모델로 하여 영국의 특성을 반영한 이 법은 독일과 달리 질병보험 외에도 실업보험을 포함하였다.

(2) 사회보험의 종류

① 노령연금법

1908년의 노령연금법은 연금수령이 법률에 의해 최초로 하나의 권리가 되었다는 점에서 사회정책상 새로운 원리의 도입이라고 할 수 있다. 이 법의 시행으로 빈곤은 더 이상 치욕이 아니며, 또 그로 인해 공공작업장에 나갈 필요가 없게 되었고, 구빈법과는 별개로 혹은 병행하여 국가가 새로운 복지조항을 만들게 되었기 때문에 근대적 형태의 복지국가의 태동이라고 볼 수도 있다.

빈궁한 노인문제 해결방법으로서의 연금안은 1879년 이래 두 가지 유형으로 논의되어 왔다. 하나는 '갹출제 연금안(기여금제)'이다. 1878년 브래클리Wiliam Blackley 목사에 의해 강제적 연금안이, 1891년에는 챔벌레인Joseph Chamberlain에 의해서 자발적 연금안이 제안되었다. 그러나 이들 갹출제 연금안은 우애조합의 반대로 실패하게 되었다(Gilbert, 1966). 우애조합은 연금이 갹출제로 운영될 경우 우애조합운동을 파괴할 것이라고 생각하여 반대했던 것이다. 또 다른 유형은 그 재원이 국민의 일반세금으로부터 공급되는 '비갹출제 연금안'이다. 부스에 의해서 제안된 이 안은 노동자계급이 그들의 노년을 준비할 여력이 없다는 관점에서 제시된 것이다. 그러나 이 안은 엄청난 비용이 필요했기 때문에 비현실적이라는 문제가 있었다(Fraser, 1978).

1898년 뉴질랜드에서 비갹출제 연금안이 채택되자 영국에서도 비갹출제 연금을 위한 국민적 캠페인이 전개되었다. 1899년 노령연금을 추진하기 위하여 조직노동자전국위원회National Committee of Organized Labour, NCOL가 결성되었고, 또한 하원에도 특별위원회가 구성되었다. 그러나 10월 보어전쟁Boer War이 발발하자 과도한 경비지출이 요구되어 가까운 장래에 연금이 실현될 가능성은 거의 없었다. 1906년 총선 직후, 정부는 다수의 새로운 자유당 급진파 의원들로부터 연금안을 제출하도록 압력을 받았으며 노동당이 노동계급 유권자들을 다시금 끌어당기는 것을 방해하기 위해서도 연금법의 제정은 필요하였다. 더욱이 1907년 두 차례의 선거에서 노동당에게 패하자 결국 1908년 노동자의 갹출을 강제하지 않는 무갹출 노령연금이 성립하였다.

이 제도가 규정하는 수급자격은 영국에서 20년 이상 거주한 70세 이상인 사람 중에서 연간소득이 31파운드 10실링 이하인 사람은 우체국을 통하여 노령연금을 신청하게 되었다. 즉 자산조사와 도덕성 조사를 통해 대상자가 선정되었으며 이들에게는 일주일에 1실링에서 5실링까지 연금이 지급되었다. 당시 노령연금법에 따라 급여대상에서 제외되는 자는 ① 의료구호 이외에 구빈법에 의해 구호를 받고 있는 자, ② 범죄로 교도소에 수용된 적이 있는 자, ③ 자신과 딸린 부양자를 위하여 직장을 가지는 것을 상습적으로 게을리 한 자, ④ 정신이상자와 외국인 혹은 외국인의 처였다(이강희 외, 2006: 157).

노령연금법은 사회정책에서 새로운 원칙을 도입했지만 위와 같은 규정들로 인하여 권리로서의 수급이라는 측면이 퇴색하고 빈곤수당의 성격을 갖고 있다. 즉 노령연금법은 매우 나이가 많으며 대단히 빈곤하지만 존중받을 가치가 있는 노인을 위한 연금일 뿐이었다. 이러한 점에서 볼 때 보수적인 속성에서 완전히 탈피하지는 못했던 것이다.

② 1911년 국민보험법

로이드 조지David Lloyd George의 제안으로 1911년에 성립된 국민보험법은 제1부 국민건강보험National Health Insurance, 제2부 실업보험Unemployment Insurance으로 구성되었다. 로이드 조지는 1908년 독일에 건너가 비스마르크가 제정한 사회보험제도를 연구했다. 당시 양국은 대립감정이 격화일로에 있었고 독일과의 해군군비경쟁을 위해 재원도 필요로 하고 있었다. 독일과의 경쟁의식은 군비뿐만 아니라 사회제도의 면에서도 이루어졌는데 바로 사회보험이 그것이었다. 그러나 비스마르크의 모형이 보험료와 보험급여에 있어 소득비례형식을 취한 것에 대해 그는 정액제flat rate를 생각했다. 정액제란 수입과 관계없이 동일갹출, 동일급여를 원칙으로 하는 것이다. 로이드 조지가 건강보험을 성립시키기 위해서는 막대한 재원을 필요로 했다. 그 재원을 마련하기 위해 편성한 예산이 바로 1909년의 국민의 예산people's budget이다. 그러나 국민의 예산은 단순히 사회보험의 도입을 위한 재원조달 수단이라는 차원을 넘어서, 세제개혁과 나아가서는 의회의 개혁이라는 차원의 예산쟁의였으며, 그 자체가 하나의 사회개혁이었다. 그러나 국민보험제도 정착에 있어 곤란한 문제는 재원뿐만이 아니었다. 건강보험의 경우 우애조합, 노동조합, 보험회사 등과의 이해관계의 조정이 문제로 대두되었고, 또한 의사회와도 이해관계가 얽혀 있었다.

가. 국민건강보험법

영국 노동자에게 의료보호를 제공하려는 로이드 조지의 건강보험법은 같은 시기의 다른 어떤 복지입법에 비할 수 없을 정도로 가장 많은 경비가 들었고, 야심적이었으며, 그 제정과정 역시 논쟁의 연속이었다. 왜냐하면 관련 이익집단들의 대정부 압력이 거세졌고 그들 상호 간의 갈등과 이를 조정하려는 정부의 노력이 대단히 힘든 작업이었기 때문이다. 따라서 건강보험법의 성립은 복지프로그램의 절정이자 종결이라고 할 수 있다(Gilbert, 1966).

건강보험은 연간소득이 250파운드 이하인 육체근로자와 160파운드 이하의 사무직 근로자에게 적용되었다. 이 제도는 가장에게만 적용되었는데, 정부는 여성들이 아픈 경우가 많고 여성의 질병 여부를 확인하는 데 어려움이 있다는 이유를 들었으나 실제로는 비용적 측면 때문이었다. 보험료는 근로자가 4펜스, 고용자가 3펜스, 국고에서 2펜스를 부담하는 3자 갹출방식이었는데, 여기서 '9펜스를 위한 4펜스'라는 유명한 선거구호가 나오기도 하였다. 보험급여는 현물급여와 현금급여로 나누어졌으며 현금급여에는 상병수당sick benefit이 있었다. 급여수준은 평균임금의 약 1/3 수준이었다.

우애조합을 통해 실시된 건강보험은 시행초기에는 별다른 문제점을 보이지 않았으나 차츰 변화가 불가피해졌는데, 그 이유는 상당수의 집단들이 가입하지 못했다는 단점이 있었기 때문이다. 이 제도는 성립 당시 우애조합의 강한 반대와 뒤이은 절충과정을 거치는 동안에 우애조합의 이익이 어느 정도 반영되는 수준에서 결정되었기 때문에 그만큼 한계를 가지고 있었음에도 불구하고 상당히 폭넓게 적용되었다(신섭중 외, 2001: 41~42).

나. 실업보험

국민건강보험이 독일식 제도의 도입이었다면 국민보험의 제2부인 실업보험은 영국 특유의 제도로서 하나의 모험이었으나 비교적 순탄하게 시행되었다. 역시 갹출제로 노동자와 고용주가 각각 주당 2.5펜스를 부담했고 그 합계의 1/3을 국가가 보조하였으며, 당시 저임금의 매우 불안정한 고용형태로 유명했던 건축, 토목, 조선 등의 종사자들을 대상으로 하였다. 실업에 따라 노동자들에게 보장된 실업보험금액은 주당 7실링이었고, 급여기간의 상한은 연간 15주였다. 이것은 당시 평균 임금의 1/4수준이었다. 실업보험은 상무성이 관리하며, 실제의 운영은 직업소개소가 담당하였다. 실업보험이 일반노동자들에게로 확대하여 적용된 것은 1920년이며, 이후 순조롭게 실업보험이 운영되었으나 1921년에 실업자가 급격히 증가하기 시작하면서 문제가 생기기 시작했다.

자유당 사회개혁으로서의 국민보험은 그 중요성에도 불구하고 근본적으로는 보수적인 성격에서 해방될 수 없는 한계성이 있었다. 자유당이 질병 및 실업을 처리했던 방법은 강제적인 자족노선에 입각하였다. 국가의 의무는 노동자들을 부양하는 것이 아니라 가능한 한 노동자로 하여금 스스로 부양하도록 강요하는 것이었다. 또한 보험은 연금과는 달리 아직 일을 할 수 있으며 더 나은 급료를 받는 사람들에게 필요한 것이었다. 그러나 이들을 포함시키려는 노력이 있었음에도 불구하고 여성과 불완전 고용자들의 문제는 제외되었다.

결과적으로 사회개혁의 국민보험법은 사회통제를 위한 보수적 성격을 나타나게 되었고, 사회주의 혁명의 위협으로부터 자본주의 체제를 보호할 필요에서 제기되었던 개념이다. 실업보험은 이해관계가 대립되는 단체가 특별히 없어서 비교적 무난히 채택되었던 것이다(원용찬, 1998: 70).

이와 같은 사회보험의 도입이 복지국가 체제의 기원으로 평가될 수 있느냐에 대해서는 학자들 간에 일치된 견해가 없다. 혹자는 사회보험의 도입을 복지국가의 기원으로 평가하지만 복지국가의 기원은 1920년대 말의 불황과 그 극복을 위한 국가정책에 그 기원이 있다고 주장하는 연구자들도 있다. 어떤 제도가 복지국가의 기원으로 평가되기 위해서는 복지국가체제를 어떻게 정의하느냐의 문제에 대한 규명이 선행되어야 하며, 다음으로는 그 내용들이 복지국가를 지향하는 최초의 개혁이라는 점을 증명하지 않으면 안 된다. 또한 보다 근본적인 문제로서 복지국가의 성립에서 나타나는 '제도로서의 복지국가체제'와 '사상으로서의 복지국가' 사이의 시간적인 틈을 어떻게 해석할 것인가의 논리가 제시되어야 할 것이다(박광준, 2002: 296~297).

제9장 생각해볼 문제

1 사회복지의 시작은 영국이지만 독일에서 가장 먼저 사회보험이 등장하게 된 이유는 무엇인지에 대해 생각해보자.

2 영국에서 실시된 사회조사의 특징들을 정리해보자.

3 영국과 독일의 사회보험제도 성립과정과 각각의 내용을 비교하여 정리해보자.

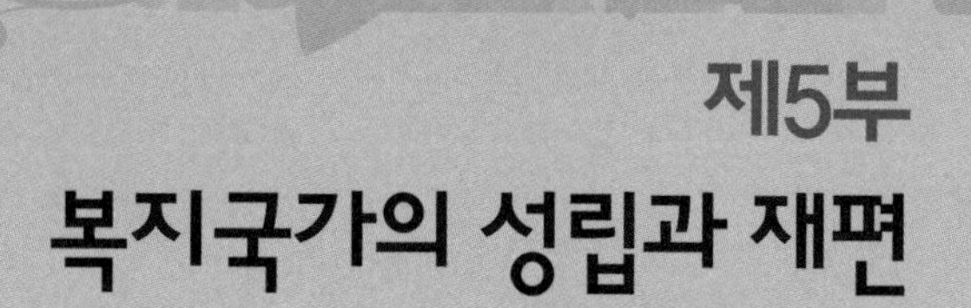

제5부
복지국가의 성립과 재편

제10장 베버리지 보고서와 복지국가

제11장 복지국가의 발전

제12장 복지국가에 대한 도전과 재편

제10장

베버리지 보고서와 복지국가

2차 세계대전 후 영국 사회개혁의 산파였던 노동장관 그리피스(James Griffiths)는 "전쟁의 가장 암울한 시기였던 1942년 말에 발표된 베버리지 보고서는 하늘에서 내려온 천혜의 음식(manna)과 같았다"고 말하고 있다. 이 말은 영국 사회복지역사에 있어서 베버리지 보고서의 중요성을 언급한 것이다.

이번 장에서는 복지국가의 시금석이 된 베버리지 보고서에 대해서 자세히 살펴본다.

1. 전시 '베버리지' 보고서

일반적으로 영국이 복지국가로 정착될 수 있었던 배경으로 2차 세계대전의 영향을 거론하곤 한다. 전쟁은 무엇보다도 국민들에게 엄청난 희생을 강요하였고, 동시에 국민생활의 광범위한 영역에 대한 국가개입을 초래함으로써 전쟁 후 국민에 대한 국가의 복지책임을 증가시킨 것은 물론 국가의 복지개입 능력도 증가시켰다(김태성·성경륭, 2001: 104). 그뿐만 아니라 전쟁은 엄청난 수의 사상자와 빈민을 양산함으로써 전전戰前의 구빈제도나 사회보험제도와는 성격이 다른 많은 복지제도들을 도입시켰을 뿐만 아니라 시민들 사이에 전후 복지국가의 성립을 가능하게 한 사회복지에의 합의정신이 형성되었다는 것이다(원석조, 2000: 11).

이렇듯 전쟁이 영국 복지국가의 성립에 결정적인 영향을 제공했다고 주장하는 대표적인 학자로 티트머스R. M. Titmuss를 들 수 있다. 그에 따르면, 전시 상황은 국민들 사이에 전례가 없는 사회적 연대감을 가져왔고, 이는 평등주의적인 정책과 집합주의적인 국가개입의 확대를 국민들이 받아들이게 만들었다는 것이다. 그리고 폭격과 소개疏開로 인해 대중의 눈에 가려져 있었던 만성적인 사회문제들(아동 빈곤, 영양 결핍, 건강·의료서비스의 지역 간 격차 등)이 드러나게 되었으며, 이는 중간계급 시민들에게는 매우 충격적이었다. 또한 참전을 통해 중앙정부가 처음으로 국민들이 만족하고, 효율적이며, 영양상태가 좋고 신체적으로 건강해야 국가가 강해진다는 전략만이 아니라 도덕적으로도 바람직하다는 생각을 하게 되었다는 것이 티트머스의 중심적인 생각이다.

그러나 이와는 반대로 전쟁이 영국 복지국가의 성립에 그리 큰 영향을 주지 않았다는 주장도 있다. 전쟁을 통해 계급관계가 변화되었고, 이러한 계급관계의 변화가 사회복지제도에 영향을 미쳤다는 관점이다. 자본과 노동 양대 계급은 국가의 존망이 걸린 전쟁 앞에서 그동안의 대립관계를 불식하고 협력적 자세를 취했다. 전시에 연립정부의 성립이 그것인데, 노동자계급과 보수 세력이 하나의 정부를 구성하여 국정을 공동으로 운영함으로써 서로의 입장을 좀 더 이해하게 되었고, 상호협력을 위해서는 일정한 양보가 불가피하다는 사실을 확실히 알게 되었다. 게다가 노동운동 세력과 노동자계급에 대한 중간계급의 의식도 크게 변했음을 알 수 있다. 전쟁을 수용하고 전쟁터에 나가 조국을 위해 목숨을 바치거나 후방에서 전쟁물자 생산에 주력하는 노동자계급은 이제 더 이상 사회를 불안하게 하는 급진세력이 아니었다. 노동자계급을 위한 복지제도의 확충은 전쟁의 희생에 대한 반대급부로서 정당화되었으며, 보편주의적 복지체제가 구축되면 중간계급도 복지의 주요 수혜층이 될 수 있었던 것이다. 이러한 계급관계의 변화, 즉 자본과 노동 간의 협력적 관계는 영국이 복지국가를 성립하는 데 있어서 튼튼한 주춧돌 역할을 하였다. 다시 말해, 전쟁으로 인해 변화된 계급관계는 '베버리지'라는 꽃을 피우기 위한 '꿀벌'의 역할을 충실히 수행하였던 것이다.

1941년 6월에 창설된 사회보험과 관련 서비스에 관한 위원회, 즉 베버리지위원회는 영국노총Trades Union Congress, TUC이 전시 거국 내각의 노동부 장관으로서 전후의 사회재건에 대한 책임을 지고 있던 그린우드A. Greenwood에게 압력을 가해 만들어졌다. 1940년 베버리지가 위원장으로 천거되었고, 정부 각 부처 소속 고위 관료들이 위원으로 참가하였다. 베버리지위원회는 부분적으로는 이미 폐지된 왕립노동자보상위원회의 업무를 계승하고, 또 부분적으로는 전쟁 전에 엉성하게 끝난 의료보험 정비 작업을 마무리하며, 또 부분적으로는 전쟁 발발 직후부터 점차 거세진 가족수당 요구를 대장성이 회피하기 위한 방편으로 만들어졌다. 그리고 대장성은 위원회의 활동이 비밀리에 진행되고 보고서가 종전 후에나 발간되기를 희망했다. 그러나 베버리지는 동 보고서에서 기존의 모든 사회복지제도를 다루고자 했고, 전후 재건 계획의 청사진으로 만들고자 했다. 이러한 베버리지와 정부 각 부처에서 파견된 관료들과의 견해차는 결국 최종 보고서에 베버리지 혼자 서명을 하도록 만들었으며, 1942년 12월에 동 보고서는 발간되었다. 베버리지 보고서의 출현에 대한 각계각층의 입장을 정리하면 다음과 같다.

대부분의 사람들은 사회보험이 빈곤을 위한 합리적인 대책이고, 그에 대한 업무는 중앙정부가 총지휘를 해야 한다는 베버리지의 신념을 받아들였다. 사회보험의 직접적인 당사자인 노동과 자본도 찬성하였다. 노동계는 베버리지의 갹출제 사회보험과 관료적 집합주의를 전폭적으로 지지하였다. 노동당도 찬성하였으며, 공산당도 우호적인 반응을 보였다. 자본가계급의 반응도 그리 나쁘지 않았는데, 일부 기업인들은 기업경영의 합리화라는 대세의 논리적 보완책이라 여겨 베버리지 사회보험을 환영하였다(원석조, 2000: 31~32). 보수당은 보고서에 대해 반대한 부분도 없지 않았지만, 원칙적으로는 보고서에 대해 지지하는 입장이었다. 그러나 처칠을 중심으로 한 정부 관료들의 반응은 그리 우호적이지 않았다. 처칠로서는 전쟁을 승리로 이끌기 위해 에너지를 다른 데 쓸 여유가 없었고, 국민들이 공허한 유토피아와 엘도라도의 환상에 빠지지나 않을까 우려하였다.

이처럼 베버리지 보고서의 출현에 대한 각계각층의 반응은 정도의 차이는 있지만, 대체로 긍정적이었다고 볼 수 있다. 비록 보수당이나 정부 관료들이 세부적인 사항에 대해 반대와 우려의 입장을 표명하기는 했지만, 그들 또한 그들이 사회복지의 확대(보편주의)라는 큰 틀에 동의했다는 사실에 주목할 필요가 있는 것이다. 이러한 상황들로 미루어보았을 때 베버리지 보고서는 전쟁과 그로 인한 계급화합의 산물이었다.

2. 베버리지위원회의 설치 배경

베버리지 보고서는 영국 복지국가의 청사진이 되었다. 1945년 2차 세계대전 직후 총선에서 예상을 뒤엎고 애틀리Clement Attlee가 이끈 노동당이 세계적인 전쟁 영웅 윈스턴 처칠의 보수당을 이기고 집권하였다. 애틀리와 노동당은 베버리지 보고서에 입각하여 기성복을 만들 듯 복지국가를 만들어나갔던 것이다(원석조, 2001: 123).

베버리지가 영국의 사회보험을 연구하게 된 것은 1941년 1월 당시 무임소장관인 그린우드가 위원장이 된 '재건문제위원회'가 사회보험 및 관련 서비스에 관한 기존 제도의 전면적인 검토를 위하여 기구를 설치한 데서 비롯되었다. 베버리지는 세 가지 원칙으로부터 출발하였다. 첫째는 과거 경험을 고려해 만들어져야 하며 특정 집단의 기득권은 무시해야 한다는 원칙이다. 둘째는 소득의 보장, 즉 사회보장을 위해 궁핍을 해소해야 한다고 보았다. 그는 궁핍want, 질병disease, 무지ignorance, 불결squalor, 나태idleness 등을 5대 악으로 규정하고 이를 처리하기 위해 하나의 통합적인 사회개량계획이 필요하다고 하면서 근본적으로 궁핍을 퇴치해야 하며, 이것이 바로 사회보장계획이라고 주장했다. 셋째, 사회보장은 국가와 개인의 협력으로 이루어져야 한다는 것이다. 국가는 국민이 권리로서 받을 수 있는 서비스에 대한 보장을 해주지만 이것은 자산조사 없이 받는 최저수준의 보장이고 개인은 자발적인 기여로서 그 스스로와 가족을 위하여 추가적 보장을 마련해야 한다는 것이다(이영찬, 2000: 108~109).

한편, 궁핍을 극복하기 위한 계획은 매우 신중하고도 치밀하게 짜여졌다. 베버리지는 사회보장의 6가지 원칙과 6가지의 대상자층, 8가지의 욕구원인을 제시하였다. 6가지 기본원칙이란 ① 충분한 급여adequacy of benefits, ② 정액급여flat rae of benefit, ③ 정액각

출flat rate of contribution, ④ 행정책임의 통합unification of administrative responsibility, ⑤ 포괄성comprehensiveness, ⑥ 분류화classification를 말한다. 6가지의 대상자층은 피용자, 자영인, 전업주부, 기타 노동인구, 취업 전 청소년, 노동불능 고령자 등이다. 또 8가지의 욕구원인은 라운트리의 빈곤 연구의 결과에 바탕을 둔 것이다.

베버리지는 사회보험이 성공하기 위해서는 세 가지 기본 전제조건이 필요하다고 생각했다. 즉 가족수당, 포괄적인 보건서비스, 완전고용이 그것이다. 가족수당은 가족의 크기와 소득을 고려하여 결정되어야 하고, 보건서비스는 치료적일 뿐만 아니라 예방적이어야 했다. 실업은 실업수당의 비용과 그에 따른 임금 손실을 감안하면 가장 낭비적인 문제이므로 완전 고용은 매우 긴요한 전제 조건이었다(원석조, 2001: 128~129).

베버리지 보고서는 1942년 9월에 완성되었으나 발간은 그 해 12월로 연기되었다. 이유는 일부 각료들이 그 내용이 지나치게 혁명적이라 하여 반대했기 때문이었으나 베버리지 보고서가 발간된 후 일반 시민들의 반응은 대단했다. 시민들은 베버리지 보고서를 전후 새로운 사회질서, 즉 새롭고 보다 평등한 영국의 청사진으로 간주하였다. 대중 신문들은 베버리지 계획을 '요람에서 무덤까지의 사회보장'이라고 표현했다.

3. 베버리지 보고서의 특색과 문제점

궁핍을 극복하기 위한 광범위한 그의 계획에서도 해결할 수 없는 문제들이 존재하였는데, 베버리지가 극복하지 못한 점들을 다음과 같이 살펴볼 수 있다.

첫 번째 사항은 급여 수준이었다. 은퇴연금 및 실업급여를 주당 2파운드로 제안했는데, 이것이 궁핍으로부터 자유로울 수 있는 수준인지의 여부는 먼저 빈곤의 의미와 그 수준이 어떠한지를 알아야 한다. 베버리지의 빈곤에 대한 정의는 라운트리의 빈곤기준, 영국의사협회, 정부의 가족가계비 조사 등에서 추출한 것인데 통상적인 경우에 대비한 최저소득이라 할 수 있다. 베버리지는 자신의 기준이 과학적이라고 생각하였지만, 여기에도 가치판단이 개입된다는 것을 인정하기도 했다. 그리고 통상적 수준을 초과하는 요구는 국가 보조에 의존해야 한다는 점도 지적할 수 있다.

둘째, 사회보장에서 가옥의 임차료를 어떻게 지불해야 하는지도 해결하지 못한 문제의 하나이다. 이러한 문제를 해결하기 위해 처음 베버리지가 실업수당 지급시 일률적 금액을 지급하는 것으로 정한 것을, 나중에 노동당 정부가 이 방안을 포기하고 실제금액을 자산조사를 통하여 지급하는 것으로 변경하였다.

셋째, 여성의 지위에 관한 문제였다. 베버리지가 위원회를 맡은 1939년과 1943년 사이에 추가로 180만 명의 여성이 산업현장에 뛰어들었고, 군대 및 여러 분야에서 직업을 갖고 일을 함으로써 여성도 남성과 동등한 주체로 활동하는 듯이 보였다. 그러나 베버리지는 이것이 전쟁이기 때문에 가능한 현상으로 해석하였다. 왜냐하면 1차 세계대전이 끝난 후 가정 밖의 활동을 한 여성들이 모두 가정으로 돌아가 전업주부가 되었기 때문이다. 그리고 베버리지는 인구가 줄어드는 것을 걱정하였다. 1930년대에는 출산율이 감소하였으나, 전쟁 직전 급속한 결혼과 사생아들의 증가로 실제로는 1942년까지 인구가 증가하였다. 그러나 이를 몰랐던 베버리지는 출산율의 증대를 위하여 결혼과 아동양육에 대한 촉진책을 강구하려 하였다. 그래서 과부에게는 보호자급여 및 아동·여성에 대한 무료 보건서비스를 제공하였다. 또, 이혼시 별거급여가 제공되는 등 많은 수급이 이루어졌다. 그러나 여성에 대한 이 제도들은 현대의 증가하는 편모, 이혼 및 별거에 대한 대책을 마련해주지 못하는 것으로 평가되고 있다.

넷째로는 장애와 관련된 문제점이다. 베버리지는 근로 중에 다친 사람에 대하여는 급여제도를 마련하였다. 그러나 근로를 처음부터 할 수 없는 선천적 장애인은 자산조사를 통하여 국가보조제도에 의존하지 않을 수 없었다. 베버리지는 세금을 재원으로 한 제도가 아니라 기여금에 의한 사회보험제도를 이용하여 권리와 의무, 사회보장과 근로의욕 자극, 개인주의와 집단주의 간의 균형을 이루기를 원했다. 또한 베버리지가 급여를 최소수준으로 정한 것은 근로 및 저축에의 의욕을 자극하고, 자신의 삶에 대하여 스스로 책임지도록 장려하기 위해서였기 때문에 노동불가능한 장애인에 대한 대책을 마련하지 못했다.

마지막으로 권리와 의무의 균형을 유지하고, 근로의욕을 고취시키려고 하였다. 실업수당은 무기한 지급하되 6개월 이후에는 근로 또는 훈련센터에 다니는 것을 조건으로 지급하도록 제안하였다. 젊은이의 경우는 계속적으로 근로하는 습관에 익숙하지 않으므로 이 기간을 더 짧게 하여야 한다고 제안하였다. 그러나 이 제도는 2차 세계대전 이후에 거의 완전고용 상태가 지속되었기 때문에 실제적으로 집행되지 않았다(이영찬, 2000: 112~116).

4. 베버리지 보고서와 국민, 정부 및 사회의 반응

1) 국민대중

이 보고서는 발행 전부터 많은 사람들이 그 내용에 대해서 궁금하게 생각하였다. 보고서는 1942년 12월 1일 발행되었는데 그 폭발적인 인기는 대단한 것이었다. 보고서는 다수의 사람들에 의해 열렬한 환영을 받았으며 특별히 임금고용자가 이를 기쁘게 생각하고 있다고 당시의 주간정보지는 말하고 있다. 이 보고서에 대한 찬반론, 유보의 의견 등을 특징 있게 열거하고 있는데, 찬성론에 대해서는 특정 색깔이 들어 있는 정치적 의견을 가진 주체로서 사회의 모든 계층에 보편적인 지지를 요구하는 것 외에 별다른 구체적인 기술은 없다. 이에 비해 반대론은 극소수의 소수파로서 그들은 과중한 과세, 제품가격 상승, 수출경쟁력 저하와 인플레이션 등을 걱정하는 기업가들이었다.

일반 국민들이 베버리지 계획에 대해 압도적으로 찬성을 표하고 있었지만 그것이 실현되기에는 결코 낙천적인 것만은 아니었다. 그것은 이미 사회에 기득권을 가진 자, 특히 보험회사나 영국 의사회, 대기업의 방해와 사회보장계획에 대한 정부의 의지가 불분명한 점 등은 실현성에 많은 의문을 가져다주었다.

2) 자본가계층

영국고용자연맹The British Employers' Confederation, BEC이 베버리지위원회에 제출한 의견서를 보면, 시종일관 반대의사를 표명하였다. 또한 결론부분에서는 베버리지위원회의 활동정지와 해산을 의미하는 별도의 위원회 설치를 제안하였다.

BEC 의견서의 내용을 보면, 전쟁과제의 산적과 전후 상황의 불투명성을 이유로 사회보장 계획에 관한 상세한 회답은 불가능하다는 것을 전제로 하고 있다. 의견서는 ① 국제 비교로써 국민 1인당 사회보장 관계 경비에 있어서 영국의 선진성을 강조하였고, ② 국가재정에 있어서 사회보장 경비의 급팽창뿐만 아니라 1차 세계대전에서 2차 세계대전에 이르기까지의 영국 사회보장 실적을 칭찬하면서 현상유지와 개혁의 불필요성을 시사했다.

3) 노동당

베버리지 계획에 대한 노동당은 당수인 애틀리와 달톤Hugh Dalton을 통해 환영하는 의사를 표명하였다. 이 보고서를 통해서 노동당 의원들은 즉각 실시를 찬성하였으나, 애틀리는 계획에는 찬성을 하면서도 즉각적인 집행에는 미온적인 태도를 보였다(이영찬, 2000: 117).

노동당은 전후 재건문제에 열의를 가지고 있었으며 사회보장에 대한 구상을 재건문제의 핵심적인 이슈로 생각하였다. 노동당중앙집행위원회는 1942년 당대회를 대비해서 ① 완전고용의 확보, ② 영국의 재건, ③ 적절한 건강, 영양, 노인의 보호를 전국민에게 보장하는 사회서비스의 조직, ④ 교육의 기회균등 등의 4대 정책을 만들었다.

4) 정부

처칠 내각은 보수와 사회민주 양파의 혼성연립내각이었다. 당시 수상을 중심으로 한 최고 수뇌부인 보수파는 베버리지에 대해 상당한 거부반응을 갖고 있었다. 1942년 7월 베버리지 초안이 나오자 대장성은 공포에 휩쓸렸으며 보고서가 완성되자 보수파 각료들은 "너무 혁명적이다"라는 반응을 보였다. 처웰Cherwell 경은 베버리지 계획에 대해 "특별히 새로운 점이나 혁명적인 것은 없다. 단지 가족수당만이 새로울 뿐이다"라고 냉랭하게 반응했다. 처웰은 처칠과 영국 정부의 결정에 많은 영향을 끼쳤다. 이들은

그림 10-1 처칠수상

베버리지 보고서와 관련하여 토론을 거친 후, 어떠한 확정적인 공약 없이 보고서가 내포하고 있는 일체의 개별적인 제안에 대해서도 정부의 견해 표명은 모두 일반적인 조건에 국한시킨다고 결론지었다. 베버리지 보고서에 대한 정부의 태도표명은 사실상 함구령이 내려진 상태이며 하원 토의 중 정부의 답변도 의원들의 격분을 사기에 충분한 것이었다.

이 보고서는 대중들 사이에서 그리고 전쟁의 홍보업무를 수행하는 공보부에서는 인기가 치솟았으나, 이를 집행할 정부나 정당에는 이 보고서를 두고 분열과 갈등만이 있었다. 재무장관은 이 보고서가 발간되기 전인 11월 득실을 분석하고 있었다. 그는 처칠 수상에게 이 계획대로 하려면 세금을 30%나 인상시켜야 한다는 의견을 전달하였다. 케인즈는 약간의 수정을 통하여 이 계획에 의한 부담이 가능하다고 생각하였으며 베버리지는 소요재원을 줄이기 위하여 당초계획을 일부 수정하였다. 처칠의 측근 중에서도 이 계획이 경제에 도움을 줄 수 있다는 이유로 찬성하는 등 의견이 갈렸다. 처칠은 보고서를 즉시 집행하도록 요구하는 베버리지에 대하여 반감을 보이기도 하였다(이영찬, 2000: 117~118).

5. 베버리지 보고서의 집행

전시 연립정부는 베버리지 보고서의 집행가능성을 검토하기 위하여 위원회를 설치하였다. 1945년 7월 26일의 총선거에서 베버리지 보고서를 즉시 실천하겠다고 공약한 노동당은 사상 유례를 찾아볼 수 없는 과반수에서 146석을 초과한 압도적 다수로 승리하였다.

가족수당은 총선 전에 보수당에 의하여 이미 법률로 만들어졌다. 이를 이어받은 신설부처의 국민보험장관이 가족수당을 지급하는 재원을 마련하였다.

1946년의 국민보험법은 실업급여, 질병급여, 분만급여, 분만보조금, 은퇴연금, 과부급여, 보호자수당 및 장례비의 형태로 현금을 지급하는 광의적 의미의 국가보험제도를 도입하였다. 베버리지가 제시한 대부분의 원칙이 수용되었으나 몇 가지 수정사항도 있었다.

먼저, 당시에는 혼인율이 높았고 결혼보조금의 경우 결혼지참금과 같은 유혹으로 비춰질 수 있어 도입되지 않았다. 국가보조급여는 주택임차료를 전액 지원하는 반면 은퇴연금에서는 이를 지원하지 않았다. 따라서 다른 수입이 없으면 은퇴연금 수급자들은 이들보다도 소득이 낮게 되었다.

또한, 연금은 인플레이션에 따른 연계가 이루어지지 않았고, 5년마다 급여율을 조정하도록 하였다. 그 결과 점차 최후의 안전망인 국가보조급여에 의존하는 숫자가 증가하게 되어 베버리지의 궁핍으로부터의 해방은 점차 퇴색의 길을 걷게 되었다. 은퇴연금은 제도초기부터 완전연금으로 지급되었고, 20년에 걸쳐 점차 성숙되는 방안은 채택되지 않았다.

중앙기구는 베버리지가 제안한 사회보장부가 아닌 국민보험부로 설립되었다. 1953년에 이르러 국민보험부와 통합되어 '연금 및 국민보험부'가 된다. 또 1948년에 국가부조법이 제정되었는데, '기존의 구빈법을 완전히 끝내려는 법'이라는 부제가 있듯이 이 법의 제정으로 기존의 구빈법을 공식적으로 폐지하였다.

사회보장에 대한 조치가 진행되는 동안 노동당의 보건장관인 배번은 국민보건서비스가 국민보험과 같이 출범할 수 있도록 의사들과 기나긴 투쟁을 하고 있었다. 이 시기에 가장 논란이 많은 문제는 사회보장이 아닌 국민보건서비스 문제였다(이영찬, 2000: 118~122).

1942년 전쟁 중 이미 영국의 의사회의 의료계획위원회가 전국민을 위한 의료보호프로그램을 건의하였고, 이 건의는 1946년 애틀리 수상 때 법으로 제정되었다. 1946년 국민보건서비스법National Health Service Act은 1948년 7월 5일부터 발효되었으며 보건에 대한 태도에 근본적인 변화를 가져왔다고 볼 수 있다. 보험 프로그램과는 달리 국민보건서비스는 의사의 진료실이나 환자의 가정 또는 병원에서 무료로 의료검사, 진단, 치료 등을 받을 수 있도록 하였다. 또한 필요한 의약품, 의수족 및 보장구 등을 공급하였다. 1951년 이후 틀니와 안경 가격의 결정에 있어서는 의사의 재량권이 부여되었으며 노령연금수령자와 퇴직공무원의 처방은 무료였다.

6. 베버리지 보고서 이후의 복지국가

1) 빈곤구제와 복지국가

복지국가welfare state라는 용어는 1934년 옥스퍼드대학교의 짐메른Alfred Zimmern이 사용한 신조어로서, 1941년 캔터베리 대주교The Archbishop of Canterbury인 템플William Temple이 독일 나치의 전쟁국가warfare state에 대하여 전후 영국이 평화와 안정이 보장된 복지국가가 되어야 한다고 주장한 후 널리 유행하게 되었다(Midwinter, 1994: 94~96). 한편으로는 이미 카Carr에 의해 야경국가에 대한 반대 개념으로 20세기에 복지국가가 필요하다는 주장도 있었다(권오구, 2000: 130~131).

하지만 초기 복지국가 개념은 자유기업이나 자본주의 국가에 반대하는 개념보다는 당시 새로운 세력으로 등장한 유럽의 전체주의 국가를 지칭하는 권력국가power state에 반대하는 개념으로 주로 사용되었다(Midwinter, 1994: 94). 이후 2차 세계대전이 종결되고 복지국가가 완성될 무렵에는 국가 개입이 더욱 확대되면서 순수 자유

표 10-1 사회체제 변화에 따른 복지형태

사회체제	시대상황	사회복지대상	복지형태
봉건사회	고대·중세 신분사회	개인 궁핍자	자선, 박애
초기자본주의	절대주의 국가	빈민	구빈법
산업자본주의	근대시민 사회	5대 사회악	자선조직협회
독점자본주의	현대산업 사회	전 국민의 생활문제	사회보장체계

방임적 자본주의에 반하는 개념으로도 이해되기에 이르렀다.

복지공급은 사회체제의 성격과 시대상황의 변화에 따라 민간으로부터 공공의 책임으로, 복지수혜의 대상은 빈민을 위주로 하는 선별주의에 의한 제한적 공급으로부터 전국민을 대상으로 하는 보편주의로 확대되어 왔다.

동서양을 불문하고 개인이 겪게 되는 생활상의 어려움은 일차적으로 가족, 친지, 이웃 등이 상부상조하는 방식으로 해결되었다. 또한 유럽에서는 오랫동안 수도원 등의 종교기관에서 빈민이나 고아, 노약자들을 대상으로 자선사업을 행해 왔고, 부를 축적한 산업자본가들은 인도주의적 도덕관을 바탕으로 박애사업을 수행하였다. 그런데 봉건사회가 해체되는 과정에서 많은 소작농민들이 토지로부터 추방되었고 공업에 의한 노동력의 흡수는 아직 미비한 상태가 되자 빈곤의 문제는 더 이상 상부상조나 자선사업, 박애사업을 통해서 해결될 수 없는 심각한 사회문제로 대두하게 된다. 따라서 국가가 빈곤문제에 직접적으로 개입하여 구제사업을 실시하게 되었으나 이 당시 구빈법의 특징은 빈민의 구호보다는 통제중심의 제도였고, 아직 빈곤의 사회성을 인정하지는 않았다.

한편, 산업혁명으로 인한 근대 자본주의제도가 성장하자 자본가와 노동자 간의 격차가 심화되었다. 또한 자유방임주의의 논리에 의한 자유경쟁의 심화로 인해 실업, 빈곤 등의 심각한 사회적 문제가 야기되자 빈곤문제에 대한 국가 개입 및 새로운 복지국가주의가 필요하게 되었다. 특히 영국은 베버리지 보고서의 영향으로 2차 세계대전 후 복지국가의 모습을 보여주고 있다.

2) 복지국가 성장과정

국가형성의 과정을 살펴보면 국가는 원초적으로 정복과 약탈의 극대화를 주된 기능으로 하여 출발하였지만 점차 그 기능이 변화하게 된다. 틸리Tilly는 국가가 기본적 기능(사회에 대한 법과 질서유지)과 실체적 기능(경제발전, 복지제공)을 수행하는가? 그리고 국가권력의 구성과 행사가 소수의 지배집단에 의해 독점되는가, 개방되는가에 따라서 국가유형의 변화를 설명하고 있다(Tilly, 1990).

(1) 정복국가/약탈국가

국가 자신이 생산적 활동을 통해 부를 창출하지 않고, 특정 영토 내의 사회성원들에게 폭력을 사용함으로써 보호비용을 거둬들인다. 권력획득 과정에서 사회성원들로부터 동의를 얻음이 없이 폐쇄적으로 형성된 정복국가라 하더라도 최소한의 질서유지 기능을 수행해야 한다. 즉 국가는 징병, 세금징수, 치안, 재판, 교육, 일반행정 등의 기능을 수행한다.

(2) 발전국가

정복과 약탈을 극대화하는 국가형성과정은 심각한 제약에 직면할 수 있다. 왜냐하면 정복과 약탈이 일정 수준 이상일 경우 이에 대한 각종 저항(폭동과 반란, 납세거부, 징병거부 등)이 발생할 수 있고, 더 나은 보호와 지원을 제공하는 다른 국가가 존재할 경우 사회성원들이 다른 국가로 이탈할 가능성이 존재하기 때문이다. 이러한 환경 하에서 국가가 선택할 수 있는 합리적인 대안은 피지배자의 복종을 전제로 생산활동을 보호하고 장려하는 것이다. 즉 합리적 국가는 재정수입을 극대화하기 위해 일차적으로 사회성원들의 재산소유와 생산활동을 보호하고 장려하여 장기간에 걸쳐 재정수입의 극대화 도모하고 약탈에 대한 저항을 감소시킨다.

(3) 민주국가

정복국가, 발전국가의 과정을 거치면서 사회구성원들이 정치참여와 선거에 의해 국가권력을 통제하게 됨에 따라 민주국가가 탄생하게 된다. 국가는 사회구성원들의 저항을 극소화하기 위해서 사회구성원들의 재산권과 시민권을 보장한다. 국가의 기능과 관련하여 민주국가의 특징은 국가권력이 구성되고 행사되는 '공적 영역'에서는 민주주의의 원리가 적용되고, 시장을 통해 상업이 영위되는 '사적 영역'에서는 자유주의의 원리가 적용된다는 점이다. 따라서 민주국가가 사회에 대해 실질적으로 담당했던 가장 중요한 기능은 법과 질서유지 기능과 국내외 시장에서의 자본가계급에 대한 보호 기능이다.

(4) 복지국가

일반적으로 민주국가는 복지국가로 전환하는 경향이 있다. 왜냐하면 노동계급의 정치적 영향력이 커지고, 민주적인 제도와 절차를 통해 노동계급의 이익을 대변하는 좌파정당이 합법적으로 국가권력을 장악할 수 있기 때문이다. 그 결과 민주적 국가와 자본주의적 경제체제 사이에는 구조적 갈등이 초래되고, 갈등을 해소하는 방안의 하나로 복지국가가 수립된다. 따라서 국가의 주요한 기능은 국민들에게 안정된 삶을 유지하는 데 필요한 각종 복지서비스를 제공하는 것이다.

제10장 생각해볼 문제

1 1942년 베버리지 보고서가 탄생하게 된 시대적 배경을 정리하여 보자.

2 복지국가의 개념을 정리해보고, 그 형성 과정을 단계별로 설명해보자.

3 베버리지 보고서에 담긴 기본원칙들을 정리하여 설명해보자.

제11장

복지국가의 발전

베버리지 보고서로 시작된 복지국가는 유럽을 중심으로 그 범위를 넓혀가기 시작했다. 이번 장에서는 영국을 비롯한 유럽을 중심으로 복지국가가 성립되고, 발전하는 과정을 계량화된 각국의 통계자료를 인용해 살펴볼 것이다. 이를 통해서 진정한 복지국가의 모습은 어떠한 것인지를 발견할 수 있을 것이다.

1. 복지국가의 시작

복지국가는 자본주의가 산업화과정에서 초래한 광범위한 빈곤, 산업재해, 경제적 불평등, 실업 등의 폐해를 치유하기 위해서 등장했으며, 정치적 민주주의를 위한 수단일 뿐만 아니라 추구할 목표로서의 민주복지국가를 의미하고 모든 국민에게 경제적으로 최소한의 인간다운 생활(국민최저생활)을 보장한다는 의미를 공통으로 포함한다. 이런 점에서 복지국가의 의미는 극빈자들의 구제에 한정되었던 과거와는 뚜렷이 구별된다.

자본주의가 발달하면서 자본가와 노동자 양대 집단 간의 계급투쟁이 발생하게 되고 이를 완화하기 위해서는 국가의 간섭은 불가피하게 되었다. 따라서 2차 세계대전 이후 서구국가들이 내세운 사회정책의 목표는 정치적 목표와 경제적 목표, 즉 민주주의와 사회주의를 조화시키기 위한 것이었다. 복지국가는 전통적으로 대립해왔던 양대 이념인 자유민주주의와 공산주의의 변증법적 조화, 즉 자유민주주의의 사회주의화와 공산주의의 자유주의화를 통하여 각기 정립된 신자유민주주의와 사회민주주의라는 새로운 양대 이념에 기초하게 되었다.

영국을 복지국가라 부르는 데에 이의를 제기할 사람은 아무도 없을 것이다. 영국의 국가복지state welfare는 장기적이고 지속적인 역사를 가지고 있다. 빈민구제에 대한 국가입법의 첫 번째 단계는 엘리자베스 1세의 통치기간인 1601년까지 거슬러 올라간다. 또한 1834년 신빈민법은 19세기 말까지 잔여적 사회복지정책의 측면에서 확고한 자리를 차지하고 있었다. 그러나 이러한 잔여적 접근residual approach에 의한 국가복지는 20세기 초반에 많은 변화와 발전으로 인해 제도적 접근institutional approach으로 전환할 수밖에 없었는데, 영국에 있어 이러한 전환을 가져온 직접적인 계기는 2차 세계대전이라고 해도 과언은 아닐 것이다.

영국은 2차 세계대전 후 '요람에서 무덤까지from cradle to grave'라는 간판을 내걸고, 국가가 적극적으로 국민의 생활을 보장하는 이른바 '복지국가의 종주국'임을 자처할 수 있게 되었으며, 1940년대를 기점으로 영국 사회복지의 역사는 커다란 전환점을 맞이하게 되었다. 이를 기점으로 영국의 복지국가는 적어도 1970년대 중반까지는 모든 국민의 사회적 합의로 인해 지속될 수 있었다. 그러나 1973년과 1979년에 걸친 두 차례의 석유파동과 그로 인한 사회·경제적 위기는 광범위한 국민적 합의를 약화시켰고, 이후 신자유주의Neoliberalism 사상이 시대적 대세로 영국 사회에 깊숙이 뿌리내리기 시작했다. 그러한 상황 속에서 신자유주의를 표방한 대처 정부하의 1980년대는 갖가지 복지개혁이라는 이름으로 복지국가의 축소라는 또 다른 국면을 맞이하게 되었다. 또한 이러한 흐름은 1997년 말 집권한 토니 블레어가 이끄는 노동당 정부에서도 크게 달라지지 않았다.

1) 법과 제도의 확대

베버리지 보고서에서 제시된 원칙들은 혁명적이었지만 그러한 원칙들은 이미 대공황 이후에 부분적으로 그리고 여러 제도들을 통해 나타나고 있었다. 따라서 복지국가의 확립은 진화적 과정의 산물이었으며, 다만 이전의 산발적이고 새로운 원리들이 베버리지 보고서에서 사회보장 프로그램의 원칙들로 정리되고 추가적으로 창조·발전되면서 비로소 현대적 복지국가가 완성되었다고 할 수 있다. 다시 말해 두 차례의 세계대전과 대공황의 경험으로 복지국가의 확립 과정에서 제도적 확충, 복지수혜자 범위의 확대, 복지예산의 증대 등과 같은 양상이 나타난 것이다(김태성·성경륭, 2001: 105~112).

신자유주의(신보수주의)

신자유주의는 1970년대부터 부각하기 시작한 경제적 자유주의 중 하나이다. 이는 미국의 윌슨 대통령이 1920년대 제창했던 새로운 자유(The New Freedom) 정책이나 정치적·문화적 자유에도 중점을 두었던 자유주의와는 또 다른, 아담 스미스의 고전적 자유주의에 더 가까운 것이다.

국가 권력의 개입증대라는 현대 복지국가의 경향에 대하여 경제적 자유방임주의 원리의 현대적 부활을 지향하는 사상적 경향이다. 고전적 자유주의가 국가개입의 전면적 철폐를 주장하는 데 비해, 신자유주의는 강한 정부를 배후로 시장경쟁의 질서를 권력적으로 확정하는 방법을 취한다. 신자유주의는 1980년대의 영국 대처 정부와 미국의 레이건 정부에서 보는 것처럼 권력기구를 강화하여 치안과 시장 규율의 유지를 보장하는 '작고도 강한 정부'를 추구한다.

첫째, 제도의 확충으로 2차 세계대전 후 1950년 이전 시기까지 서구 선진국가에서는 현대적 사회복지제도를 구성하는 거의 모든 제도를 완비하게 되었다. 〈표 11-1〉에서는 실업보험과 가족수당이 어느 시기에 도입되었는가를 나타내고 있다. 일반적으로 실업보험과 수당제도는 다른 사회보험과 공공부조에 비하여 시기적으로 늦게 등장하였다. 그 이유는 실업보험의 경우 일을 하지 않는 사람에게 급여를 준다는 점에서 이데올로기적으로 사회적 합의가 쉽지 않았기 때문이며, 수당제도는 대상자 수에서 보편적이면서도 기본욕구를 충족시켜주어야 하기 때문에 재정적 부담이 매우 컸기 때문이다. 실제로 실업보험은 16개 국가 중에서 9개 국가가 1920년 이후에 도입하였고, 가족수당은 모든 국가에서 1920년대 이후에 등장(독일, 덴마크, 스위스는 1950년 이후에 도입)하였다.

둘째, 사회복지 수혜자 범위가 엄청나게 확대되었다. 산재보험, 질병보험, 노령연금, 실업보험 등 네 가지 복지제도에 의해 보호되는 대상자의 수를 1890년 이후 1970년까지 시계열적으로 분석한 플로라Flora와 알버Alber에 따르면 전체적으로 1919년

표 11-1 복지국가 확립기의 제도적 확충

국가	실업보험	가족수당
프 랑 스	1905년	1932년
노르웨이	1906년	1946년
덴 마 크	1907년	1953년
영　국	1911년	1945년
네덜란드	1916년	1940년
핀 란 드	1917년	1948년
이탈리아	1919년	1936년
벨 기 에	1920년	1930년
오스트리아	1920년	1921년
스 위 스	1924년	1952년
독　일	1927년	1954년
스 웨 덴	1934년	1947년
미　국	1935년	-
뉴질랜드	1938년	1926년
캐 나 다	1940년	1944년
오스트레일리아	1945년	1941년

※출처: Pierson, 1991: 110.

까지는 약 27% 수준에 머물러 있었다. 그러나 1920년에서 1945년 사이에 약 60%로 급상승한 것으로 나타났다. 또한 국가 간의 차이를 보면 1차 세계대전 이전에는 어느 정도 동질적 분포를 보였으나 두 차례의 세계대전 사이에는 국가 간의 차이가 다양해져 수혜 범위에 있어서 편차가 커지는 등 이질적 특성이 증가하였다. 이러한 국가 간의 편차는 1950년까지 지속되는 경향을 보였다(Flora & Alber, 1981: 54~57).

셋째, 복지예산이 확대되었다. 1920년을 기준으로 보면 9개 국가가 GDP의 3% 이상을 사회분야에 지출하였다. 그러나 1940년이 되면 거의 모든 국가들이 GDP의 5% 이상을 사회지출에 투여하고 있었다. 일반적으로 사회복지 지출에 가장 소극적으로 알려진 미국조차도 유럽 국가들 못지않게 사회분야에 대한 공공재정의 팽창을

표 11-2 사회적 지출의 증가

국가	GDP의 3% 이상 시기	GDP의 5% 이상 시기
프랑스	1921년	1931년
노르웨이	1917년	1926년
덴마크	1908년	1918년
영 국	1905년	1920년
네덜란드	1920년	1934년
핀란드	1926년	1947년
이탈리아	1923년	1940년
벨기에	1923년	1933년
오스트리아	1926년	1932년
스위스	1900년	1920년
독 일	1900년	1915년
스웨덴	1905년	1921년
미 국	1920년	1931년
뉴질랜드	1911년	1920년
캐나다	1921년	1931년
오스트레일리아	1922년	1932년

※출처: Pierson, 1991: 111.

보였다(Pierson, 1991: 111~113). 또한 전후 집합주의에 대한 거부로 신자유주의적 경제시스템을 도입한 독일도 1915년에 이미 GDP의 5% 수준을 넘고 있었다. 국가의 전통적 기능은 전쟁에 대한 경제적 지원이었다. 그런데 국가가 GDP의 3~5%를 사회복지를 위해 지출한다는 것은 국가의 전통적 기능을 상대적으로 약화시키고 국가의 복지기능을 새로이 강화했다는 점에서 이전 국가와는 다른 복지국가의 출발이라고 할 수 있다(김태성·성경륭, 2001: 109~110).

2) 시기별 제도의 내용과 특성

1883년 독일에서 사회보험이 등장한 이래로 유럽에의 많은 국가들은 산업재해,

노령, 질병 등에 관한 연금이 꾸준히 확대되었다. 이를 1차 세계대전 이후와 2차 세계대전 이후로 나누어 살펴보기로 한다.

우선, 1차 세계대전 이후의 사회복지제도의 변화를 보면 다음과 같이 정리할 수 있다(Pierson, 1991: 116~118; 권오구, 2000: 139~142). 1920년대와 1930년대 전반기의 사회적 지출이 점진적으로 증가하는 경향은 입법적이거나 행정적 발의가 아니라 연금에 대한 권리의 성숙이나 인구통계의 변화를 통해 이루어졌다. 이는 1차 세계대전을 겪으면서 더욱 가속화되었는데, 호주의 경우 1922년 전쟁연금 수령자가 노령연금이나 장애연금 수령자에 비하여 거의 2배 이상에 이르렀다. 이는 일종의 '환치효과displacement effect'로서 정치인, 관료, 납세자로 하여금 일단 전시의 직접적 수요가 끝났음에도 불구하고 대대적 감소가 이루어지지 않아 공공지출의 수준이 그대로 유지되는 결과가 초래되었다(Pierson, 1991: 116~118).

이러한 현상은 새로운 형태의 정부 통제와 행정을 필요로 하는 상황이었다. 즉 이 시기는 아직 복지국가가 확립되지는 않았지만 사회보장제도가 확장되어 가는 과정에서 접한 첫 번째의 심각한 재정위기 상황이었다. 대공황의 도래는 가장 먼저

대공황大恐慌

대공황은 1928년부터 일부 국가에서 일어나기 시작한 경제 공황이 1929년 10월 24일, 뉴욕 주식시장의 대폭락, 즉 검은 목요일에 의하여 촉발되어 전세계로 확대된 경제 공황을 의미한다. 이로 인하여 기업들의 도산, 대량 실업, 디플레이션(deflation) 등이 초래되었다. 개별 국가 경제가 밀접히 연결되어 있었고, 자본의 흐름도 자유로웠기 때문에 공황은 세계적 규모로 짧은 시간 내에 확대된 반면, 시장을 통제할 수 있는 규제는 그 당시 아직 발전되어 있지 않았기 때문에 피해의 규모는 걷잡을 수 없이 커졌다. 자본주의는 대공황에 의하여 1920년대의 황금기의 종언을 고하였다.

표 11-3 미국 사회보장법의 주요 내용

1. 연방 - 주state 실업보험 프로그램
2. 아래 사항의 원조를 위한 각 주에 대한 연방 프로그램 1) 빈곤한 피부양아동 2) 맹인 3) 노인
3. 아래 사항에 대한 각 주의 지출에 대한 연방기금 보조Matching 1) 직업재활 2) 유아와 모성 보건 3) 장애아동에 대한 원조
4. 연방 노령보험 프로그램

※출처: Pierson, 1991: 120~121 재인용.

사회복지 급여의 삭감을 야기했으나, 심각한 경기침체 하에서는 더 이상 보험 통계상의 균형을 유지하기 어려웠고, 사회적 지출에 대한 수요(욕구)가 재원조달의 경제적 능력과 역으로 관련되었으며, 사회비용을 감소시킴으로써 경제문제를 해소할 수 없다는 것이 증명되었다(Pierson, 1991: 117~118).

이러한 맥락에서 본다면 대공황 이후 사회복지발달사에서 가장 중요한 제도는 미국의 1935년 사회보장법Social Security Act일 것이다. 사회보장법의 등장은 경제적 대공황의 충격 때문이었으며, 이 법은 선진국 중 늦게 등장했으나 사회보장이란 용어를 법적으로 사용한 점과 자유주의와 개인주의가 강한 미국에서 등장했다는 점이 이 시기의 국가 책임주의와 연결시켜 생각할 때 대단히 상징적이었다. 이 사회보장법의 기본 내용은 〈표 11-3〉과 같다.

확실히 미국의 사회보장법은 뉴딜정책의 확대된 사회적 정책이라고 할 수 있었으며, 미국의 사회복지제도 확장에 영향을 주었음은 물론 복지국가의 성립에 긍정적 영향을 주었다(Pierson, 1991: 118~124). 미국의 자유방임적 전통을 고려하면 미국의 사회보장법은 상당히 집합주의적이라고 할 수 있지만 실제 입법내용을 보면 다른 국가들과 비교하여 상당한 제한점을 가지고 있었다(이인재 외, 1999: 81). 복지급여는 주로 개별 주에 위임되었고 일반 조세보다는 역진적 임금과세로부터 기금이 조성되었으며, 개별 주에 대하여 상당한 재량권과 많은 예외를 인정하고 있었다(Pierson, 1991: 121). 사회보장제도가 뉴딜정책의 보완적 기제였다는 측면에서 이는 뉴딜정책의 한계이기도 했다. 즉 시장의 활성화가 정책의 가장 큰 방향이었으며 노동자들의 생활안정을 꾀했음에도 불구하고 시장의 기능을 위축시키는 정책요소들은 최대한 억제되었다(이인재 외, 2006).

대표적 예가 질병보험이다. 애초에 경제보장위원회는 질병보험에 대한 계획을 가지고 있었으나 미국의사협회는 국가에 의한 제반 통제를 우려하여 질병보험안을 반대하였다. 이에 경제보장위원회는 질병보험제도를 사회보장법에서 독립시키고 차후에 입법할 것을 제안하였다. 이러한 민간영역의 자율성과 관련한 공적 양보 혹은 연방정부의 부담 축소 양태는 실업보험과 노령연금에서도 나타나고 있다(이인재 외, 2006).

한편, 스웨덴의 경우는 경제적 어려움을 경험하고 이를 극복하는 과정에서 미국과 다른 특성을 보여 주었다. 우선 스웨덴은 발달한 관료제와 중앙집권적 전통을 가지고 있었고 여기에 1932년 사민당이 집권하였다. 1930년대 스웨덴의 사회복지는 사회복지정책의 혁신보다는 케인즈식 경제정책이 중심이었다. 하지만 1934년 실업보험제도에 대한 국가의 개입을 강화하기 위한 법을 제정했고(Esping-Anderson & Korpi, 1987), 1933년과 1938년 사이에 ① 새로운 고용창출 프로그램, ② 보조금과 이자가 보조되고 건축 대부가 가능한 다자녀 가구를 위한 주택 프로그램, ③ 생활비의 지역적 차이에 따른 연금의 연동화, ④ 모든 어머니의 약 90%에게 지급되는 가족수당, ⑤ 무료 출산과 분만 서비스, ⑥ 신혼부부를 위한 국가의 대부, ⑦ 모든 민간·공공기업 종업원을 위한 2주일 휴가의 도입을 위한 입법을 하였다(Pierson, 1991: 123~124).

이러한 스웨덴의 사회복지제도는 미국에 비해 보편적이고 강제적이었으며 1930년대 이미 GDP 대비 사회지출에서 미국(4.2%)보다 약 2배에 가까운 7%를 보이고 있었다. 또한 경제정책, 특히 완전고용정책과 사회복지 정책이 상당히 밀접하게 연계되기 시작했다. 즉 1930년대 사민당 정부는 완전고용을 위해 케인즈 정책을 우선적으로 고수하면서 경제적 불평등을 감소시키고 교육, 보건, 주택 분야의 욕구를 충족시키기 위해 누진과세를 적용하는 등 보완적 사회정책을 실시했다. 이러한 정책 경향은 2차 세계대전 후에도 지속되어 복지제도와 완전고용정책이 인플레이션과 국가경쟁력의 하락을 초래했을 때, 적극적 인력정책active-manpower policy에 의한 노동력의 재개발과 재배치, 연대임금정책solidarity wage policy의 자격을 부여하는 렌-마이드네르 Rehn-Meidner모델 의 채택에 의해 보완해갔다.

다른 많은 국가들도 1920년대와 1930년대에 복지제도의 도입이 있었다. 덴마크는 1933년 사회개혁법Social Reform Act을 제정하였고, 1926년 최초로 가족수당을 도입했던 뉴질랜드는 1938년 사회보장법을 제정하여 1930년대 후반에 세계에서 가장 포괄적 제도를 갖추었다. 하지만 양차 대전 사이의 제도 확장에 대한 평가는 엇갈리고 있다. 패리Parry는 이 시기에는 복지국가를 위한 독창적 진전이 없었다고 결론지은 반면, 일부 학자들은 1945년 이후 복지국가의 성립을 위한 근본적인 변화가 이 시기에 있었다고 평한다(Pierson, 1991: 123~125). 하지만 베버리지 보고서가 이전 시기와 단절된 채 존재하는 것이 아니라 사회복지의 진화적 과정에서 특별히 창의적이었음을 고려할 때 이 시기에 있었던 제도의 등장과 발전이 복지국가 성립에 특별히 공헌한 창의적 시기임은 부인하기 힘들다.

2차 세계대전과 그 이후 1950년까지는 베버리지의 원리가 적극적으로 반영되어 현대적 사회복지 프로그램들이 완성되는 시기이다. 유럽의 각국은 다양한 프로그램과 제도를 법으로 제정하게 된다. 주요 국가들을 보면 영국은 보충연금제도

렌 - 마이드네르 모델

1951년 경제학자 고스타 렌(Gosta Rehn)과 루돌프 마이드네르(Rudolf Meidner)에 의해 개발된 이 모델은 다음과 같은 내용을 가지고 있다.

첫째, 제한적 재정정책(여기서 제한적 재정정책은 통화주의의 그것을 지칭하는 것이 아니라 대부분의 경제부문에서 완전고용을 유지할 만큼, 그러나 수익성이 낮은 사양 산업에서는 그렇지 않을 만큼 제한적이라는 의미이다)을 통해 한계기업을 압박하고, 동일노동·동일임금의 연대임금정책을 통해 고이윤 기업에서의 임금상승을 억제함으로써 인플레이션을 억제한다. 둘째, 한계기업에서 발생하는 실업은 적극적 노동시장정책으로 해결하고, 임금억제 대신 높은 수준의 복지를 제공한다. 그리고 높은 복지비용은 법인세보다는 소득세와 간접세를 통해 조달함으로써 기업의 부담을 줄이고 성장을 촉진한다. 셋째, 연대임금정책은 인플레 억제 외에도 노동자간의 임금격차를 줄임으로써 계급연대를 촉진하는 한편, 제한적 재정정책과 더불어 산업의 합리화를 유도하고, 연대임금을 지불할 수 없는 한계기업의 도태를 통해 기업의 혁신을 고무하는 수단이 된다.

이러한 렌-마이드네르 모델의 논리는 수요관리에만 의존했던 대부분 서구나라들의 케인즈주의의 단순성을 훨씬 뛰어넘은 것이다. 수요관리에만 의존하는 케인즈주의의 고질적 문제점은 완전고용 시 필연적으로 나타나는 임금상승으로 인한 인플레이션이 성장을 방해하고 이를 회피하기 위해서는 노조의 일방적 임금억제를 강요해야 한다는 것이다. 이에 실패할 경우 나타나는 성장의 정체는 결국 재정적자를 누적시켜 복지국가의 기반을 잠식하게 된다.

※참조: 김영순, 1996: 104~105.

(1940), 장애자고용법(1944), 가족수당법(1945), 국민보험법(1946), 국민보건서비스법(1946), 국가부조법(1948) 등이 제정되었다. 스웨덴은 일반자녀에 대한 수당제도를 도입했고(1947), 신노동자보호법(1949)을 제정하였다(권오구, 2000).

이 시기에 주목할 국가는 독일이었다. 우선 나치 정부(1933~1945년)하의 독일에서도 사회복지의 변화가 있었는데 다른 서구 유럽과는 다른 방향이었다. 즉 이 시기 독일의 사회보장정책은 전체주의 국가의 목표에 적응하는 형태였다. 노동정책과 사회정책은 나치의 전반적인 경제적·정치적 통치체제의 일부가 되었다. 예를 들면 제국 직업보도 및 실업보험 공단에는 노동력을 군사화하는 과업이 맡겨졌으며 사적 직업보도 기관들은 폐쇄되고 국가기관이 그 기능을 독점하였다. 또한 사회보험과 관련한 여러 결정권이 나치당이 선발한 사람들의 손에 장악되어 그들에게 봉사하게 되었다(Rimlinger, 1991: 155).

한편, 2차 세계대전 후에는 패전국으로서 1946년 난민수용을 개시하였고 1949년 긴급원조법과 같이 전후의 복구와 난민문제를 해결하기 위한 프로그램들이 다른 국가와는 달리 좀 더 직접적으로 제도에 반영되었다. 하지만 이러한 재건 과정에서 복지국가로의 확립과정은 영국 및 스웨덴과는 다른 것이었다. 즉 원래의 가부장적 전통에서 탈피하여 의사-자유주의적quasi-liberal 체계로 전환하는 경로였다. 그리하여 1949년 기독교 민주당CDU이 집권하게 되었는데 이들은 '사회시장경제Socialist Market Economy'를 채택하였다(Rimlinger, 1991: 159, 163). 이는 전체주의를 경험한 나라로서 어떤 형태의 집합주의에도 거부감을 나타내는 당시 독일의 정서를 대변한 것으로 경제

케인즈(1883~1946년)

영국의 경제학자인 케인즈(John Maynard Keynes)는 정부의 재량적인 정책에 따른 유효수요의 증가를 강조하는 케인즈 경제학의 이론을 창시하였다. 그의 이론은 경제학에 큰 영향을 미쳤으며 기존의 고전경제학자들의 이론을 비판하고, 정부의 단기적인 정책실행을 중요시하였다. 케인즈 경제학은 아담 스미스의 보이지 않는 손에 의한 경제의 자가조정 기능을 부정하였고 적극적인 국가개입에 따른 유효수요를 창출해야만 지속적인 경제발전이 이루어짐을 강조하였다.

적 자유주의의 부활이라고 할 수 있었다. 그리하여 2차 세계대전 후 독일의 신자유주의자들은 복지정책에 대하여 신중한 입장을 고수하였다(유광호 편, 2001: 151~152). 이는 당시 케인즈 이론과 베버리지 원리가 결합하여 국가 개입적 혼합경제 하에서 복지를 확대하던 다른 국가들과는 분명히 다른 길이었다.

2. 복지국가 발전의 사회·경제적 배경

1940년대를 기점으로 복지국가가 성립되어 인류의 희망인 평등의 실현과 '요람에서 무덤까지'의 사회적 보호 속에서 보람 있는 삶을 살 수 있다는 자신감이 서구 사회를 지배하게 되었다. 이러한 배경에는 공유된 시민권 이념을 기반으로 훨씬 더 포괄적이고 보편적 복지국가를 만들려는 급속한 초기의 개혁, 확대된 제도 내에서 급여와 적용범위를 확대하려는 노력, 혼합경제와 확대된 사회복지제도에 호의적이며 폭넓은 기반의 정치적 합의, 경제성장과 완전고용의 실현(Pierson, 1991: 125~126)이 있었으며, 평화와 민주주의 정착과 발전 또한 중요한 배경으로 작용하였다.

1) 자본주의 대호황

베버리지는 자신이 계획한 사회보장 프로그램의 전제 조건으로 완전고용을 제시하였다. 이는 전후 경제성장과 함께 복지국가 확대의 중요한 기초로 작용하였다. 서구 선진 자본국가들은 경제성장과 완전고용을 유지하면서 전쟁 중에 약속한 희망과 진보의 새로운 질서를 실현할 물질적 기반을 갖추고 이를 현실로 옮길 수 있었다.

(1) 경제성장

이 시기는 세계 자본주의가 엄청난 경제적 도약을 이룬 시기로서 한마디로 '풍요의 시기'라고 할만 했다. 특히 포드주의적 대량생산방식이 공산진영을 포함한 전 세계에 확산되면서 대량생산과 대량소비가 많은 국가에서 현실로 나타났다. 이러한 경제적 성공은 복지국가와 사회복지의 발달 측면에서 두 가지 의미를 가진다. 첫째는 기존의 서구 선진 복지국가들로 하여금 급여의 수준이나 적용 대상 등을 계속해서 확장시킬 수 있는 물질적 기반을 제공해주었다는 점이고, 둘째는 신흥 개발도상국 등 제3세계 국가들로 하여금 기존의 복지국가들이 전유하던 사회복지제도를 도입하여 자국에 적용할 수 있는 어느 정도의 물적 기반이 확보되었다는 점이다.

실제로 이 시기 세계 자본주의는 서구 복지국가만이 아니라 세계적 차원에서 유례없는 호황을 누리고 있었다. 〈표 11-4〉에서 보는 것처럼 1948년 이후 1971년까지의 공업 연평균 성장률은 5.6%로서 이전의 어느 시기보다도 높은 성장을 이루었음을 알 수 있다. 무역의 성장률도 대공황 시기와 2차 세계대전 직후까지는 세계의 무역

표 11-4 세계 공업 및 무역의 연평균 성장률 (단위: %)

연도	공업	무역
1860~1870	2.9	5.5
1870~1900	3.7	3.2
1900~1913	4.2	3.7
1913~1929	2.7	0.7
1929~1938	2.0	-1.15
1938~1948	4.1	0.0
1948~1971	5.6	7.3

※출처: Beaud, 1987: 277.

이 마이너스 성장을 하거나 거의 정체되었던 반면, 1948년 이후 약 25년간은 7.3%로서 19세기 중반 이후 가장 높은 성장률을 보였다. 이러한 성장은 2차 세계대전 후 약 25년 동안 포디즘을 특징으로 한 세계자본주의가 기존의 영미와 유럽대륙에 국한되지 않고 세계적 차원에서 성장·발전해왔음을 보여주는 것이다.

국민총생산(GNP) 또한 유례없는 증가를 보였다. 〈표 11-5〉를 보면 동아시아, 중국, 중동, 개발도상국의 1인당 GNP 성장률이 각각 3.9%, 4.2%, 5.2%, 3.0%를 보임으로써 서구 선진국의 3.2%와 거의 같거나 훨씬 높은 성장률을 보였다. 또한 1인당 GNP의 수준도 1959년과 1970년을 비교해보면 석유를 수출하게 된 중동국가들이 약 4배 정도, 개발도상국들이 2배 이상, 동아시아 국가들이 약 2.5배, 서구 선진자본주

표 11-5 세계 각 지역의 1인당 국민총생산(GNP)

지역	인구(1975년) *	1인당 국민총생산		
		성장률(%)	생산액(US 달러)	
		(1950~1975년)	1950년	1975년
남아시아	830	1.7	85	132
아프리카	384	2.4	170	308
남 미	304	2.6	495	944
동아시아	312	3.9	130	341
중 국	820	4.2	113	320
중 동	81	5.2	460	1,660
개발도상국	1,912	3.0	187	400
선진자본주의국 **	654	3.2	2,378	5,238

※비고: * 단위: 100만 명
** 스페인, 그리스, 포르투갈을 제외한 OECD국가
※출처: Beaud, 1987: 279.

의국가들이 2배 이상 증가하였다. 세계적으로 사회복지제도의 도입이나 확대를 위한 물적 기반이 급격히 증가했던 것이다. 특히 〈표 11-5〉에서 나타나듯 OECD의 주요 선진국들의 경우 1950년대에 4.4%, 1960년대와 오일 쇼크 이전에 약 5.5%의 연평균 성장률을 기록하였다. 이러한 경제 성장과 정치적 합의 구조 속에서 1975년경 이들 국가들의 평균 사회지출비 규모는 GDP의 약 21.9%까지 증가하였다(Pierson, 1991: 128~129).

다만 이러한 세계적 차원의 경제 성장에도 불구하고 선진국과 비선진국가 간의 1인당 GNP의 차이는 상당히 크게 나타나고 있었다. 개발도상국을 포함하여 모든 비서구 선진국가들의 경우 1975년 1인당 GNP 수준이 선진국의 1950년대 수준에도 미치지 못하였다. 이는 사회복지제도의 세계적 확대에도 불구하고 제3세계 국가들의 물질적 기반이 2차 세계대전 후 서구 선진국들이 복지국가를 확립하던 시기의 사회복지 수준조차 달성하기 힘든 상황이었음을 보여준다.

표 11-6 연평균 GNP 성장률(7개 주요 OECD 국가, 1950~1981년)

(단위: %)

국가	1950~1960년	1960~1973년	1973~1981년
캐나다	4.0	5.6	2.8
프랑스	4.5	5.6	2.6
독일(서독)	7.8	4.5	2.0
이탈리아	5.8	5.2	2.4
일본	10.9	10.4	3.6
영국	2.3	3.1	0.5
미국	3.3	4.2	2.3
평균	**4.4**	**5.5**	**2.3**

※출처: Pierson, 1991: 131.

(2) 완전고용과 인플레이션의 안정

1950년에서 1970년대 초반까지의 약 20여 년의 시기는 베버리지가 사회보장 프로그램의 전제로 제시한 완전고용을 달성한 기간이었다. 앞에서 본 것처럼 유례없는 전후 자본주의의 호황과 함께 실업률이 자연실업률 수준으로 떨어지는 등 고용에 있어서 장기간 안정적 상태를 유지하였다.

〈표 11-7〉을 보면 1960년대 주요 서구 선진국들의 평균 실업률은 총 노동력 대비 약 2.8%를 유지하였고 1975년에는 4.7%로 실업률이 약간 상승하였다. 이러한 수치는 대공황 이후, 즉 두 차례의 세계대전 사이인 1933년의 경험과 복지국가 위기 시대인 1983년의 경험을 비교하면 상당히 양호한 고용상태, 즉 완전고용 상태에 가까운 수준이었다. 이러한 낮은 실업률은 ① 사회복지 정책의 확대를 위한 납세자의 풀pool을 확대한다는 점, ② 취업자들이 스스로의 소득을 획득함으로써 국가로부터의 보호 필요성을 감소시키고, ③ 사회보험의 적용대상을 확대할 수 있다는 점에서 베버리지의 사회보장 프로그램 원리에 잘 부합하는 것이었다.

표 11-7 실업률(6개 주요 OECD 국가, 총 노동력 중 차지하는 비율)

(단위: %)

국가	1933년	1959~1967년	1975년	1983년
프랑스	–	0.7	4.1	8.0
독일(서독)	14.7	1.2	3.6	8.0
이탈리아	5.9	6.2	5.8	9.7
일 본	–	1.4	1.9	2.6
영 국	13.9	1.8	4.7	13.1
미 국	20.5	5.3	8.3	9.5
평균	**13.0**	**2.8**	**4.7**	**8.5**

※출처: Pierson, 1991: 132.

표 11-8 구미 각국의 인플레이션(연평균 %)

국가	1963~1972년	1973~1982년
스웨덴	5.4	10.0
서 독	3.2	50.2
프랑스	4.7	11.1
오스트리아	3.9	6.4
영 국	5.9	14.2
미 국	3.7	8.8
일 본	6.0	8.8
평균	**4.7**	**9.2**

※출처: 김태성·성경륭, 2001: 114에서 부분 인용.

한편, 인플레이션도 2차 세계대전 전과 복지국가 위기 이후에 비하여 매우 낮은 상태를 유지했다. 구미 주요국가의 인플레이션을 정리한 〈표 11-8〉을 보면 1963년에서 1972년에는 평균 4.7%의 인플레이션을 보였는데 반해 1973년에서 1982년 사이에는 약 9.2%의 인플레이션을 유지했다. 이 시기의 낮은 인플레이션은 완전고용 상태에서 실질임금을 보장하고 복지급여의 실질적 구매가치를 높게 유지할 수 있게 해 주었다. 이는 고실업과 높은 인플레이션에 비하여 동일한 사회복지 재정으로 좀 더 안정된 국민생활을 보장할 수 있다는 점에서 매우 중요한 의미를 갖는다.

전후 복지국가의 황금기에는 높은 경제성장, 완전고용, 낮은 인플레이션 등으로 사회복지비 지출을 늘리는 동시에 실질적 보장 수준을 높일 수 있는 유리한 경제적 환경에 있었던 이례적 시기라 할 수 있다.

2) 합의의 정치구조와 버츠컬리즘 Butskellism

전후의 합의consensus는 여러 가지 차원이 있을 수 있으나 중요한 합의는 계급 간의 합의와 정당 간의 합의로 나타났다. 계급적 차원의 합의는 노동자들의 전통적 염원인 경제의 사회화 및 계급전쟁의 이념과 실행의 포기를 수반하였다. 자본 측에 있어서는 복지국가를 위한 완전고용과 전략적 공익사업의 국유화 및 지원의 이행을 수락한다는 것을 의미했다. 노동과 자본 양자는 지속적 경제성장이라는 목적을 공유했으며, 이러한 절충적 합의는 정부에 의해 관리되는 것으로서, 정부는 노동조합과 고용주 사이의 관계를 조정하고 경제성장을 위한 유리한 조건을 만들어냄으로써 복지국가를 관리했다(Pierson, 1991: 128~132). 이런 의미에서 보면 이 시기의 복지국가는 국가에 의해 '관리되는 자본주의'라고 할 수 있었다(Armstrong et al, 1991). 정당 차원에서의 합의는 정치적 게임의 법칙의 지배를 인정하고 좌파와 우파 양극단의 주장과 논리를 피하며 이를 주변화하였다(Pierson, 1991: 129).

결국, 소유-생산-경영-분배-소비의 자본주의 경제과정에서 국가나 노동계급은 소유-생산-경영에 관한 자본가계급의 특권적 지위를 인정하고, 노동계급은 자본가계급과 합의 및 국가의 보장 하에 경영참가와 단체협약의 방식으로 경영-분배과정에 부분적으로 참여하게 되었다. 그러나 이 경우도 소유와 생산을 사회화하려는 급진적 시도는 하지 않았다. 또한 국가-노동-자본 간 삼자 협력의 결과로 이루어지는 경제성장은 자본가계급에게 이익을 주는 것은 물론 노동계급에 대하여 완전고용과 향상된 복지혜택을 보장하고 국가에게는 재정수입의 증가를 보장하여 모두를 유리하게 하였다(김태성·성경륭, 2001: 113). 이러한 측면에서 본다면 복지국가의 지출은 노동계급과 일반 국민을 체계에 순응시키는 기능을 했다는 해석도 가능하다(Midwinter, 1994: 114).

이러한 합의의 정치 형태는 복지국가들의 황금기 동안 그 정도의 차이에도 불구하고 소위 '조합주의corporatism' 정치 시스템, '사회 조합주의societal corporatism'가 지배적이었음을 의미한다. 조합주의는 국가와 사회의 연결구조이면서 다원주의와 구분되는 이익대표제라고 할 수 있다(진재문, 1994: 14). 이러한 합의의 정치구도에서 주요 주체, 즉 국가, 자본, 노동은 이러한 조합주의를 구성하게 되며 이러한 틀 내에서 경제정책과 사회정책 등의 다양한 정책과 제도를 생산하였다. 이러한 의미에서 '삼자 합의 구도'의 조합주의 체계는 분명 복지국가 팽창의 중요한 기반 중 하나였다.

이러한 합의의 정치 구도 속에서 제공되어야 하는 서비스에 대한 의견 차이는 거의 없어졌으며, 서비스 공급의 주체가 누구이든지간에 전체적 책임은 국가의 것이 되어야 한다는 것에 일반적 동의가 존재했다(Pierson, 1991: 128~130). 또한 완전고용의 유지, 모든 시민에 대한 일련의 서비스 제공, 빈곤의 방지와 경감에 대한 국가의 공약은 전후 사회에서 필수적이어서 거의 역행할 수 없었으며(Mishra, 1984: 1), 복지국가에 대한 반대조차도 단지 그것의 확장에 대해서만 논해야 할 정도의 분위기가 정착되었다(Pierson, 1991: 130). 이러한 시대적 조건하에서 복지제도는 급여 수준이나 적용 범위 등 그 내용에 있어서 더욱 풍부하게 확대되어 갈 수 있었다.

한편, 합의의 정치구도는 서구 복지국가에서 정치적 버츠컬리즘Butskellism을 형성하였다. 이는 영국에서 나온 개념으로 서로 다른 정치적 입장임에도 불구하고 정치적 합의 구도 하에서 보수당과 노동당의 정책적 합의 기조가 만들어진 것을 의미한다.

사회복지정책의 경우 보수당과 노동당 중에서 어느 정당이 집권해도 제도의 근본적 변화 없이 복지제도의 프로그램과 내용은 꾸준히 확대되어 갔다. 〈표 11-9〉에 나타난 영국의 예를 보면 집권당의 변화에도 불구하고 급여의 인상과 수당의 증액 등이 있었다. 이러한 현상은 전후 대합의의 영향도 있었지만 선거를 통한 대의 민주주의가 정착된 국가에서 득표를 위해 사회복지의 확장을 수단으로 경쟁한 것도

버츠컬리즘

1950년대 초 영국의 시사주간지 이코노미스트는 전후 보수당과 노동당의 정책적 합의의 기초를 버츠컬리즘이라고 명명한 바 있다. 이는 당시 보수당 정부의 재무부장관이었던 버틀러(R. A. Butler)와 그의 노동당 예비내각(shadow cabinet)의 상대역이었으며 후에 노동당 내 수정주의 흐름을 주도했던 게이츠컬(H. Gaitskell)의 이름을 합성한 것이다.

※참조: 고세훈, 1992: 165.

표 11-9 전후 영국의 사회보장 확충 과정

집권당	수상	사회보장 확충내용
노동당 (1945~1951년)	애틀리(C. Attlee)	국민보험법 가족수당법 국민보건서비스 국민부조법
보수당 (1951~1964년)	처칠(S. W. Churchill) — 1951~1955년 이든(A. Eden) — 1955~1957년 맥밀란(H. Macmillan) — 1957~1963년 홈(A. D. Home) — 1963~1964년	사회보장급여 인상 가족수당 증액 국민보험법 개정 소득비례연금 도입
노동당 (1964~1970년)	윌슨(H. Wilson)	단기급여 소득 보족 사회보장성(DHSS) 설립 국민부조를 보족급여제로 전환 가족수당 증액
보수당 (1970~1974년)	히이스(E. Heath)	가족수당보족(FIS) 제정 연금생활자에 크리스마스 보너스 신청
노동당 (1974~1979년)	윌슨(H. Willson) — 1974~1975년 캘러한(J. Callaghan) — 1975~1979년	연금 개선, 신연금법 아동급여 시행

※출처: 박광준, 2002: 373.

중요한 이유라고 할 수 있다. 특히 복지국가의 확대 과정에서 서비스의 주된 수혜자인 동시에 공급자로 복지국가 시스템에 깊숙하게 편입된 중산층과 노조의 결합은 선거과정에 우파들의 입지를 좁히는 기제로 작용했던 것이다(Therbon, 1987: 237~254). 즉 중산층의 복지편입은 1970년대 중반 이후 신우파로 부터 복지국가의 주된 위기 원인으로 지목되기도 했지만 그 이전에는 우파를 복지에 종속시키는 역할을 수행했다고 할 수 있다.

3) 노동자계급의 영향력, 국제기구의 역할과 시민권 운동

19세기 후반 이후 계속해서 확대되어온 노동자계급의 조직화는 복지국가 황금기에 이르러 더욱 강력한 정치적 영향력을 발휘하였다. 전통적으로 사회민주주의 정당은 노동자계급의 지지를 기반으로 하고 있었다. 노동자계급의 '계급투표 성향class voting'은 이 시기의 주요 집권세력인 좌파정당과 노동자계급이 어느 정도 정치적으로 긴밀하게 연계되어 있는지를 보여준다.

한편, 국제노동기구International Labor Organization, ILO와 같은 국제기구의 사회보장에 대한 관심의 증대도 이 시기 사회복지의 세계적 확대에 많은 영향을 주었다. ILO는 복지국가 확립기 이후 영향력이 더욱 증가하여 사회보장에 대한 국제적 기준을 제시하고 그 기준의 이행 여부를 감독하는 기구로서 위상이 높아졌다(이인재 외, 2006: 32~36). 주목할 점은 ILO의 활동이 사회·경제적 조건이 상이한 가입국들의 정부 대표, 노동자 대표, 사용자 대표 등 삼자 협의에 의해 이루어졌는데, 이는 조합주의에서 노동자계급의 영향력이 중요한 요소인 것처럼 국제기구에 대한 노동자계급의 영향력도 증가했음을 보여주는 것이라 할 수 있다.

사회복지 부문에 한정해서 보면 ILO는 1952년 사회보장의 최저 기준에 관한 조약을 제시한 이후 사회보장의 내·외국인 균등처우에 관한 조약(1962), 출산보호에 관한 조약(1952), 고용재해급여에 관한 조약(1967), 의료 및 상병급여에 관한 조약(1969)을 제시하였다. 또한 출산보호에 관한 권고(1967), 고용재해급여에 관한 권고(1964), 장애·노령·유족급여에 관한 권고(1967), 의료 및 상병급여에 관한 권고(1969)를 제시하였다. ILO의 조약은 국제적 노동조건에 관한 기준을 설정하는 것으로 비준 시 강제성을 가지며 권고는 강제성이 없는 문서로서 기준설정문서의 성격을 가지고 있다(이인재 외, 2006: 33 재인용).

이러한 ILO의 조약 해당 국가의 비준 여부와 관련하여 보면 개별 국가의 사회복지 증진에 상당히 중요한 역할을 했음은 물론, 사회복지에 대한 보편적 국제 표준을 제시하였다는 중요한 의의가 있다. 한 가지 주목할 것은 이 시기, 특히 1960년대에서 1970년대 초반은 노동자계급의 영향력만으로 사회복지의 확대를 설명할 수 없다는 점이다. 즉 이 시기에 근로능력과 관계없이 취약계층, 특히 비노동-취약계층까지 기초적 생활보장이 확산되었던 현상은 '시민 각성의 시대' 혹은 '시민권 운동의 시대'로 불릴 정도로 미국과 유럽을 휩쓴 시민운동에 힘입은 바가 컸다.

특히 반전운동, 신좌파 운동과 더불어 소수집단을 위한 복지권리 운동이 경제적 번영기에 활발히 전개되었다. 그 결과 미국에서는 긍정적 차별법Affirmative Act이 입법되기도 하였고 유럽에서는 장애인, 노령, 편모 등 취약계층에 대한 배려가 '사회적 배제social exclusion'의 담론 과정에서 본격화되었다. 이러한 '배제의 담론 과정'에서 사회적 연대의 붕괴로 인해 발생하는 '배제된 자the excluded, 취약계층'에 대한 기초생활의 보장이 사회적 의무로 제시되기에 이른다(박능후, 2000).

3. 복지제도의 팽창과 발전

전후 25년간 복지국가는 1973년 석유 파동이 일어날 때까지 사회복지에 대한 재정 지출을 더욱 확대해 나갔다. 하지만 제도의 외형적 측면에서는 뚜렷한 변화가 일어난 것은 아니다. 다만 전후 엄청난 호황과 합의의 정치구도 속에서 사회복지 지출을 늘려나갔고 복지국가 성립과 함께 출발한 다양한 제도들의 내용이 조금씩 변화하면서 급여수준, 적용대상이 확대되어 갔다. 이런 과정을 통해서 복지국가는 더욱 세련되게 발전했으며 이러한 복지국가의 여러 제도들이 세계 전역으로 확산되어 갔다.

1) 사회복지의 팽창

전후 사회복지비는 물론 제도의 내용과 수준이 경제적 호황, 정치적 합의 구도 및 버츠컬리즘하에서 급격히 팽창하였다. 〈표 11-10〉을 보면 구미 각국은 1960년에 GDP 대비 평균 12.48%를 사회부분에 지출하였는데, 1975년에는 사회부분 지출비율이 무려 배로 증가하여 평균 23.13%로 나타났다. 특히 스웨덴, 노르웨이, 덴마크의 스칸디나비아 국가를 비롯하여 벨기에, 네덜란드, 독일(서독) 등의 국가는 약 25%에서 35% 정도에 이르는 높은 비율을 보이고 있다.

반면에 미국, 일본, 그리스 등의 국가도 2배 정도의 상승을 보이고 있지만 복지선진국들에 비하여 양 시기 모두 상대적으로 낮은 지출 비율을 보이고 있었으며 1975년에 이르러서도 20%를 넘지 못했다. 또한 이 시기에는 사회복지 지출의 증가율도 급속하게 높아졌다. 1950년에서 1955년 사이에 약 0.9%이던 사회보장비용의 연평균 증가율은 1970년에서 1974년 사이에 3.4%로 가속화되었다(Pierson, 1991: 128). 이는 복지국가의 팽창 시기에도 내적으로 다양한 확대 경로가 존재했었음을 보여주는 것이다.

이 시기에는 적용 범위도 급격히 확대되었다. 1930년대 초 서유럽에서는 노동인구의 약 절반만이 재해, 질병, 폐질, 노령보험의 보호 속에 있었으며 노동인구의 1/5만이 실업보험의 혜택을 입고 있었다. 그러나 1970년대 중반에는 노동인구의 약 90% 이상이 노령, 폐질, 질병으로 인한 수입 상실을 대비하여 보험에 포함되었으며, 약

표 11-10 구미 각국의 사회지출의 증가(GDP 대비 사회지출 비율: %)

국가	1960년	1975년
캐나다	11.2	20.1
프랑스	14.4	26.3
독일(서독)	17.1	27.8
이탈리아	13.7	20.6
일 본	7.6	13.7
영 국	12.4	19.6
미 국	9.9	18.7
호 주	10.2	18.8
오스트리아	17.9	24.5
벨기에	17.6	34.5
덴마크	-	32.4
핀란드	15.4	23.3
그리스	8.4	10.6
아일랜드	11.7	23.1
네덜란드	16.2	37.1
뉴질랜드	13.0	16.3
노르웨이	11.7	26.2
스웨덴	15.4	26.8
스위스	8.0	19.1
평균	**12.48**	**23.13**

※출처: OECD, 1988: 10.

80% 이상이 재해보험, 60%가 실업보험에 적용되었다(Pierson, 1991: 128). 전체적으로 보면 나라마다 다소 차이는 있지만 1970년대에 이르러 거의 100% 가까이 확대되었다(Flora & Alber, 1981: 55).

2) 사회복지 팽창의 직접적 원인

이 시기에 사회복지 예산이 팽창한 원인은 사회·경제적 배경의 작용이다. 하지만 고프Gough에 따르면, 좀 더 직접적 원인은 상대적 비용의 상승, 인구 변화, 새롭게 개선된 서비스, 증대하는 사회적 욕구에 있었다(Gough, 1979: 84~94).

첫째, 사회복지서비스의 상대적 비용이 평균비용보다 빠르게 증가하는 경향이 있었다. 왜냐하면 사회서비스는 노동집약적이며 생산성 증대로 임금상승분을 상쇄할 가능성이 희박하기 때문에 이들을 공급하는 상대비용이 해마다 증가했기 때문이다. 이는 동일한 수준의 복지수준을 유지하기 위해서 이전보다 더욱 많은 지출을 해야 한다는 것을 의미했다. 물론 인플레이션은 모든 가격에 영향을 미친다. 하지만 영향을 미치는 정도가 서비스 혹은 재화마다 다르기 때문에 총물가(일반물가)의 영향 이상의 특수한 현상이 발생하게 된다. 실제로 이 시기에 대부분의 국가에서 국가부문의 상대적 비용이 상승하였다. 모든 OECD 국가들을 합쳐볼 때 1963년에서 1973년까지 일반물가 상승률은 연 4.5%에 불과했던 반면에 국가 서비스의 가격 상승률 증가는 6.4%에 이르고 있었다.

둘째, 2차 세계대전 이후 총인구의 증가는 물론 인구구조에서 어린이와 노인 등 사회적 의존층의 인구가 상대적으로 빠르게 증가하였고 그 규모도 커졌다. 이로 인하여 사회지출이 더욱 빠르게 증가하였는데, 이는 전후 '베이비 붐'으로 인한 아동인구의 급격한 증가로 나타나는 현상 중 하나였다.

셋째, 새롭고 개선된 사회적 서비스가 사회적 지출의 상승을 초래했다. 사회적 서비스의 개선은 크게 두 측면에서 이루어졌다. 하나는 앞서 기술한 것처럼 사회서비스의 범위가 확장되어 더 많은 집단과 욕구가 급여대상이 되었다는 점이며, 다른 하나는 1인당 제공되는 급여수준이 상승하였다는 점이다. 실제로 OECD는 복지국가 황금기의 유럽 공동체 국가들에 있어서 최저노령연금, 유족수당, 의료서비스 경비, 장애자를 위한 의료혜택과 소득유지 영역의 사회보장 혜택이 그 내용과 적용범위 면에서 상당히 개선되었던 것으로 평가하고 있다(Gough, 1979: 91 재인용).

넷째, 새로운 사회적 욕구의 증대 또한 사회지출의 팽창을 초래한 중요한 원인으로 작용하였다. 우선, 티트머스의 지적처럼 사회복지의 중요한 기능 중의 하나가 비복지에 대한 보상기능이라고 한다면 복지국가 황금기에 일어난 자본주의적 발전, 즉 도시화·산업화는 범죄, 이혼 증가, 편부모의 증가, 독거노인의 증가 등 사회문제와 비복지를 끊임없이 증대시켰다. 또한 여권 신장과 같은 새로운 사회적 분위기는 여성의 사회진출을 용이하게 하기 위한 각종 복지시책에 대한 요구를 증가시키게 되었다.

제11장 생각해볼 문제

1 복지국가 발전의 사회·경제적 배경에 대해 토론해보자.

2 1929년의 대공황 당시 케인즈는 국가가 시장에 적극 개입할 것, 즉 수정자본주의를 강력하게 주장했는데 그 논리와 득실은 무엇인가?

3 지금까지 살펴본 복지국가의 발달과정에서 우리가 흔히 말하는 복지사회와의 차이점이 무엇인지 생각해보자.

제1234567891011121314장

복지국가에 대한 도전과 재편

2차 세계대전 이후로 지속적인 발전을 거듭해온 복지국가는 1970년대부터 중동전쟁으로 인한 석유파동 등 사회·경제적 요인으로 인해 어려움에 처하게 되었고, 이로 인해 지속적인 복지국가의 발달에 적신호가 켜지게 되었다.

이번 장에서는 이러한 요인들을 분석해보고 이에 대한 효과적인 대처방안을 찾는 과정을 살펴보자.

1. 복지국가에 대한 도전

복지국가의 황금기라고 일컬어지는 2차 세계대전 이후에서 1970년대까지의 기간 동안 복지국가 체제에 대한 합의를 바탕으로 선진국가들은 다양한 사회적 위험으로부터 국민을 보호하는 시스템을 구축하였다. 국가가 그러한 위험으로부터 어느 정도까지 국민을 보호하는가, 어떤 방식으로 보호하는가 등은 각 국가들의 역사적 전통, 사회·문화, 경제구조, 정치적 상황에 따라 달랐지만, 나름대로 복지국가라 부를 수 있는 수준의 복지체제를 수립하였다. 이러한 복지국가는 산업화된 국가에서 사회보호와 보장을 위한 한 세기에 걸친 투쟁의 산물이다. 또한 서구 복지국가는 시장효율성과 시민적 삶의 보장 그리고 자유와 평등 원칙 간의 화해를 엮어냈다. 이는 정치적으로 자본과 조직화된 노동 간의 역사적, 계급적 화해였다. 국가는 케인즈식 정책을 통해 시장에 개입해서 경제성장과 완전고용에 기여하고, 질병, 노령, 사고, 실업, 무능력자들을 보호하기 위해 광범위한 사회정책을 발전시켰다(안병영, 2000: 15).

그러나 오늘날 세계 거의 모든 곳에서 복지국가에 대한 합의는 공격받고 있으며 새로운 방향으로 재편되고 있다. 다양한 요인들이 복지국가의 생존가능성과 효용성과 유용성에 의문을 제기하고 있다. 인구의 노령화, 가족구조의 변화, 경제성장의 하락, 높은 수준의 실업, 치솟는 재정 적자, 높은 세금에 대한 저항의 증가, 시장세력의 우세, 경제적·사회적 사업의 민영화, 국내와 국제 경쟁의 증가, 세계화와 기술 변화의 가속화 등이 이러한 요인에 포함된다. 이러한 요인들에 의한 압력은 복지국가에서 나타나는 부정적인 결과를 강조하는 새로운 이데올로기에 의해 강화되고 있다. 그 결과 많은 국가에서 주요한 프로그램을 해체하고 영역을 축소하고 급여의 수준과 범위를 낮추고 있다(Esping-Andersen, 1996: 5~6).

복지국가는 1970년대 중반 세계경제 위기에서 촉발된 복지 감축기를 거쳐 1980년대 후반부터는 어떤 결정적인 전환점에 와 있다는 데에는 인식을 같이한다. 그렇다면 복지국가가 오늘날 위기를 맞게 된 원인은 어디에 있는 것일까? 현대 복지국가가 직면하고 있는 주요 도전들을 살펴보면 다음과 같다.

1) 공공지출의 삭감

2차 세계대전 이후 지속된 자본주의의 장기 번영이 케인즈주의적 복지국가 체제의 기초였다면, 1970년대 초반에 본격화된 자본주의의 경제적 및 사회적 위기는 복지국가의 위기를 촉발시켰다. 공공지출은 삭감되었으며 그 삭감의 대부분을 사회지출이 차지하게 되었다. 지출의 삭감, 특히 복지국가의 삭감은 세계자본주의 경제

스태그플레이션

스태그네이션(stagnation, 경기침체)과 인플레이션(inflation)을 합성한 신조어로 정도가 심한 것을 슬럼프플레이션(slumpflation)이라고 한다.

2차 세계대전 이전까지 불황기에는 물가가 하락하고 호황기에는 물가가 상승하는 것이 일반적이었다. 그러나 최근에는 호황기에는 물론 불황기에도 물가가 계속 상승하여, 이 때문에 불황과 인플레이션이 공존하는 사태가 현실적으로 나타나게 되었다. 스태그플레이션의 주요원인으로는 경기정체기에 군사비나 실업수당 등 주로 소비적인 재정지출이 확대되는 일, 노동조합의 압력으로 명목임금이 급상승을 계속하는 일, 기업의 관리비가 상승하여 임금상승이 가격상승에 비교적 쉽게 전가되는 일 등을 들 수가 있다.

가 맞이한 미증유의 위기와 관련이 있다. 1973년 말에서 1975년까지 세계자본주의 경제는 유례가 없었던 경제침체를 경험하였다. OECD 국가의 GNP는 5%정도 줄어들었고 산업생산물도 급격히 줄어들었으며 세계무역은 14%나 감소했다. OECD 모든 국가에서 실업자 수는 1,500만 명에 달했다. 동시에 인플레이션은 가속화되고 선진자본주의 경제의 무역적자는 증가하는 추세였다(Gough, 1979: 168). 1973년에 발생한 석유위기와 1974년의 국제적 공황으로 전후의 포드주의적 전성기로 일컬어지는 황금시대는 끝나게 되는데, 이로써 케인즈주의적 복지국가 역시 어려움에 처하게 된다.

더구나 이 시기에는 생산의 급속한 감소에도 불구하고 높은 인플레이션이 유지되는 스태그플레이션stagflation 현상이 나타나게 되었으며, 공공부문에 거대한 적자가 나타나기 시작했다. 경기침체로 인한 세수taxation yields가 줄어들어 정부수입은 감소한 반면에, 실업수당이 증가해 정부지출은 증가했기 때문이다. 당시 선진 자본주의 국가들의 전반적인 거시경제지표의 양상은 〈표 12-1〉과 같다.

이처럼 1970년대 중반에 맞이하게 된 세계경제구조의 구조적 위기의 원인은 포드주의적 생산방식의 위기에서 찾을 수 있는데 이를 구체적으로 살펴보면 다음과 같다.

표 12-1 OECD 국가들의 거시경제지표(1960~1981년)

(단위: %)

경제지표	1960~1973년	1973~1981년
실업률	3.2	5.5
인플레이션	3.9	10.4
GNP 성장률	4.9	2.4
생산성 성장률	3.9	1.4

※자료: Pierson, 1991: 145.

첫째, 포드주의적 생산방식의 비효율성 증대와 소비자 수요변화이다. 포드주의의 생산성 상승은 위계화된 노동조직 하에서 단순작업을 편성하고 그것에 의해 규격화된 표준제품을 대량 생산함으로써 '규모의 경제economy of scale' 효과를 발휘하는 곳에 존재했다. 이 논리를 계속 추구한다는 것은 공장 규모의 계속적인 확대를 의미한다. 그러나 규모의 확대와 함께 확대된 조립라인을 전체적으로 통일해서 균형을 이루는 것은 그 자체가 어려울 뿐만 아니라 그것을 양과 질이라는 양면에서 수요동향에 맞추는 것도 어렵다. 더구나 포드주의적 획일 상품이 시장을 포화시키고 나서 시장의 수요 동향은 차별화를 요구하여 다품종 소량소비로 전환하게 되었다. 이처럼 포드주의의 성공 자체가 포드주의의 기술을 반생산적인 것으로 전환시키게 되었는데, 거기에 테일러, 포드류의 노동의 단순화, 단조화, 무내용화가 진행된 결과 노동자 측에서의 피로와 질병 발생은 물론 이직, 무단결근, 태업 등 노동의욕의 저하와 상실이 진행되고 더 나아가 파업 및 불법파업 등의 형태로 반항이 격화되었다.

둘째, 국제시장에서의 경쟁 격화이다. 1960년대 말에 접어들어 선진자본주의국가에서는 내수의 포화상태로 인해 기업들이 협소한 국내시장의 테두리를 벗어나 세계시장으로 진출하게 되었다. 그러나 전후 급속히 생산력을 확보한 독일, 일본의 세계시장 잠식으로 세계시장은 이미 치열해지는 추세에 있었고 이에 따라 국제경

규모의 경제

규모의 경제란 투입규모가 커질수록 장기평균비용이 줄어 이윤이 늘어나는 현상을 말한다. 이에 관하여는 일반적으로 대량생산의 이익, 대규모 경영의 이익이라는 말이 알려져 있다. 대량생산의 이익이 기업의 생산설비가 일정한 때 발생하는 규모의 경제를 뜻하는 데 비하여, 대규모 경영의 이익은 생산설비의 확대 또는 동일 기업에서 플랜트 수의 증가를 포함한 규모의 경제를 의미한다.

쟁은 더욱 격화되었다. 부분적으로 이런 경쟁 격화의 결과이기도 했던 미국 헤게모니의 약화는 고정환율제의 붕괴를 가져옴으로써 다시 기업 간 국제경쟁을 더욱 강화시켰다(김영순, 1995: 95).

이러한 요인들에 기인한 경제위기와 국가의 재정악화로 인해 1950년대와 1960년대 동안 급속히 증대해왔던 선진자본주의국들의 사회복지 지출은 1970년대 중반을 거치면서 현저히 둔화하기 시작하였다(장진호, 1996: 85).

2) 자본의 국제화 및 생산방식의 유연화

경제위기 및 복지국가의 위기와 관련하여 중요한 것은 자본 측의 대응이라는 측면인데, 이것이 케인즈주의적 복지국가의 기반을 잠식하는 요인이 된다. 위기에 관한 자본 측의 첫 번째 대응은 연구개발을 비롯한 생산의 근간조직을 최적의 국외생산지로 이동시키는 '국제화 전략'이었다. 이는 포드주의적인 타협으로 특징지어지는 복지와 생산증대의 호순환 관계가 단절되게 됨을 의미한다. 즉 자본국제화로 대량생산과 대량소비를 매개하는 국내적 고리가 끊어지고 국내외 시장 간의 경계가 무너지자 3자 간의 단합에 의해 결정되던 고임금과 복지는 더 이상 자국기업의 이윤 증대로 자동적으로 연결되지 않게 되었다. 그것은 오히려 불안정해진 해외시장의 상황에 적응하기 위해 필요해진 신축적인 가격결정을 방해하여 가격 경쟁력을 하락시키는 역할을 하게 되었던 것이다(김영순, 1995: 97).

이처럼 복지의 생산 기여적인 요소가 감소하자 자본에 대한 국가의 규제력이 약화되고 이는 전반적으로 노동-자본-국가의 조합주의적 합의 구조를 약화시키는 분권화 추세를 가져오는 데 유리한 여건을 조성하게 되었다. 이런 생산방식의 변화는 노동자계급의 통일성에 영향을 미쳤다. 제품수요의 변동에 따라 기술과 고용 그리고 임금을 자유로이 변화시킬 수 있는 유연성을 요구하는 다품종 소량생산 하에서 반숙련 노동을 수행하던 기존 대규모의 노동자 군을 두 분류로 분화시켰다. 이러한 노동자의 양극화와 분절화는 노동자의 통일에 저해요소가 되었고 또한 조합주의의 기반을 약화시킨 동시에 국가복지에 대한 입장을 분화시킴으로써 복지국가 자체의 정당성을 약화시키게 된다.

결국, 복지국가의 위기가 자본주의 질서를 근본적으로 위협한 것은 아니었다고 할지라도, 그 위기는 전후의 복지자본주의 체제의 재편을 가져왔다. 다시 말해서 복지국가 체제의 위기로 인해 선진 자본주의 사회에 의회민주주의 체제가 붕괴되거나, 시장경제가 사회주의로 대체되지는 않았다. 비록 그렇다고 하더라도 2차 세계대전 이후 자본과 노동 간의 타협에 기초한 케인즈주의적 복지국가 체제는 1970년대 말과 1980년대부터 재편되기 시작했다. 1980년대에 본격화된 복지국가의 정치적, 사회적 질서의 재편은 전후 합의가 포기되고 자본의 이해가 옹호되는 방향으로 나아갔다. 1979년과 1980년의 선거에 의해 영국과 미국에서 신자유주의 정권이 등장하면서 전후의 케인즈주의적 복지국가 체제는 재편에 들어갔다. 그러한 재편은 노동계급의 조직적 힘의 약화를 통해서 이루어지게 된 것이다.

3) 이념적 비판

(1) 우파의 비판

경기침체의 주된 원인을 시장기제의 작동을 왜곡시키는 국가의 경제 및 복지개입이라는 내적 요인에서 찾는다. 왜냐하면 복지국가의 확대는 노동에 대한 동기를 약화시키고 저축과 투자를 감소시키며, 생산활동을 위축시키며 경제성장을 둔화시킨다. 더구나 1970년대에 이르러 복지국가 위기가 표면화되자 우파들은 보다 적극적으로 자유 시장경제 체제의 우월성을 주장하고, 최소한의 국가로 돌아갈 것을 주장하게 되었다.

신자유주의의 주장에 의하면 복지국가는 관료조직의 비대화와 비능률성을 초래하며, 특정 이익집단에 대한 반응을 초래한다. 무엇보다 한번 복지프로그램이 시작되면 수혜자들은 더 많은 혜택을 보기 위해서 이익집단을 결성하여 압력을 행사한다. 선거에서 표를 의식하는 정치가들은 이들의 요구를 들어줄 수밖에 없다. 복지프로그램을 관리하는 관료들도 자신들의 이익극대화를 위해서 예산과 기구를 확대하려는 동기를 갖으며, 복지서비스를 제공하는 많은 전문집단들도 자신의 이익을 위해서 확대에 기여한다. 따라서 수요자와 공급자의 양 측면에서 복지의 확대가 이루어질 수밖에 없는 것이다. 또한 복지국가의 시기에도 절대빈곤은 상존하고 불평등 현상의 심화는 여전히 나타나고 있다고 신자유주의자들은 주장한다. 아울러 복지국가는 가족이나 지역사회 등의 작은 공동체의 붕괴를 초래했다고 주장한다. 예를 들어 연금과 노인복지는 부모와 자식 간의 인륜을 단절시켰으며 혈육이 통하는 육친의 사랑을 받을 기회를 노인들로부터 빼앗았다는 것이다. 아동복지는 모자관계를 단절시키고 모친에 의한 보육의 기회를 박탈했으며 모자가정에 지급되는 수당은 한편으로는 이혼을 촉진하고 다른 한편으로는 미혼모를 만들어냄으로써 복지국가는 가정해체와 사회해체를 초래했다는 것이다.

이러한 복지팽창과 복지국가의 폐해에 대한 신자유주의적 해결책은 자유경쟁 시장체제로 돌아가는 것이다. 즉 신자유주의자들이 주장하는 복지개혁은 지금까지 국가가 맡아 오던 것을 시장경제에 이전하는 것에 주안점을 두고 있다. 근로의욕을 떨어뜨리는 공적인 개입은 철폐되어야 하고, 복지는 잔여적 원칙을 고수하고 가족이나 자발적 부문, 민간기관에게 복지를 맡겨야 한다고 강조하였다.

(2) 좌파의 비판

복지는 건강한 사람과 교육받는 사람들의 요구에만 부응하였으며, 많은 노동계급, 여성, 소수인종에게는 억압적이라는 것이다. 즉 복지는 자본주의 체제를 유지하는 데에만 그 목적이 있다는 것이다.

오코너O'Connor는 자본주의 국가는 '자본축적기능accumulation function'과 '정당화기능'을 동시에 수행해야 하는 상반된 요구 사이의 모순에 직면해 있다고 본다. 국가는 높은 이윤을 보장하고 투자를 촉진해야 하는 여건을 만들어야 하며, 이를 위해서는 많은 지출을 해야 한다. 그러나 자본축적을 통한 이윤은 국가예산에 흡수되지 않고 자본가에게 남게 되고, 결과적으로 정당화 문제를 심화시킨다. 따라서 사회조화를 증진시키기 위해서는 정당화기능을 수행해야 하며, 이를 위해서 다시 지출을 증대해야 한다. 그러나 이러한 국가의 정당화기능에 대해서 자본가는 저이윤을 우려하여 반대하며, 유권자들은 과세부담을 우려한다. 이러한 압력 하에서 정부는 지출비용을 조달해야 하는 어려움에 직면하고 재정적자로 인한 재정위기 상태가 나타난다. 그리고 이는 정치·경제·사회 전반의 위기로 작용하게 되는 것이다(O'Connor, 1990).

(3) 중도적 비판

사회민주주의자들은 복지국가 위기는 국가개입의 필연적 결과나 자본주의의 모순으로부터 야기되는 구조적 문제가 아니라, 복지국가 발달과정의 시행착오와 상황변화로 인한 일시적 현상으로 간주한다. 따라서 이들은 복지국가의 위기는 기존의 복지국가 체제 내에서 해결가능한 것으로 본다.

기본적으로 복지국가 위기는 1970년대의 악화된 경제상황 때문인데, 복지국가가 경제상황을 악화시킨 것이 아니라 외부적인 경제 환경의 변화로 인해서 경제가 나빠졌다고 여긴다. 때문에 경제상황이 호전되면 위기도 사라질 것이라고 보는 것이다. 그리고 복지국가 위기의 원인 중 하나로 복지프로그램의 잘못된 운영 방법을 지적하였다. 복지프로그램들의 지나친 중앙집권화와 관료제화로 인하여 효율성이 줄어들고 대응성이 떨어졌으며, 이는 국민들의 지지를 약화시켰다는 것이다. 따라서 사회민주주의자들의 복지국가에 대한 비판은 근본적이라기보다 실용주의적 성격이 강하다.

이들은 복지국가의 정체성을 크게 약화시키는 요인으로 ① 수혜자의 욕구 간과, ② 낮은 반응성, ③ 복지비의 비효율적 지출, ④ 경직적인 프로그램의 운영 등 복지공급서비스의 관료화 현상 등을 지적한다. 그리고 복지프로그램이 보다 효율적으로 운영되면 복지국가에 대한 신뢰감도 상당부분 회복될 수 있을 것으로 낙관한다.

2. 복지국가 위기론에 대한 반론

복지국가들이 1970년대 중반 이후 정말로 위기에 부딪쳐 그것의 존립이 흔들리는가라는 문제에 대한 논의는 여러 가지 면에서 진행될 수 있다.

첫째, 가장 중요한 문제는 이러한 '복지국가의 위기'를 대부분의 복지국가에 적용되는 일반화 문제로 인식할 수 있는가의 문제이다. 평균성장률이 줄어들었다는 것으로 복지국가들이 '위기'에 봉착했다고 단정하는 것은 위험하다. 즉 사회복지 지출 성장률이 1970년대 중반 이후 이전에 비해 줄었던 것은 단순히 이전에 비해 경제성장률이 낮은 데서 기인하는 것이지, 복지국가에 대한 '의지'가 약해져서 나타난 것은 아니다. 즉 경제성장률보다 높은 사회복지 지출 성장률은 1970년대 중반 이전이나 이후나 변화가 없는 것이다.

둘째, 복지국가에 대한 대중의 지지도가 떨어졌다고 주장하는 것도 문제가 있다.

비록 1970년대 중반 이후, 복지국가에 대한 지지도 변화 및 최근의 스웨덴 복지모델의 논쟁에도 불구하고 여전히 다수는 복지국가를 지지하고 있다. 복지국가에 대한 대중의 지지도는 국가에 따라 다르고 또한 개별 복지국가 프로그램에 따라 다를 뿐 그 기조자체가 부정되고 있는 것은 아니다.

결론적으로 1970년대 중반 이후, 2차 세계대전 후의 '국민적 합의' 시대와는 다르게 특정의 국가에서 특정의 사회복지 프로그램에 대한 지지도가 떨어졌다 하더라도 이것이 복지국가 전체에 대한 모든 국가에서의 지지도가 낮아졌다고 보는 것은 문제가 있고, 더군다나 이것을 위기라고 보는 것은 과장된 표현이라 할 수 있다.

이와 같은 현상이 복지국가의 위기라 하여 신자유주의자들이 주장하는 것처럼, 복지국가의 후퇴 내지 붕괴를 의미하는 것은 아니다. 아직까지도 대부분의 복지국가들은 여전히 건재하고 있기 때문이다.

1) 자유주의적 대응

복지국가 위기에 대한 자유주의적 대응 전략은 완전고용과 건전재정을 유지하기 위해 노동시장을 유연화하고 사회복지제도를 후퇴시키는 것이다. 우선 노동시장의 유연화는 저임금을 가능케 하는데, 이로 인해 고용은 증가된다. 다음으로 사회복지제도의 후퇴 역시 사회보장세 등의 축소를 통해 생산비용을 절감할 수 있기 때문에 고용의 증가에 기여하게 된다. 즉 임금이나 생산비용의 감소는 노동력의 공급과 수요 두 측면에서 고용 증가에 유리한 조건을 만든다. 우선 공급의 측면에서 보면 저임금으로 인해 1인 소득원으로는 생활이 어려워지는 계층이 확대되기 때문에 여성 등 이전까지 경제활동에 참여하지 않던 집단들의 경제활동 참여가 증가한다. 수요의 측면에서도 역시 낮은 임금과 낮은 생산비용은 생산성이 낮은 산업이나 기업을 시장에 잔존시킴으로써 노동력에 대한 수요를 증가시키는 효과를 갖는다. 그러나 이러한 자유주의적 전략은 저임금 노동자를 양산한다는 점에서 소득 불평등을 확대하는 결과를 낳는다. 물론 소득 불평등은 공공부문의 고용이 증가하는 경우 축소될 수도 있지만 공공부문의 고용 증가는 건전재정에 대한 강조로 인해 어렵다.

이러한 전략은 미국과 영국으로 대표되는 앵글로-색슨형 전략으로, 이들 국가들은 노동자들의 권력자원power resource이 비교적 적었다는 점, 그리고 사회민주주의 정당을 중심으로 한 좌파가 정권을 담당한 기간이 전무하거나 짧다는 특징을 가지고 있다. 따라서 이들 국가들에서 복지제도는 그 수혜수준이나 범위를 최소화하는 방향으로 제도화되었다. 이러한 잔여적인 제도로 인해 복지국가는 중간계급과 노동자계급의 상층으로부터 외면당하게 되었는데, 이는 경제위기시 복지국가의 후퇴와 노동시장의 유연성 강화를 가능케 하는 정치적 환경을 제공한다.

2) 보수적·조합주의적 대응

복지국가 위기에 대한 보수주의적 대응 전략은 건전재정과 소득 평등을 유지하기 위해 완전고용을 포기하는 것이다. 이러한 보수주의적 전략에서는 노동시장의 유연화와 사회복지제도의 후퇴가 최소화되기 때문에 생산성과 임금 사이의 연관성은 축소된다. 이로 인해 미숙련·저생산성 부문의 임금을 상대적으로 높게 유지할 수 있고 소득 불평등의 증가를 방지할 수 있다. 그러나 노동시장의 경직은 고용증가를 어렵게 하는 요인이 된다. 왜냐하면 경직된 노동시장은 해고비용을 증가시키고 이로 인해 기업은 신규고용에 대해 보다 신중해지기 때문이다. 즉 높은 해고비용으로 인해 향후 경기변동에 따라 고용을 조정해야만 하는 기업들은 신규고용을 최적수준에 비해 축소하게 된다는 것이다.

다른 한편으로, 노동시장의 경직성은 외부 노동시장에 대한 의존을 낮춤으로써 실업률을 증가시키는 경향을 갖는다. 즉 노동시장의 경직성으로 인해 정규 고용된 내부자는 일종의 지대rent를 갖게 되는데, 이로 인해 이들은 시장임금에 비해 보다 높은 임금을 요구할 수 있으며 결과적으로 실업이 증가하게 된다. 특히 노동시장의 경직성은 미숙련 노동자들의 실업을 크게 증가시키며, 이들을 장기실업자로 만들 가능성이 크다. 왜냐하면 경기 침체 시 기업은 미숙련 노동자들에 대해 해고를 집중하는 반면 경기 상승기에는 이들의 고용을 최대한 억제하기 때문이다. 이를 보완하기 위해 보수주의적 국가들은 임시직을 중심으로 노동시장을 유연화하는데, 이를 통해 미숙련 노동자들의 일부는 임시직이나 시간제 등으로 흡수된다.

이 전략은 독일, 프랑스, 오스트리아 등 대륙 유럽에서 발견할 수 있는데 이들 국가들은 노동자계급의 권력자원이 비교적 높은 편이지만 사민당 등 좌파의 집권이 비교적 뒤늦게 이루어졌기 때문에 복지제도의 발전이 보수주의적 정당의 주도로 이루어졌다는 특징을 갖는다. 이러한 국가들에서 복지제도는 직업집단별로 분권화되었으며, 비교적 높은 수혜수준을 보장한다. 이러한 복지제도는 비교적 지지도가 높다는 점에서 후퇴시키기 어려운 한편, 바로 그 구조로 인해 이러한 복지국가의 구조는 부문이나 직종 간 노동력의 이동을 제약하는 보수주의 전략과 친화성을 갖게 된다.

3) 사회민주주의적 대응

복지국가 위기에 대한 사회민주주의적 대응전략은 완전고용과 소득 평등을 유지하는 것이다. 이 전략은 노동시장을 유연화하는 반면 복지제도의 후퇴를 최소화한다. 이 전략에서 완전고용은 두 가지 수단을 통해 이루어지는데, 우선 노동시장을 유연화하여 민간부문에서의 고용을 극대화하고, 민간부문에서 고용될 수 없는 상황에 처한 집단들을 위해 공공부문의 고용을 증가시킨다. 다른 한편으로 소득 평등은 관대한 사회복지제도와 공공부문의 고용증가를 통해 보장되는데, 전자는 소득을 상실한 실업자들에게 비교적 높은 수혜를 보장함으로써, 후자는 임금격차를 축소시킴으로써 소득 불평등의 증가를 억제한다. 그러나 이러한 전략은 공공부문의 미숙련 노동자들에게 시장가격 이상의 임금을 지급한다는 점과 사회복지제도가 관대하다는 점 때문에 재정적자에 직면할 가능성이 크다.

이러한 전략은 스웨덴을 비롯한 북구 국가들에서 발견할 수 있는데, 이들 국가들은 정치적으로 노동자의 권력자원이 매우 높다는 점과 사회민주주의 정당을 중심으로 좌파 정당의 집권기간이 길다는 공통점을 갖고 있다. 결국 비교적 일찍부터 집권한 사회민주당은 2차 세계대전 이후 보편적이고 관대한 복지국가를 건설함으로써 복지국가에 대한 새로운 지지기반을 확대할 수 있었는데, 복지국가의 새로운 지지집단으로는 노인, 여성, 공공부문을 들 수 있다. 새로운 지지집단을 포섭하는 데 성공했다는 점에서 이들 국가에서 복지제도를 후퇴시키는 것은 매우 어려운 과제일 수밖에 없다.

3. 합의의 종결과 복지국가의 재편

1) 신자유주의의 시녀, 대처리즘

영국을 위시한 서구 복지국가들은 1950년대 이후 고도 경제성장 속에서 저마다 복지국가의 꿈을 키웠고, 다투어 이를 제도화하였다. 그들의 꿈은 금방이라도 현실로 다가올 것만 같았다. 하지만 1970년대 2차례에 걸친 석유파동으로 장기화되는 경제침체 속에서 서구 복지국가들은 경제성장률의 저하, 높은 실업률, 스태그플레이션 등에 시달리면서 급기야는 복지국가의 막대한 조세부담에 억눌려 휘청거리기 시작하였다. 이른바 복지국가의 위기가 찾아든 것이다. 그러한 상황 속에서 1970년대 들어서면서 영국과 미국에서는 케인즈주의와 뉴딜원칙에 대한 신뢰성의 상실이 두드러지더니, 급기야 1979년 5월과 1980년 11월 선거에서 각각 집권한 대처와 레이건 정부는 복지국가의 구조적 해체와 재시장화를 겨냥한 신자유주의를 표방하게 된다.

대처리즘처럼 많은 수식어를 가진 사회복지 이념도 드물 것이다. 이른바 반복지주의, 반사회주의 혹은 시장만능주의로 불리는 대처리즘은 한 마디로 "시장은 좋고 정부는 나쁘다"는 말로 압축할 수 있다. 즉 대처의 신자유주의는 다시 말해 대처리즘은 아담 스미스의 자유방임주의의 20세기말적 변용이었다.

부연하자면, 보수당의 입장에서 보면, 대처리즘은 2차 세계대전 후 복지국가의 확대에 대한 보수당과 노동당의 '합의의 정치Politics of consensus'를 가능하게 했던 보수당의 이른바 '일국 보수주의one nation conservatism'로부터의 결별이었다. 이러한 일국 보수주의의 청산은 보수당의 또 다른 이념이었던 시장자유주의market liberalism의 득세를 의미했다. 시장자유주의란, ① 케인즈주의와 국가개입을 포기하는 자유방임적 정치경제학을 되살리고, ② 자유 시장경제의 재확립과 시장 기준의 확대 적용을 통해 사회제도의 권위, 국내 질서 및 국가 안보의 중요성을 강조하는 것으로 요약된다.

대처의 시장자유주의 또는 신자유주의는 반사회주의이기도 했다. 대처는 노동당과 노동운동을 무력화시킴으로써 사회주의를 파괴시키려 했다. 또한 반사회주의는 반복지주의이기도 했다. 대처와 보수당에게 복지는 불평등의 완화나 교정을 위한 장치가 아니라 최저생활을 위한 선택주의적 안전망이었으며, 국가에 대한 복지 수급권을 의미하는 복지권Welfare right은 국가에 대한 의존성을 키우는 온상으로 취급되었다. 한 마디로 구빈법시대의 선별주의로의 선회를 지향한다고 할 수 있다.

이러한 대처의 복지국가에 대한 관념은 다음과 같이 크게 세 가지로 정리될 수 있다.

첫째, 요람에서 무덤까지의 복지국가는 비용이 너무 많이 든다. 복지비 증가는 그 재원이 되는 국민소득의 증가를 상회하였다. 이제는 복지비를 줄여 조세 감면을 기하고 복지 자원을 꼭 필요한 사람에게만 집중시켜 효율성을 기해야 한다.

둘째, 국가 책임의 과잉은 개인의 책임의식, 가족과 공동체의 연대의식, 사적 자원의 가치를 약화시킨다. 따라서 국민 개개인은 자신의 문제는 스스로 책임져야 하며, 국가 지원은 극빈층에 대한 사회안전망에 한정되어야 한다.

셋째, 복지윤리는 시장의 위험을 제거하고, 실패에 대한 쿠션을 제공하며, 열망에의 인센티브를 약화시키기 때문에 기업에 해롭다고 간주한다.

앞에서 살펴본 대처의 복지국가에 대한 관념은 사회복지의 각 부분에서의 후퇴와 변화를 가져왔다. 대처는 영국 복지국가의 대표적 제도인 NHS를 부분적으로 민영화시켰고, 시영주택을 대대적으로 민영화했으며, 국가의 소득비례연금SERPS과 사적 연금인 직업연금 중 하나를 선택할 수 있도록 만들었다. 또한 공적 부조에서 사회기금social fund을 신설하여 무상 급여를 대여금으로 전환했으며, 실업급여 수급요건을 강화하였고, 시설보호 대신 지역사회보호community care를 강화시켜 개인과 가족의 책임을 강조하게 되었다.

2) 대처의 민영화 정책

대처 사회정책의 중핵은 민영화정책이다. 대처의 민영화 정책은 다음과 같이 세 단계를 거쳐 진행되었다.

첫째, 대처는 집권하자마자 지방정부에게 시영 임대주택을 세입자들에게 할인가격으로 매각하도록 하였다. 동시에 노조의 세력을 약화시키기 위해 공공부문의 일거리(예컨대, 보건서비스와 지방정부 안에서 이루어지는 세탁, 조리, 건물 보수, 운전 등)를 경쟁 의지가 있는 민간 계약자에게 넘겼다.

둘째, 전화·가스·전기·수도 등 주요 공공부문을 매각하였다. 그 결과 해당 요금의 인상이 불가피해졌다.

셋째, 정부의 민영화 의지가 더욱 확대되어 보건과 교육 부문에 본인부담제를 도입하려 했으나, 실천에 옮겨지지는 못했으며, 대신 공공부문을 정부가 재정을 부담하되 운영을 민간단체에 위임하는 방법이 활성화되었다.

이와 같은 대처의 민영화 정책은 복지부문도 예외가 아니었는데, NHS와 주택부문에서의 민영화가 그것이다. 이른바 대처의 '복지개혁'은 집권 3기(1987~1990년)부터 본격화되었는데, 기본방침은 다음과 같다.

첫째, 관리된 민영화 또는 준시장quasi-markets 정책이다. 이 정책은 정부 소유권을 유지한 채 민간 시장의 장점을 살리자는 것인데, 이는 구조적 변화 없이 사회복지부문의 효율성을 제고하려는 새로운 전략이었다.

둘째, 효율성 증대이다. 국가가 시장에 기반을 둔 서비스의 생산자가 됨으로써 효율을 극대화한다. 관리운영이나 구조의 개혁을 통해 효율성을 제고할 경우 권한의 확대와 물질적 보상의 인센티브를 제공한다.

셋째, 개혁에 방해가 되는 단체는 제거한다. 노동당이 장악한 지방의회가 대표적인 예라 하겠다.

넷째, 복지혜택 배분의 형평성 제고이다. 경제회복으로 인한 번영의 혜택을 전국민이 골고루 향유하도록 하는 것이 그것이다.

NHS와 주택정책을 중심으로 대처 정부가 단행한 복지개혁을 살펴보면 다음과 같다.

(1) NHS

먼저, 영국 복지국가의 간판인 NHS이다. 복지개혁의 칼자루를 과감히 휘두른 대처조차도 개혁 초기에는 NHS만큼은 폐지할 엄두를 내지 못했다. 그만큼 NHS에 대한 영국 국민들의 애정은 굳고 강했었다. 하지만, 대처는 1989년 1월 『보건의료백서』를 발표함으로써 서서히 민영화를 위한 발판을 마련하게 되었다.

보건의료백서는 보건의료서비스를 모든 국민들에게 소득에 관계없이 제공하고 조세로 그 재원을 충당한다는 원칙을 재천명함으로써 기존 정책의 유지를 명확히 했지만, 전달체계에 있어서는 상당히 급진적인 내용을 담고 있었는데, 다음과 같은 네 가지 개혁방안을 담고 있었다.

첫째, 보건의료서비스의 공급자와 구매자를 엄격히 분리하는 내부시장internal market 정책이었다.

둘째는 GP(일반개원의) 진료 예산제도였는데, 이것은 정부가 GP에게 연간 진료비를 일괄 지급하고, GP는 예산범위 내에서 독립채산제로 자신의 진료소를 운영하는 제도를 말한다.

셋째는 NHS 트러스트Trust였다. 이것은 소유권은 정부가 그대로 가지고 있되 운영권을 민간에게 위탁한 준자치적인 독립채산제 병원을 말한다. 정부가 NHS 트러스트를 신설한 이유는 NHS를 민영화하지 않고 공공부문에 그대로 두면서 기업의 인센티브제를 도입하여 그 효과성과 효율성을 증진시키고자 하는 데 있었다.

마지막으로 NHS 의사들의 진료행위의 성실성을 감사하기 위한 의료감사원Medical Audit의 신설이었다. 이에 다라 모든 NHS 병원의 전문의 진료 활동(진단과 진료, 의료자원 사용, 환자 진료 결과 등)이 감사의 대상이 되었다.

그러나 이와 같은 일련의 개혁들에 대한 여론도 좋지 않았을 뿐만 아니라, 여러 가지 부작용이 나타나게 되었다. 즉 NHS 예산에 대한 통제로 만성적인 간호사 부족 사태가 일어났으며, 낮은 보수의 책정으로 약사, 비서, 회계직원, 컴퓨터기사 등 거의 모든 인력의 충원에 어려움을 겪게 되었다.

(2) 주택정책

다음으로는 주택정책이다. 주택정책은 대처의 민영화정책이 가장 성공적으로 추진된 부분이었다. 보수당은 오래 전부터 시영 임대주택을 일정 기간 경과 후 세입자에게 매각할 것을 주장해왔다. 1979년 총선에서 보수당은 공약 속에 시영 임대주택 세입자에게 자신이 세 들어 사는 집을 구입할 수 있는 법적 권리를 부여하는 방안을 포함시켰다. 보수당은 집권 이후인 1980년, 주택법the Housing Act을 제정하여 실제로 그런 권리를 법제화했으며, 매각할 주택 가격은 시장가격에 준해 결정하되 세입 기간에 따라 할인해주었다. 이로써 많은 수의 세입자들이 공공주택을 구입하게 되었다.

그러나 이러한 중앙정부의 매각 방침에 따른 부작용도 있었다. 공공주택 구입에 따른 이득은 주택 구매에 필요한 돈을 가지고 있는 사람에게나 해당되었으며, 지방정부가 주민들의 주택 수요에 대응할 수 있는 능력 또한 크게 약화되었다. 또한 고급 저택과 불량 주택 간의 격차라는 해묵은 문제도 더욱 악화되었다. 더욱이 공공주택 민영화 정책은 홈리스homeless와 임시거처 거주자의 수를 크게 증가시키게 되었다.

이와 같은 대처의 복지개혁은 많은 성과를 일구어냈음에도 불구하고 복지를 양적으로 줄이는 데에는 실패했다. 그렇게 말할 수 있는 근거는 대처가 다양한 복지 축소책을 단행했음에도 불구하고 대처의 임기 중 복지비 지출이 줄어든 해는 없었기 때문이다. 대처가 사회복지의 양적 규모를 축소시키는 데 실패한 가장 큰 이유는 1986년까지 예상 밖의 높은 실업률로 인한 복지 수혜층의 급증과 NHS에 대한 시민들의 높은 지지로 복지비 규모를 줄이는 것이 사실상 불가능했기 때문이었다. 결국 대처는 복지국가를 축소해야 한다는 상징적 의지Symbolic nature만큼은 강력히 표출했으나, 실제로는 복지국가를 부분적으로만 변화시켰을 뿐이었다.

3) 토니 블레어와 제3의 길

토니 블레어가 이끈 노동당은 1997년 5월 총선에서 승리함으로써 1979년 대처 보수당에 패배하여 정권을 내준 지 18년 만에 정권을 되찾게 되었다. 블레어가 집권할 무렵 영국 정치는 완전히 보수화되어 있었다. 대처에 의해 이미 케인즈주의는 경멸의 대상이 되어 버렸고, 65만 명의 종업원을 둔 17개 거대 기업이 민영화되었으며, 무려 8개의 반노조입법으로 노조운동은 궤멸되었고, 복지국가가 체계적으로 침식되었으며, 코포라티즘은 사라졌다.

이러한 상황 속에서 블레어가 내건 슬로건이 바로 '제3의 길'이었다. 잘 알려진 바와 같이 제3의 길은 1997년 영국 노동당 당수인 토니 블레어 정부의 기본적인 정책노

도덕적 해이

일반적으로 도덕적 해이는 개인의 의도적인 행위가 보험이 대상으로 하는 위험의 발생가능성에 영향을 줄 수 있다는 데에서 비롯된다. 즉 사람들은 일단 어떤 위험에 대비한 보험에 가입하면, 그리고 그 위험이 발생해도 그에 따른 심리적 손해가 적다면, 보험에 가입을 하지 않았을 때보다 그러한 위험발생을 예방할 행위를 적게 할 동기가 부여되어 결과적으로 위험발생률은 높아지게 된다. 이러한 결과로 가입자들의 보험료는 높아지고, 따라서 가입자는 줄어들게 되고 결국 이 문제가 심각해지면 이러한 상품은 민간보험에서 제공되기 어렵게 되는 것이다.

도덕적 해이의 문제가 심각한 대표적인 예가 실업보험이다. 만일 민간시장에서 이러한 실업보험을 판매한다고 가정해보자. 어떤 사람이 실업이 되었을 때, 그것이 자발적인 실업인지 비자발적인 실업인지 구분하기가 어렵다. 즉 자기 자신의 실업여부는 자신의 일에서의 행위에 상당부분 달려 있기 때문이다. 또한 실업된 상태의 '심리적 비용'은 다른 위험(예를 들면, 질병 — 여기에는 많은 고통이 따른다)에 비해서 적기 때문에 이러한 실업상태는 상당히 오래 갈 수가 있다. 다시 말하여, 일단 실업보험에 가입하면 다른 보험에 비하여 비교적 쉽게 보험금을 받을 수 있고, 따라서 실업이 일어나지 않도록 노력할 동기가 적은 것이다.

이러한 도덕적 해이의 문제는 민간부문에서만의 문제가 아니라 국가 프로그램에서의 문제도 심각하다. 일반적으로 복지국가를 비판하는 논리에서 자주 거론되는 것이 이러한 도덕적 해이의 문제이다. 이러한 비판들은 복지국가 프로그램이 갖고 있는 이러한 도덕적 해이의 문제 때문에 불필요하게 개인이 스스로 독립할 노력을 약화시키고, 또한 복지 프로그램이 불필요하게 확산되었다는 점에 초점을 맞춘다. 따라서 많은 복지국가 프로그램들은 이러한 도덕적 해이의 문제를 약화시키기 위한 많은 장치들을 갖고 있다. 예를 들면 실업보험의 경우 비자발적인 실업여부에 관한 엄격한 심사, 실업이 된 후 적극적으로 일자리를 찾게 하는 방법, 정부에 의한 적극적인 노동시장정책으로 일자리를 제공하는 방법 등을 의미한다.

선이다. 제3의 길 노선이란 '고복지-고부담-저효율'로 요약되는 사회민주주의적 복지국가 노선(제1의 길)과 '고효율-저부담-불평등'으로 정리되는 신자유주의적 시장경제 노선(제2의 길)의 장점만을 취하여 서민들의 사회경제생활을 보장함과 동시에 시장의 활력을 높이자는 신노동당 프로젝트라 할 수 있다(원석조, 1999a: 13).

제3의 길은 복지의 적극적 확대를 주장하는 고전적 사회민주주의classical social democracy와 복지의 축소와 시장경제의 효율성을 주장하는 신자유주의neo-liberalism를 통합한 사고와 정책노선이라 할 수 있다. 제3의 길은 사회민주주의 복지국가에 대한 비판에서 출발한다. 즉 복지국가의 역사에서 문제가 많다는 점을 인정하기 때문에, 제3의 길 정치는 우파가 제기한 일부 비판을 받아들여야만 하며, 복지국가의 관료성과 비효율성이 문제가 된다는 점도 적시한다. 그렇다고 신자유주의처럼 복지국가를 청산하자는 것은 아니다. 복지국가의 이러한 문제를 복지국가의 소멸을 알리는 신호가 아니라 복지국가를 재건해야 할 이유로 인식한다는 것이다. 그리고 과도한 복지비 지출과 복지가 가져온 '도덕적 해이moral hazard'도 문제로 지적한다.

여기서 제3의 길이 제시하고 있는 구체적인 프로그램들을 요약해보면 다음과 같다.

첫째, 급진적 중도노선을 지향하는 새로운 민주국가를 건설하는 일이다. 국가의 개혁은 민주주의를 심화·확장시키는 과정으로서 신자유주의자들은 국가의 축소를 원했고 사회민주주의자들은 국가의 확장을 원했지만, 제3의 길은 좌파와 우파를 넘어서 국가를 재건할 필요가 있음을 강조한다. 이를 위해 권력의 지방 이양, 공공영역의 쇄신으로 투명성 확보, 행정적 효율성, 직접민주주의 매커니즘 구축, 위험 관리자로서의 정부의 기능 확립이 이루어지도록 해야 한다는 것이다.

둘째, 활발한 시민사회를 강조한다. 정부는 시민문화와 질서를 새롭게 하기 위하여 중요한 역할을 담당해야 하며, 시민사회와 동반자 관계를 형성하도록 한다. 또한, 지방주도를 통한 공동체의 쇄신을 추진하고, 제3섹터의 참여를 촉진해야 하며 지방 공공영역을 보호하고, 지역사회을 기반으로 한 범죄 예방을 강조한다.

셋째, 민주적 가정은 새로운 정치의 핵심적 기반으로서, 정서적·성적 평등, 관계상의 상호권리와 책임의 확보, 공동 양육, 평생 양육의 계약, 아동에 대한 협상된 권위, 부모에 대한 아동의 의무, 사회적으로 통합된 가족 등을 요구한다.

넷째, 공동체의 복원과 발전에 정부와 시민사회의 동반자로서의 활동에 따른 신혼합경제New Mixed Economy를 옹호한다. 사회민주주의는 경제적 보장과 재분배에 중점을 두며 부의 창출은 부수적으로 여겼다. 한편, 신자유주의는 경쟁력과 부의 산출을 보다 중요하게 여겼는데, 제3의 길도 이러한 점을 강조한다. 신혼합경제에서는 공공부문과 민간부문 사이의 상승효과positive-sum를 추구하며, 공익을 염두에 두고 시장의 역동성을 이용하고자 한다.

다섯째, 통합으로서의 평등, 재분배는 가능성의 재분배, 사후의 재분배보다는 인간의 잠재력 개발에 중점이 옮겨져야 한다는 것이다. 신자유주의 모델에서는 평등의 유일한 모델을 기회의 균등, 능력지배라고 한다. 그러나 한편으로 불평등의 확대는 구조적 변화에서 유래한 것이므로 해결하기 쉽지 않지만 높은 수준의 불평등이 경제적 번영에 기여한다거나 불가피하다고 생각해서는 안 된다는 것이다. 제3의 길에서는 평등을 포용으로, 불평등을 배제로 규정하며, 포용은 시민권을 지칭하고 기회와 공적 영역에 대한 참여를 말한다. 여기서 노동과 교육에 대한 접근은 주요한 기회의 의미를 갖는다. 특히, '교육'과 '훈련'에 대하여 토니 블레어는 세 가지 주요 우선순위를 모두 교육이라고 선언하며 가능성을 재분배하는 일의 중요성을 강조하였다. 포용적인 사회는 노동이 곤란한 사람들의 기본적인 생활수단을 제공하고, 빈곤구제 프로그램은 공동체에 초점을 두며, 민주적 참여를 허용하도록 제시하고 있다.

여섯째, 적극적 복지사회를 이루도록 하는데, 복지국가가 비민주적이고, 개인의 자유를 충분히 허락하지 않으며, 관료적이고 비효율적이며, 소외를 유발시키며, 본래 목표를 손상시키는 왜곡된 결과를 낳을 수 있다는 우파의 문제제기를 받아들여야 한다는 것이다. 이를 복지국가를 재편해야 할 이유로 간주하고, 경제적으로 부양비를 직접 제공하기보다는 인적 자본에 투자하도록 하는 방향을 제시한다.

일곱째, 사회투자국가로서 적극적 복지에 대한 경비는 국가를 통해서만이 아니라, 기업과 다른 기관들과의 결합을 통해 동원될 것을 제안하고 있다. 제3의 길의 입장은 복지지출이 미국보다 유럽수준으로 지속되어야 한다고 보지만, 가능한 한 인적 자원에 대한 투자로 전환되어야 한다는 것이다. 사회투자 전략의 대표적 예가 노령인구대책과 실업대책이다. 지금까지의 복지국가는 노인들을 부양 대상으로만 간주해왔다. 이에 대해 앤서니 기든스Anthony Giddens는 노령화를 부정적으로만 볼 것이 아니라 새로운 기회의 부여로도 볼 수 있다고 주장한다. 다시 말해서 노인이 되었다고 해서 무조건 노동을 중단해서는 안 되고 노인들에게 적합한 일자리를 창출하여 일을 하도록 만들자는 것이다. 또 노인들 스스로도 노령이 책임은 없고 권리만 있는 시기로 여겨서도 안 된다고 한다. 동시에 법률의 정년퇴직 조항을 폐지해야 한다. 그럼으로써 노동과 공동체에 대한 노인의 참여가 증가할 것이고, 이는 노인들을 젊은 세대와 직접적으로 연결시키는 역할을 할 것으로 희망한다. 실업문제도 정부는 인적 자원에 투자하여 실업률을 줄여야 한다. 정부는 기업의 일자리 창출 노력 예컨대, 중소기업의 창업이나 기술 혁신 기업을 적극 지원해야 한다. 기업가 정신은 직업 창출의 직접적인 원천이다. 정부는 이런 기업가 정신을 지원해야 한다. 벤처기업에 대한 지원이나 기업가의 모험에 대한 안전장치의 마련 등이 그것이다.

여덟째, 범세계화는 국제화와는 다르고 민족 간의 긴밀한 유대에 관련된 것이 아니라, 민족의 경계를 넘어서는 범세계적 시민사회의 등장과정에도 관련되는 것이다. 유럽연합EU의 경우, 범세계화에 대한 대응으로 이해하여 국가들의 지역적 결사를 넘어 개인들에게까지 영향을 미치는 사회·정치·경제적 제도를 발전시키고 있다는 것이다.

이상과 같이 제3의 길이 제시하고 있는 프로그램들에서 유추해볼 수 있는 복지정책은 사회보장과 재분배에 관심을 기울이는 동시에 경제적인 부를 산출하는 주도적인 주체로서의 복지수혜계층의 역할을 강조하고 있다. 다시 말해 베버리지 시대의 소극적 복지수급자the passive welfare beneficiary와는 대조적으로 적극적 복지시민the active welfare citizen의 위상정립에 초점을 맞추고 있는 것으로 볼 수 있다.

4. 복지국가의 합의

지금까지의 논의를 시간적인 흐름으로 정리하여 보면 1940년대와 1950년대는 복지국가의 기반을 구축하는 시기로 복지설계자의 설계도를 현실로 옮기는 기반구축에 전념한 시기였고, 1950년대와 1960년대는 열정을 가지고 급속한 팽창을 시도한 시기였다고 볼 수 있다. 또한 1970년대에는 확장은 지속되었으나 점차 자신감이 결여되고 의심이 들고 합의된 이상이 붕괴되어 가는 시대였으며, 1979년 이후 이념적 논쟁이 빈발하고 경제적 상황의 악화라는 악재가 밀어닥쳐 새로운 방법과 이상을 추구하는 불확실성의 시기로 접어들었다고 볼 수 있다. 1980년대와 1990년대에는 과거 복지국가에 대한 광범위한 국민적 합의가 붕괴되었고, 전세계적으로 유행한 신자유주의가 영국에서는 대처리즘으로 귀결되었음을 알 수 있다. 그리고 최근에는 정치적으로는 제3의 길을 모색하고 있으며, 경제적으로는 케인즈주의 경제이론에 의한 경제관리를 포기한 상태에 직면하고 있는 것이다.

이러한 상황들로 미루어 보았을 때, 1940년대에 이른바 베버리지 보고서라는 청사진으로 전후 재건계획을 추진하며 선도적이고 개혁적인 복지국가로 등장한 영국은 이제는 더 이상 명확한 제도적 복지국가의 명사로 대표되지 않음을 알 수 있다. 오히려, 오늘날 영국의 복지국가는 훨씬 더 임시방편적이 되었고, 실용적이거나 즉흥적이어서 베버리지의 기본이념을 변경하거나 되풀이하고 있음을 알 수 있다.

영국과 같은 선진 복지국가의 역사를 고찰함으로써 유추해 볼 수 사실은 어떠한 복지제도나 정책도 유일무이한 것은 없다는 것이다. 모든 것들이 보편적으로 그러하겠지만, 사회복지제도나 정책들도 경제·사회적인 상황과 같은 내·외적인 변수에 따라 끊임없이 변화하고 개혁되어 왔음을 알 수 있다.

5. 복지국가 개혁의 평가와 과제

1) 평가

서구 자본주의 사회들에서 복제제도의 차이는 그대로 유지되고 있다. 오히려 상이한 복지체제가 동일한 형태로 수렴하지 않고 이질적인 복지체제로 '결빙되어' 유지되고 있다(Esping-Anderson, 1996:24). 에스핑-안데르센은 세계화로 인하여 복지국가의 급격한 쇠퇴를 보인 국가는 일부이며, 대부분은 복지수혜 수준을 낮추거나 제도를 유연화하는 정도에 그쳤다고 주장하고, 그 이유는 복지제도가 만들어낸 이익집단의 형성으로 급진적 변화가 불가능함에 있다고 보았다. 피어슨(Pierson, 1996)은 복지제도의 축소는 복지제도의 형성으로 만들어진 복지정치제도에 영향을 받으며, 복지제도 확장기와는 달리 이익집단활동, 복지서비스 제공 기관과 조직 네트워크, 새로운 정책에 대한 정보 효과 등이 정책에 관여하는 정치인들에게 영향을 미친다. 복지국가가 새로운 고객(복지담당 공무원과 수혜자)을 형성시켜 선거에서 중요한 유권자층을 이루고 있기 때문에, 복지축소의 정치는 칭찬받기보다는 비판을 피하는 것을 특징으로 하였다(신광영, 2002). 그 결과 레이건과 대처 집권시기에도 복지축소는 대단히 제한적으로만 이루어졌다. 정치제도가 특정한 이해관계를 지니고 있을 뿐만 아니라 집합적인 행위자들에게 상대적인 권력을 부여하고, 정책과정을 조건 짓는 가치와 행위를 촉진시킨다. 그 결과 숫자가 많은 서유럽의 복지국가들의 정치제도와 복지 프로그램이 복지국가 위기의 압력을 막았고, 숫자가 적은 자유주의 복지국가들의 정치제도와 복지 프로그램이 세계화 압력으로 복지국가의 축소를 촉진시켰다.

2) 과제

(1) 복지제도의 확충

국민 개개인이 생애과정의 각 단계에서 직면하는 다양한 삶의 문제와 위험을 보호·예방하기 위해 보다 포괄적인 복지제도가 수립되어야 한다. 이러한 노력은 의료보험제도, 국민연금제도, 산재보험제도, 최저임금제도, 생활보호제도를 바탕으로 새로운 제도들을 수립하는 방향으로 진행되어야 한다. 실업보험의 제도화, 취업, 경력발전, 재취업 등을 위해 전 국민을 대상으로 하는 직업훈련, 직업교육 프로그램의 제도화, 유아와 취학 전 아동에 대한 공공교육 프로그램을 제도화, 결혼한 신혼부부의 정착을 돕는 주택지원 프로그램과 생활자금 대부 프로그램의 제도화, 여성의 취업을 촉진하고 뒷받침하기 위한 공공탁아 프로그램의 제도화, 이혼한 가정 혹은 한부모가정의 빈곤, 자녀양육, 자녀교육을 보조하기 위한 가족수당제도의 제정 등이다.

(2) 복지수혜자의 범위 확대

보편적 복지제도라고 할 수 있는 국민연금, 산재보험, 최저임금제도의 경우 보다 실질적으로 수혜를 입을 수 있도록 제한규정을 제거하여 주요 복지제도의 혜택을 받을 수 있게 해야 한다. 또한 선별적 복지제도라고 할 수 있는 생활보호제도와 기타 특수집단을 보호하기 위한 제도의 경우 국가는 면밀한 실태조사를 통해 보호대상자들을 파악하고 이들 모두에 대해 적절한 금전적 지원이나 사회서비스를 제공해야만 한다.

(3) 복지혜택의 적절성 증진

전국민에게, 그리고 문제를 가진 특수집단에게 적절성이 높은 복지혜택을 제공하기 위해서는 무엇보다도 국가가 더 많은 복지지출을 해야만 한다. 이를 위해 국가의 재정규모 자체를 확대하는 것을 적극적으로 고려할 수 있다. 여러 면을 고려할 때 국민경제에서 차지하는 복지비의 비중을 어느 선까지 증가시켜야 하는가 하는 문제는 일률적으로 어느 수준의 복지비 비중이 좋다 혹은 필요하다고 하는 것은 그렇게 의미 있는 논의는 아니라고 할 수 있다. 왜냐하면 이 문제는 복지비를 증가시킬 때 국민경제가 그것을 어느 정도 지탱해줄 수 있는가를 고려해야만 하기 때문이다.

(4) 복지혜택의 재분배 효과 제고

복지제도를 확충하고, 수혜자의 범위를 확대하고, 혜택의 적절성을 증진시키면서 동시에 복지혜택의 재분배 효과도 제고되어야 한다. 이를 위해서는 다음과 같은

간접세와 직접세

세금을 성질별로 구분하면 직접세, 간접세, 보통세, 목적세로 나누는데 일반조세는 직접세와 간접세가 해당한다. 직접세는 납세의무자와 실질적으로 그 세금을 부담하는 자가 일치하는 세금으로 소득세, 법인세, 주민세 등이 있다. 간접세는 납세의무자와 실질적으로 그 세금을 부담하는 자가 일치하지 않는 세금으로 부가가치세, 특별소비세, 담배소비세처럼 주로 상품의 가격에 포함시켜 부과되는 세금이다. 조세 형평성의 측면에서는 직접세의 비중이 높을수록 바람직하다고 할 수 있다.

세 가지 차원의 중요한 개혁이 이루어져야 한다.

첫째, 세입 재분배의 효과를 증가시키기 위해 장기적으로 간접세의 비중을 낮추고 직접세의 비중을 높여야 한다.

둘째, 세출 재분배의 효과를 증가시키기 위해 의료보험, 산재보험, 국민연금 등에 대한 국가의 재정적 기여를 제도화하여야 한다.

셋째, 생활보호제도와 기타 특수집단에 대한 사회서비스의 강화를 통해 역시 국가의 복지비 지출을 증가시켜야 한다.

유럽의 경우 복지제도의 증가는 국민들의 근로의욕을 상실시켰으며, 국민들을 정부에 의존적으로 만들어버리는 결과를 만들었다. 반면에 영국은 대대적인 복지제도 개혁을 통하여 실업률을 감소시켰으며 경제가 지속적으로 성장하고 있다. 종국적으로는 국가가 국민들의 생활을 책임질 수 있도록 유도하는 정책을 펼쳐야 할 것이다.

제12장 생각해볼 문제

1 1970년대 이후 복지국가의 지속적인 성장을 방해한 배경은 무엇인지 조사해보자.

2 복지국가의 위기론과 그에 맞선 반론과의 논거를 정리해보자.

3 앤서니 기든스의 제3의 길의 주요내용을 정리해보고 복지국가의 지속가능한 발전방안을 모색해보자.

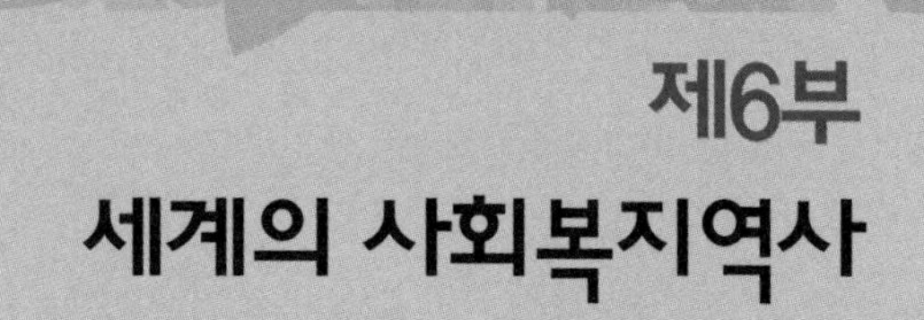

제6부

세계의 사회복지역사

제13장 우리나라의 사회복지역사

제14장 각국의 사회복지 전개

제1234567891011121314장

우리나라의 사회복지역사

우리나라의 사회복지는 서구와는 다른 방향으로 진행되었다. 기독교적 자선이나 봉건제도 등 역사적 배경이 전혀 다른 우리나라는 우리만의 독특한 사회복지제도를 가지고 있었다.

이번 장에서는 그러한 제도를 자세히 살펴봄으로써 우리 사회복지사에 대한 자부심을 갖고, 앞으로 우리나라의 사회복지가 나아가야 할 방향에 대해 생각해보자.

1. 고대에서 근대까지의 사회복지역사

우리 역사는 고조선까지 거슬러 올라갈 때 오천년의 역사를 지니고 있다. 그중 대부분을 차지하는 고조선, 삼국, 고려, 조선시대의 사회복지사를 축약하여 기술한다는 것은 어려운 일이다. 또한 과거 사회복지는 다른 사회제도와의 구분이 명확하지 않았기 때문에 '백성을 이롭게 한다'는 측면에서 사회복지와 관련된 제도임은 분명하면서도, 동시에 다양한 기능을 갖기에 어떤 제도를 '사회복지제도'라고 구분하여 말하기에는 다소 무리가 따른다. 다만, 주로 조선시대까지의 사회복지역사는 크게 공적 제도와 사적 제도로 나누어 볼 수 있다.

공적 제도는 춘궁기와 자연재해 등으로 인하여 백성이 궁핍하게 되는 것을 예방하려는 비황(창제도), 자연재해 등으로 어려움을 겪는 백성을 구하는 구황제도와 조세를 감면하는 견감제도, 가족의 보호를 받지 못해서 어려움에 처한 사궁을 비롯한 무의무탁한 사람들을 돕는 구휼제도, 전염병이나 가난한 백성의 질병을 치료하는 구료제도 등이 있다. 민간의 복지제도는 주로 사찰을 통한 복지활동, 계와 향약 등 민간조직을 통한 활동, 그리고 독지가에 의한 활인사업이 포함된다. 조선시대까지는 이러한 활동을 중심으로, 그 이후로는 우리나라 사회복지발달을 시대 순으로 나누어 중요한 제도나 사건들을 정리하도록 하겠다.

1) 비황제도(창제도)

고조선, 고구려, 백제, 신라, 고려, 조선 등 나라의 이름은 다르지만, 한국은 역사적으로 거의 대부분 농업중심의 사회였다. 농업사회에서는 대부분 자기 땅에서 수확한 곡식으로 생존을 유지해야 했다. 한반도는 사계절이 뚜렷하기 때문에 가을에 추수한 곡식으로 초여름까지 살고, 여름에 거둔 곡식으로 초가을까지 살아야 한다. 그런데, 제한된 토지에서 많은 인구가 살아왔던 우리나라는 가을에 추수한 곡식으로 긴 겨울을 지내야 하는 춘궁기에는 양식이 떨어진 가구들이 많았다. 특히, 수해, 한해, 냉해 등 자연재해로 흉년이 든 해의 겨울과 그 다음해의 춘궁기를 벗어나기는 매우 힘든 일이었다. 이에 국가는 춘궁기에 곡식을 대부하는 사업을 제도화시키고 이를 각종 창제로 발전시켰다. 그 대표적인 예가 고구려의 진대법, 고려의 흑창, 의창, 상평창 그리고 조선의 상평창, 의창 등이다(함세남 외, 1996: 483~541; 조흥식, 1986: 167~174).

국가가 최초로 춘궁기에 곡식을 체계적으로 대부한 역사적 기록은 고구려에서 찾을 수 있다. 고구려 고국천왕은 16년(서기 194년)에 재상 을파소의 건의에 따라 진대법을 제정하여 민생구휼에 힘을 기울였다. 이 법은 내외대열법이라고도 하여 춘궁기인 3~7월에 백성에게 관곡을 대여하되 가구의 다소에 따라 필요한 양을 무이자로 대여했다가 추수기인 10월에 환납케 하였다. 이는 춘궁기에 빈민을 구제하고 영농자본을 대여하여 백성의 생활을 안정시키고 관곡을 유용하게 활용하려는 취지에서 창안된 것이다.

고려시대에 창제는 더욱 발전하였는데, 대표적인 것은 흑창黑倉, 의창義倉, 상평창常平倉, 유비창有備倉 등이다. 태조 왕건은 즉위 초기에 흑창을 만들었고, 중앙집권체제를 완성한 제6대 임금 성종은 흑창을 보강하여 의창으로 개칭하고, 곡물의 매매로 물가조절기능을 갖춘 상평창을 양경과 12목에 설치하였다. 그러나 고려는 후기로 갈수록 몽고의 침략으로 백성의 어려움이 커졌지만, 정부의 힘이 백성에게 고루 미치지 못했다. 충선왕은 의창과 상평창의 기능을 복합적으로 갖는 유비창을 설치하기도 하였지만, 건국 초기와 같은 역할을 수행하지는 못한 것으로 보인다.

고려시대의 창제

1. 흑창

고려 태조 2년(919년) 8월에 빈민구제를 목적으로 설립되었으나 성종 5년(986년)에 의창으로 개칭되었다. 독자적인 진대기관으로 평상시에 관곡을 저장했다가 춘궁기에 빈궁한 백성에게 빌려주고 가을에 거두어들인 고구려의 진대법으로부터 영향을 받은 것이다.

2. 의창

고려 성종 5년(986년)에 흑창의 규모를 넓혀 쌀 1만석을 증축하고 이름을 의창이라 고치는 동시에 이 제도를 여러 주/부에도 펴고자(처음에는 수도지역에 두었던 듯함) 주/부의 관헌에게 명하여 해당 지역의 인구와 가구수의 과다와 창곡의 수를 조사해 바치도록 하였다. 이러한 의창에는 미곡뿐만 아니라 소금 등 생활필수품도 저장하였다가 진휼하였다.

3. 상평창

한나라의 상평창 제도를 모방하여 고려 성종 12년(993년)에 양경(상경, 서경) 및 12목(양주, 광주, 황주, 해주, 충주, 청주, 공주, 전주, 나주, 승주, 상주, 진주)에 설치한 것으로 포 32만 필로써 쌀 6만 4천석을 바꾸어 5천석은 상경의 경시서에 저축하여 대부시와 사헌부로 하여금 시기를 보아 조적(곡식의 매매)하게 하고 나머지 5만 9천석을 서경 및 주/군에 있는 창 15개소에 나누어 보관하며, 서경의 것은 분사(分司)의 사헌대에 맡기고 주/군에 있는 것을 각각 지방관으로 하여금 관리케 하여 빈궁한 자를 구제하게 하였다. 상평창은 곡식의 매매를 통한 물가조절 기능과 가난한 자에 대한 구분 등 두 가지 기능을 함께 가졌으나 후기로 내려갈수록 물가조절기능만 남은 것으로 보인다.

4. 유비창

고려 충선왕 2년(1310년)에 설치된 기관으로서 재난으로 빈민이 발생하거나 물가가 폭등하였을 때를 대비하기 위하여 설치된 창고로서 동서대비원을 비롯한 다른 구빈기관에도 미곡을 공급하던 의창과 상평창의 복합적 기능을 가진 구빈기관이었다.

조선시대의 창제는 전체적으로 고려의 창제를 답습한 것으로 상평창과 의창이 대표적이었고, 사창社倉이 발달했다는 것이 특징이다. 조선시대 상평창은 진휼과 같은 구호적인 의미는 줄어들고 일반 백성에게 춘궁기에 곡식을 대여하고 가을에 거두는 제도로 탈바꿈했다. 조선의 의창은 저장된 곡물의 반은 거치하고 나머지 반은 민간에 대부하여 다음 추수기에 환곡케 하였다. 그러나 이러한 창제는 지방관에 의해서 악용되기도 했다. 즉 지방행정에 필요한 경비를 충당하기 위하여 풍년과 흉년을 불문하고 강제로 곡물을 대부하여 그 이자를 물리거나, 심지어 이자를 너무 많이 물려서 민란의 원인이 되기도 하였다.

창의 원래 목적은 백성의 구제만을 위한 것이 아니라 전시에 군량을 확보하고, 당시의 중심재화가 양곡이었던 만큼 부족공동체나 왕가의 재력을 비축하는 시설로 창제도가 널리 활용되었다. 고려시대에는 창의 물가조절기능이 강조되었고, 수도뿐만 아니라 지방관청에까지 설치해서 백성의 안정된 생활에 관심을 가졌다. 조선시대에는 공적인 창뿐만 아니라 주민이 자주적으로 운영하는 사창이 만들어지기도 했다. 이처럼 창은 춘궁기와 흉년에 대비하는 비황제도일뿐 아니라, 물가조절 기능, 군량미의 비축, 지방재정의 수입원, 왕궁, 사찰, 지주의 재력의 비축 및 구휼기관으로서의 역할 등 다목적용으로 활용되었다. 오늘날 정부가 추수기에 공판을 통해서 벼를 수매하고, 이를 비축하였다가 연중 일정한 가격으로 판매하거나 군량미로도 사용하는 이른바 '정부미'는 오랜 전통을 가진 창제도와 관련되어 있다.

2) 구황제도(견감제도)

춘궁기에 대비한 창제도가 비황제도라면 수해 및 한해와 같은 자연재해를 대비한 대책은 구황제도이다. 즉 구황이란 매우 어렵고 가난한 사람들을 보살펴주는 것으로 진궁, 양로, 경로, 권조, 애상, 관질 등이 있다. 여기서 진궁이란 홀아비, 과부, 고아, 무자식, 노인 등을 말한다. 또한 고령의 노인에 대한 양로, 경로 사업이 시행되었는데 100세 이상의 노인에게 신년 초에 양곡을 주고, 90세 이상 노인에게는 매년 술과 고기를, 80세 이상 노인에게는 지방관들로 하여금 향응을 제공하게 했고 노인직을 명예직으로 하였다. 한편, 권조란 양반집 여성이 가난하여 30세가 넘어도 혼인을 하지 못하는 경우 호조에서 혼비를 지급하는 제도이고, 애상은 빈곤하여 장례를 치르지 못하는 사람에게 장례비를 지급하는 제도이며, 관질은 불구 폐질자, 봉사, 절름발이, 문둥이, 간질병, 벙어리, 꼽추 등과 같이 자력으로 의식주를 해결하지 못하고 사람들이 혐오하는 사람들에 대한 대책으로 봉사에 대해서는 점술, 술 등을 팔게 하고 절름발이는 그물을 짜서 자활할 수 있게 하였으며 그 외의 경우와 상황에 따라 관청에서 구휼하는 제도이다(박차상, 2007: 21).

농업이 중심이 된 사회에서 백성이 매년 겪는 일은 춘궁기를 넘기는 일이지만, 그보다 훨씬 힘든 일은 홍수, 가뭄, 기근, 바람, 우박, 지진과 같은 자연재해와 전란과 같은 인위적인 급변이다. 창은 춘궁기에 곡식을 빌려줄 뿐만 아니라, 재해구제를 위해서 곡식을 방출하기도 하였다. 그런데, 구황이 비황과 다른 점은 정부가 비축하고 있는 관곡을 재해를 당한 백성에게 무료로 배급한다는 점에서 곡식을 빌려주는 진대와 차이가 있다. 고구려, 백제, 신라 등은 자연재해를 맞을 때 관곡을 진급賑給하였다는 역사적 기록이 많다.

또한, 자연재해를 당할 경우에는 토지에 대한 세금, 군역, 부역, 형벌 등을 광범위하게 면제하거나 감면하였다. 이렇게 조세를 감면하는 제도는 그 종류가 여러 가지이다. 즉 고려시대에는 국가에 좋은 일이 있을 때 은면지제, 천재지변에는 재면지제 그리고 수재와 한해 등이 있을 때는 수한질여진대지제水旱疾礪賑貸之制를 실시하였다. 나아가 재난을 구휼하는 데 필요한 재원을 적극적으로 조성하기 위하여 금품을

조세감면 제도

1. 은면지제

개국, 즉위, 제제, 순행, 불사, 경사, 난후, 기타 적당한 시기에 왕이 베푸는 은전이다. 삼국시대에도 가끔 실시되었던 것으로 고려 태조는 3년간의 전조를 면제하여 백성들이 농상에 열중하게 하였고, 경종은 즉위하여 결체를 탕감하여 부역자에게 조포를 감하였다.

2. 재면지제

천재지변 또는 전재와 질병 등으로 인한 이재민 등의 조세, 부역 및 형벌 등을 전부 혹은 일부 감면하여 주는 것이다. 성종이 재면법을 제정하고 목종 9년에 흉년이 들어 백성들이 굶주리게 됨으로 과거로부터 5년간 공부미납자를 전부 면제하고 또 이들을 구제하였다.

3. 수한질여진대지제

수재와 한해 등으로 인한 이재민에게 각종 물품과 의료, 주택 등을 급여하는 사업이다. 이 사업은 고려 역대의 진대사업 중에서 그 실시의 빈도와 범위가 가장 많고 광범위한 것이었으며, 국가재정도 가장 많이 소비되었다.

4. 납속보관지제

원나라 제도를 모방하여 충렬왕 원년(1275년)에 국가재정의 부족을 보충하기 위하여 일정한 금품을 납입한 자에게 관직을 주었던 것으로 구휼과 무관한 것이었으나, 충목왕 4년(1348년)에 이 제도를 모방하여 흉년, 재해시에 백성을 구휼하기 위한 재원조달의 한 방편으로 이용하였다.

기부하는 사람에게 벼슬을 주는 납속보관지제를 실시하기도 하였다. 그러나 홍수와 가뭄과 같은 자연재난을 정부가 비축한 곡물을 대여하거나 세금 혹은 진대를 견감하는 것만으로는 해결할 수 없었다. 특히, 한해가 2~3년씩 겹치거나 전란이 수년 동안 계속되는 경우에는 곡물이 아닌 다른 대용물로 끼니를 잇도록 하는 방법을 적극적으로 권장하였다.

조선시대에 기민의 구제사업을 관장했던 구황청이나 이후 그 이름이 진휼청, 선혜청 등으로 바뀐 구황기관의 주요업무 내용은 ① 굶주려 죽게 된 사람을 구제하는 구활법求活法, ② 굶주리고 종기 난 사람을 치료하는 치료법治療法, ③ 솔잎을 뜯어먹는 방법을 방지하는 취송엽말법取松葉末法, ④ 느릅나무 껍질과 즙을 내어 먹는 것을 방지하는 취유피즙법取楡皮汁法, ⑤ 솔잎으로 죽을 쑤어 먹는 것을 가르치는 작송엽죽법作松葉粥法, ⑥ 느릅나무 껍질로 범벅을 만들어 먹는 작유피병법作楡皮餠法, ⑦ 벼이삭을 달여서 누룩을 넣어 만든 천금주법千金酒法, ⑧ 나뭇잎과 껍질 가루에 쌀가루를 섞어 만든 음식을 제조하는 작구법, ⑨ 간장, 된장, 고추장 등을 만드는 작장법作醬法, ⑩ 쌀과 삼을 혼합하여 음식물을 만드는 작삼법 등을 보급·장려하였으며 그 제조방법까지 가르쳤다(함세남 외, 1996: 538).

자연재해를 당하게 되면 구황기관의 노력에도 불구하고 수많은 백성들이 먹을거리를 찾아서 유랑걸식을 하게 되면, 국가와 민간이 합동으로 시식施食을 하는 경우가 많았다. 시식이란 흉년 또는 재난시에 사원 또는 기타 적당한 곳에 취사장과 식탁을 설치하여 기민 또는 행걸인에게 식사를 제공한 것이다. 고려 때는 주로 사찰에서 시식을 실시하였고, 조선시대에는 한성부의 홍제원과 보제원 등에서 실농한 굶주린 백성에게 시식소를 열었고, 지방에도 시식소를 설치하였다는 기록이 있다.

이처럼 홍수와 가뭄과 같은 자연재해를 당한 백성에게 국가가 무료로 곡식을 주고, 빌려준 곡식과 그 이자를 면제해주며, 세금을 견감하는 것은 백성을 살려서 나라를 보전하려는 데 있다. 어떤 사회에서나 백성의 수는 국력과 밀접히 관계되고, 그 백성의 충성은 나라의 흥망을 좌우한다. 따라서 자연재해를 당하여 생존의 위험을 받고 있는 백성들에게 곡식을 풀고, 세금과 부역 등을 감면함으로써 백성이 살아갈 길을 찾도록 도운 것이다. 유랑걸식을 하는 사람이 많다는 것은 그 사회의 불안정성을 나타내기에 국가는 적극적으로 시식을 실시하였고, 사찰과 지주도 협력하였다. 백성이 땅에 정착하지 않을 때 가장 아쉬운 사람은 농사철에 일꾼을 구할 수 없는 지주이기 때문이다.

3) 환과고독 구휼제도

어느 시대 어느 나라나 지배층은 가장 어렵게 사는 사람들에게 은혜를 베풂으로써 민심을 얻고자 하였다. 고구려, 백제, 신라 등 고대국가들은 왕이 어려운 백성의 일상을 살피고, 그들의 아픔을 자신의 아픔으로 여겼으며, 어진 정치를 했다는 기록들이 많이 남아 있다.

삼국사기에 보면 신라 제3대 유리왕 5년에 국왕이 국내를 순례하다가 한 노파가 기근에 못 이겨 거의 죽어 가는 것을 발견하여 탄식하여 말하기를 "내가 작은 몸으로 왕위에 앉아 능히 백성을 기르지 못하고, 노유老幼로 하여금 이런 지경에 이르게 하니 이는 곧 나의 죄라"하여 "친히 옷을 벗어 그를 덮어 주고 음식을 권하여 먹인 후 관리에게 명하여 곳곳마다 홀아비鰥, 홀어미寡, 고아孤, 아들 없는 이獨, 늙은이老, 병든이病(환과고독노병)로서 자활할 수 없는 자를 위문하여 식료품을 주어 부양하게 하였더니 이에 이웃나라 사람들이 소문을 듣고 오는 자가 많았다. 이 해에 민속이 즐겁고 편안하매 왕이 처음으로 도솔가를 지으니 이것이 가락의 시초가 되었다"고 한다(함세남 외, 1996: 491).

이러한 기록에서 볼 수 있는 환과고독노병은 어느 사회에서나 가장 어렵게 사는 사람들을 대표했고, 우리 전통사회에서는 흔히 환과고독을 사궁四窮이라고 하여 가장 어렵게 사는 사람들의 대명사처럼 사용했다. 모든 백성을 잠재적 수혜자로 생각한 복지제도가 진대 혹은 창제이고, 자연재해의 피해자를 수혜자로 본 것이 진급 혹은 구황제도라면, 환과고독은 가족의 보호를 받기 가장 어려운 사람이므로 상시적인 요보호대상자이다.

따라서 환과고독의 무의무탁한 빈민을 구제하는 사궁진휼四窮賑恤은 삼국시대 이래로 여러 군주들이 본보기로 친히 방문하여 의류, 곡물 및 관재 등을 급여하고 구제하였다. 그 결과 이들에 대한 보호가 일종의 관부의 의무처럼 되었다. 이들은 방치되면 당장 생존이 위험할 뿐만 아니라, 고아들은 인신매매, 유괴 등의 대상이 되어 노비로 전락될 수 있으므로 관심의 대상이 되었다. 특히 고려시대에 빈번한 흉년, 재해 및 전란 등으로 인하여 이산된 기아, 걸식아 및 빈민들이 많고, 국가의 힘이 미치지 못하여 여러 사원 등에서 수용·보호되어 승려가 되기도 하고 사원의 노역자가 되기도 하였다.

환과고독 중에서도 노동력이 아직 없는 고아와 노동력이 이미 상실된 독거노인은 더욱 큰 관심의 대상이 되었다. 나라의 힘이 융성하고 왕정이 비교적 안정된 시기에는 이들에 대한 보호대책을 강화시켜 혼자 살아가기 어려운 고아와 독거노인의 경우 시설보호를 하거나 주변사람이 돕도록 별도의 시책을 개발하기도 하였다. 그 대표적인 사례를 몇 가지 예시하면 다음과 같다.

고려 성종 10년(991년)에는 부모나 친족이 없는 아동은 관에서 양곡을 주어 구호

해아도감

고려 충목왕 3년(1347년)에 설치된 구빈기관으로 주로 젖먹이와 같은 어린 아이를 보호 양육하는 일을 맡아보던 기관으로 최초의 관설 영아원으로 생각된다. 고려전기에는 동서대비원, 제위보 등의 기관에서도 고아를 보호 양육하였으나 후기에 이러한 기관들의 운영이 유명무실해지면서 고아를 돌보기 위하여 따로 설치된 것이다.

하고 중질환자 또는 폐질환자들은 시설에서 보호되었다. 성종 13년(994년)에는 왕명으로 부양할 부모나 친족이 없는 어린 고아는 10세까지 관에서 수용 양육하고, 10세가 지나면 본인의 희망에 따라 거주할 수 있도록 하였다. 또한 충목왕 3년(1347년)에는 주로 젖먹이와 같은 어린아이를 보호 양육하는 일을 맡아보는 기관으로 해아도감孩兒都監을 설치하였다(함세남 외, 1996: 501).

충렬왕 34년(1308년)에 왕명으로 부양할 자가 없는 70세 이상 노인의 자손이 범죄로 형벌을 받아야 할 때는 그 자손의 벌을 일시 중지 또는 면제하여 노친을 부양하게 하고, 또 80세 이상의 중병, 폐질로 자활할 수 없는 노인의 경우에는 그 친소를 불구하고 노인이 희망하는 자를 면형 또는 감벌하여 노인을 보호하게 하였다. 그러나 이들 노인을 보호할 자가 전혀 없을 경우에는 동서대비원에 수용·보호하였다. 충숙왕 12년(1325년)에 하교하여 90세 이상의 노인에게는 양곡을 관에서 급여하고, 70세 이상의 노인에게는 시종할 사람 1명을 지원하는 동시에 조용조 등의 세금을 면제하고 사궁으로 병들고 자활할 수 없는 자에게는 진휼하였다.

사궁에 대한 보호대책은 조선시대에도 계속되었는데, 정조 7년(1783년)에는 유기아와 행걸아 등에 대한 법인 '자휼전칙'을 제정하였다. 이 자휼전칙은 기아와 걸식으로 굶어죽는 어린이들이 많았으므로, 정조가 특별히 윤음綸音을 내려 사목事目을 정하고 혜휼惠恤의 길을 열어 그 시행방법을 규정하게 하였다. 혜휼의 방법으로는 9조의 절목을 나열하였는데, 국한문으로 인쇄하여 서울을 비롯한 전국에 반포하여 시행하도록 하였다. 9조의 주요 내용은 나이와 구제기간, 행걸아 구제의 친족책임의 원칙, 행걸아 구제방법, 유기아 발견과 보고절차, 유기아 구휼을 위한 젖어미제도, 행걸아·유기아 입양과 추거(본래 연고자가 찾아가는 것), 죽(젖)먹이는 절차와 사후감독, 의복과 의료, 지방에서의 절차와 재정 등이다.

자휼전칙은 요보호아동을 국가가 보호할 때, 그 우선순위를 친족부양, 무친족자의 관부유양官府留養, 민간 임의수양으로 하는 등, 이후 우리나라 수용보호정책의 근간이 되었다.

환과고독과 같은 사궁에 대한 구제대책은 상시적으로 시행된 것으로 보인다. 사궁에 대한 관심은 오늘날 국민기초생활보장제도의 주된 수급자가 독거노인獨, 18세 미만의 아동孤 그리고 한부모가족이라는 사실과 맥을 같이 하고 있다. 또한 고려시대에도 젖먹이와 어린 아동은 관에서 일정기간 동안 유양을 하거나 민간수양을 하였는데, 젖먹이에 대한 유양은 최초의 아동복지시설이라고 할 수 있다. 현존하는 사회복지시설 중에서도 가장 역사가 오래되고 많은 것이 아동복지시설이라는 사실은 이러한 역사적 배경과 상관성이 높다.

4) 구료제도(의료제도)

사궁과 함께 가장 어렵게 사는 사람 중 대표적인 사람이 환자와 장애인이다. 특히 아파도 치료비를 낼 수 없는 환자, 돌림병에 걸려서 가족조차 치료하기 어려운 환자, 행려병자와 같이 유랑걸식하는 환자와 장애인의 경우 국가에서 무료로 치료하지 않으면 그들의 생명과 안전은 방치될 것이다.

중환자와 폐질자에 대한 구제는 삼국시대 이래로 여러 군주가 실시하여 왔다. 고려시대에는 이들에 대한 의료보호를 중시하여 문종 때 동서대비원을 양경도에 설립하고, 예종 때에는 혜민국을 설치하여 환자들에 대한 시약 및 구호를 제공했다. 기록에 따르면, 성종 10년(991년) 10월에 왕이 서도를 순찰하며 중폐질자에게 약을 주어 구호하고, 정종 2년(1036년)에는 동서대비원을 수리하여 질병자를 수용하여 치료·보호하였다고 한다. 동서대비원은 주로 환자의 치료와 빈민구제를 담당하였는데 기한자飢寒者, 노인, 고아, 환과고독 등도 수용하여 진휼하였으며 빈민에게 음식을 제공하는 등 현대의 병원과 생활형복지시설을 겸한 구료기관이었다. 고려시대의 대표적인 구료(의료)기관은 동서대비원東西大悲院뿐만 아니라, 제위보濟危寶, 혜민국惠民局 등이 있었다(함세남 외, 1996: 496~500).

조선시대의 의료보호사업의 특징은 의료보호 그 자체보다 의료기관과 의료원의 증설, 의약품의 개발과 제도화, 의술의 개발과 의학서의 저술활동 등을 장려하였다. 태조 원년(1392년)에는 궁내 의료를 담당하는 전의감과 일반 백성의 의료기관인 혜민서와 동서대비원 등을 설치하였다. 태조 6년에는 제생원이 별도로 설치되어 의방의 조사와 수집, 의학서적 간행, 약물의 조사와 채집, 의녀 양성 등에 주력하였다. 세종 17년(1435년)에는 도성내의 병든 노비와 성 밖의 병든 행걸인을 모두 활인원에 송치하여 구제하도록 하였다.

또한 조선시대에는 재해와 기역饑疫이 발생할 때 각 해당 지역에 중앙으로부터 재상어사, 구황어사, 진휼사 또는 구급경차관 등을 파견하여 그 실상을 조사하고 구료 등의 활동을 하게 하였다.

5) 민간의 복지활동

삼국, 고려, 조선시대에 걸쳐 비황(창제), 구황(견감), 환과고독 구휼, 구료(의료) 등을 광범위하게 실시하였지만, 그 영향력이 수도나 지방관서가 있는 곳에 집중되었을 것이다. 따라서 전국 각지에서 살고 있는 일반 백성들은 계, 두레, 품앗이, 향약 등 자생적인 상호부조 방식으로 어려움을 극복하거나, 사찰 등의 도움으로 재난을 이겨내야 했다.

특히 고려시대에 불교는 국교로서 사회에 큰 영향을 주었고 구휼사업에도 기여하였다. 당시 사원은 경제적으로 많은 토지와 노비를 소유하게 됨으로써 사회경제의 바탕이 되었다. 사원에서는 풍부한 토지와 재산을 이용하여 불교의 기본적인 사상인 자선을 행하는 자비심과 복을 만든다는 복전福田 사상에 바탕을 두고, 빈곤한 백성이나 행려자에게 시식, 구료 등의 진휼을 실시하였다. 실례로 현종 7년(1016년)에 직산현 갈림길 요충지대에 홍경사를 창건하여 교통로의 역할을 담당하게 하였으며, 도적을 방지하고, 사원 서쪽에 객관을 세워 미곡을 저장하였다가 긴급한 때에 이것으로 진휼을 실시하였다.

또한, 상호부조를 목적으로 한 계나 두레 등의 자발적인 활동을 통해 일정한 테두리 내에서 백성들 상호 간에 구빈을 한 경우도 많았다. 특히 비상시나 재해 때에 빈곤한 백성들에게 국가의 구빈활동만으로는 충분히 진휼을 하지 못하는 경우에는 독지가의 영향력도 매우 컸다. 활인에 뜻을 가지고 있었던 민간인들의 활동은 국가의 구제활동이 충분하지 못한 고려후기에 많이 등장한 것으로 보인다.

그 예를 고려사에서 살펴보면 활인사업은 크게 두 가지가 있다. 하나는 굶주린 백성을 구휼하는 것으로, 당해 지역의 빈민들을 일시적으로 상황에 따라 구휼하였다. 다른 하나는 의술과 약품으로 활인사업을 한 경우로 평생토록 지속적으로 구료사업을 행할 수 있었다.

민간의 자발적인 상호부조는 조선시대에 보다 체계적으로 제도화되었는데, 그 대표적인 것이 계契와 향약鄕約이다. 계는 그 역사가 오래된 관계로 시대와 계의 종류에 따라 그 조직 내용과 운영 방법을 서로 달리 하고 있으나, 조선시대 이후 오늘에 이르기까지 주요 골격을 이루어 온 내용을 보면 다음과 같다. ① 계의 조직은 자유였으며 간혹 지배계급의 간섭을 받는 경우도 있었으나 그것은 극히 예외적인 일이었다. ② 계원의 가입과 탈퇴는 자유였으며, 다만 부락을 단위로 하는 동리계와 같은 경우에는 주민에 대하여 가입을 강요하여 왔다. ③ 계의 출자는 언약으로 정하며 계원의 출자액은 동일함을 원칙으로 하고 출자의 종류는 현금, 곡물, 토지 등 여러 가지가 있었다. ④ 계에는 계장과 그 밖의 필요한 임원을 두되, 계원 중에서 이를 선출하며 계의 임원은 무보수로 계업무를 관장하여 왔다. ⑤ 계는 보통 연 1회 이상 총회를 열어 계무 및 재산상황을 보고함과 아울러 필요한 사항을 처리하되, 특히 중요한 것은 계원 중 원로격이 되는 사람에게 자문하여 이를 처리하는 경우가 많았다(태극출판사, 1981: 388). 따라서 계는 가장 광범위하게 형성된 상호부조였으며, 회의·친목·조합·종교적 의례와 같은 복합적인 기능을 목적으로 하는 지역주민들 간의 조직이었다. 계의 조직은 역사가 매우 깊을 뿐만 아니라, 오늘날까지도 가장 강력한 자생조직이고 그 운영방식이 상호부조 양식에 영향력을 미치고 있다.

계가 경제적 이해관계와 친목을 도모하는 자생적인 주민조직이라면, 향약은 조선중기 이후 유림을 중심으로 한 도덕적 결사체의 성격이 강했다. 향약은 중국 송대의 유학자 주자가 전해 내려오던 여씨향약을 참고로 하여 만든 증손여씨향약의 기본구조를 당시의 사회실정에 맞게 재편성하여 주민에게 유교의 가르침을 생활화시켜 사회기강을 바로잡자는 것이었다. 향약의 4대 강목은 좋은 일을 서로 권하는 덕업상권德業相勸, 잘못을 서로 규제하는 과실상규過失相規, 예로서 서로 사귀는 예속상교禮俗相交 그리고 어려운 일을 당하면 서로 돕는 환난상휼患難相恤인데, 앞의 세 가지가 도덕적 덕목이라면 환난상휼은 적극적인 상호부조를 담고 있다. 특히 환난상휼의 내용은 수화水火(수재와 화재), 도적盜賊, 질병疾病, 사상死喪, 고약孤弱, 무왕誣枉, 빈걸貧乞 등 일곱 가지 사고를 당할 때 구성원들이 어떻게 도울 것인가를 상세히 규정하고 있다.

오늘날 우리 사회의 각종 협회와 조합의 운영방식이 계의 전통을 따르는 경우가 많고, 현대 사회복지의 핵심인 사회보험이 노령, 사망, 질병, 실업, 산업재해 등 사회적 사고에 대해서 보험방식으로 대처하는 것이라면, 향약은 당시의 사회적 사고인 사망, 질병, 수재와 화재, 빈곤 등에 대해서 매우 체계적으로 대응한 상호부조라고 볼 수 있다.

2. 일제강점기 이후 사회복지

1) 일제강점기

일제강점기의 빈곤정책은 식민통치의 합리화와 황민사상의 주입을 위한 이데올로기적 기능을 지니고 있었다. 식민지 통치 정책의 전개에 따라서 필요적으로 변화하였다. 일본은 구호의 질적인 면에서도 일본인과 한국인에게 차별적인 급여를 실시하였으며 전반적으로 빈곤정책은 빈민의 기본적 욕구해결에 치중하기보다는 식민지 지배질서의 안정에 주안을 둔 정치적 성향이 강했다.

1920년대에 들어서 빈민문제가 사회문제로 심각해지자 1921년 조선총독부 내무부 지방국 내에 사회과를 설치하고 대표적인 구호사업으로 실시된 것이 조선구호령朝鮮救護令이다. 당시 일본 본국에서는 구호법을 제정하여 보다 향상된 현대적 구빈행정을 시행하였으나, 한국에서는 이 법을 시행하지 않고 유사시에 은전을 베푸는 형태로 극히 한정된 범위의 요구호자에 대한 구빈사업을 실시하였다. 그러던 중 1944년 3월 한국에도 확대, 시행하기로 하고 조선구호령을 제정, 실시하였는데 이는 일본의 구호법을 기초로 하고 모자보호법과 의료보호법을 부분적으로 부가해서 종합화시킨 법이다.

그 내용을 살펴보면 적용대상은 65세 이상의 노쇠자, 13세 이하의 아동, 임산부, 불구, 폐질, 질병, 상병, 기타 정신 또는 신체의 장애로 지장이 있는 자를 대상으로 생활부조, 의료부조, 조산부조, 생업부조를 실시하였다(윤찬영, 2005: 390~391). 구호는 신청주의에 의해 실시되며, 이를 심사하기 위해 자산조사를 거치도록 규정하였다. 이때 구호는 거택보호가 원칙으로 되었지만 거택보호가 불가능하다고 인정되는 경우에는 구호시설수용, 위탁수용, 또는 개인의 가정 혹은 적당한 시설에 위탁·수용할 수 있도록 규정하고 있다. 조선구호령의 의의는 근대적 의미의 공공부조의 출발이라 할 수 있으며, 해방이후 전개되는 생활보호법의 모태가 되었다.

2) 미군정시대

1945년 해방 후 미군정 3년간의 구호행정은 일제하의 조선구호령을 계승하였으나 실제로는 미군정 법령에 의하여 피난민, 해외에서 귀환한 전재민 등에 대하여 외국 민간원조단체의 도움으로 구호사업을 실시하였다.

1948년 대한민국 정부수립 후 국민생활을 보장하는 관계 법률이 제정되기도 전에 1950년 한국전쟁이 발생하게 되어 전쟁기간 중은 물론 전후 1960년대 초까지도 주로 전재민 구호사업에 치중하게 되었다. 이 기간 중의 구호에 필요한 재원은 UN구호계획에 의하여 주로 외국 민간원조단체를 통하여 우방국으로부터 받은 원조물자에 의존하였다. 또 미군정기간 동안 복지에 대한 행정대책이 크게 부족하였던 관계로 무계획적인 민간구호단체와 시설이 증가하였고 외국자선단체와 기관들도 많이 들어와 근대적이고 민주주의에 입각한 새로운 사회사업의 사조와 기반을 우리 사회에 도입하게 된 것은 이 시기부터였다.

이 시기의 사회복지정책은 요구호자에 대한 구호의 필요성에 대응하여 실천하는 것이 아니라 요구호자로 인해서 야기될 수 있는 정치적 불안에 대응하여 행하여졌다. 따라서 구호의 범위와 수준이 열악하고, 구호행정이 배타적이고 일방적인 성격을 가지고 있었다.

3) 정부수립과 한국전쟁기(1950년대)

1948년 남한에서 제1공화국이 출범하였다. 이후 1950년 한국전쟁으로 우리나라 사회복지에 두 가지 큰 변화가 일어났다. 첫째는 정부수립 후 단계적·계획적으로 준비되어 왔던 모든 정책이 임시적·응급적 정책으로 전락되었다는 점이다. 둘째는 막대한 외국 원조로 인해 우리 사회에 의존적 구제방식을 심화시켰다는 점이다.

이 시기에 미국식 전문 사회사업교육이 도입되기 시작하여 1947년 이화여자대학교에 기독교 사회사업학과가 최초로 설치된 이래 1970년대 말까지도 전국적으로 모두 13개의 대학만이 사회사업학과를 개설하고 있었다(김영종, 2001: 68).

종합적으로 1950년대에는 전후 경제, 사회, 정치가 취약하고 혼란스러웠음에도 불구하고 외형적으로는 외국 원조단체의 자선구호활동, 전문사회사업교육기관의 설치, 각종 복지직능단체의 발생 등 민간 사회사업은 활발했던 반면에 국가의 사회복지정책은 응급구호사업이 중심을 이루고 있으며 행정상으로도 일제와 미군정의 사회복지정책의 틀을 벗어나지 못하는 시기라 특징지을 수 있다.

4) 1960년대

정부는 우선 공공부조사업의 체계화에 주력하여 1961년에 생활보호법과 재해구호법을 각각 제정하였다. 생활보호법에 의하여 65세 이상 노인과 18세 미만 아동·불구폐질자 등 근로 능력이 없는 무의탁한 자에 대하여 생계보호를 실시하였으나 그 보호의 수준은 미흡하였고 이러한 현상은 1970년대 중반까지 계속되었다. 이 당시 사회복지행정을 담당하던 행정기구를 살펴보면 보건사회부 사회국 내에 구호과를 설치하여 오늘날의 생활보호업무를 담당하게 하였고, 1963년에는 노동청이 신설됨에 따라 구빈행정 가운데 노동과 관련된 부분이 노동청으로 이관되었다. 또한 군사원호업무를 독립적으로 수행할 군사원호청이 창설되었고, 후에 원호처로 개칭되었다(박차상. 2007: 24).

이 시기를 종합적으로 보면 첫째, 경제발전을 통한 사회문제의 변화에 따라 사회복지정책변화가 생성되었으며 이로써 일제와 미군정의 사회복지행정에서 탈피하게 되었고, 둘째, 5·16혁명 이후 생활보호법을 필두로 전반적인 사회복지법제의 외형적인 기초를 완성하게 되었지만 시행 측면에서는 성공적이지는 못했다 할 수 있다. 셋째, 이 당시에는 외원기관의 활발한 활동과 경제개발계획이 사회복지서비스 전달의 측면에서 상당한 도움을 주었다고 할 수 있고, 넷째, 사회사업교육에 있어서는 기술론 중심의 미국 모형을 탈피하여 한국사회사업교육을 재조명하는 노력의 시기라 할 수 있다.

또한 선 경제성장-후 분배정책을 강조하여 산업재해보상보험법(1963), 의료보험법(1963), 사회보장에관한법률(1963) 등 많은 사회복지 관계 법률이 입법화되었으나 사회경제적 상황이나 정부의 재정능력 부족으로 실제로 수행된 것은 소수에 불과했다. 결국 사회복지는 민심의 안정을 얻어 정치적 정당성과 합법성을 얻고자 하는 방편으로 진행되기도 하였다.

5) 1970년대(제4공화국)

1970년대의 특징은 의료관련법의 내용에 보다 충실하여 개정된 의료보험제도는 생활보호대상자와 영세민에 대하여 많은 의료 혜택을 제공하게 되는데 과거 생활보호법에 의해 제공된 의료혜택을 독립적으로 강화하여 의료서비스를 제공한 법적 조치로 행정을 뒷받침해주었다.

당시 보건사회부의 직무 가운데 구호를 공적 부조로 개정함으로써 사회보험, 공적 부조, 사회복지서비스를 관장하는 중앙사회복지행정기관의 성격이 보다 명확하게 되었다. 다른 한편으로 사회복지행정을 제도화한 일련의 여러 가지 입법들에 제도적 일관성이 부족하고, 법에서 규정하고 있는 급여의 내용이 과거의 생활보호 수준을 유지하는 정도라는 평가도 있지만 이러한 입법조치들로 인하여 사회복지행정의 기틀을 형성하였음을 부인할 수 없다(박차상, 2007: 24).

1970년대 말경에 이르러서는 서울대학교, 중앙대학교 등에서 사회사업학과라는 명칭을 사회복지학과로 개칭하게 되면서 그 후 신설되는 학과는 사회복지학과라는 명칭을 사용하였다. 또한 1970년 '사단법인 한국사회복지사업연합회'가 그 명칭을 현재의 '사회복지법인 한국사회사업학회'로 변경한 후 본격적인 모임을 시작하고 학회지를 창간하였다(김승훈, 2009: 196~197).

6) 1980년대(제5·6공화국)

제5공화국 정부는 국가안보를 전제조건으로 민주주의 정착과 정의사회의 구현, 복지사회 건설 그리고 교육개혁과 문화창달 등 새로운 사회건설의 국정지표를 제시하였다. 제6공화국이 출범한 이래 사회복지정책은 주요한 정치현안으로 떠오르게 되었으며, 또한 1980년대 후반부터 한국형 복지모형론이 등장했다. 한국형 복지모형이 등장하게 된 배경은 1970년 중반 이후 선진복지국가에서 복지국가 위기론이 대두되고 있었기 때문에 한국에서도 자칫 잘못하면 복지병을 유발할 수 있다는 정책관련자들의 우려 때문이었다고 볼 수 있다. 한국형 복지모형은 국가개입을 가능한 한 최소화하고 가족의 기능을 강화하며, 요보호자 자신의 자조와 재활을 강조하며 자원봉사의 참여를 장려하는 내용으로 나타났다. 이러한 프로그램의 구체적 내용을 보면, 지금까지는 사회복지서비스를 주도해오던 시설수용보호 중심에서 크게 탈피하여 지역복지와 재가복지 사상이 도입되기 시작했다.

이에 따라 1981년 노인복지법과 심신장애자복지법이 제정되었고, 1984년에는 여성정책심의위원회가 구성되어 그동안 등한시되어 온 특수계층에 대한 서비스를 강화하였다. 특히 1988년에는 서울 장애인올림픽 개최를 계기로 장애인복지법의 제정과 장애인 관련제도가 개선되었고, 1988년 국민연금법의 실시로 사회복지행정의 범위가 확대되고 그 내용이 보다 충실하게 되었다(박차상, 2007: 25). 또한 1983년도에는 사회복지사업법이 개정되어 사회복지사 자격증(1·2·3급)이라는 새로운 제도로 그 명칭이 변경되었으며 이와 함께 각 대학에서 사회복지학과가 집중적으로 30여개 대학에 설립되었다.

7) 1990년대 이후

1993년 등장한 김영삼 대통령의 문민정부는 제7차 경제사회발전 5개년 계획에서 복지정책의 기본방향을 국가발전수준에 부응하는 사회복지제도의 내실화에 두고 국민복지를 증진시킬 것을 제시하였다. 그러나 사회복지와 관련해서는 소극적으로 대처하다가 1995년 초에 와서야 성장위주의 정책에서 벗어나 삶의 질과 생산적인 국민복지에 적극적인 관심을 기울여야 할 것이라고 강조하였다.

문민정부 이후 국민의 정부에 걸친 사회복지제도의 획기적인 변화는, 첫째, 사회보험제도의 정비이다. 전 국민을 대상으로 한 국민연금제도의 확대 실시(1998년)와 더불어 전 사업장에 대한 고용보험제도의 적용, 의료보험의 통합으로 인한 국민건강보험제도의 출발 등으로 기존의 산업재해보상보험제도를 포함한 4대 보험이 제도로서 정착되어 발전되었다. 둘째, 공공부조제도로서 국민기초생활보장제도의 도입이다. 기존의 생활보호제도는 특정 인구학적 범주에 국한된 대상자에게만 급여가 제공되는 범주적 공공부조였기 때문에 빈곤에 처한 모든 사람의 생존을 보장하는 일반적 공공부조로 전환함으로써 모든 빈곤계층을 보편적으로 보장하는 제도적 변화를 가져오게 되었다.

따라서 18세 이상 65세 미만의 국민들도 장기실업 등으로 인해 절대적 빈곤 상태에 빠진 경우 이들도 최소한의 인간다운 생활을 영위할 수 있도록 개정하였다(김승훈, 2009: 197~198).

결국, 2000년에는 생활보호법을 대체한 국민기초생활보장법이 시행되기 시작했으며 저출산·고령화 사회를 대비한 복지정책의 필요성이 제기되면서 사회복지서비스와 프로그램이 행정적 과정에 관한 이해와 기술이 갖출 필요가 많아졌다. 또한 사회복지사 제도의 정비를 위하여 사회복지사 1급 자격시험제도가 2003년부터 실시되었으며, 2008년 7월부터는 고령화시대를 대비한 노인장기요양보험법을 시행하고 있다.

3. 우리나라 사회복지발달 과정상의 특징

우리나라의 사회복지는 서양과 같은 단계와 질서적인 발달과정을 거친 것이 아니라 일종의 독특한 발달과정을 거쳐 왔다. 우리나라 사회복지 이전 단계에서 전개되었던 사회복지 활동은 이념적 측면에서 홍익인간, 불교의 인과응보, 왕도사상과 유교적 정치 이념의 체계화를 통해 그 기초를 확립하였다. 즉 서양에서 생성된 자유주의, 계몽주의 등의 이데올로기와는 달리 불교와 유교의 이념을 바탕으로 한 구빈, 구휼, 진궁에 역점을 두어 왔기 때문에 생존권 이념은 고려의 대상이 되지 못한 채 과거의 제도를 답습하거나 일부 보완하는 소극적 대처로 일관되어 왔다.

서구는 흑사병의 만연으로 인한 노동력의 감소, 엔클로저 운동으로 인한 부랑인의 증가, 산업혁명으로 인한 노동계급의 탄생 및 실업자의 대량 발생, 도시화 및 인구 집중 등과 같은 시대상황에 대처하는 제도로 변화·발전하여 왔으나, 우리나라는 농업노동력의 확보와 조세 수취기반의 안정을 통한 신분질서의 유지와 왕조체제의 강화를 목적으로 제도화되었다고 볼 수 있다. 특히 구한말 일제 강점기에는 일본의 식민영향 속에서 외세에 의해 제도가 도입되었고, 미군정기에는 미국식 사회사업 내지 구호사업이 전개되었고, 한국전쟁의 피해복구와 관련한 외국 민간원조기관의 활동은 사회복지를 자선사업 내지 시설보호사업으로 인식하게 만들기도 했다.

이러한 역사적 전개과정을 통해 볼 때 우리나라는 홍익인간의 건국이념을 사회복지발달과정에서 제대로 활용하지 못하였고, 외국의 정책·제도의 모방에 급급한 나머지 우리나라 고유한 사회복지 이념을 계승·발전시키지 못하였다. 우리나라는 서구 복지국가와는 달리 사회복지를 협의적·잔여적 개념으로 보고 있는 것이 특징이다. 즉 경제사회발전 5개년 계획에 의하면 서구의 사회복지에 해당하는 개념으로 사회개발이라는 개념을 사용해 왔다. 따라서 사회보장은 사회개발의 부분 개념으로 그리고 사회복지는 사회보장의 부분 개념으로 간주하고 있다. 사회보장기본법의 사회보장 구성 체계에서도 같은 맥락을 유지하고 있다. 또한 생존권 보장에 대한 국민적 요구도 없었으며, 인권보장 차원의 복지권에 대한 심각한 논의도 이루어지지 않은 상태에서 국가의 일방적 주도하에 사회복지정책과 프로그램이 개발되어 왔으나 21세기에 들어오면서 클라이언트의 인권과 선택권이 강조되고 있다. 또한 민간부문의 사회복지에 대한 역할이 강조된 나머지 민간기관은 양적으로 증가했으나 정부의존도가 높고 자생력이 부족하여 사회복지의 욕구가 가장 큰 사회적 취약계층들의 실질적인 복지 향상에 크게 기여하지 못한 채 잔여적인 사업으로 일관되어 왔다.

우리나라 현대 사회사업과 사회복지의 발달과정의 특성은 정부 수립 60년을 경과하면서 정치적·경제적·사회적 상황과 깊은 관련 하에 규정할 수 있다. 60년이라는 짧은 역사 속에서 사회체계의 급격한 변화와 정치구조의 개편, 생활구조의 변화, 국민의식과 욕구의 변화가 사회복지를 변화 발전시키게 되었다.

현대 사회복지발달사를 일괄해보면, 첫 번째 단계로 정부 수립 이후 1970년대 중반까지는 한국전쟁 및 정치적 혼란상황에서의 대량빈곤과 질병의 시기를 거쳐 1960년대 초부터 사회복지의 틀이 조성되기 시작하였으나 경제적 부담능력의 부족으로 장기적 프로그램이 없는 상태에서 구호사업에 주안점을 두었고 외국 민간원조 단체에 크게 의존했던 시기였다.

두 번째 단계로 1970년대 중반 이후 현재까지는 그간의 지속적인 경제성장으로 사회복지제도가 단계적으로 도입되어 사회보험, 공공부조 등 사회보장제도와 사회복지사업이 본격적으로 시행되었으나 전체적으로 성숙되지 못하고 내실이 불충실한 형편이었다. 이러한 시기를 거치면서 시대 및 욕구의 변화와 관련하여 특정한 복지 이데올로기의 설정 없이 외국의 제도를 도입하는데 급급하여 제도가 현실성이 부족하고 효과 면에서도 비효율적이었으며 국민의 복지의식을 승화시키는 데도 실패했다. 특히 1990년대 말과 2000년에 들어와 IMF 외환위기 상황에 대처한 정책이 개발되고 새로운 복지 패러다임을 구축하기 위한 노력들이 이루어지고 있으나 OECD 회원국과 비교할 때 아직도 낮은 사회복지 수준을 유지하고 있다(〈표 13-1〉 참조).

최근 들어 복지국가의 건설, 복지사회의 구현, 삶의 질의 세계화, OECD 가입, 생산적 복지, IMF 외환위기에 대처하는 실업대책, 2000년대에는 참여복지, 능동적 복지로의 전환 등 일련의 조치와 정책목표가 제시되어 왔으나 내실 있는 정책개발

표 13-1 OECD 국가별 총사회복지지출

국가	1980년	1990년	2000년	2001년	2002년	2003년	2004년	2005년
호 주	11.6	14.5	23.1	22.6	22.5	22.0	21.1	20.7
오스트리아	25.1	26.2	28.4	28.8	29.2	29.6	29.5	29.2
벨기에	24.5	26.5	27.7	28.5	29.4	30.6	30.8	30.9
캐나다	15.3	21.4	21.5	22.3	22.5	22.6	22.1	22.0
체 코	0.0	16.0	20.3	20.2	21.0	21.1	20.1	19.9
덴마크	26.2	27.2	28.6	29.0	29.6	30.8	30.7	30.1
핀란드	18.9	25.3	25.5	25.3	26.2	27.0	27.2	27.2
프랑스	21.4	27.0	30.3	30.3	31.1	31.8	32.0	32.2
독 일	25.7	25.4	29.3	29.5	30.0	30.4	29.8	29.8
그리스	10.2	18.6	21.5	22.8	22.3	22.0	21.7	22.2
헝가리	0.0	0.0	20.2	20.3	21.6	22.5	22.0	22.8
아이슬란드	0.0	16.7	19.5	19.6	21.6	23.1	22.8	21.8
아일랜드	18.0	16.3	14.9	15.7	16.6	17.1	17.5	18.0
이탈리아	18.8	23.8	25.4	25.7	26.1	26.6	26.8	27.1
일 본	10.9	11.7	19.5	21.0	21.1	21.7	21.8	22.4
한 국	0.0	3.1	7.3	7.7	7.6	8.1	8.2	8.9
룩셈부르크	20.6	19.1	19.8	21.8	23.0	24.5	25.1	24.3
멕시코	0.0	3.7	5.9	6.1	6.5	7.0	7.0	7.2
네덜란드	28.9	31.6	27.2	27.2	28.4	29.1	29.3	29.2
뉴질랜드	17.3	22.0	19.6	18.9	18.9	18.4	18.2	18.7
노르웨이	17.7	24.1	24.1	25.1	26.8	27.4	25.8	24.0
폴란드	0.0	14.9	20.7	22.2	22.5	22.5	21.7	21.3
포르투갈	10.8	13.8	21.1	21.5	23.1	24.7	25.0	0.0
슬로바키아	0.0	0.0	18.7	18.4	18.6	18.4	17.8	17.7
스페인	15.7	20.1	21.0	20.7	21.1	22.0	22.1	22.3
스웨덴	28.2	31.4	31.6	32.1	32.9	33.6	33.0	32.5
스위스	15.3	18.7	26.3	27.0	27.7	28.6	29.0	28.7
터 키	4.3	7.6	0.0	0.0	0.0	0.0	0.0	13.7
영 국	20.3	22.1	26.8	27.2	26.5	27.0	27.6	28.2
미 국	17.7	21.0	23.7	24.6	25.8	26.3	26.2	26.0
OECD 평균	**16.0**	**18.1**	**19.4**	**19.7**	**20.3**	**20.8**	**20.7**	**20.6**

※비고: 1) 2005년 한국: 잠정치
2) GDP대비 비율임
※출처: OECD, Stat, Social Expenditure-Aggregated data, 2008. 12.

이 이루어지지 않아 실질적인 정책과 프로그램이 제시되지 못했다. 우리나라 사회복지제도를 사회복지제도의 포괄성, 복지수혜자의 보편성, 복지혜택의 적절성, 복지혜택의 재분배성, 전달체계, 재정 등의 차원에서 볼 때 많은 문제점을 지니고 있음을 발견할 수 있다. 즉 우리나라 사회복지체제는 매우 좁은 범위의 사회적 위험만을 대상으로, 또한 한정된 범위의 사람들을 대상으로 하고 있어 복지혜택의 사각지대가 엄연히 존재하고 있으며, 낮은 수준의 복지혜택을 제공함으로써 소득의 재분배 효과를 제대로 나타내지 못하고 있다.

다시 말하면 급여수준에서 열등처우의 원칙이 그대로 적용되고 있어 최저생활수준의 확보가 당면과제로 제기되고 있다. 1980년대 후반기에 제기된 한국형 복지모형의 기본 방향은 ① 국가발전수준에서 알맞은 복지시책, ② 서구적 복지병폐의 예방, ③ 자립정신에 입각한 복지시책의 전개 등으로 나타났으며, 이러한 사회복지정책은 제6차 경제사회발전 5개년 계획의 내용과 맥락을 같이 하고 있다. 즉 한국형 복지모형은 국가 개입을 가능한 최소화하고 가족의 기능을 강화하며 요양보호자 자신의 자조와 재활을 강조하며, 자원봉사의 참여를 장려하는 내용으로 나타났다(김태진, 2008: 283~287).

제13장 생각해볼 문제

1 조선시대까지의 사회복지제도에서 가장 큰 의미를 부여할 수 있는 제도는 무엇인가?

2 우리나라는 5천년의 장구한 역사에도 불구하고 사회복지제도가 서구 유럽 등에 비해서 뒤쳐진 이유는 무엇인지 생각해보자.

3 우리나라는 현재 복지국가의 모습을 지니고 있는가에 대하여 자신의 생각을 정리하여 토론해보자.

제14장

각국의 사회복지 전개

이번 장에서는 지금까지 부분적으로만 언급되었던 미국, 스웨덴, 일본 및 프랑스의 사회복지발달과정을 좀 더 구체적으로 살펴봄으로써 영국 사회복지발달과의 비교는 물론 지구촌 곳곳의 사회복지발달에 대한 전반적 이해를 마무리 하도록 한다.

1. 미국

미국은 복지국가라기보다는 미완성 복지국가라는 이름이 더 어울리는 나라이다. 미국 사회복지의 역사를 살펴보면 1935년 사회복지법이 제정되기 전까지 사회복지는 대체로 지역사회에 기반을 두고 지방정부, 자발적인 자선기구들, 친구 그리고 이웃들이 시장경제를 통해 욕구를 충족시킬 수 없는 사람들에게 구호를 제공하였다. 연방정부가 때때로 민간 사회복지서비스를 후원하기는 했지만 체계적인 대규모의 노력을 기울이기 시작하여 사회복지가 발전하기 시작한 것은 1935년 사회보장법 제정 이후이다. 그 후 미국의 사회복지는 1970년대 전반까지 전성기를 맞이했으나 1970년대 중반 석유파동 이후 신자유주의가 득세하기 시작하면서 쇠퇴하기 시작했다. 특히 1996년에 제정된 '개인책임 및 근로기회조정법'에 대해서는 미국 사회복지 종말의 예고라는 비판도 있다. 이러한 맥락에서 미국의 사회복지가 복지국가라는 꽃을 피우지 못한 채 쇠퇴하고 있다는 시각도 있다(박병현, 2005: 89).

1) 식민지 시대(1620년대~1776년)

식민지 시대는 17세기 초부터 미국이 영국으로부터 독립(독립전쟁)하기 이전까지를 말하는데, 이 시기에는 영국으로부터 종교적 자유를 찾아 온 청교도들과, 동인도회사를 통해 경제적인 이익을 얻으려는 사람들이 상당수 이주하여 왔다. 그리하여 18세기 초에는 동부 13개 주의 식민지가 만들어졌고, 그 식민지는 각 주마다 의회를 구성하여 자유와 자치를 누리고 있었다. 미국 국민들은 이주 당시 영국의 구빈법Poor Laws을 포함한 영국의 전통을 그대로 지녔으며, 특히 엘리자베스 구빈법을 포함한 영국 복지제도의 많은 부분을 그대로 수용하고 있었다(Coll, 1973: 20~28).

이 시기 미국의 특징적인 복지제도는 보이지 않는데, 일단 영국의 식민지라는 특수성으로 기인한 것으로 보인다. 그러나 영국 구빈법 전통의 미국 사회복지는 청교도혁명의 영향과 칼뱅의 자유방임적 경제관이 근본을 이루게 되어 오늘날 자본주의의 산실로 자리 잡는 계기가 되기도 하였다.

2) 남북전쟁 시대(1777년~1860년대)

미국은 이 시기에 이민으로 인한 급격한 인구증가와 산업의 발전으로 혼란스러운 모습을 보여주고 있다. 특히 1800년부터 1860년대까지 이민자는 무려 여섯 배나 증가해서 1860년대 미국의 인구는 3천만 명을 훨씬 상회했으며, 약 20%의 인구가 도시로 몰려들었다. 이중 유색인종 인구는 452만 1천 명으로 전체인구의 14%로 감소했으며 이중 395만 4천 명은 노예였다.

아일랜드계나 독일계 이민자들은 먼저 정착한 미국인들에게 위협적인 존재였다. 근본적으로 청교도 국가인 미국에서 그들은 외국인이자 천주교 신자들이었기 때문이다. 게다가 그들은 시기적으로 초기 산업갈등의 시기에 이민을 왔는데, 당시의 일반적인 임금보다 훨씬 저렴한 임금에 일하려고 하는 이민자들, 특히 독일계 이민자들과 그들의 급진적인 정치철학의 유입은 미국의 노동자층이나 산업계에 혼란을 가져왔다. 나아가 이민자의 대부분은 즉각적인 고용과 긴급 재정보조를 필요로 하는 사람들이었다. 새로운 이민자들을 위한 복지비용의 증가는 이들에 대한 반발과 분노를 일으켰다(함세남 외, 2001: 125).

한편, 미국의 서부시대 개막은 남성참정권이 급속도로 확립되는 계기가 되었으며 주민들이 서부를 개척함에 따라 새로운 주 정부가 들어서게 되었고 그에 따라 새로운 헌법이 계속 만들어지게 되었다. 제일 먼저 1818년 코네티컷 주가 참정권을 부여했으며 매사추세츠 주도 곧 뒤따랐다. 뉴욕 주는 한발 더 나아가 1831년 보통남성들에게 참정권을 부여했으며, 심지어는 재산을 가진 흑인 남성에게도 참정권을 부여했다. 다른 주도 뉴욕 주를 따랐으며 남성의 정치적 민주주의는 실현되었다. 여성들은 남성들과 동등한 법적, 정치적 평등을 획득하지는 못했지만, 이 시기는 여성들의 권리를 위한 대장정이 시작되었다는 역사적 의의가 있다. 1848년 뉴욕 주 세네카라는 도시에서 전국여성권리대회National Women's Rights Convention가 열렸다. 동 대회에서는 여성의 참정권이 요구되었으며, 여성독립선언문이 채택되었다(함세남 외, 2001: 131~132).

이러한 인권에 대한 각성과 함께 미연방 내에서의 이해관계에 따른 북부지방과 남부지방의 차이는 노예해방의 문제를 사이에 두고 극렬하게 대립하게 되었다. 상공업이 발달한 북부지역은 보호무역과 함께 노예해방을 통한 노동력 확보를 원하고 있었고, 대농장이 발달한 남부지방에서는 자유무역과 함께 노예제의 지속을 주장하였다. 이때 노예제 폐지를 주장하던 링컨 대통령이 취임하면서 남북전쟁이 시작되었고, 결국 북군의 승리로 미국은 연방제를 유지·존속할 수 있게 되었고 역사적인 노예해방을 선언하기에 이르렀다.

3) 남북전쟁 이후부터 대공황까지

이 시기는 대도시를 중심으로 각종 사회문제를 효과적으로 대처하는 하나의 방법으로 지역실업인이 주축이 되어 형성된 민간 사회복지기관인 자선조직협회와 공동모금회, 지역사회복지협의회의 창립과 운영을 중심으로 사회복지가 시작된 시기이다.

미국에서 민간 사회복지의 체계적인 시작을 자선조직협회의 창설로 보는 데는 이론의 여지가 없는데, 이러한 자선조직협회는 바로 부유한 지역실업가에 의해 주도되었다는 점을 기억할 필요가 있다. 사회문제의 분출에 따른 사회불안을 제거하고자 복지제도의 확충이 필요하다는 데 인식을 같이하고 있었으나 공공복지행정의 확충은 정부의 무능과 부패로 인해 그들이 낸 세금이 낭비된다고 생각하여 바람직한 대안으로 고려되지 않았기 때문에 자연히 민간복지의 확충으로 가닥을 잡아 자선조직협회를 설립하고 재정적으로 지원하는 일에 힘을 기울였다.

자선조직협회는 지역사회에 분산되어 있는 각종 자선기관과 사업을 조정하여 서비스의 중복과 누락을 방지하고자 수혜자의 명단을 교환하고 사례회의를 하면서 공동으로 지역의 빈민문제에 대처하고자 하였다.

미국의 자선조직협회는 영국협회를 본받아 설립되어 빈곤자를 구호하기 위해 설립된 민간단체 간의 업무조정 및 직접적인 구호 활동으로 근대 지역사회복지에 지대한 영향을 미쳤으며 '가치 있는 빈민'은 협회의 우애방문원friendly visitors을 통해 자립을 유도하였고, '가치 없는 빈민'은 정부기관이 최저임금수준 이하의 원조로 생계를 유지하도록 하였다. 자선조직협회는 환경보다 개인의 변화에 초점을 두었으며 정신분석 이론을 강조하며 활동내용으로는 사회서비스 목록작성, 사례분석회의, 사회조사를 통해 사회적·경제적 문제 등을 분석하여 정부기관에 특정 조치를 건의하였다.

미국의 인보관settlement house은 사회문제에 대처하기 위해 다양한 활동을 하였다. 코이트Coit는 영국 토인비 홀Toynbee Hall을 방문한 후 1886년 뉴욕에서 근린조합Neighborhood Guild을 세웠고, 아담스Addams는 시카고에 헐하우스를 설립하였는데, 이는 미국 인보관 활동의 시작이 되었다. 당시의 인보관 활동은 개인적인 변화보다는 환경의 변화에 역점을 두고 레크리에이션 지도와 집단사회 사업을 실시하였으며, 스테이너Steiner

는 『지역사회조직community organization (1925)』이라는 최초의 교과서를 출간하여 지역사회 조직에 관한 원칙을 제시하기 위한 시도를 하였다.

이러한 인보관의 활동내용은 ① 사회문제의 근원을 환경적인 요인에 두고 자유주의와 급진주의에 동조하였으며, ② 활동 참여자들은 중류층으로 사회적 약자를 동조, 옹호하며 기존체제를 비판하였다. ③ 지역문제의 해결을 위해 집단중심의 서비스를 제공하였다. ④ 사회개혁을 강조하며 사회복음운동과 연계하여 슬럼지역에 거주하면서 환경과 제도개혁을 주장하였다.

사회복지기관협의회는 1909년 최초로 밀워키와 피츠버그에서 설립되었으며, 그 후 1926년 시카고, 보스톤, 세인트루이스, 로스엔젤레스, 디트로이트, 신시내티, 콜럼버스, 뉴욕 등에 설립되었다. 이는 자선조직협회의 영향을 받아 사회복지기관들의 서비스를 조정coordination하고 보완하며, 직접적인 활동을 병행하면서 구빈을 위한 전문성을 강조하였다. '우애방문원'과 자원봉사자를 합리적이고 체계적으로 활용하여 '지역공동모금회'를 조직해 구체적인 활동으로 지역주민과 전문가 중심의 위원회를 구성하여 해결 방안을 실천하였으며, 새로운 시범사업을 전개하고 사회복지서비스 제공 및 현존 문제의 해결을 위한 주민들의 지지를 구하고 정부의 지원을 촉구하였으며, 사회복지기관과 단체의 명부를 발간하고 자원봉사자를 교육·훈련하였다.

한편, 1929년에 개최된 밀포드Milford 회의는 사회복지에 대한 인식에 많은 영향을 미치게 되는데 이 회의에서 케이스워크, 그룹워크, 지역사회조직, 사회사업조사, 행정 등을 망라하는 전문적 사회사업교육기관을 위한 교과과정이 제안되었다. 다만, 사회복지기관에 필요한 조직구조의 틀과 기준 등에 관한 언급은 있었지만 필요한 기술과 과정에 대한 언급은 없었다(강용규, 2007: 38~39).

4) 1930년대~1960년대

이 시기는 1929년의 경제공황, 1940년대 2차 세계대전, 1960년대 민권운동 등 급격한 사회변동의 시기로 사회복지발달에 있어서 상당한 변화와 발전을 이룩한 시기였다. 경제공황에 따른 대량 실업과 빈곤문제는 미국 사회복지제도에 근본적인 변화를 초래했다. 그동안 지방정부의 소극적인 빈민구호 프로그램으로는 이러한 문제를 해결하기 어렵다고 판단한 연방정부가 1935년 사회보장법Social Security Act을 제정하여 사회보험과 공공부조 프로그램을 비롯한 다양한 사회복지서비스 프로그램을 제도화하였다(오세영, 2009).

이와 같은 미국 사회보장의 시초는 1929년 10월 24일 시작된 대공황을 타개하기 위한 루즈벨트 대통령의 뉴딜 정책의 일환으로서 1935년 8월 14일 제정되어 1937년 1월 1일부터 시행된 사회보장법Social Security Act인데, 노령 및 실업을 보장하기 위한 사회보험제도였다. 노령부문은 연방정부가 직접 운영하는 노령유족보험제도이고 실업부문은 연방·주정부가 공동관리하는 실업보험제도이다. 이처럼 1935년의 사회보장법은 의료보험부문이 아닌 노령·유족보험 분야만 적용시켰다.

사회보장법 제정 이후 30년간 수많은 개정이 이루어졌는데, 의료보험부문은 만들어지지 않았다. 의료보험부문이 없는 이유로는 자유와 자주를 자랑하는 미국인에 있어서는 의료에 대해서도 개인의 책임으로 처리하는 것이 당연하다고 간주했기 때문이다. 국민은 민간보험을 이용하여 만약에 대비할 수 있고, 이로 인해 민간보험이 발전하였으며, 미국 의사회 역시 자유진료라는 전통으로 공적 의료보험제도의 창설에 부정적 입장을 취하고 있기 때문에 공적 의료보험제도는 쉽사리 도입되지는 않을 것으로 보인다. 그러나 2009년 취임한 오바마 정부는 전국민 의료보험 실시를 공약으로 내걸었고, 이를 실천하기 위하여 노력하고 있어 개인주의 전통을 강조하는 미국의 복지이념에 변화가 감지되고 있다.

5) 1970년대~1990년대

1970년대 들어서서 사회보장법과 공공부조 관련 법률들이 개정되어 더욱 복잡하게 세분화되면서 지속적으로 신장되어 왔다. 사회보장법 제20조의 신설로 공공부조 수혜자들에게는 보육서비스나 가족계획서비스가 추가되었고 식품보조서비스는 시범사업을 거쳐 전국적으로 확대되어 모든 빈곤계층에게 지원되는 프로그램으로 정착화되었다.

사회복지 프로그램이 세분화되고 다양화됨에 따라 지역차원에서는 서비스 세분화에 따른 조정의 문제가 심각하여 통합적이고 효율적인 서비스 제공이 가능한 사례관리가 본격적으로 등장한 것도 1970년대 이후의 일이다.

1980년대에 들어 레이건 행정부에 의해 가속화된 사회복지의 역할 축소에 대한 시도는 중대한 변화를 초래하게 되었다. 연방정부의 사회복지 프로그램을 비롯하여 각종 지역사회행동, 도시재건, 지역사회정신보건사업 등의 예산은 크게 삭감되고 점차 정부직영 프로그램은 민영화되는 경향이 나타났다. 1980년대 말에는 사회복지 프로그램의 민영화privatization가 더욱 심화되어 민간 사회복지기관 관리자에 대한 수요도 팽창하였고 그들의 직무수행에서 능력평가는 얼마나 많은 정부지원 프로그램을 계약으로 유치하는가의 여부와 정도에 달려 있었다. 이러한 변화들로 인하여 사회사업가들이 행정관리자로서 활동할 수 있는 기회와 폭은 증가하였다.

한편, 1990년대에 들어서도 미국에서는 대형 공공부조 관련 사회프로그램들의 감축이 진행되고 있었다. 1996년의 대통령 선거에서 중요한 이슈가 되었던 '가족'과 '공동체사회'에 대한 논쟁에서 볼 수 있듯이, 더 이상 사회복지의 목적과 프로그램들이 막연한 정당성으로 유지되기는 힘들게 되었다. 또한 비록 외부로부터 공격이 없더라도, 주어진 사회적 자원의 활용에 따른 책임성은 사회복지 전문직의 당연한 관심으로 기정사실화되어 왔다(김영종, 2001: 63~64).

이 당시 미국은 낮은 경제성장과 국제경쟁의 심화로 인해서 후퇴하는 기미를 보이고 사회계층 간의 소득 불평등은 더욱 확대되어 민간 사회복지기관이 빈곤계층의 다양한 복지수요에 대응할 자원부족현상을 겪게 되었다. 1980년대 이후 시작된 사회복지서비스의 민영화와 상업화는 1990년대 더욱 강화되어 전통적으로 비영리 민간복지기관과 영리 민간복지기관의 구분도 모호해졌으며, 사회복지기관의 관리자는 정부지원, 후원금, 클라이언트가 지불하는 이용료 등 자원획득의 통로를 다변화해야 하는 상황에 직면하게 되었다.

사회복지서비스의 민영화와 상업화가 급속도로 진행되고 빈곤계층의 다양하고 증대된 복지욕구를 충족시키기 위해서는 안정적인 재원확보가 무엇보다 중요한 과제로 제기되고 있다. 따라서 조직 내부적으로 비용절감의 경영이 강조되고 외부적으로는 전략적 계획을 수립하여 보다 공격적인 마케팅과 홍보를 강화하고 있다. 이러한 재정 관리의 중요성과 마케팅 강조 현상은 사회복지사와 같은 전문직 종사자의 클라이언트 선정 및 예산 관리에서의 자율성과 재량권을 제한하는 기제로 작용하기도 한다.

이상과 같이 미국의 사회복지발달은 크게 세 가지 흐름, 즉 경제적 측면에서의 대공황, 세계대전, 정치적 차원에서 지역사회복지와 관련하여 국가의 책임과 개입 등으로 정착되어 가는 전문화 과정을 통하여 점진적으로 민주주의 이념에 입각한 사회복지제도로서 형성되었다. 그러나 제도적인 역할로 전체보다는 객체를 중요시하며 사회복지의 책임을 국가와 사회보다는 개인과 가족에게 있다는 생각으로 국가에 도움을 청하기보다는 개인이 해결해야 하며, 특히 미국 사회복지제도의 특징인 잔여적인 측면이 강하여 국가적인 차원에서 제도적인 서비스를 함께 공유할 때 미국 국민은 최상의 사회복지서비스를 얻을 수 있을 것이다.

2. 스웨덴

사실 스웨덴은 19세기 이전만 하더라도 가혹한 자연적 조건을 가진 빈한한 농업국가 중 하나였다. 현대에 들어서 스웨덴은 살기 좋은 복지국가, 노벨상을 시상하는 나라, 목가적인 낙원 등으로 알려져 있지만, 스웨덴은 북극에 가까이 있어 10월부터 3월까지의 6개월간의 겨울은 낮이 매우 짧으며 음산하고 평균 영하 10도 내외의 추운 기후가 지속된다. 또한 10세기경에는 바이킹족들이 해상의 폭군으로 군림하여 전 유럽의 해상에 출몰하면서 횡포를 자행하였다. 게다가 의술의 미발달로 결핵이 만연해 1800년대까지만 해도 유럽에서 가장 가난한 국가였다. 빈곤으로 인해 1870년대부터 1930년 사이에 약 110만 명이 '기아로부터의 해방'을 외치며 북미대륙으로 이민을 떠났다. 그래서 혹자는 스웨덴을 '신이 버린 나라'라고 불렀다. 그러나 1932년 사회민주당이 집권한 후 스웨덴은 중간층의 복지반동welfare backlash이 없는, 모든 계층이 복지국가를 지지하는 세계에서 가장 모범적인 복지국가로 발전했다(박병현, 2005: 167).

1) 사회의 전통적 도덕기초와 배경

1521년 덴마크로부터 독립한 스웨덴은 19세기 말에 들어서야 본격적인 산업혁명과 더불어 산업국가로 발전하였고, 2차 세계대전을 거친 후 선진적 사회복지국가로

자리를 잡게 되었다. 스웨덴이 국가로 형성된 후 산업혁명에 이르기까지의 시기는 사회복지와 관련하여 볼 때, 구빈법으로 대표되는 기간이었다. 스웨덴의 구빈법은 영국으로부터 영향을 많이 받았기 때문에 그 발달과정이나 형태면에서 영국의 구빈법과 비슷하다. 그러나 19세기 공업화로 인하여 발생하기 시작한 여러 가지 사회문제들이 20세기에 들어서면서 종래의 구빈법으로는 적절히 대처할 수가 없게 되었고, 점차 교회의 책임도 줄어들게 됨에 따라, 국가는 그 책임을 국가적 차원에서 받아들여야만 할 처지에 놓였는데, 여기에 1880년대의 독일 비스마르크 사회보험제도가 직접적인 자극이 되었다. 이 시기는 사회개혁 열풍에 들뜬 복합적 변혁기로서, 1913년에는 이제까지의 구빈법에서 탈피한 사회보험법이 제정되었고, 1918년에는 구빈법의 개정이 있었다. 1889년 결성된 사회민주당은 이 시기동안 다수당임에도 불구하고 제대로 영향력을 미치지 못했으나, 세계대공황을 겪은 후, 1932년 실업극복을 내건 사회민주당이 정권을 잡게 되면서부터 복지국가로서의 새로운 도약을 하게 되었다.

비교적 오랜 기간, 스웨덴은 이상적인 복지국가의 전형으로서 사회보장의 최소한의 기준을 넘어선 국가로 인정되고 있다. 그럼에도 불구하고, 1980년대에 이르러 스웨덴은 과거와 다른 세계 환경에 직면하게 되어 경제성장이 감속되면서 복지국가로서의 위기를 느끼게 되었고, 1990년대에 들어오면서 세계경제의 침체와 유럽통합 및 세계화의 영향에 맞부딪히게 되자, 스웨덴은 현재 복지국가의 재편을 위한 전략구축에 애쓰고 있다. 따라서 스웨덴의 복지국가는 적어도 다음의 세 가지 다른 전통에 의해 형성되었다고 할 수 있다.

첫째, 온정주의로, 이것은 복지정책의 발전에 기초이론을 제공하였으며, 잘사는 자의 불행한 자에 대한 도덕적 의무를 강조한 것이다. 이것은 전통적인 기독교 복지사상과 깊이 관련되어 있다.

둘째, 공공부조의 경제적 이점을 강조하는 예방적 사회정책의 합리적 개념으로, 이것은 뮈르달Gunnar Myrdal에 의해 주장된 것으로서, 사회복지정책에 대한 초당파적 합리성을 부여하기 위한 것이다. 여기에서는 사회적 병리현상은 치료보다 예방하는 것이 더 효과적이며 비용이 적게 든다는 것을 지적하고 있다.

셋째, 스웨덴 사회민주주의의 전통으로 위의 두 요소에 사회주의의 이상이라고 할 수 있는 자유, 평등, 통합, 민주, 경제적 효율성 및 개인적 안전을 합하여 놓은 것이다.

유럽에서도 가장 가난한 주변국의 하나였던 스웨덴은 19세기 말에 이르러서야 본격적인 산업혁명을 겪었다. 스웨덴의 산업화는 내수시장보다는 해외시장의 수요에 의해 시작되었으며, 정부는 대규모의 자본투자가 요구되는 철도, 통신 등 간접자본에 대한 투자를 하고 그 소요 재원을 외국차관에 의존하였다. 기업은 급속하게 생산활동을 위한 조건의 성숙을 맞이한 결과, 1872년 스웨덴 노동자의 60%가 100인 이상의 기업체에서 일할 수 있게 되었다. 이 시기 자유교회운동으로 일컬어지는 종교부흥운동, 금주운동 및 노동운동은 스웨덴 사회의 재조직의 필요성을 인정하면서 정치적 세력으로 등장하였다. 그 결과, 납세자에 국한된 선거권이 1866년에 21세 이상 성인남성들의 20%에게 주어졌다. 그렇지만 노동자들은 극히 제한된 선거권만으로는 정치적인 힘을 발휘할 수 없었기 때문에 여러 협력단체들과 노동조합을 통하여 그들의 환경을 개선해 나갔던 것이다(송호근, 2006).

2) 복지국가로의 전개과정

(1) 구빈법시대

빈민과 병자에 대한 구호는 교회에서 시작되어 수세기동안 교구재원의 가장 많은 부분이 구빈에 쓰였다. 그러자 1686년 교회법은 교구의 빈민구제의무를 규정하여 교회활동에 의한 구제를 강조하였으나, 그 후 정주법에 의해 각 교구내의 빈민구제로만 한정하였다. 1847년에는 체계적인 구빈법이 출현하였는데, 국왕이 구빈행정을 조정할 목적으로 국가권력이 구빈책임을 질 것과 구빈단위의 재편성을 입법화한 것이다. 1871년에는 빈민에 대한 교구의 의무가 줄어든 개정구빈법이 나왔으며, 노동자의 일자리 마련이 철광과 목재업의 발달로 가능하게 되었다. 그리고 1918년의 재개정구빈법에서는 빈민의 구빈에 대한 법적 권리가 반영되었으나, 여전히 노동가능자는 교구의 보호아래 있도록 하였다.

(2) 산업사회와 사회복지

1870년대 산업혁명으로 인한 농업구조의 변화로 농촌은 해체위기에 있었으며, 한정된 토지에 비해 농촌인구가 급증함에 따른 농촌의 빈곤화가 촉진되었다. 국가는 이러한 농촌의 문제를 이민정책으로 해결하고자 하였으나, 농업사회로부터 산업사회로의 전환과정은 여전히 많은 문제를 내포하고 있었다. 다만 농촌의 해체는 도시노동력 제공에 기여하게 되어, 제조업이 빠르게 발전하게 되었다. 또한 자유주의자들을 주축으로 한 선거권운동도 활발하여 기존 신분제도가 변화되기 시작함은 물론, 양원제를 실시하여 하원을 중산계급인 시민으로 충원하게 되었다. 그러나 상원의 경우는 소득과 재산의 엄격한 기준 하에 귀족이나 상류층이 주류를 이루었고, 선거권은 납세가능한 자로 제한되어 있었다. 그러자, 이미 언급한 3대 대중운동이 노동자들의 의식을 각성시키는 계기가 되었으며, 이것이 정치적 운동으로 발전하는 데 기여하게 되어 노동운동에 큰 영향을 미쳤고, 더 나아가 선거권운동으로 발전하였던 것이다. 그리하여, 1918년과 1921년에 선거법을 개정하여 평등한 선거권을 인정하였으며, 1924년에는 아동복지법이 제정되어 독립적 보호를 받게 되었다.

1880년대부터 시작된 사회개혁 열풍은, 도시 자유주의자들을 중심으로 한 자유당과 사회운동단체에 의해 1930년대까지 계속되었는데, 이 시기는 ① 인구팽창으로 인한 농민의 무산계급화와 빈곤문제, ② 자본주의 산업화로 인한 도시노동자들의 주거, 건강, 빈곤의 문제, ③ 주기적인 공황과 실업문제, ④ 대중운동의 활성화로 인한 사회운동의 전개 및 정치적 민주화에 이르기까지 사회문제들이 복잡하게 얽혀 있었던 대 변혁기였다. 그렇지만 1932년 사회민주당이 총선에서 승리하여 농민당과 연정을 하면서 이러한 혼란은 종식되었고, 사회복지정책에 있어 새로운 도약을 마련하게 되었던 것이다.

3) 복지국가의 형성과 발전

(1) 복지국가의 형성(1932년부터 1959년까지의 사농연정시기)

스웨덴은 1932년 선거를 계기로, 사회민주당은 팽창 재정정책을 통해 실업문제를 해결하고 유효수요를 창출할 것을 제안한 비그포르스의 입장을 받아들여 개량주의를 명백히 표방함으로써 정권을 장악하게 되었다. '인민의 집People's Home'이라는 슬로건 아래 완전고용과 복지국가를 내세운 사회민주당은 노동자계급으로부터 광범위한 지지를 받은 한편, 비그포르스적 케인즈주의는 사회민주당에 안정적 계급동맹의 지렛대를 제공하여 농업관세와 농업보조금 지급이라는 농민당의 요구를 수용함으로써 연정이 탄생하게 된 것이다. 인민의 집이라는 용어의 상징성에서 볼 수 있

인민의 집

인민의 집은 1928년 의회 논의에서 한손(Hansson) 수상이 스웨덴의 장래를 "어떤 사람이 다른 사람을 경시하거나, 그 희생으로 이득을 얻는 자가 없으며, 강자가 약자를 억압하거나 약탈의 대상으로 하지 않는 좋은 집"이라고 한 데서 중요한 개념으로 등장하였지만 이는 스웨덴의 전통적 가치들에서 이미 발견된다. 연대적·보편주의적 인민의 집은 스웨덴 농부들의 전통적 촌락공동체에 기원을 두고 있으며 근대 스웨덴 복지국가의 근거를 제공하고 있다. 한손 수상은 1928년 의회연설에서 인민의 집을 다음과 같이 기술하고 있다.

> 가정의 기초는 공동체 정신과 연대이다. 좋은 가정은 친자식과 의붓자식과 같은 어떠한 특권과 차별도 없다.…(중략)…좋은 가정에는 평등, 사려, 협력, 도움이 흐른다. 위대한 국민의 가정에 적용하는 것은 현재의 시민들을 특권층과 비특권층, 지배자와 종속자, 부자와 빈자로 분열시키는 모든 사회적·경제적 장벽들의 철폐를 의미한다.

※참조: 이헌근, 1999: 22~23.

는 것은 스웨덴은 혁명적 사회주의보다는 평등지향의 점진주의적 복지주의를 택했다는 것이다(박병현, 2005 : 172).

이때부터 사회민주당은 농민당과의 연정을 통해 지속적으로 정권을 유지하면서 복지개혁정책의 제도화를 용이하게 하였다. 사실 스웨덴이 진정한 복지국가로 수립된 것은 2차 세계대전 이후였다. 집권 이후에도 지속적으로 복지개혁을 시도했음에도 불구하고 대공황과 전쟁 및 취약한 국내 경제기반으로 인해 실질적인 성과를 거두지는 못했으나, 종전 이후 본격적인 복지개혁에 착수했던 것이다. 전쟁 후 사회민주당은 1938년 이후 활동해온 사회복지위원회의 보고서들을 기반으로 복지개혁에 박차를 가하여 1950년대 초까지 기본적 개혁을 완성하였다. 1946년의 연금개혁을 필두로 1949년에는 산업재해보상법이, 1954년에는 아동수당법과 주택수당법이, 1955년에는 질병보험법이 통과됨으로써 보편적인 국민보험제도가 도입되었다. 또한 1947년에는 국민주택위원회를 신설하여 정부가 주택시장을 강력히 통제하기 시작했으며, 1950년부터는 9년제 의무교육을 실시하고, 1955년부터 국민 모두에게 무료와 다름없는 의료서비스제도가 실시되었던 것이다.

(2) 복지국가의 발달(1959년 연정붕괴 이후부터 1990년대 이전)

스웨덴은 1959년 사회민주당이 의무적 보조연금제를 둘러싸고 농민당과 대립하면서 연정이 붕괴되자 사회민주당은 산업자본주의의 발달에 따라 새로이 등장한 사무직 노동자들을 새로운 동맹자로 끌어들임으로써 지속적으로 집권하였다. 사무직 노동자가 증가함에 따라서 기존의 복지제도에 대한 지배적 관심사와는 달리, 소득대체가 가능할 정도의 충분한 급여가 강조되고, 임금노동자 일반을 대상으로 하는 복지제도가 발달하였다. 즉 1960년대 이후 각종 사회보장급여에 적용된 소득비례급여방식은 충분한 급여를 보장하기 위한 것으로서 보장의 완벽성을 달성하는 데 크게 기여하였다. 따라서 사회민주당과 사무직 노동자들 간의 복지동맹은 자본가계급의 반대에도 불구하고 지속적인 복지개혁을 추진할 수 있는 정치적 기반이 되었다.

요컨대, 스웨덴 복지국가의 발달은 사회민주당의 계급동맹을 통한 안정적 집권과 이를 기반으로 하는 자본과의 타협이라는 계급적 역학관계가 공고화됨으로써 소위 스웨덴식 케인즈주의로 발전하게 되어 '태내에서 천국까지'로 극찬 받는 복지국가의 모델이 된 것이다.

(3) 최근의 동향(1990년대부터 현재까지)

1980년대부터 경제성장이 감속되었던 스웨덴은 1990년에 들어서자 실업률이 급속히 증가하여, 1989년에는 1.5%에 불과하던 실업률이 1993년에는 8.3%로 증가했는데 이는 재훈련과정을 포함하면 두 자리 수치에 이르는 것이었다. 이러한 노동시장의 문제는 곧바로 복지국가의 위기로 발전하였다. 1982년부터 1991년까지 집권한 사회민주당은 일부 복지를 확대하는 동시에 일부 복지를 축소하는 정책을 취하여, 아동수당을 증액하고 실업수당을 늘이는 등의 복지확대정책을 씀과 동시에 복지삭감의 개혁을 시도하여 의료혜택법 제정을 통한 의료혜택비용 증가를 억제하였다. 보수당이 집권한 이후 2년간 스웨덴의 경제는 실업률의 급증과 부동산업계의 연속적 파산으로 인한 금융시장의 혼란 및 공공분야의 정리결손의 누계가중 등으로 위기상황에 놓이게 되었다. 이에 따라 주무관서인 재무부는 복지국가의 기반이 손상되었다고 보고 새로운 제도개선을 추구하여 급여체계의 조정, 새로운 관리모형의 개발 및 재정비용효과 분석 등을 중심으로 추진하였다. 또한 1990년대 스웨덴 의회는 여야공동으로 일련의 복지개혁을 추진하였고, 이러한 노력의 결과로 1998년에 복지국가의 방향을 혜택 중심에서 급여 중심으로 전환한 복지개혁법이 제정되었다.

더 나아가 최근에는 스웨덴 사회복지국가의 특징인 보편성의 원칙이 노인연금과 질병보험 등의 경우에 집중적으로 약화되는 경향을 보이고 있다. 예컨대 노인연금의 경우 1998년에 연금개혁으로 2000년부터 고용소득이 전혀 없거나 낮은 사람에게만 지급하도록 바꾸었고, 질병급여도 그 자격조건을 강화함으로써 보편성의 원칙은 약화되었다는 것이다. 현재 논의되고 있는 스웨덴의 복지국가 위기와 관련하여, 스웨덴은 노사가 함께 복지국가에 대한 도전을 인정하고, 임금협상의 새로운 모델구축과 스웨덴 노동조합총연맹의 유럽연합 내에서의 노동권과 복지수급권 확보를 위한 노력 등 복지국가 재편을 위한 다양한 전략을 논의하고 있다. 결국 오랜 역사적 타협의 전통으로 볼 때, 임금적정화와 일자리 창출이라는 두 요소가 사회적 파트너들 간의 합의에 의해 새롭게 이루어질 것으로 전망된다. 그리고 스웨덴은 각 정파 간 타협에 기초한 지속적이며 점진적인 개혁을 통하여, 비용절감이 아닌 복지부담의 배분을 다르게 하는 방향으로 나아가고 있다.

4) 스웨덴 복지국가의 특징

스웨덴은 완전고용과 경제성장 및 능률성을 강조하는 점이 북유럽의 다른 나라와 차별성을 갖는 특징이라고 할 수 있다. 일할 수 있는 능력이 있는 사람에게 일자리를 제공한다는 것은 빈곤예방과 사회적 불평등을 완화하는 데 최선의 방법일 뿐 아니라 전반적인 생활수준과 국민경제의 능률을 향상시키는 방법이라는 측면에서 착안된 것이다. 이러한 렌-마이드네르Rehn-Meidner 모델의 완전고용정책은 적극적인 노동정책에 역점을 두어, 실업자를 위한 취로사업은 물론이고 취업촉진을 위한 지리적, 직업적 이동을 장려하고 노동력의 재교육과 재훈련을 철저히 실시한다. 또 소득연동의 수혜수준이 직장유무에 의해 결정되므로 직장에서의 작업동기를 유발하는 요소로 작용하고, 결과적으로 생산성을 높여 스웨덴 경제발전에 공헌하고 있다. 그러므로 스웨덴의 완전고용정책은 반 경기순환정책, 산업정책, 지역정책 등 일반 실업억제정책에 잉여 노동력을 평균임금보다 낮게 책정하여 공공취로사업에 고용하는 잔여적인 정책을 부과함으로써 완전고용을 실시하는 대부분 선진복지국가와 구별된다. 따라서 일반 실업억제정책에 적극적이고 제도적인 고용촉진정책이 부과된 정책을 통해 성취된 완전고용은 임금노동자에게는 그 자체가 가장 중요한 복지의 원천이기도 하였으며 보편주의적인 복지국가의 기반을 튼튼히 하는 데 기여했다. 또한 스웨덴의 사회보험은 보편적 권리의 영역으로 자리 잡고 있으며 보장의 완벽성은 스웨덴의 복지국가로서의 특성을 잘 보여 준다. 스웨덴은 국가복지가 모든 종류의 사회적 위험을 포괄하고 있을 뿐만 아니라 높은 급여수준으로 보장함은 물론 재분배기능으로 인한 평등화의 효과측면에서도 탁월한 성취도를 보였다. 그래서 계층 간 소득격차를 줄이고 복지이중화를 저지하였으며 중산계급의 고급스런 복지욕구까지도 만족시킨 결과를 가져왔다(함세남 외, 1996).

요컨대, 스웨덴 복지국가의 제도적 특징은 여러 경제정책 간의 상호연계와 의존을 통해 수요와 공급측면을 동시에 조절하는 국민경제관리방식의 경제정책의 존재와, 노동자계급이 고도의 정치화를 통한 자신의 조직력을 장기적 이해관계라는 관점에서 사용한 능력, 즉 노동조합이 스스로 끊임없이 복지개혁을 요구함과 동시에 사회민주당과 더불어 복지개혁의 경제적·정치적 기반을 조성해낸 복지국가 발전의 견인차 역할에서 비롯된 것이라 할 수 있다.

3. 일본

일본은 역사적·사회적 배경이 우리와는 사뭇 다르면서도 정치·경제적 또는 지형적인 면에서는 옛날부터 깊은 관계를 가지고 있다. 더욱이 1945년을 기준으로 하여 생각해보면 일본은 패전했고 우리나라는 해방되었으며 현재 일본은 경제선진국 또는 복지선진국이 되었지만 우리는 아직도 진행 중이다. 이러한 역사적 배경이 사회복지발달사에 어떠한 영향을 미쳤는지 생각해보는 것도 유의미한 일일 것이다. 더욱이 우리나라도 일본과 같이 인구의 고령화, 산업화, 도시화가 진행되어 국민들의 생활양식과 가족구조의 변화, 복지의식이 여러 가지 복지수요를 강하게 요구하고 있기에 '한국적 사회보장'을 확립하기 위해서는 다른 나라의 사회복지제도의 발전과정을 살펴보는 것도 의미 있는 일이다. 특히 우리나라 사회복지·사회보장의 실상을 보면 제도와 정책은 일본식이고 기술과 방법은 미국식으로 운영되고 있다. 구체적으로 사회보장은 일본의 법, 제도, 정책에서 많은 모방을 하고 있으며 사회복지사업은 미국식 방법, 기술을 도입하여 실시하고 있다. 하지만 현상적인 것만 답습한다면 사회복지의 본질을 해치고 혼란을 가중시키는 결과를 초래할 수 있기 때문에 일본의 사회복지발달과정을 살펴보면서 이러한 문제점을 찾아보기로 한다.

1) 메이지유신부터 1944년대까지의 사회복지(사회사업)

일본의 근대화는 메이지유신明治維新으로부터 시작된다. 메이지유신은 분권적인 영주 체제에서 전체적인 중앙집권적 체제가 성립되므로 빈곤의 형성 및 구빈정책이 시행되었다.

일본은 1차 세계대전에서 급속한 자본의 집중을 진전시켜 독점 자본주의를 확립시켰다. 그것은 노동자계급의 증대와 계급적 성장을 가져왔고, 자본가와 임금노동자라는 근대적인 계급대립이 명확해졌고, 신중산층도 성장하였다.

일본의 사회복지는 1차 세계대전이 끝난 직후인 1920년부터 사회사업이 성립되었고, 쌀값 폭등과 만성적인 불황에 직면하게 되자 독점자본은 동요되고 민중의 궁핍화가 가속화되기 시작하였다. 그리하여 사회변화에 신속하게 대처하기 위해 근대적인 사회사업이 성립되는 계기가 되는데, 그 요인으로는 구빈대상의 근대화, 구빈행정의 근대화, 구빈사상의 근대화를 꼽을 수 있다. 1920년에는 사회국 설치를 통해 사회사업 행정과 노동 행정을 통합시켰다.

일본도 여지없이 1920년대 후반부터 대공황에 이르렀고 일본 자본주의는 막대한 타격을 받게 되었다. 경제 불황으로 대량의 실업자가 생기고, 농촌 경제의 불황은

메이지유신

일본 메이지 왕(明治王) 때 막번체제(幕藩體制)를 무너뜨리고 왕정복고를 이룩한 변혁과정을 말한다. 이는 선진자본주의 열강이 제국주의로 이행하기 전야인 19세기 중반의 시점에서 일본 자본주의 형성의 기점이 된 과정으로 그 시기는 대체로 1853년에서 1877년 전후로 잡고 있다. 이 유신으로 일본의 근대적 통일국가가 형성되었다. 경제적으로는 자본주의가 성립하였고, 정치적으로는 입헌정치가 시작되었으며, 사회·문화적으로는 근대화가 추진되었다. 또, 국제적으로는 제국주의 국가가 되어 천황제적 절대주의를 국가구조의 전분야에 실현시키게 되었다. 유신을 이룩한 일본은 구미에 대한 복종적 태도와는 달리 아시아 여러 나라에 대해서는 강압적·침략적 태도로 나왔다. 1894년의 청일전쟁 도발, 1904년의 러일전쟁의 도발은 그 대표적인 예이며, 그 다음 단계가 무력으로 우리나라를 합병한 것이다.

더욱 심화하여 노동쟁의, 소작쟁의 같은 사회운동의 격화로 계급갈등의 시기를 맞이하게 되었다. 이렇게 빈곤문제가 사회적으로 크게 문제되자 국가가 주도하는 사회사업이 등장하게 된 배경이 된다. 이러한 사회적 이슈에 의해 1932년에 구호법이 비로소 실시되기 시작하였다. 구호법은 65세 이상 노인과 13세 미만의 아동, 임산부, 불구, 폐질, 질병, 상병, 그 외 정신 또는 신체장애로 노동을 할 수 없는 자를 대상으로 생활부조 의료, 장례비를 지급하였다(김영범, 1999). 하지만 이 시기에 미국에서는 사회보장법이 제정되고, 영국에서는 실업대책의 하나로 사회보장의 원형이 형성된 것을 고려한다면 확실히 일본은 복지의 후진성을 보여주고 있다고 할 수 있다.

이런 상황에서 일본은 1931년 만주사변을 일으키고 1937년 국민전시총동원령을 발표하였으며 다음해에는 국가총동원법이 제정되어, 노동운동이나 사회운동은 거의 불가능해지게 되었다. 이 시기에 군사부조법과 모자보호법이 제정되기도 한다.

또한 1938년에는 국민건강보험이 제정·공포되었는데, 그 정치·경제적 배경에는 만주사변으로부터 비롯된 대륙침략이 결국 중국 전역으로 확산되는 가운데 군부독재의 '파시즘' 정치로서의 이행과 그에 따른 국가동원법(1938년)의 실시와 농업공황에 잇따른 농민의 궁핍화가 있었으며, 국민건강보험법의 시행도 결국은 건병건민建兵建民정책의 일환으로 볼 수 있다(신섭중 외, 2001: 413). 1941년에는 사회사업이라는 용어 대신 후생사업이라는 용어가 사용되면서 전쟁의 승리, 국방을 위한 인적 자원의 확보, 생산력의 증강, 원호 등에 집중하게 되었고, 의료보호법이 제정되었으며 노동자연금법이 10인 이상의 사업장의 노동자까지 확대되었는데, 1944년에는 후생연금으로 명칭을 개칭하여 5인 이상 사업장의 노동자, 직원 및 여성 모두에게 적용을 확대하였다.

2) 1945년~1959년대의 사회복지의 전개

이 시기 사회복지의 특징은 구빈적 사회복지가 아니라 선별주의적 사회복지가 특징이다. 1945년 8월 미연합군이 일본의 히로시마와 나가사키에 원폭투하를 한 이후 일본이 포츠담 선언을 수락함으로써 4년에 가까운 태평양전쟁에서 패배한 일본은 전재자, 귀국자, 실업자, 고아, 장애인, 해외주둔 귀국군인, 부랑자 등으로 총체적인 기아상태와 생활고에 직면하게 되면서 자력으로는 기본적인 생활을 유지할 수 없었다. 저소득, 빈곤층에게 사회복지의 보호, 구조를 집중시키는 경향이 나타났다. 즉 경제요건을 기초로 해서 공적 원조 없이는 기본적인 생활을 유지하는 것이 곤란한 개인 혹은 세대를 선별하게 되었다. 이러한 상황 속에서 일본은 가장 시급했던 소위 복지 3법을 통해 전후 일본의 복지를 성립시켰는데, 연합군 총사령부General Headquarters, GHQ의 사회구제 각서에 따라 1946년 생활보호법을 제정하였고, 1947년

12월에는 민간 아동 시설 관계자, 모성보호운동가 및 교육운동가 등의 관계자와 협력하여 아동복지법을 제정하였다. 이때 일본 역사상 처음으로 복지란 명칭이 입법부에 등장하게 되었으며 이것을 계기로 그 후 많은 사회복지 입법 명칭에 복지라는 명칭을 사용하게 되었다. 마지막으로 1949년에는 신체장애자복지법이 정비됨에 따라 일본은 복지 3법체계를 갖추고 전후 사회복지의 근대화를 성립시켜 갔다.

1950~1952년까지 3년 동안 실시된 보육행정의 시정촌 고유사무화의 시도가 있었으나 지역에 맡기는 것이기 때문에 지역격차가 발생하고 보육소의 입소기준을 제멋대로 정해서 불평등이 발생하는 등 부작용이 일어나 1953년에 다시 기관위임사무로 하게 되었다. 이런 상황에서 지방 독자적인 사회복지라든지 지역의 특성에 맞는 사회복지 정책 등은 많지 않았다(함세남 외, 2001: 393).

1957년 1월 개보험과 1958년 말 총선거 때 개연금이 정책으로서 제시되기도 하였는데 전자를 위해서는 국민건강보험을 전국에 설치할 것을 의무화하고 후자를 위해서는 국민연금을 창설하여 피고용자 보험에서 빠진 국민을 가입시킴으로써 저소득층 계층의 문제를 해결하고자 하였다.

3) 1960~1970년대의 사회복지의 확대

1960년대에 시작된 전후 사회복지의 특징은 그 대상이나 제도의 확대에 있다. 일본은 고도경제성장정책을 전개하는 가운데 도시, 주택, 핵가족, 고령자 문제 등이 속출하였고, 농촌인구가 도시로 유입됨에 따라서 농촌에는 할아버지, 할머니, 부인, 아동만이 남는 현상이 나타났다. 그 중에 질병이 심각한 사회문제로 대두되어 국민적 요구로 1958년 국민건강보험법이 제정되었으며 1961년에 국민개보험 체제를 정비하였다. 그리고 1959년 제정된 고령자의 노후 불안에 대비하기 위한 국민연금법을 통해 1961년에 국민개연금체제로 발전시켰다. 1960년에는 18세 이상의 정신박약자에 대한 적극적인 복지조치와 원호시설을 규정한 정신박약복지법이 제정되었고, 1963년에는 노인복지법이 제정되어 빈곤노인 차원의 생활보호법으로부터 독립된 통합적인 노인복지서비스를 지향하게 되었다. 또 1964년에는 모자가정의 복지증진을 위한 총합적인 모자복지입법으로서의 모자복지법이 제정되게 됨으로써 아동복지법, 신체장애자복지법 및 생활보호법 등과 더불어 복지 6법 체제를 확립하여 현재의 복지체제를 완성하게 되었다.

1962년 사회보장제도심의회의 '사회보장제도의 종합조정에 관한 답신과 사회보장 추진에 관한 권고'에는 국민보험·연금 제도의 돌입突入을 전제로 연금, 의료보험 등과 비교해서 낙후되어 있는 사회복지의 진전을 도모하는 것이야말로 1960년대 사회보장제도상의 중요 과제라는 취지를 담고 있었으며 저소득층에게 주요한 대책이었던 빈곤자 대책에서의 탈피를 시사하고 있다(함세남 외, 2001: 395). 또한 1965년에는 모자보건법이 성립과 동시에 아동법의 제정에 의하여 아동복지법에 규정된 아동의 건강 유지의 제규정이 모자보건법으로 옮겨졌다. 공중위생 및 보건의 분야에 있어서도 1962년에 공장배수 등의 규제에 관한 법률이 제정되었고 1969년에는 공해에 관련되는 건강피해의 구제에 관한 특별조치법 등이 각각 제정되었다.

이 시기의 가장 큰 특징이라고 본다면 복지제도의 확대일 것이다. 이 시기는 사회복지가 제도적으로 확대했을 뿐만이 아니라 그 취급대상도 개별적으로 선별된 일부의 것이 아니고 카테고리 적으로 넓게 나타나고 있다. 그러나 이와 같이 제도의 확대와 함께 대상 확대를 볼 수 있음에도 불구하고, 그들에 대한 사회복지행정사무에 관한 국가와 지방과의 관계를 보면 기관위임사무의 성격을 그대로 유지하고 있다. 그리고 이 시기는 다수의 지방에서 소위 혁신 자치제가 등장하기도 했다. 혁신 자치제를 포함해서 다수의 지방자치제에서 다양한 사회복지시책이 단독사업으로 시행되기도 했는데 지방시대가 시작된 것은 이 무렵이다.

4) 1970~1980년대의 사회복지의 변화

이 시기는 사회복지 재평가 논의 속에서 시작되었다. 이러한 복지 재평가의 직접적 계기는 1973~1974년에 발생한 석유파동으로 인한 재정위기였다. 이 파동의 결과로 경기침체가 계속되는 가운데 복지정책에서는 복지수정이라는 이름으로 복지억제정책으로 전환하게 되었다(신섭중 외, 2001: 421). 석유파동 이후에 1975년에 라이프사이클 계획 등 '저복지'를 합리화하는 주장이 많았다. 특히 고령화 진전과 관련해서 한층 증대가 예상되는 연금, 의료 분야에 대한 재평가의 필요성이 있었다. 한편으로는 위와 같은 복지 재평가와는 다른 시점에서 복지평가론과 지역의 뿌리를 내린 사회복지의 새로운 전개의 움직임을 만들게 된다.

1975년 5월에는 '1975년대 전기 경제계획'에서 지역과 가정에 기반을 둔 사회복지 수준의 향상, 사회연대에 기초한 커뮤니티, 케어추진, 재가복지 서비스의 중점화 등이 명문화되었다. 이것은 재정파탄 상황 속에서 일시적으로 많은 자금을 필요로 하는 사회복지시설의 증설과 운영의 한도가 있고, 가능한 한 가족기능과 상호보조 기능을 활용하는 것이 효율적이라는 판단에 따랐던 것으로 일본형 복지사회를 보여주는 것이라고 할 수 있다. 1974년 Day Service 사업, 1978년 노인 등 Short Stay 사업 등을 시행하면서 재가복지사업에 몰두하였고, 1979년 신경제사회 7개년 계획에서는 정부 시책의 중점화를 꾀하며 "개인의 자력노력과 재평가 및 사회연대의 기초 위에 적정한 공적 복지를 형성하는 새로운 복지사회의 길을 추구해야 한다"라고 하였지만, 1981년 임시행정 조사회 제1차 답신에서는 지역주민과 밀착한 시정촌의 역할중시 방향을 내세우는 소위 작은 정부를 내세웠다.

『재가복지서비스의 전략』이라는 책은 최초로 재가복지서비스의 체계화를 꾀했을 뿐 아니라 민간단체 역할의 중요성을 지적하고 지방 공공단체의 역할을 강조하였다. 1981년 12월에는 「당면한 재가노인복지 대책의 상태에 관하여」라는 의견이 시행되어 재가복지의 중요성이 인식되었다. 이와 같은 재가복지의 전개를 복지 커뮤니티라 하는데, 이것은 지역주민에게 밀착한 지역에서 성립하는 것을 의미했다.

1983년에는 노년층을 위한 건강의료서비스법이 제정되었고, 1986년 4월에는 새로운 연금제도가 실시되었는데 이러한 연금제는 무엇보다 일본의 노령화 현상 아래서 유지될 수 있는 제도 확립에 목표를 두었다(함세남 외, 2001).

5) 1990년대 이후의 사회복지 개혁

일본 사회복지에 있어서 국가와 지방의 관계는 1985년 내지는 1986년경에서 시작된 사회복지제도의 중장기적 시점을 기초로 한 재평가와, 1990년 6월에 소위 복지관계입법개정에 의해서 재편성되게 되었다. 1984년 7월 『임시행정개혁추진심의회』라는 보고서에서 지방공공단체에 대한 보조금의 간소화, 합리화, 보조금의 종합적인 재평가가 제시되었고 이는 1985년 이후에 행해진 사회복지 제정의 개혁의 흐름을 축으로 검토되었다.

1985년 5월에는 영세보조금과 고율보조금 삭감조치를 강구하게 되었고 이에 지방관계 단체, 사회보장 관계자의 반대로 전문인에 의한 보조금 검토회를 세우게 되었다. 이것은 보조율의 재평가에 있어서 국가와 지방과의 기능 분담관계, 재정 사정을 고려하는 것을 전제로 하였다. 이러한 재평가는 1945년에 골격이 형성되었던 사회보장제도를 통해 알 수 있는데, 사회보장제도는 구빈·방빈 대책을 중심으로 국가주도적으로 이루어지다가 30년이 경과한 오늘날 국민 생활수준 향상, 고령화의 진행, 지방공공단체의 사회보장행정의 정착 등 정세 변화가 이루어짐에 따라 국가 관여 형태, 실시주체, 비용분담 형태에 관해서 재평가를 해야 하는 시기가 되었다.

생활보호문제에 있어서도 국가의 관여를 한정하려고 하였고 국가와 지방의 역할분담이 보조금 삭감이라는 재정적인 견지에서 시행되었으며, 이 문제는 사회복지 측면에서 매우 중대한 사업이므로 복지관계심의회에서 검토하였다. 1986년 12월 '지방공공단체의 집행기관이 국가기관으로서 행하는 사무정리 및 합리화에 관한 법률'이 제정되었다. 또한 1987년 4월 1일부터 사회복지관계사무의 기관위임 사무에서 단체위임사무로 변경, 사회복지행정의 권한 일부를 지방으로 위임하기도 하였다.

사회복지제도 재평가의 본격적인 검토는 1986년에 설치된 복지관계 3심의회 합동기획 분과회에서 시행되었는데 21세기를 전망하고 사회복지의 제도적 틀과 사업경영 및 실시체제 등의 재평가를 시행하여 당면한 사회복지 문제에 대응하자는 것이었다. 이 재평가는 공사역할분담에 관한 것으로 1987년 5월에 '사회복지사 및 개호복지사법' 제정과 함께 같은 해 12월에 '실버서비스에 관해서'라는 의견을 시행하여 이 서비스는 공적 부문에서 제공해야 한다고 보고 국민의 절실한 수요에 대응하는 서비스로 넓은 의미에서 시장 기구를 통해서는 민간서비스가 충분하지 못하다는 것을 제시했다.

그밖에 서비스에 관해서는 국민부분에 의한 확보, 제공이어야 하고 또 상기의 공적 서비스에도 가능한 국민에게 위탁하는 것으로 하고 있다. 이 견해는 복지분야에 영향을 미치는 실버서비스(민간 사업자에 의한 복지서비스)를 적극적으로 활용하는 방향을 내세움과 함께 종래 공주사종원칙公主私從原則(사회복지시설 서비스의 제공을 일차적으로 행정에서 시행하는 원칙)의 수정을 요구한 것이다. 이와 같은 당면과제 해결을 계속 꾀하면서, 남은 과제의 검토를 계속하여 1989년 3월 30일에 '금후 사회복지의 상태에 관하여'라는 최종 의견이 시행되었다. 이는 "주민에게 가까운 행정은 가능한 한 주민에게 가까운 지방공공단체가 실시한다"라는 시정촌의 역할을 중시하는 입장이었고, 재가복지 충실, 민간복지서비스의 건전 육성을 방향으로 제시하였고 재가복지의 충실과 시설과의 관계, 시설복지의 충실, 시정촌의 역할을 중시하는 것을 제일의 과제로 삼고 있다.

1990년 6월에는 '노인복지법 등 일부를 개정하는 법률'이 제정되었는데 노인복지법, 신체장애인복지법, 정신박약복지법, 아동복지법, 모자 및 과부복지법 등 복지 5법 외에 사회복지사업법, 노인보건법, 사회복지·의료사업단법이 포함되어 복지관계 8법 개정이 이루어졌다(함세남 외, 2001: 406~410). 이 법의 개정은 1989년 12월에 명확해진 고령자 보건복지 추진 10개년 전략, 즉 골드플랜과 1995년부터 정비계획목표치를 상향하여 수정한 신골드플랜의 실현을 위해서였다. 이에 따라 시정촌이 노인보건복지를 실시하는 행정·재정적인 테두리가 짜여져 1992년에는 그 인재확보를

표 14-1 골드플랜과 신골드플랜의 정비목표(1990~1999년)

유형	항목	골드 플랜	신골드 플랜
방문계 서비스	방문개호원(홈 헬퍼) 노인방문간호사업소(노인방문간호스테이션)	100,000명 -	170,000명 5,000개소
단기입소계 서비스	단기입소생활개호(단기보호소)	50,000명분	60,000명분
통소계 서비스	통소개호/통소재활(주간보호소/주간케어)	10,000개소	17,000개소
시설계 서비스	개호노인복지시설(특별양호노인홈) 개호노인복지시설(노인보건시설)	240,000명분 280,000명분	290,000명분 280,000명분
생활지원계 서비스	개호이용형경비노인홈(케어하우스) 고령자생활복지센터 재택개호지원센터	100,000명분 400개소 10,000개소	100,000명분 400개소 10,000개소

※출처: 厚生統計協會(1999, 2003), 『國民の福祉の動向』.

위한 '맨파워확보법'이 제정되었다.

한편 일본 정부는 1994년 2월 급증하는 고령자복지대책 등을 수립하기 위해서 기존의 소비세를 폐지하고 세율 7%의 '국민복지세' 창설을 발표하였다. 그러나 이는 연립여당뿐만 아니라 야당의 반대에 부딪혀 호소가와細川 내각이 퇴진하는 한 요인이 되었다. 이 당시 후생성 내에서는 국민복지세가 도입된다면 새로운 형태의 장기요양보장시스템을 사회보험의 형태인 개호보험제도로 해야 한다는 당위성은 없다고 판단하고 있었다. 그러나 결국 동년 9월 경기부양을 위해 소득세와 주민세를 감세한 폭과 비슷한 정도인 5%에서 소비세 인상이 결정되었다. 따라서 신골드플랜 등에 소요되는 예산을 확보하는 것이 불가능하게 됨에 따라 개호보험제도에 대한 검토를 본격적으로 시작하게 되었다(엄기욱, 2004: 87).

이에 일본에서는 골드플랜21을 실시하는데, 골드플랜21은 2000년부터 2004년까지 5개년 계획으로 개호보험제도 실시와 더불어 각 지방자치단체에서의 개호보험사업계획을 책정하고, 재택개호를 강화하는 방향으로 추진되었다. 이외에도 와상노인방지대책으로 와상노인제로작전 등을 통하여 와상노인이 되기 전에 예방할 수 있도록 전국민캠페인 및 뇌졸중 등 노인성질환에 대한 서비스 제공을 위한 정보망의 정비, 재활의료의 보급, 일상생활용구 지급 등의 사업을 실시하고 있다.

이러한 일련의 시책은 직접적으로는 심각해지는 노령자개호에의 대응책이라고 말할 수 있으나, 개호와 의료의 밀접한 관련성을 고려한다면 사회복지와 의료보장 양부문의 재편성 문제도 크게 좌우하는 정책전개라고 말할 수 있다. 그런 뜻에서 10개년 전략은 현재 진행되고 있는 제도개혁이 중요한 방향성을 부여하고 있다(신섭중 외 2001: 423).

4. 프랑스

프랑스 사회복지제도의 원칙은 근본적으로 영국과 마찬가지로 복지국가의 이념에 바탕을 두고 있다. 즉, "누구든지 연령이나 신체적·정신적 상태, 혹은 경제적 여건으로 인하여 일할 수 없는 사람이면 사회로부터 적절한 생존수단을 제공받을 권리를 가진다"는 것이다. 이 원칙은 프랑스가 1946년에 사회보장제도의 일반화 원칙을 선언한 이래, 1958년과 1975년의 법률에서 전 국민을 대상으로 한 일원화된 사회보장제도 체계의 원칙을 선언함으로써 다시 한 번 강조되고 있다.

반면, 프랑스의 사회보장은 제도적 측면에서도 영국과 대조를 보이는 것도 많다. 우선 조직의 집중화나 단순화의 경향을 나타내지 않고 있다. 프랑스도 한때 영국과 같은 단일조직체로 조직을 개편하려 했으나, 부분적으로만 실현되었다. 사회보장제도는 자주성 원칙과 광범위한 분권화 현상은 현재까지 지속되고 있고, 전후 사회보장의 프로그램이 다양해졌음에도 과거 사회보험 범위를 크게 벗어난 것이 없다.

우리가 일반적으로 인식하고 있는 사회보장의 개념과 동렬에 놓을 수 있는 용어를 프랑스어에서 찾는다면 아마도 사회보호protection social라는 용어일 것이다. 프랑스에서의 사회보장은 이것의 하위개념으로 쓰이고 있다.

프랑스 사회보호체계에 속하는 여러 제도들은 그 운영주체별로 대략 다음의 세 가지로 분류된다. 그 첫째는 사회보장제도로서 여기에는 노령, 질병, 산업재해, 출산 등의 사회적 위험에 대한 보상을 목적으로 하는 사회보험과 그리고 가족수당이 포함된다. 이들은 소위 금고caisse라 불리는 여러 조직들이 운영하는 제도들이다. 이들의 조직과 운영, 그리고 대상자 가입 및 급여규정은 '사회보장 및 공제조합 법전'에 명시되어 있다. 둘째는 국가와 지방자치단체가 운영주체인 사회부조제도인데,

여기에는 빈곤가정, 아동, 노인, 장애자 등을 위한 공적인 성격을 띤 각종 부조 및 관련된 여러 사회적 서비스가 포함된다. 이들의 조직과 운영 그리고 신청 및 급여의 규정은 '가족 및 사회부조 법전'에 명시되어 있다. 셋째는 노사협약에 기초하여 구성된 공제조합의 급여를 보충하는 공제조합 등이 포함된다(신섭중 외2001: 202-203). 좀 더 세부적인 프랑스의 사회복지발전 과정은 프랑스 대혁명을 전후로 하여 다음과 같이 나누어 볼 수 있다.

1) 프랑스 대혁명 이전의 복지제도

중세시대에는 유럽의 여타 지역과 마찬가지로 프랑스에서도 교회가 사회를 움직이는 주체로서 복지문제에 관해서도 교구 단위의 자선활동, 교구 차원에서의 빈곤자들에 대한 부조가 실시되었었다. 프랑스 대혁명 발발 이전까지의 복지제도를 정리하자면, 우선 제도적인 면에서 중세 시기에는 교회가 복지의 주체였으며, 절대왕정기에는 교회와의 연계하에 국가적 차원에서의 개입이 발견된다. 그리고 빈민에 대한 통제, 억압적인 목적하에서의 빈민의 격리, 수용 등이 주요 빈민 정책이었다.

유럽에 기독교가 전파되기 이전에는 가족의 연대성이 가족구성원들의 생계를 보장하는 유일한 수단이었다. 노령, 장애, 폐질 등으로 말미암아 노동이 불가능하게 된 사람은 가족 내에 존재하는 경제적 연대성 덕분에 생계를 보장받을 수 있었다. 그러나 가족이 없는 빈곤자들은 방치될 수밖에 없었다.

중세 유럽사회에 있어서 기독교의 교리는 일정한 지역에 모여 사는 사람들에게 지역적 연대감과 상부상조의 정신을 고취시키기 시작하였다. 교구단위의 자선활동이 시작되고, 교구내의 빈곤자들에 대해 자선에 입각한 부조가 실시되기 시작하였다. 아울러 교회가 운영하는 시설 및 병원에는 성지 순례자, 부랑자, 걸인들과 병약자, 전염병환자들이 각각 수용되어 자선의 정신에 입각한 보호를 받았다.

그러나 차츰 국가의 힘이 성장하면서 교회가 맡던 사회질서 유지 기능은 공공단체로 이전되었다. 일정한 행정구역 내에 기거하는 빈곤자들의 생계는 공공단체, 예컨대 시, 군, 면의 일반예산에서 할애된 재원으로 보호되었으나 이와 같은 지역적 연대성에 기초하여 시행되던 빈곤자 대책은 지극히 폐쇄적이고 배타적인 것이었다. 부랑자들 또는 주거불명자들은 그들의 존재가 지역사회의 질서를 위협하고 공공예산에 부담을 지운다는 두 가지 이유 때문에 공공단체에서 부조가 제공되지 않거나 심지어는 빈곤자들을 그 지역에서 추방하기까지 하였다. 그리하여 중세 말기부터 발달하기 시작한 여러 도시에는 교회의 자선을 받기 위하여 각 지역에서 모인 빈곤자 및 부랑자들이 운집하였다.

절대왕정의 대두와 함께 국가의 개념이 자리 잡기 시작하고, 이에 따라 빈곤대책 및 부랑인 문제는 국가의 차원에서 거론되기 시작하였다. 그러나 프랑스 대혁명 이전에는 빈곤자 및 부랑자들의 인권이란 개념이 미처 성립되지 않은 상태에 머물렀기 때문에, 빈곤자들의 생존권이라든가, 국가의 빈곤자들을 위한 부양의무 등은 빈곤대책에서 전혀 고려되고 있지 않았다. 오히려 이들은 위험한 존재들로서 사회질서를 해치거나 파괴하는 존재들과 동일시되었다. 따라서 지배층은 이들을 격리·수용함으로써만 사회질서가 원활히 유지된다고 믿었다. 수용기관들로서는 오피탈 제네랄, 걸인합숙소 등 부랑인, 노인, 빈곤아동들이 주로 격리·수용되던 시설과 오피탈, 오텔디오, 마라드레리 등 주로 빈곤층에 속하는 환자, 병약자, 폐질자 및 급만성 전염병 보균자들이 격리·수용되던 시설들이 존재하였다. 그러나 이같은 기능상의 분류는 이론적인 것에 불과하였고, 실제적으로는 검사의 서명 하나만으로도 이 시설에서 다른 시설로의 이동이 가능할 정도로 이들 시설들은 사회질서에서 소외된 온갖 종류의 요구대상자들이 섞여 수용되고 있었다.

한편, 당시 지배층이 가지고 있던 지배적인 관념은 이들의 구걸 및 부랑행위의 원인이 도덕심 및 윤리의 부족에서 기인하는 것이기 때문에 빈곤자들을 대상으로 도덕 및 윤리교육을 실시함으로써 사회의 빈곤이 근절 또는 감소된다는 것이었다. 이같은 명분 아래 실시된 시설수용자들에 대한 억압은 인간으로서 견디기 어려운 것이었다.

프랑스혁명 이전까지의 사회에 있어서 주된 빈곤정책은 부조개념에 기초한 것이었다. 그러나 중세 이후 중상주의에 기초한 상공업의 발달은 여러 종류의 동업조합들의 결성을 촉진하는 계기가 되었다. 이들 조합들은 직업활동상의 특권을 옹호하는 기능 외에도 조합원 및 그의 가족의 경제생활 안정을 보장하는 역할을 하고 있었다.

예컨대 실업, 질병, 노령 등으로 말미암아 조합원과 가족의 생계가 곤란하게 될 경우, 조합원들의 공동출자로 만든 기금으로 이들의 생계를 유지하도록 하였다. 이들 동업조합들의 일부는 19세기부터 프랑스 사회가 산업화됨에 따라 공제조합의 형태로 발전한다. 공제조합은 19세기 동안 노동자계급의 사회적 위협에 대한 자구책으로서 중요한 위치를 차지하게 된다(신섭중 외, 2001 : 205~207).

2) 19세기 이후의 사회복지제도의 발달

프랑스혁명 이후의 사회복지의 발달은 유럽의 다른 나라와 마찬가지로, 초기의 구빈법을 제외하고는 주로 사회복지정책을 대표하는 사회보장제도의 발달로 간주할 수 있다. 프랑스 사회보장제도의 발달은 노동자 보호의 일환인 노동재해보상으로부터 그 근원을 찾을 수 있으며 사회보험 부문, 가족수당제도 부문으로 확대·발전하여 왔다. 프랑스 사회보장제도의 발달을 구분함에 있어서 김동희는 먼저 19세기 이후에서 1945년의 형성시기와 그 다음으로 1945에서 1967년의 발전시기, 마지막으로 1967년 이후로 구분하고 있는데, 여기서도 그 구분을 토대로 살펴보고자 한다(김동희, 1989: 28~45).

(1) 노동자 운동과 사회보험제도 형성: 1800년~1945년

18세기 말에서 19세기 초에 걸친 제1차 산업혁명은 노동자계층을 형성하게 하는 계기가 되었고, 이와 더불어 노동재해, 직업병 등의 노동문제가 대두되기 시작하였다. 프랑스에서는 대혁명 이후 나폴레옹의 제1차 제정이 무너지고 1830년 7월 혁명과 1848년의 2월 혁명의 영향으로 만인의 자유와 경제적 평등 및 우애 사상을 기본으로 하는 근대 시민사회를 건설하게 되었다.

직물공업을 중심으로 철강공업과 철도산업이 발전하기 시작한 프랑스는 19세기 이전의 불량한 노동조건과 노동착취에 대해 자각하고, 1841년에 아동과 부녀자에 대한 노동시간을 규제하고 감독기관을 설치하는 법령을 제정하였으며, 1848년에는 그 범위를 확대하였다. 1852년에 수립된 제2제정의 나폴레옹 3세는 국민의 자유를 억압하는 독재정치를 하는 대신, 국가경제의 번영을 약속하고 상공업계급을 보호하면서 토목사업으로 노동자의 일자리를 마련해주었으나 그의 경제정책은 큰 성공을 거두지 못하였다. 그 후 프로이센 전쟁에서 패하여 알사스-로렌 지방을 빼앗기고 마침내 1870년에 제2제정은 붕괴하고 1875년 제3공화정이 수립되었다.

프랑스에서는 1864년 국제노동회의가 개최된 이후 산발적인 노동운동이 전개되다가, 제3공화국의 수립 이후 제2차 산업혁명이 일어나면서 노조운동이 본격화되었으며 노사관계도 발전하게 되었다. 1884년 단순한 선언만으로 노조를 결성하도록 허용한 노조구성에 관한 기본법이 제정됨으로써 지역중심의 노조와 철강 및 철도 등 경제부문별의 노조가 결성, 발전하여 1902년에는 전체 노조를 합병한 전국노조

7월 혁명과 2월 혁명

부르봉 왕가의 샤를 10세가 프랑스 사회를 프랑스 혁명 이전의 상태로 되돌리려 하자, 시민들은 1830년 7월에 다시 혁명을 일으켰다. 이 혁명으로 루이 필리프가 새로운 시민의 왕으로 추대되어 7월 왕정이 성립하였다. 7월 혁명은 유럽 여러 나라에 영향을 끼쳐 구교(가톨릭)를 믿는 벨기에가 네덜란드로부터 독립하였다. 그러나 폴란드의 독립 운동과 독일과 이탈이아에서 일어난 자유주의 운동은 실패하게 된다.

민중을 이끄는 자유의 여신/들라크루아 1831년 작

한편, 7월 혁명으로 권력을 가지게 된 루이 필리프는 부르주아의 이익만을 대변하였고 중산층의 이익은 고려하지 않았다. 또한 선거권을 소수의 상층 시민에게만 부여하자 중산층과 노동자들이 선거법 개정을 요구하였다. 그러나 7월 왕정이 이를 수용하지 않자, 1848년 2월에 파리에서 혁명이 일어나 새로운 공화 정부가 수립되었다. 이 소식이 전해지자, 오스트리아에서는 3월 혁명이 일어나 메테르니히가 추방되고, 독일과 이탈리아에서는 민족 운동이 일어났다. 2월 혁명 후 아무리 보수적인 정치가라도 자유주의와 민족주의를 무시할 수 없게 되어 자유주의와 민족주의는 점진적으로 실현되고 제도화되기에 이른다.

연합이 결성되었다. 이러한 노조운동의 결과로 1890년에 탄광 등 위험지구의 노동자를 보호하기 위한 안전유지 대표위원회가 조직되고, 같은 해에 철도노동자 연금법이, 1894년에는 석탄광부 연금법이 설치되었다. 1900년까지 각 부문별 질병 및 가족수당금고 등 민간의 구호금고는 약 255개에 달하고 있었다. 기존의 노동재해보상은 사용자의 과실이 입증되어야만 보상을 받을 수 있었던 데 비해, 이 법은 노동재해가 발생하는 경우 자동적으로 사용자가 보상책임을 지며, 사용자는 이에 대비하여 의무적으로 사보험에 가입하도록 규정하였다. 적용대상은 공업적 기업에 국한하였고, 이 법은 1905년과 1910년의 개정으로 보완되어 모든 기업에 적용되었다(노동재해입법, 실업보험법). 1905년에는 노령부조와 신체장애자 및 불치자 부조법이, 1910년에는 모든 노동자를 위한 노령연금법으로 법률화되었으나 실시되지 못하였고, 1913년에 제정된 대가족부조법과 임신부부조법 역시 실효를 거두지 못하고 말았다.

1914년~1919년의 1차 세계대전이 끝난 후 독일로부터 알사스-로렌 지방을 반환받은 프랑스는, 이미 1883년~1889년에 비스마르크에 의해 정착된 독일사회보험의 적용을 받아왔던 알사스-로렌 지방의 사회보험제도에 자극을 받고 1928년 사회보험제도를 도입하여 일반화하였으나 각종 이해집단의 반대가 심하여 시행하지 못하고, 1930년에 개정하여 상공업부문의 피용자를 대상으로 질병·폐질·노령·사망 보험을 규정하고 각 도에 금고를 설치하였다. 그리고 그 재원은 임금의 4%로 피용자와 사용자가 각각 반씩 부담하도록 되어 있었다(신섭중 외, 2001).

노조운동에서는 노사의 대화를 통한 협정이 시도되어 1919년, 노조와 기업가연합(전 프랑스생산연합) 사이에서 집단협약에 관한 최초의 법령이 제정되었으나 법의 미비와 노조의 열세로 만족한 결과를 얻지 못하였다.

한편, 프랑스의 사회보장제도의 발달에는 인구적인 요소가 매우 크게 작용하였는데, 1930년대에 인구증가율이 급격히 감소하여 가족정책의 시행이 시급하게 되었다. 19세기 말~20세기 초에 걸친 초기의 가족수당제도는 임금개념을 응용하여 기업주의 도의나 노동장려책 등에 따른 수입보완형식으로 가족수당이 지급되었다. 그러다가 차차 임금을 초월하여 피용자의 배우자나 아동 및 노인에 대한 사회적 부담을 덜어주고 사회적 위험에 대한 가족의 보호와 건강보호를 통해 건강한 출산을 장려하고 비경제활동 인구에 대한 활동인구의 부담을 제한하는 방향으로 개념이 변화하여 가족 부양부담에 따라 지급하게 되었다. 1918년 그르노블에 최초의 가족수당보상금고가 설치되었고, 1930년에는 3만 명의 사용자와 2백만 명의 노동자에 대하여 232개의 가족수당보상금고가 설립되었다. 정부는 1928년 사회보험법을 확대하고, 1932년에 가족수당법을 제정하여 공업·상공업·농업부문 사용자에게 가족수당보상금고의 가입을 의무화하였다. 같은 해 가족수당제도를 소농 경영자에게까지 확대하고 가족수당 전국보상기금을 설립하였으며 주부수당도 추가하였다. 1939년에는 출생률 상승을 위하여 가족수당을 기존의 임금노동자뿐만 아니라 자영업자에게까지 확대하고, 임금노동자의 노동불능 시에도 지급하도록 규정하여 임금과는 별도로 전국민적으로 가족수당제도의 일반화를 확인하는 가족법전을 제정함으로써 가족수당제도를 확고히 정착시키게 되었다.

(2) 발전단계: 1945년~1967년

1929년 세계경제공황이 발생하자 각 나라의 자유방임정책은 수정되고 복지국가의 개념이 대두되었다. 이것은 사회에 대한 국가의 통제와 간섭이 증가한 것이라고 볼 수 있다. 노동자의 단결과 정치참여도 촉진되어 노동자를 대변하는 정당 활동이 늘어나 1936년 법에 의하여 노동자의 요구를 전달하는 기관인 직원대표위원회가 모든 기업체 내에서 구성되었다. 이 법은 노사분규의 해결에 많은 도움을 주었고, 노동운동이 대립으로부터 협상과 분쟁해결의 방향으로 전환되는 기점이 되었다.

국가의 이러한 노력에도 불구하고 1932년 이후 프랑스의 경제 상태는 악화되어 정국이 혼란하여졌다. 1936년에는 좌익정당의 연합정부인 인민전선이 수립되어 문제해결에 나섰으나 경제개혁으로도 난국은 타개되지 못했다. 그 외에 국가 간 식민지의 미해결과 민족주의의 갈등으로 1939년~1945년에 2차 세계대전을 치르게 되었다. 프랑스는 전쟁발발 직후인 1940년에 독일에 의해 파리를 점령당하고 항복하여 괴뢰정부의 통치를 받다가 1944년 8월 해방되어 드골이 이끄는 제4공화정을 수립하였다. 드골은 1945년 사회보장계획 심의를 위한 특별위원회를 설치하여 기존의 사회보장기구-노동재해보상법, 사회보험법, 가족수당법, 노령부조법 등을 통합하여 단일금고제에 의한 제도의 통일적인 운영 관리를 주장한 라로끄의 계획Larogue Plan을 받아들여 '사회보장 조직에 관한 법률'을 공포하고 상공업 피용자에 적용되는 사회보험제도를 규정한 법률과 노동재해, 직업병에 관한 입법을 수정·종합하고 이를 사회보장조직에 통합시키기 위한 법률을 제공하고, 1946년에는 가족수당을 전국민에게 확대하기 위한 법률을 통과시킴으로써 전체피용자를 대상으로 총괄적이고 일원적인 사회보장제도를 실시하였다. 이로써 사회보장제도의 일반화·일원화라는 근대적인 사회보장제도를 실현하게 된 것이다.

이 당시의 사회보장조직을 보면 기존의 각종 사회보장금고를 통합한 전국사회보장금고 아래 16개의 지역사회보장금고를 설치하고, 그 아래 초급 사회보장금고 및 가족수당금고를 두어 전자는 질병, 출산, 노동재해로 인한 일시 노동불능과 폐질, 노령, 노동재해로 인한 영구 노동불능자에 대한 보장을, 후자는 가족의 부담에 대한 보장을 담당하게 하였다. 이 전국금고는 대표적인 노사의 전국조직이 지명하는 이사회로 운영하며, 정부는 기여금의 납부나 관련 고용주에 대한 통제업무를 금고에 양도하는 형태였다.

1946~1948년에 걸치는 사회보장제도의 일반화에도 불구하고 프랑스는 복지국가라고 불리지 않았다. 그 이유는 법적 근거를 지니고 있지만 관리·운영이 공적 기관이 아닌 사적 '금고'에서 담당하고 있고, 기여금도 조세의 충당 없이 고용주와 피용자만이 부담하기 때문이다. 또한 실제적으로는 1945년과 1946년의 일반화 원리에 상반되는 법률이 제정·실시되었기 때문이기도 한데, 1946년의 법률은 사회보험의 대

상에서 독자적인 사회보장제도가 있는 산업이나 기업의 종업원을 제외시켰고, 1949년에는 가족수당금고를 설치하여 다른 사회보장 급여부문과 분류한 것이다.

이것은 프랑스의 사회복지가 원칙적으로는 일원화를 지향하고 있지만, 현실적으로 다원화된 복지체제로 발전하고 있음을 증명해주는 것이다. 사회복지발달에 있어서 프랑스는 각 이익집단을 중심으로 금고가 형성되어 발달하였기 때문에 이들 간의 이해관계는 기본원칙에 합의한다 하더라도 실제로는 쉽게 통일점을 찾기가 어려울 수밖에 없는 것이다(Rimlinger, 1971: 60~61). 이런 상황 하에서도 1946년의 일반화 원칙은 학생(1948)과 직업군인 및 문필가(1949), 전상병자와 유족(1954)을 사회보장제도에 일부 포함시켜 일정한도의 혜택을 부여하였다.

한편, 1947년에는 단체협약에 따라 간부직을 위한 보충제도가 실시되어 사회보장제도를 지원하기 시작했고 후에는 사회보장 대상 모두에게 확대되어 갔다. 이 단체협약에 의한 보충제도 역시 사회보장제도를 지원하는 프랑스의 독특한 급여체계이다.

1946년에 드골이 은퇴한 후 군소정당의 난립으로 정국이 혼란해지고, 인도·알제리 등의 반란으로 그 진압을 위한 재정적 부담이 커지자 제4공화정은 붕괴되고, 1958년에 드골이 재집권하여 제5공화국을 수립하였다. 드골 정부는 행정부의 권한을 강화시켜 정국을 안정시키고 경제발전정책을 독자적 외교노선으로 '위대한 프랑스'의 재건에 힘을 쏟았다. 이때 주택수당(1948)과 산업수당(1953)이 추가되었고, 1955년에는 자영업자에게도 피용자에 적용하는 단일임금수당에 대응하는 보호를 부여하였다. 그리고 1953년에 거택 진료의 일반화, 1954년에 거택보호환자에 대한 생활비 지급의 규정을 세웠으며 1955년에는 장기질병에 대한 사회보험의 특별배려 규정이 생기고, 노동재해급여에 통근시의 재해를 포함시켰다.

1950년대에는 노동문제를 해결하는데 국가의 개입보다 노사 간의 직접적인 협상으로 타협점을 찾게 되었는데, 협상의 초점도 종래의 노동 조건의 개선에서 경제적인 접근으로 그 성격이 변화하였다. 1950년에는 직업 간 최저임금보장제가 도입되었고, 1956년에는 3주의 유급휴가가 결정되었다. 그리고 1956년에 가족수당을 위한 가족 및 사회부조법전이 제정되고, 65세 이상의 노령급여 수급자 중 그 급여가 충분하지 못한 자에게 부가적 보충급여를 지급하도록 국민연대기금이 설치되었다. 이 국민연대기금의 재원은 처음에 국비로 충당하였으나 1958년에 대통령령으로 그 재원을 사회보장제도의 재원으로 충당하도록 함으로써 국가적 차원의 제도로서의 의미가 퇴색되었다(김동희, 1989: 40).

1958년 드골의 제5공화국이 수립된 후 프랑스 정부는 1945~1946년의 사회보장의 일반화 정신을 실현하려고 노력하였다. 이때는 헌법을 개정하여 행정명령제정권을 두었다. 사회보장 및 노동법에 관한 법률은 기본원칙만 규정하고 나머지는 정부의 법규 명령으로 법적인 효력을 가지게 하였다.

이 당시 전국노동조합과 프랑스기업가연합은 단체협약을 통하여 1959년에 상공업부문 종사자에 대한 실업보험협약을 체결함으로써 보충적 보험제도를 보완하였고, 1959년부터는 대통령령에 따라 기업가 연합에 가입하지 않은 상공업 기업도 모두 적용하도록 하였다. 이것은 1967년에 실업에 대한 보장제도로 발전한다. 단체협약에서는 1959년에 기업경영에 대한 노동자의 참여제도를 합의하였다. 이와 더불어 1951년과 1959년에도 비국가공무원인 직장인을 위한 퇴직보조기관을 2개 설치하고, 1955년, 1961년에는 여기에 지방단체 소속원도 혜택을 받도록 포함시켰다.

제5공화국은 1945년~1946년의 사회보장의 일반화 정신을 실현하려는 의지로서 1960년과 1961년에 사회보장의 공공업무적 성격을 강조하면서 사회보장 금고에 대한 정부의 감독권을 강화하고 기존의 사회보장제도에서 공제조합적 성격을 배제하려 하였다. 그리고 사회보장 기구간의 조정을 목표로, 1961년에 농업경영자에 대하여 기존의 가족수당, 노령연금과 더불어 질병, 폐질 및 출산보험을 추가 창설하고, 다양하게 산재하여 있는 사회보험제도를 일반제도, 농업제도, 특별제도, 농업 이외의 자영자제도로 구분하여 규정하였다(김동희, 1989: 41).

또한 전국금고하의 도별 단위금고를 현실화하여 질병보험금고, 노령보험금고, 가족수당금고로 대치하였다. 이어서 1964년 전국 농업재해보험기금을 설치하고 1966년에는 농업경영자를 위한 노동재해보험을 설치하는 한편, 자영업자를 위한 질병보험을 창설할 원칙을 세웠다. 이로써 질병보험은 전국민의 98%를 포함하게 되었다. 또한 사회부조의 수급자를 '비자발적인 실직자로서 관계기관에 구직등록을 한 근로자'로 규정하고 보충적 급여인 실업보험제도의 적용범위를 상공업부문에서 모든 사기업 사용자에게로 확대하였다.

(3) 정착단계: 1967~현재

프랑스는 1945년 사회보장의 일반화 원칙을 선언한 이래, 보다 많은 사람에게 보다 높은 수준의 사회보장급여를 제공하기 위해 각종 조치와 법령을 통하여 계획이 시행되도록 노력하였다. 그러나 이러한 확대와 일련의 개편은 사회보장제도의 재정을 악화시키고, 운영상의 문제를 낳게 되었다. 특히 다양한 이익집단으로부터 시작된 각종 급여제도가 통합화됨으로써 집단 간의 갈등이 증폭되었다. 정부는 1차적으로 일원화되었던 각종 금고를 1961년에 도별로 질병보험금고, 노령보험금고, 가족수당금고로 분리한데 이어, 1967년에는 기존의 전국 사회보험금고를 폐지하고 3개의 자치적인 전국금고를 분리하도록 조치하고, 이를 1968년에 법률화하였다. 즉 전국 질병보험금고, 전국 노령보험금고, 전국 가족수당금고로 분리하여 운영상의 문제를 현실화하였다. 이와 함께 사회보장 행정 및 재정기관에 대한 권한을 정부에 부여, 1970년에 중앙 사회보장 자금부를 설치하여 국고를 공동관리하도록 하였다.

정부의 노력에도 불구하고 높은 인플레이션과 실업률의 증가로 경제가 불안정하던 1968년에는 부분적 실업에 대한 보상조치를 제정하였으나, 학생폭동이 일어나 정국이 혼란하였다. 드골 대통령이 1969년에 은퇴하고 제5공화국의 두 번째 대통령으로 퐁피두George Pompidou가 당선되었다. 그의 재임시에는 사회보장제도에 관한 획기적인 변화는 없었다. 1970년에 병원개선법이 제정되고, 단체협약에 의하여 직업훈련제도가 도입되었다. 1971년에는 1919년의 아스띠에법에 근거하여 직업형성에 관한 헌장을 공포하였다. 1972년에는 부부보충제도의 신설, 상공업 자영업자의 전국자치조정기구 개편, 농업피용자를 위한 노동재해보험을 신설하고 근로시간이 1주 이상인 노동자에 대한 월별 최소임금제도가 창설되었다. 같은 해에 모든 피용자는 일정 노령보험보충제도에 의무적으로 가입하도록 하였다. 1973년에는 노동법을 개정하여 6개 부문에 걸쳐 노동법을 체계화하고, 농업노동자의 노동재해, 직업별 보상제도가 신설되었다.

1974년, 지스카르 대통령이 취임하자 프랑스 정부는 1974년, 1975년의 법령에 의해 사회보장제도에 관한 총체적 윤곽을 확정하여, 사회보장제도 간의 급여수준을 조정하고, 재정적 보상에 관한 법률을 제정하였으며, 노령보험, 질병보험을 봉급생활자가 아닌 국민에게까지 확대하는 등의 조치를 내리면서, 1975년 7월에는 사회보장 일반화에 관한 법률을 제정하여 사회보장의 일반화 원칙을 다시 한 번 천명하였다. 지스카르 대통령은 진보적인 개혁주의자로 낙태, 이혼, 가족계획에 관한 법률을 완화하고, 유권자의 연령을 18세로 낮추었다. 그는 정의에 의한 국민단결 및 사회통합을 위하여 ① 국민 최저수입 보장과 노후 생계보장을 통한 빈곤제거, ② 납세평등제를 통한 특전의 소멸, ③ 여성의 경제적, 정치적 차별의 철폐와, 육체노동자의 근로조건 개선을 통한 차별의 해소가 이루어져야 한다고 주장하고, 지속적인 고용확보와 인플레 억제를 경제의 제1목표로 삼고 경제 사회의 주요 분야를 개척하였다. 그러나 세계적인 불황으로 인하여, 실업자가 늘어나게 되자 1976년에 공적 부조에서의 법적 실업수당 급여액이 조정되고 1977년에는 부가가족수당이 신설되었다. 프랑스 국내의 실업자를 퇴치하기 위한 방법으로 프랑스 내에 200만 명이 넘는 외국인 노동자에게 귀국조건으로 특별보수를 지급하기도 했으나 별 효과를 얻지 못했다. 결국 1979년 실업과 정부의 고용증대 계획의 실패에 대한 10만 명 이상의 철강노동자와 공산당 중심의 노동총연맹CCGT의 폭력시위에까지 이르게 되어 지스카르는 1981년 총선에서 물러나고 말았다.

1981년 5월 프랑스 제5공화국의 4대 대통령으로 당선된 미테랑 정권은, 사회주의 이념을 앞세우는 사회당의 집권이라는 커다란 변혁을 프랑스에 일으켰다. 그는 내각을 중심으로 하여 중요정책 중 1981년~1982년간 연 3%의 경제성장과 법정최저임금의 인상(3,000프랑에서 3,300프랑으로), 연 5주의 유급휴가, 노후생활 보조금 인상(2,000프랑), 가족생계수당 인상(25%), 주택수당인상(50%) 등 15개에 달하는 개혁조치를 내리고, 철강, 핵, 군수산업과 공공자금을 기반으로 운영하는 분야 및 금융업체를 국유화하는 정책을 내걸어 1981년 12월에 국유화법을 통과시켰다. 또한 1982년에는 노동시간을 주당 39시간으로 단축시켰다. 이는 자본가계층에게는 큰 불만을 일으켰지만, 명분상 노동자나 하층민들에게는 더 많은 혜택을 누리게 된 것을 의미하는 것이었다. 그 결과 1984년의 통계에 의하면 인플레이션도 떨어지고(13.4% → 6.7%), 실질경제 성장률도 상승(0.2% → 1.3%) 하였으나, 세계적인 불황과 함께 실업자가 전노동의 10%인 250만 명에 달하게 되어 미테랑의 계획은 파탄에 이르게 되었다.

이에 대응하여 1982년 중반 프랑스화 평가절하, 임금 및 물가를 동결하고, 병자와 실업자 수당을 삭감하고 말았다. 결국 사회당의 국유화정책은 자본가계층나 노동자계층 모두에게 비난을 받게 되고, 경제사회도 안정되지 못하게 되자 미테랑은

레이거노믹스

이것은 미국 제40대 대통령 레이건(재임기간 1981~1989년)에 의하여 추진된 경제정책으로 '레이건'과 '이코노믹스'의 복합어이다. 따라서 이 용어는 당시 경제의 재활성화를 통하여 '힘에 의한 위대한 미국'의 재건을 기한다는 국가정책이었다. 구체적으로는 세출의 삭감, 소득세의 대폭감세, 기업에 대한 정부 규제의 완화, 안정적인 금융정책으로 요약될 수 있다.

과거 경제정책이나 이론에 적지 않은 영향을 끼친 케인즈의 '유효수요론'(케인즈경제학)에서 벗어났다 하여 크게 관심을 모았다. 당시 미국 경제가 당면하였던 경기침체 속에서의 인플레이션의 진행, 즉 스태그플레이션을 치유하는 데는 종전의 케인즈의 수요관리만으로는 미흡하여 좀 더 적극적으로 '공급 측면'을 자극함으로써 파급효과가 수요의 증대로 미치게 한다는 '공급의 경제학'을 내세웠다.

1984년, 집권 3년 만에 사회주의 이념을 포기하고, 같은 해 7월에 우파인 파비우스를 수상으로 임명하여 자유기업 확대, 긴축재정, 기업 인센티브제, 정부지출 축소, 노동임금 동결, 기업소득세 삭감 등 미국의 레이거노믹스Reaganomics를 도입하여 경제침체의 위기를 벗어나려고 애썼다. 결국 사회정책을 비롯한 모든 국가정책에 있어서 재원의 절약과 엄격성이 강조되기에 이르렀다. 그러나 통계수치가 나타내는 바는 프랑스의 경우 독일, 영국과 비교할 때, 1980년대의 기간 동안 국민총생산에서 사회복지 및 보건 지출이 점유하는 비율이 빠르게 증가하였음을 보여주고 있다.

1980년 사회당의 집권 이후 사회보장을 비롯한 사회정책 부분의 강화 노력은 프랑스 경제의 어려움과 사용자 집단의 반대에 따라 부분적인 실효 밖에 거두지 못하였다. 그러나 이 시기가 사회보장과 국가복지에 대한 신자유주의 세력의 정치적 공세가 격렬해진 시기임을 감안한다면 프랑스 사회보장의 변화는 상당한 의미를 지니는 것이라 할 수 있다. 다시 말해서 영국 등 주변국가들이 사회보장 급여상의 정체 내지는 퇴보의 길을 걸었다면 프랑스는 이와 대조되는 경험을 한 것이다.

따라서 사회당 집권 이후 프랑스 사회보장의 변화는 다음 두 가지로 집약된다.

첫째는, 1982~1985년 기간 동안의 일반행정, 지방분권화에 따라 사회보호의 영역 내에서, 특히 사회부조의 행정 및 급여의 지방분권화가 이루어졌다. 이에 따라 종전까지 국가영역에 속하던 대부분의 사회부조 급여들이 데빠르뜨멍(우리나라의 도에 해당)의 책임으로 이관되었다. 한편 부조행정에 있어 데빠르뜨멍 의회의 권한이 대폭 확대되었다.

둘째, 실업자계층과 빈곤계층을 대상으로 최저생활보장이 제도화되었고, 데빠르뜨멍의 주도하에 빈곤계층 및 실업자집단을 위한 최저생활보장과 직업훈련이 실시되기 시작하였다.

프랑스 사회보장의 경우에는, RMI(최저생활보장)제도의 도입 이전까지, 전국민의 최저생활보장을 목적으로 급여가 노인, 빈곤가정, 장애인 등을 대상으로 부분적으로 행하여지고 있었다. 그러나 이들 급여들은 프랑스에 거주하는 모든 빈곤계층의 최저생활을 보장하기 위한 급여로서는 문제가 많았다. 한편으로 이들 최소한의 급여들은 각각의 급여조건이 대다수의 만성적 실업자들과 신빈곤층을 급여대상에서 제외시키고 있었으며, 급여의 수준에 있어서도 최저생활의 보장이 어려운 수준에 머무르고 있었다. RMI법(1988년 12월 1일, 1992년 7월 29일 개정) 제1조는 "고난에 처한 사람의 사회 적응, 직업상의 적응은 국가의 절대적 과제이다. 이 목적을 실현하기 위하여 RMI를 창설한다"고 규정하였다. 이 제도의 실시로 1988. 12. 15일부터 3년간 약 50만 명(피부양자 수를 포함하여 약 90만 명)이 혜택을 받았다(신섭중 외, 2001 : 254~255).

마지막으로 프랑스의 향후 복지제도의 변천방향과 관련하여, 어느 정부가 들어서든지 간에 그 정부의 의도대로만 사회보장 개혁을 진행시킬 수 없을 것이라는 것은 자명하다. 중요한 것은 사회보장 상황을 둘러싼 경제적·사회적 비용, 여타 공공 정책과 사회복지정책의 양립성 그리고 입장 차이에 따른 정치적 비용간의 균형을 얼마나 그리고 어떻게 잘 유지하느냐 하는 것이다. 특히 프랑스의 경우는 전통적인 연대주의와 점점 더 목소리를 더해가고 있는 신자유주의간의 이념적 대립관계의 화해의 방향 및 성격이 사회복지제도의 변천을 가름하는 주요변수로 등장할 것임이 분명하다(함세남 외, 2001: 382).

제14장 생각해볼 문제

1 영국 사회복지발달 과정과의 차이점을 각각의 국가별로 정리하여 토론해보자.

2 세계의 초일류 국가를 지향하는 미국이 완벽한 복지국가 아닌 이유는 어디에 있는지를 생각해보자.

3 지금까지의 여러 국가들의 사회복지역사로 미루어 볼 때, 앞으로 사회복지의 미래는 어떻게 진행될 것인가를 생각해보자.

참고문헌

■ 국내문헌

감정기·최원규·진재문(2004), 『사회복지의 역사』, 나남출판.

강용규(2007), 『사회복지행정론』, 공동체.

권오구(2000), 『사회복지발달사』, 홍익재.

고세훈(1992), 「사회민주주의: 논리, 전개, 희망」, 『사회비평』 8.

김광수(1984), 『중상주의』, 민음사.

김동국 편(1989), 『사회복지사』, 집현전.

김동희(1989), 『프랑스의 사회보장제도』, 서울대학교 출판부.

김상균(1987), 『현대사회와 사회정책』, 서울대학교 출판부.

김성국 역(1990), 『현대자본주의 위기론』, O'Connor, J., 나남출판.

김성이·김상균(1994), 『사회과학과 사회복지』, 나남출판.

김수행 역(1996), 『1945년 이후의 자본주의』, Armstrong, P. et al.(1993), 동아출판사.

김승훈(2003), 「전시와 평시의 인도주의에 관한 연구」, 『인문사회과학연구』 7, 한서대학교 인문사회과학연구원.

______(2009), 『현대사회복지정책론』, 탑메디.

김연명·이승욱 역(1990), 『복지국가의 정치경제학』, Gough, I.(1979), 한울.

김영범(1999), 『세계화와 복지국가의 구조변동: 스웨덴, 일본, 한국의 사례』, 서울대학교 대학원 박사학위논문.

김영순(1995), 『복지국가의 재편의 두 가지 길: 1980년대 영국과 스웨덴에 대한 비교 연구』, 서울대학교 대학원 박사학위논문.

______(1996), 『복지국가의 위기와 재편: 영국과 스웨덴의 경험』, 서울대학교 출판부.

김영종(2001), 『사회복지행정』, 학지사.

김윤자 역(1993), 『자본주의의 역사』, Beaud, M.(1987), 창작과 비평사.

김태성·성경륭(2001), 『복지국가론』, 나남출판.

김태진(2008), 『사회복지의 역사와 사상』, 대구대학교 출판부,

남찬섭 역(2001), 『영국 사회복지발달사』, Schweinitz, K.,(1943), 인간과 복지

남찬섭 역(2007), 『복지국가의 사상과 이론』, Mishra, R.(2002), 한울.

박광준(2002), 『사회복지의 사상과 역사』, 양서원.

박능후(2000), 「기초보장제도의 역사적 전개과정과 함의」, 『보건사회연구』 20(2), 한국보건사회연구원.

박병현(2005), 『복지국가의 비교』, 공동체.
박용순(1999), 『사회복지개론』, 학지사.
박차상(2007), 『사회복지행정론』, 양서원.
박호성(1989), 『사회주의와 민족주의』, 까치.
서병훈 역(2007), 『공리주의』, Mill, J. S., 책세상.
송호근(2006), 『세계화와 복지국가(사회정책의 대전환)』, 나남출판.
신복기(1984), 「사회사업행정의 발달과정에 관한 연구」, 『사회과학논총』 3(1), 부산대학교 사회과학대학.
신섭중 외(2001), 『세계의 사회보장』, 유풍출판사.
신재명·노무지(2005), 『사회복지발달사』, 청목출판사.
안병영(1992), 「신보수주의와 복지국가: 1980년대 대처와 레이건의 정책비교」, 『사회과학논집』 23.
양정하(2004), 『사회복지발달사』, 학현사.
엄기욱(2004), "일본과 한국의 장기요양보장제도 도입 환경 비교연구", 한국노인복지학회, 춘계학술대회
오세영(2009), 『사회복지행정론』, 신정.
원석조(1999a), 「제3의 길과 생산적 복지 이념」, 원광대학교 사회복지학과 창립 17주년 기념 논집, 『원광복지』, 8: 13.
______(1999b), 『사회복지 역사의 이해』, 한국복지정책연구소.
______(2000), 「영국 복지국가의 성립 배경에 관한 연구」, 『사회복지정책』 10, 한국사회복지정책학회.
______(2001), 『사회복지역사의 이해』, 양서원.
______(2006), 『사회복지정책론』, 양서원.
원용찬(1998), 『사회보장발달사』, 신아.
원창화 역(1992), 『역사의 연구 1,2』 Toynbee, A. J., 홍신문화사.
유광호 편(2001), 「독일의 사회보장」, 『세계의 사회보장』, 유풍출판사.
윤찬영(2005), 『사회복지법제론』, 나남출판.
이강희·양희택·노희선(2006), 『사회복지발달사』, 양서원.
이상록(1991), 『Neo-Marxist 사회정책 발달론에 대한 비판적 연구』, 서울대학교 대학원 석사학위논문.
이영석 역(1999), 『역사학을 위한 변론』, Evans, R(1999), 소나무.
이영찬(2000), 『영국의 복지정책』, 나남출판.
이인재·류진석·권문일·김진구(2006), 『사회보장론』, 나남출판.
이종수(1981), 「현대사회학에 있어서 역사와 이론」, 이광주·이민호 편, 『역사와 사회과학』, 한길사.
이헌근(1999), 『제3의 길로서의 스웨덴 정치』, 부산대학교 출판부.
임동철(1986), 「유교사상의 정신적 유산과 현대사회」, 『대동문화연구』 20, 성균관대학교 대동문화연구원.
임석진(1986), 『철학사전』, 이삭.
임송산(1998), 『불교사회복지: 사상과 사례』, 홍익재.

임영상·기종간 역(1986), 『대학지성과 사회개혁운동』, Lagana, L.,(1986), 전예원.
장진호(1996), 『복지국가 재편에 대한 비교 연구: 독일과 스웨덴의 사례를 중심으로』, 서울대학교 대학원 석사학위논문.
전광석(1994), 『독일사회보장법론』, 법문사.
전남진(1987), 『사회정책학 강론』, 서울대학교 출판부.
조흥식(1986), 「고려시대의 구빈제도」, 『사회복지학회지』 8, 한국사회복지학회.
진재문(1994), 『국가코포라티즘의 적합성에 관한 연구: 의료보험법(1976)의 정책결정과정을 중심으로』, 서울대학교 대학원 석사학위논문.
차하순(1999), 『사관이란 무엇인가』, 청람.
최성재·남기민(2007), 『사회복지행정론』, 나남출판.
태극출판사(1981), 『대세계백과사전』 11.
하상락(1997), 『한국사회복지사론』, 박영사.
한국사회복지학연구회 역(1991), 『사회복지의 사상과 역사』, Rimlinger, G. V., 한울아카데미.
함세남·이원숙·김덕환·김범수·윤찬중·서화자·구종회(1996), 『선진국 사회복지발달사』, 홍익재.
함세남·이만식·김근홍·심창학·서화자·홍금자(2001), 『사회복지역사와 철학』, 학지사.
허구생(2002), 『빈곤의 역사, 복지의 역사』, 한울아카데미.
현외성(2008), 『사회복지정책강론』, 양서원.

■ 외국문헌

Barker, J.(1979), "Social Conscience and Social Policy", Journal of Social Policy 8(2).
Bruce, M.(1968), The Coming of the Welfare State, B.T. Batsford Ltd.
Coll, Blanche.(1973), Perspectives in Public Welfare: A History, Washington, DC: U.S. Department of HEW.
Croce, B.(2000), *History as the Story of Liberty*, London.
Day, P.(2000), *A New History of Social Welfare*, Allyn & Bacon.
Deviney, S.(1984), "The Political Economy of Public Pension: A Cross-National Analysis", *Journal of Political and Military Sociology*, 12.
Esping-Anderson, G.(1985), *Politics against Markets*, Princeton: Princeton University Press.
Esping-Anderson, G. & Korpi, W.(1990), *The Three World of Welfare Capitalism*, Cambridge: Polity Press.
Esping-Anderson, G.(1996), "After the Golden Age? Welfare State Dilemmas in a Global Economy", In Esping-Anderson, G.(eds), *Welfare State In Transition*, London: Sage.
Esping-Anderson, G. & W. Korpi(1987), "From Poor Relief to Institutional Welfare States: The Development of Scandinavian Social Policy", In R. Erikson et al.(eds.), *The Scandinavian Model: Welfare State and Welfare Research*, Armonk, N.Y.: Sharpe.

Flora, P. and J. Alber(1981), "Modernization, Democratization, and the Development of Welfare State in Western Europe", In P. Flora and A. J. Heidenheimer(eds.), *The Development of Welfare State in Europe and America*, London: Transaction Books.

Fraser, D.(1984), *The Evolution of the British Welfare State*, London: Macmillan.

Gilbert, B. B.(1966), *The Evolution of National Insurance in Great Britian*, Michael Joseph.

George, V.(1973), *Social Security and Society*, Routledge & Kegan Paul.

Gough, I.(1979), *The Political Economy of the Welfare State*, London: Macmillan.

Handel, G.(1982), *Social Welfare in Western Society*, Random House.

Hicks, A.(1999), *Social Democracy and Welfare Capitalism*, Cornell University Press.

Jones, K.(1991), *The Making of Social Policy in Britian 1830~1990*, London: Athlone.

Loch, C. S.(1892), *Charity Organization*, Suwan Sonnenschein & Co.

Martin, E. W.(1972), *Comparative Development in Social Welfare*, London: George Allen & Unwin.

Midwinter, E.(1994), *The Development of Social Welfare in Britain*, Buckingham: Open University Press.

Mishra, R.(1984), *The Welfare State in Crisis: Social Thought and Social Change*, Sussex, UK: Wheatsheaf Books Ltd.

Nicholls, G.(1967), *A History of the English Poor Law*, Vol. Ⅰ, Ⅱ, Ⅲ, Reprints of Economics Classics.

OECD(1988), *The Cost of Social Security 1981~1983.*

Orloff, A. S. & Skocpol, T.(1984), "Why Not Equal Protection?: Explaining the Politics of Public Social Spending Britain 1900~1911 and the United States 1890s~1920", *American Sociological Review*, 49.

Patti, R. J.(1983), *Social Welfare Administration: Managing Social Programs in a Developmental Context*, Englewood Cliffs, NJ: Prentice-Hall.

Pierson, C.(1991), *Beyond the Welfare State?*, Cambridge, UK: Polity Press.

Rimlinger, G.(1971), *Welfare Policy and Industralization in Europe, America and Russia*, John Wiley and Sons, Inc.

Skocpol, T. & Amenta E.(1986), "States and Social Policies", *Annual Review of Socialogy*, 12.

Therbon. G.(1987), "Welfare State and Capitalist State Market", *Acta Sociologica*, 30(3/4).

Woodroofe, K.(1974), *From Charity to Social Work in England and United States*, London: RKP.

찾아보기

■ 용어

ㅊ

ㅋ

ㅌ

ㅍ

ㅎ

기타

■ 인명

ㄴ

ㄷ

저자소개

김승훈(金承勳)

학력
숭실대학교 문학사
서강대학교 행정학석사
인하대학교 행정학박사

주요경력
대한적십자사 인도법연구소 연구원
한서대학교 인도주의연구소 연구위원
한국사회복지학회 정회원
한국사회복지정책학회 정회원
한국노인복지학회 정회원
대한신학대학원대학교 강의교수
한서대학교 노인복지학과 겸임강사
현 성민대학교 사회복지학과 교수

논문
노인복지관련 법률의 운영실태에 관한 연구, 1999
전후 복지국가의 발달과 아동권리보호에 관한 연구, 2005
전후 아동복지에 관한 소고, 2003
가족복지를 위한 남북이산가족상봉, 2005
복지국가발전에 관한 베버리지 보고서 연구, 2006
아동권리협약 채택 20주년의 의미와 과제, 2009 외 다수

저서
현대사회복지정책론, 2009, 탑메디출판사
사회복지행정론(공저), 2010, 도서출판 나눔의집
사회복지정책론(공저), 2010, 양서원
사회복지법제론(공저), 2010, 양서원